千古文人风浮录

李保平 著

河北出版传媒集团
河北人民出版社
·石家庄·

仕宦俱落寞，
斯人千古传。

寇准：棱角分明的性格，坎坷多舛的命途 …… 217

范仲淹：直道而行，先忧后乐 …… 241

范纯仁：践行忠恕，问心无愧 …… 263

苏轼：心似已灰之木，身如不系之舟 …… 281

陶弘景和刘伯温：山居可选择，祸福不由己 …… 310

解缙：旷世大才子，何堪雪中埋 …… 323

杨继盛：椒山自有胆，何必蚺蛇哉 …… 339

吕留良：身将隐矣文焉用，不得其平切莫鸣 …… 361

后记 …… 382

目录

01 序　言

001 柳下惠：直道而事人，焉往而不三黜

019 屈原：路漫漫其修远兮，吾将上下而求索

045 贾谊：才调绝伦器量小，愧疚哀伤付一生

065 冯唐：鄙人不知忌讳与白首不见招

081 杨恽：牢骚愤懑诉文字，腰斩之日血斑斑

106 蔡邕：图安应聘因气馁，徒然罹祸缘泪多

128 虞翻：疏节狂傲投荒客，典籍自慰名不朽

146 嵇康：鸾翮有时铩，龙性谁能驯

165 李适之：避贤求散乐衔杯，忧惧服毒了此生

180 刘禹锡：种桃道士归何处，前度刘郎今又来

199 韩愈：慷慨谏迎佛骨表，一贬便陈封禅书

自　序

　　读书做官论在中国古代的影响力究竟有多么大？估计谁也估算不出来。好多人会不假思索地认为，读书做官论是古代统治者不遗余力地倡导宣扬的占据主流意识形态地位的儒家说教。人们不仅会信口说出许多著名的历史掌故，诸如，唐太宗李世民看见新科进士列队出入端门时喜形于色，脱口道出："天下英雄尽入吾彀中矣。"宋真宗赵恒的劝学诗《励学篇》云："富家不用买良田，书中自有千钟粟。安居不用架高堂，书中自有黄金屋。出门无车毋须恨，书中有马多如簇。娶妻无媒毋须恨，书中有女颜如玉。男儿欲遂平生志，勤向窗前读六经。"甚至还会振振有词地搬出《论语》里的名言作为佐证："学而优则仕。"

　　然而，不少人却有意无意地或误解或曲解了"学而优则仕"的原意。《论语·子张篇》的确载有孔子的学生子夏的话："子夏曰：'仕而优则学，学而优则仕。'"但却和读书做官论联系不起来。子夏这句话转述的是老师孔子的见解，其本意是说：学习和做官一脉相承，互为前提和目的。做官了，有余力便去学习；学习了，有余力便去做官。

　　尽管孔门师徒宣讲"仕而优则学，学而优则仕"，并不是教人读书做官，但儒家学说总的精神是教人积极入世经世致用，《左传》即明白无误地提出人生三不朽："太上有立德，其次有立功，其次有立言，虽久不废，此之谓不朽。"于是乎后世越来越多的读书人笃信"万般皆下品，唯有读书高""十年辛苦无人问，一朝成名天下知""学得文武艺，售与帝王家"，纷纷走上了读书做官之路。北宋著名改革家王安石号称志存高远，也认为读书科考做官是士人实现其人生理想追求价值的必由之路："男儿唯患无名耳，将相何曾有种来！"允文允武的南宋大词家辛弃疾也曾赋词言志："了却君王天下事，赢得生前身后名。"在既往的古近代历史中，读书人出仕致仕前赴后继乐此不疲欲罢不能；书生从政沉浮宦海则构成了一道格外引人注目的风景，蕴含了极其丰富的内容，不论读者从政治的文化的社会的心理的伦理的哲学的，成功的坎坷的失败的哪个角度审视，都能得到启迪和收获。

古代文人从政做官是个大题目，在历代典籍中随处可见不胜枚举，且不说那些幸运的成功者，单是在宦海生涯中历经坎坷沉浮不定伤痕累累，最后赔上自个身家性命甚至连累了子孙后代的不幸文人，就足以排成一行望不见尽头的长队，令人目不暇接感慨系之。在长期与故纸堆打交道的时光中，笔者曾特别留意古代文人仕途坎坷问题，并力图和长眠于故纸堆里的这些先贤们进行精神方面的交流，断断续续写了若干文字。既可以视为笔者个人的读书读史笔记，也可以视为向高明的读者推荐介绍这些先贤们宦海沉浮经历、体悟其人生利钝得失的聊斋闲侃。

本书介绍了20位著名书生的仕宦沉浮：柳下惠、屈原、贾谊、冯唐、杨恽、蔡邕、虞翻、嵇康、李适之、刘禹锡、韩愈、寇准、范仲淹、范纯仁、苏轼、陶弘景、刘伯温、解缙、杨继盛和吕留良。

春秋时期的"和圣"柳下惠，是古代从政文人当中不可多得的一个。透过他秉持直道事人，乃至官越做越小，却不肯离开故乡鲁国另谋出路的感人事迹，不难感悟到文人从政所应具有的精神风骨，尽管这种精神风骨随着世风日下而逐渐成为绝响。生活在春秋时期的孔夫子主张"邦有道则仕，无道则隐"，后来的士人则把手段当成了目的——出仕做官原本是文人实现其政治抱负、赢得生前身后名的手段平台，却被后来的人们视为人生的唯一目的。有比较才能有鉴别，这使得柳下惠愈加显现出其卓然不群的人格魅力。

冯唐可谓古代官场中失意士人的典型代表。因为生性耿介不知忌讳，不懂得古代官场的潜规则，不屑于甜言蜜语阿谀奉承，故而只能待在官场的角落里虚掷一生——"冯公岂不伟，白首不见招"，遂成为许多官场失意者的精神偶像，而他平生仅有的一次荣耀，也成了后来无数士人朝思暮想的最大企盼："持节云中，何日遣冯唐？"尽管蹉跎一生，却没有承受什么无妄之灾，了无愧疚随遇而安活到了自然死，故而冯唐郁郁不得志的仕宦生涯，也被有的人视为不幸当中的大幸。

进入这个圈子中的读书人自是很难置身事外。同样是品尝仕宦苦果，当事者行走的脚步和心态却迥然不同：战国时期楚国三闾大夫屈原、三国时期东吴名士虞翻、北宋名臣范仲淹，是历史上有名的逐臣，相通之处在于他们都因遭遇放逐而绽放出夺目的光辉，"屈原放逐，乃赋离骚"；虞翻"虽处罪放，而讲学不倦"，并为《易经》《老子》《论语》《国语》训注，成了一代学问大家；范仲淹虽然没有留下一本皇皇巨著，却书写了"宁鸣而死，不默而生""先天下之忧而忧，后天下之乐而乐"的古代士大夫情怀。转换视角观察，同样是被谗放逐，忧国忧民的三闾大夫屈原彷徨山泽，终因无法排遣长期淤积在心中的块垒，而哀伤绝望地选择了投江自尽；虞翻在流放地交州生活多年，无怨无悔，气定神闲，悦以忘罪，以74岁高龄坦然告别人世；范仲淹主持庆历新政夭折后的余生岁月长达八年之久[庆历四年（1044年）到皇祐四年（1052年）]，由邠州而邓州而杭州而青州而颍州，历尽颠簸直到终老，却从未有过任何抱怨，始终念念不忘忧国忧民，如此心胸器量，绝非屈原所能望其项背。

西汉高官杨恽、唐朝左丞相李适之、明朝内阁首辅大臣解缙，在步入仕途之初，均雄姿英发有所建树，且扶摇直上身居高位，但随后却遭到命运的无情捉弄，一蹶不振，进退失据：一向视钱财如粪土的杨恽被罢官削职后，转而"家居治产业，起室宅""以财自娱"，又意气用事地将牢骚愤懑诉诸文字而惨遭腰斩；贵为皇族的李适之在领教了右丞相李林甫的魔鬼手段后，审时度势主动退出，"避贤初罢相，乐圣且衔杯"，却没料到对方依旧不依不饶，最后竟然在惊惧之中仰药服毒抱憾终天；解缙在明成祖朱棣即位后曾经倍受信任，做了内阁首辅大臣，旋因选立太子之事而泥潭深陷，被贬徙到西南交趾，后又被成祖朱棣下令活埋于雪堆中。

西汉文人贾谊、东汉文人蔡邕的仕宦之旅，既让人扼腕太息，又叫人不得不服膺王安石何以喟叹"命属天公不可猜"：生活在汉文帝时期的贾谊才高八斗且生逢明主，年纪轻轻便受到汉文帝赏识器重，却既经不起仕途上的些许打击，又承受不了梁王堕马的巨大心理压力，而过早地结束了自己年轻的生命。蔡邕是东汉末期享誉天下的大学者，又是一位政坛斗士和见微知著的高明之士，曾经避难江海多年。但到了晚年，却因为把持朝政的奸雄董卓的威逼利诱而出山做官，又在董卓被杀暴尸街头时因私情落泪而徒然地丢掉了自己的有用之身。无谓地死在了不值得死的地方，实在是他们的莫大悲哀呀！

刘禹锡和韩愈都是唐代著名的大文豪，早年携手投身仕途，面对接踵而来的宦海风云，却走出了两条迥然不同的人生之路：永贞革新失败后刘禹锡迭遭贬徙，时间长达23年。性格刚强的刘禹锡愈挫愈奋，不屈不挠地和命运抗争了一生，年逾古稀的刘禹锡临死前以自为墓志铭的方式，表达了他无与伦比的人生自信："不夭不贱，天之祺兮。重屯累厄，数之奇兮。天与所长，不使施兮。人或加讪，心无疵兮。"一代文宗韩愈则心态复杂，一方面慷慨谏迎佛骨，一方面却审时度势，"一贬便陈封禅书"。如此放弃原则以曲求伸，自是难免被后人所诟病。

寇准、范纯仁、苏轼是北宋时期伟岸磊落的大丈夫，也是特立独行传奇色彩浓郁的从政文人。雄才大略的寇准允文允武性格鲜明，一心做大官、干大事、享大名，在决定北宋命运的澶州之役中举重若轻，建立了不世功勋，又在多次拜相又多次被贬徙外放的宦海颠簸中，练就了宠辱不惊的为官心态，晚年在流放途中，神色自若地应对奸臣丁谓一伙企图假手杀害他的阴谋伎俩，让人们真正见识他的胸襟伟岸。范纯仁继承了父亲范仲淹的忠诚仁爱，坚持践行忠恕，既不出卖人格摧眉折腰事权贵，也不在政治对手走背字时还以牙眼，在长期坎坷沉浮的仕途生涯中，交出了一份令人为之动容问心无愧的为官为人的合格答卷。苏轼更是典型的仕途坎坷人，为了坚守胸中的道义梦想，经受了常人难以想象的磨难。"心似已灰之木，身如不系之舟。若问平生功业，黄州惠州儋州。"世人耳熟能详的这首诗作，道出了这位旷世大文豪仕途生涯的心路历程。让人费解的是，尽管寇准、范纯仁、苏轼历经坎坷颠簸，却谁也没有下决心选择退出仕途，而是无怨无悔地戴着被人家换来换去的官帽子走完了生命的全程。

竹林七贤之一的嵇康是魏晋玄学的领军人物。身为曹魏皇族的女婿，嵇康自然有机会做官，只因不肯与当权的司马氏兄弟沆瀣一气，而毅然退出政坛，潜心林泉，倡导"越名教而任自然"。谁能想象得到，与世无争修养极好长年累月喜怒不形于色的嵇康，竟然被小人钟会联手窃国大盗司马昭罗织罪名，于不惑之年丢了性命。如此人在家中坐，祸从天上来，怎能不让人不寒而栗，对仕途心生畏惧，进而感慨"是非不由己，祸患安可防"。

因为官场上的水太深，不测之祸随时都可能降临，故而视仕途为畏途的读书人大有人在，其中便有许多智商极高天赋极好的饱学之士。且不说许由、巢父，不说范蠡、张良，单是南朝陶弘景和明代刘伯温的不同归宿，便足以让人百味杂陈。陶弘景和刘伯温都是他们那个时代的风云人物，都有过投身官场又厌倦官场主动退出的经历，但结局却迥然不同：茅山道士陶弘景做了南朝梁武帝萧衍的在野顾问，世称"山中宰相"；居功至伟被视为张良、诸葛亮再世的刘伯温，致仕还乡后谨小慎微谨言慎行，却无法消除一代刚愎雄猜之主明太祖朱元璋的猜忌而含冤死于非命。

  古人投身仕途，奉行"武死战，文死谏"，步入官场的有骨气的文人每每视不计生死利钝大胆诤谏为使命和荣耀，明代忠烈之士杨继盛即是其中的杰出代表。杨继盛舍生忘死弹劾权奸严嵩，在牢狱中尝尽各种酷刑而后慨然赴死，一句掷地尚做金玉声的"椒山自有胆，何必蚺蛇哉？"令人读来肃然起敬。无怪乎清朝顺治皇帝为之喟叹："朕观明有二百七十年，忠谏之臣往往而有，至于不为强御，披膈犯颜，则无如杨继盛。而被祸惨烈，杀身成仁者，亦无如杨继盛。"

  明末清初的思想者吕留良，于明朝灭亡后曾参加过反抗清军的殊死战斗，意识到反抗无济于事时曾参加科考成为诸生，步入清王朝的体制内。做了13年诸生的吕留良于37岁时毅然与清王朝切割，抛弃诸生名分，而隐居乡间，甚至削发为僧，率性而为，"著邪书，立逆说"，鼓动反清复明，倡导"生便行吟埋亦可，无惭尺布裹头归"。但在他死去半个世纪以后，又被雍正皇帝从土里面挖出来算总账，剖棺戮尸枭示，累及后代，子孙或掉脑袋或流放或为奴，可谓历史上最惨烈的一幕。

  除了上述20位外，想要写的还很多，譬如上古时代那位白发苍苍还在渭水河边垂钓的姜太公，譬如范蠡、文种、晏婴、孔子、李斯、韩非、司马迁、方孝孺、张廷玉、林则徐，等等，因限于篇幅，不得不就此作罢。从某种意义上说，本书的这些文字实在是挂一漏万，倘能起到抛砖引玉的功用，则私心已然引为荣幸。

  在浩瀚的大海里取一瓢而饮，足以品尝海水的滋味；在浩瀚的史籍中深度审视剖析若干位古代从政文人,也足以想象他们的仕宦梦书生梦,窥探旧官场变幻莫测的人际关系,认识他们的得意与失意、刚强与脆弱、深刻与肤浅、高尚与卑劣、伟岸与渺小。先贤们经常将神交古人视为最大的人生乐事,而要真正做到无障碍地和古代诸多各有所长的从政文人进行精神上的沟通交流,前提无非是必须潜下心来认真读书,首先弄清楚交流对象安身立命的时代背景和人文环境,弄清楚交流对象所面对的矛盾问题,弄清楚他们的所思所想心路历程,即理想追求价值观。唯其如此,才有可能通过一场场无言的交流取得更多的收获,进而充实自己的精神,开阔自己的视野,重塑自己的梦想。

  是为序。

己亥立冬于无事斋

柳下惠

直道而事人,
焉往而不三黜

"养天地正气,法古今完人",是自古迄今中华民族志士仁人的不懈追求。为古人所推崇备至景仰不已的圣贤人群,虽然寥若晨星屈指可数,却在很大程度上代表和引导着无数炎黄子孙的志向理想、信念追求,呈现出无与伦比的榜样的力量。"和圣"柳下惠,即是古圣先贤当中不可或缺的一位。

一

柳下惠,春秋时期鲁国人。生于公元前720年,卒于公元前621年。鲁大夫展无骇之子。姬姓,展氏,名获,字子禽,一字季,又号柳下季。谥号"惠",故称柳下惠。"惠"这个谥号对于柳下惠而言是"私谥",乃是其妻子在他死后所谥,并非官方的"公谥"。认识柳下惠其人,先须了解上述基本信息。

柳下惠虽然久享大名,仕途坎坷,品德高尚,直道而行,而深受世人景仰,甚至被称为"圣之和者",却没有稍微系统的生平传记文字传世,其言语、行状、德行、业绩,只能透过《国语》《诗经》《左传》《论语》《荀子》《孟子》《古列女传》的零散记载而熠熠生辉。

俗语云:"胜出必有所长。"柳下惠之成为世人交口称赞历代景仰的圣贤人物,长久地存活在世人心中,主要是由于他创造了这样两则震撼人心影响世风的典故:一是人们竞相传颂的"柳下惠坐怀不乱",展示了柳下惠在男女两性关系问题上惊人的定力修养,是为其令人钦佩的"私德";一是投身仕途多年,尽管官越做越小,却不肯改变其直道而行的初心,最后成了逸民,展示了作风正派的柳下惠在官场上特立独行光明磊落,而绝不随波逐流丧失人格,使人仰慕不已的"官德"。

柳下惠坐怀不乱的故事几千年来有口皆碑,其实是一个传说。相传在一个深秋夜晚,柳下惠途经柳林时遭遇大雨,于是到破庙里避雨。恰有一年轻女子也在此躲避,二人相对而坐。半夜时分年轻女子被冻醒,便央求坐到柳下惠怀中温身驱寒。柳下惠推辞不成,恐她冻死,便叫她坐在自己怀里,解开外衣把她裹紧,同坐了一夜,并没发生非常行为。于是,柳下惠就被誉为"坐怀不乱"的正人君子。

《诗经·小雅·巷伯》毛亨传中有句话提及此事:

> 子何不若柳下惠然,妪不逮门之女,国人不称其乱。

另外一个说法是:某年夏天,展获外出访友,途遇大雨,直奔郊外古庙暂避,踏进门槛时看见一裸体女子正在里面拧衣,便急忙退出,立于古槐下,任由暴雨浇注,也不肯迈进古庙里避雨。庙内妇女发觉,躲在门后,忙着湿衣。此事不胫而走，传为佳话，故而便有了"柳下惠坐怀（槐）不乱"的著名典故，柳下惠便因此而成了正人君子的代名词。

《荀子·大略》中有"柳下惠与后门者同衣，而不见疑，非一日之闻也"一语，于是有人便认为指的是柳下惠坐怀不乱，并据此断定，柳下惠坐怀不乱的掌故最早见诸战国时期《荀子》一书。不过，倘若仔细品味《荀子·大略》中的这段话，则不会敢贸然苟同上述说辞。

> 古之贤人，贱为布衣，贫为匹夫，食则粥不足，衣则竖褐不完，然而非礼不进，非义不受，安取此？
>
> 子夏贫，衣若县鹑。人曰："子何不仕？"曰："诸侯之骄我者，吾不为臣；大夫之骄我者，吾不复见。柳下惠与后门者同衣而不见疑，非一日之闻也。争利如蚤甲而丧其掌。"

这里，显然是说，柳下惠穿着为国君守后门的人一样的破烂衣服而没有人嫌弃他，是因为他高尚的品行早已为人所知。

尽管如此，世人还是把坐怀不乱的高尚情操定格在柳下惠身上，让他做了好德不好色的标签式人物。在老百姓的印象里，"柳下惠坐怀不乱"寥寥七个字，已然生动地写状了这位正人君子的人格风采。

二

柳下惠能够成为天下读书人乃至天下百姓心悦诚服的精神偶像，绝不仅仅缘于"坐怀不乱"之良好私德，更多的是因为柳下惠直道事人无怨无悔的为官品德。

柳下惠历经鲁国庄、闵、僖、文四代国君，在鲁国担任过的最高职务是掌管刑法的士师，大抵相当于现代的司法部长或最高法院院长。柳下惠任士师期间的言行史籍阙载，仅在《论语·微子篇》《古列女传》中有所记载。《论语·微子篇》所载言简意赅，却令柳下惠在官场中安身立命的格言与世长存：

柳下惠为士师，三黜。人曰："子未可以去乎？"曰："直道而事人，焉往而不三黜？枉道而事人，何必去父母之邦？"

显而易见，因为柳下惠在鲁国做法官时与众不同，别人优游仕途官越做越大，他投身官场却反是官越做越小，而他对待自己多次被贬黜的态度信念，又让孔子及其门徒深深为之感动。故而，柳下惠的上述言论形状才被记录在《论语》之中。

西汉刘向编纂《古列女传》，将春秋时期的奇女子柳下惠之妻的事迹收入其中，而这位奇女子之所以能厕身《古列女传》，主要还是因为夫君柳下惠。品味《古列女传》中的相关文字，对于柳下惠的坎坷仕途及其从政信念的认识无疑会有所加深。

鲁大夫柳下惠之妻也。柳下惠处鲁，三黜而不去，忧民救乱。妻曰："无乃渎乎！君子有二耻。国无道而贵，耻也；国有道而贱，耻也。今当乱世，三黜而不去，亦近耻也。"柳下惠曰："油油之民，将陷于害，吾能已乎！且彼为彼，我为我，彼虽裸裎，安能污我！"油油然与之处，仕于下位。柳下既死，门人将诔之。妻曰："将诔夫子之德耶，则二三子不如妾知之也。"乃诔曰："夫子之不伐兮，夫子之不竭兮，夫子之信诚而与人无害兮，屈柔从俗，不强察兮，蒙耻救民，德弥大兮，虽遇三黜，终不蔽兮，恺悌君子，永能厉兮，嗟乎惜哉，乃下世兮，庶几遐年，今遂逝兮，呜呼哀哉，魂神泄兮，夫子之谥，宜为惠兮。"门人从之以为谏，莫能窜一字。君子谓柳下惠妻能光其夫矣。诗曰："人知其一，莫知其它。"此之谓也。

颂曰：下惠之妻，贤明有文，柳下既死，门人必存，将诔下惠，妻为之辞，陈列其文，莫能易之。

面对柳下惠三黜而不去，妻子忍不住说道："夫君你为何要如此委屈自己呢？君子在世间有两大耻辱：国家无道而自己身处高位，一大耻辱也；国家有道而身处贫贱，一大耻辱也。当今天下大乱，是为乱世。你在鲁国三次被贬黜降职，却不肯离开，实在是近乎耻辱啊！"柳下惠平静地回答说："那些小人千方百计地想加害于我，我能遂了他们的心愿吗？他们是为了个人的私利，我是为了实现自己的抱负。纵然他们无所不用其极地诬陷迫害，又怎么能玷污得了我！"

《论语·微子篇》没有说明，究竟是谁让多次遭贬黜而泰然处之的柳下惠生发感慨，读《古列女传》始知系其妻子出于至爱关切而对夫君发此锥心之问。《论语》《古列女传》记录柳下惠的两段话："直道而事人，焉往而不三黜？枉道而事人，何必去父母之邦？""油油之民，将陷于害，吾能已乎！且彼为彼，我为我，彼虽裸裎，安能污我！"从不同侧面道出了柳下惠对当时官场风气的清醒认识，写状了柳下惠光彩照人的信念风骨。

透过上述深沉痛切的言辞，不难想象当时官场中极其罕见简直犹如凤毛麟角的智者柳下惠对于社会政治黑暗状况的认识之深刻。春秋末年，社会动荡，礼崩乐坏，政治黑暗，官场尤甚。柳下惠道出，春秋时各诸侯国之间固然千差万别，但官场黑暗却了无二致：只要你为人正直而又投身仕途，奉行直道，那么不论你到哪里，都免不了会被多次贬黜、撤职。于是，柳下惠便以淡定的态度看待自个在父母之邦的连续三次被撤职贬黜，而不愿意离开鲁国前往别的国家做官。在他看来，只要自己不想改变做人做官的原则，始终奉行直道，无论到哪个国家，处境都一样尴尬；而要改变自己的原则，那么在鲁国也能混得很好，无须去别的国家。深爱着自己祖国的柳下惠在讲这番话时，内心一定是十分沉重凄苦的：其中有看透社会政治昏暗之后的苦楚惆怅，有对于理想信念问心无愧的执着坚持，更有饱经官场沉浮之后那份难得的清醒冷静。

高度凝练的言辞背后，蕴藏着柳下惠对仕途对官场阴暗面的大彻大悟，蕴藏着柳下惠迥然不同凡俗的从政信念和价值观。作为一位长期在官场上历练的睿智型的官员，柳下惠对鲁国愈来愈严重的官场病的认知已然入木三分，深谙在官场上直道事人肯定吃不开，道路注定越走越窄，枉道事人才能八面玲珑游刃有余青云直上。他不仅认识到鲁国官场风气如此，而且坚信其他各诸侯国的官场风气也不外乎如此，所谓天下乌鸦一般黑，各诸侯国的官场便如同世间的乌鸦一样，彼此彼此。设若还想在官场这个平台上为国家为生民做事分忧，就必须直面现实，泰然处之，不为所动。

在柳下惠生活于其中的春秋时期，"良禽择木而栖，良臣择主而事""女为悦己者容，士为知己者死"正在成为一种时尚，成为越来越多的士大夫们共同的政治选项。"东方不亮西方亮，黑了南方有北方。""树挪死，人挪活。""此处不留爷，自有留爷处。"这些质朴简单的道理，柳下惠不可能不明白。他为什么饱经仕途坎坷却不肯离开鲁国另谋高就呢？只能用他对父母之邦鲁国的感情太过深沉真挚权为注解，只能用屈原的诗句为之诠释："亦余心之所善兮，虽九死其犹未悔。"

尽管对于一再被贬黜看得很开，恬淡超然，随遇而安，与世无争，"不羞污君，不卑小官"，不惜"降志辱身"，"遗佚而不怨，厄穷而不悯"，而鲁国当时执政大臣臧文仲也颇有作为，柳下惠到后来还是被迫归隐，退居柳下，开馆办学，招收生徒，传道授业解惑，做了私塾先生。故而，孔子称之为"逸民"。

"兴灭国、继绝世、举逸民"是孔子著名的政治主张,孔子眼里的"逸民"是天下被遗落的人才,个个皆是震古烁今的知名人物:伯夷、叔齐、虞仲、夷逸、朱张、柳下惠、少连。"子曰:'不降其志,不辱其身,伯夷、叔齐与?'谓:'柳下惠、少连,降志辱身矣。言中伦,行中虑,其斯而已矣。'"(《论语·微子篇》)

在孔子看来,柳下惠已经降低了自己的志向,屈辱了自己的身份,难以和不降其志、不辱其身的伯夷、叔齐相比肩,但言语合乎法度,行为经过思虑,殊堪称道,故而可称之为"逸民"。

三

长期被遗忘的柳下惠并没有真正脱离当政者的视野,在重大灾祸来临之际,他们依然需要借重柳下惠的政治智慧。

鲁僖公二十六年(前634年),为应对齐国军队的入侵,鲁僖公特地叮嘱受命前去犒劳齐国军队的官员展喜(柳下惠的弟弟),行前向其兄长展禽请教犒军的慰问辞。《左传·僖公二十六年》载:

> 公使展喜犒师,使受命于展禽。齐侯未入竟,展喜从之,曰:"寡君闻君亲举玉趾,将辱于敝邑,使下臣犒执事。"齐侯曰:"鲁人恐乎?"对曰:"小人恐矣,君子则否。"齐侯曰:"室如悬罄,野无青草,何恃而不恐?"对曰:"恃先王之命。昔周公、大公股肱周室,夹辅成王。成王劳之而赐之盟,曰:'世世子孙,无相害也。'载在盟府,大师职之。桓公是以纠合诸侯而谋其不协,弥缝其阙而匡救其灾,昭旧职也。"

《国语·鲁语上》的相关记载,可以与《左传》之所言相互印证:

齐孝公来伐鲁,臧文仲欲以辞告,病焉,问于展禽。对曰:"获闻之,处大教小,处小事大,所以御乱也,不闻以辞。若为小而崇以怒大国,使加己乱,乱在前矣,辞其何益?"文仲曰:"国急矣!百物唯其可者,将无不趋也。愿以子之辞行赂焉。其可赂乎?"

展禽使乙喜以膏沐犒师,曰:"寡君不佞,不能事疆场之司,使君盛怒,以暴露于弊邑之野,敢犒舆师。"齐侯见使者曰:"鲁国恐乎?"对曰:"小人恐矣,君子则否。"公曰:"室如悬磬,野无青草,何恃而不恐?"对曰:"恃二先君之所职业。昔者成王命我先君周公及齐先君太公曰:'女股肱周室,以夹辅先王。赐女土地,质之以牺牲,世世子孙无相害也。'君今来讨弊邑之罪,其亦使听从而释之,必不泯其社稷;岂其贪壤地,而弃先王之命?其何以镇抚诸侯?恃此以不恐。"齐侯乃许为平而还。

柳下惠究竟如何指教展喜不得而知,但从展喜不卑不亢从容应对齐国国君的言辞中,则不难想见柳下惠的政治智慧;而公开批评鲁国执政大臣臧文仲祭祀海鸟的愚昧之举,则彰显了柳下惠直道事人的政治品格。在《国语·鲁语上》中,编纂者将这则典故讲述得栩栩如生,娓娓动听,引人入胜。这里且援引于下:

海鸟曰"爰居",止于鲁东门之外三日,臧文仲使国人祭之。展禽曰:"越哉,臧孙之为政也!夫祀,国之大节也;而节,政之所成也。故慎制祀以为国典。今无故而加典,非政之宜也。

"夫圣王之制祀也,法施于民则祀之,以死勤事则祀之,以劳定国则祀之，能御大灾则祀之，能扞大患则祀之。非是族也，不在祀典。昔烈山氏之有天下也，其子曰柱，能殖百谷百蔬；夏之兴也，周弃继之，故祀以为稷。共工氏之伯九有也，其子曰后土，能平九土，故祀以为社。黄帝能成命百物，以明民共财，颛顼能修之。帝喾能序三辰以固民，尧能单均刑法以仪民，舜勤民事而野死，鲧障洪水而殛死，禹能以德修鲧之功，契为司徒而民辑，冥勤其官而水死，汤以宽治民而除其邪，稷勤百谷而山死，文王以文昭，武王去民之秽。故有虞氏禘黄帝而祖颛顼，郊尧而宗舜；夏后氏禘黄帝而祖颛顼，郊鲧而宗禹；商人禘舜而祖契，郊冥而宗汤；周人禘喾而郊稷，祖文王而宗武王；幕，能帅颛顼者也，有虞氏报焉；杼，能帅禹者也，夏后氏报焉；上甲微，能帅契者也，商人报焉；高圉、大王，能帅稷者也，周人报焉。凡禘、郊、祖、宗、报，此五者，国之典祀也。加之以社稷山川之神，皆有功烈于民者也。及前哲令德之人，所以为明质也；及天之三辰，民所以瞻仰也；及地之五行，所以生殖也；及九州名山川泽，所以出财用也。非是不在祀典。今海鸟至，己不知而祀之，以为国典，难以为仁且智矣。夫仁者讲功，而智者处物。无功而祀之，非仁也；不知而不能问，非智也。今兹海其有灾乎？夫广川之鸟兽，恒知避其灾也。"

是岁也，海多大风，冬暖。文仲闻柳下季之言，曰："信吾过也，季子之言不可不法也。"使书以为三策。

因为伤感于品德高尚智慧过人的柳下惠不被鲁国重用，孔子公开为柳下惠鸣不平，直言不讳地批评鲁国的执政者臧文仲：

臧文仲其窃位者与！知柳下惠之贤而不与立也。(《论语·卫

灵公篇》）

仲尼曰："臧文仲，其不仁者三，不知者三。下展禽，废六关，妾织蒲，三不仁也。作虚器，纵逆祀，祀爰居，三不知也。"（《左传·文公二年》）

将柳下惠屈居下位作为臧文仲执政不仁的三大缺憾之一，既体现出孔子对柳下惠的无限景仰同情，也彰显了孔子极其重视人才，务求人尽其才物尽其用的治国理念。

四

孔子评价柳下惠为其鸣不平，长眠于地下的柳下惠自是不得而知。柳下惠既无从获悉孔圣人将自己视为一位大贤者，更不会知道亚圣孟子又将他由贤者升格为圣人，进而成为世人所熟知的"和圣"。

孟子对柳下惠推崇备至，曾把柳下惠和伯夷、伊尹、孔子并称四位大圣人，认为柳下惠不因君主不圣明而感到羞耻，不因官职卑微而辞官不做；身居高位时不忘推举贤能的人，被遗忘在民间时也没有怨气；贫穷困顿时不忧愁，与乡下百姓相处，也会觉得很愉快；和任何人相处，都能保持不受不良影响。因此，听说了柳下惠为人处世的气度，原来心胸狭隘的人会变得宽容大度，原来刻薄的人会变得老实厚道。

孟子曰："伯夷，目不视恶色，耳不听恶声。非其君，不事；非其民，不使。治则进，乱则退。横政之所出，横民之所止，不忍居也。思与乡人处，如以朝衣朝冠坐于涂炭也。当纣之时，居北海之滨，以待天下之清也。故闻伯夷之风者，顽夫廉，懦夫有立志。

"伊尹曰：'何事非君？何使非民？'治亦进，乱亦进，曰：'天之生斯民也，使先知觉后知，使先觉觉后觉。予，天民之先觉者也。予将以此道觉此民也。'思天下之民匹夫匹妇有不与被尧舜之泽者，若己推而内之沟中——其自任以天下之重也。

"柳下惠不羞污君，不辞小官。进不隐贤，必以其道。遗佚而不怨，厄穷而不悯。与乡人处，由由然不忍去也。'尔为尔，我为我，虽袒裼裸裎于我侧，尔焉能浼我哉？'故闻柳下惠之风者，鄙夫宽，薄夫敦。

"孔子之去齐，接淅而行；去鲁，曰：'迟迟吾行也，去父母国之道也。'可以速而速，可以久而久，可以处而处，可以仕而仕，孔子也。"

孟子曰："伯夷，圣之清者也；伊尹，圣之任者也。柳下惠，圣之和者也；孔子，圣之时者也。"（《孟子·万章下》）

在《孟子·尽心下》中，柳下惠又被誉为"百世之师"：

圣人，百世之师也，伯夷、柳下惠是也。故闻伯夷之风者，顽夫廉，懦夫有立志；闻柳下惠之风者，薄夫敦，鄙夫宽。奋乎百世之上，百世之下，闻者莫不兴起也。非圣人而能若是乎？——而况于亲炙之者乎？

《孟子·告子下》将柳下惠和伯夷、伊尹相提并论：

孟子曰："居下位，不以贤事不肖者，伯夷也；五就汤，五就桀者，伊尹也；不恶污君，不辞小官者，柳下惠也。三子者不同道，其趋一也。一者何也？曰：仁也。君子亦仁而已矣，何必同？"

在《孟子·公孙丑上》中，孟子精辟地分析了伯夷、柳下惠的区别和缺憾：

孟子曰："伯夷，非其君，不事；非其友，不友。不立于恶人之朝，不与恶人言；立于恶人之朝，与恶人言，如以朝衣朝冠坐于涂炭。推恶恶之心，思与乡人立，其冠不正，望望然去之，若将浼焉。是故诸侯虽有善其辞命而至者，不受也。不受也者，是亦不屑就已。柳下惠不羞污君，不卑小官；进不隐贤，必以其道；遗佚而不怨，阨穷而不悯。故曰：'尔为尔，我为我，虽袒裼裸裎于我侧，尔焉能浼我哉？'故由由然与之偕而不自失焉，援而止之而止。援而止之而止者，是亦不屑去已。"孟子曰："伯夷隘，柳下惠不恭。隘与不恭，君子不由也。"

长短相形，高下相倾，突出的优长背后往往隐藏着不容易被发现的弱点。孟子认为伯夷器量狭隘，柳下惠不严肃，为君子所不取，固然是一家之言，却道出了和光同尘的柳下惠为人处世上的某种不足。

五

书生孟子对柳下惠的批评诚然切中了柳下惠随遇而安的软肋，却容易使读者忽略柳下惠何以如此抉择。以惊人的毅力，忍辱负重，坦然面对仕途坎坷，正是柳下惠践行其人格追求的独特路径。从这个意义上说，孟子评论赞誉柳下惠的一个"和"字，委实逼真地道出了柳下惠迭遭坎坷时的博大心量和广阔胸怀。不知何故，一想到这些，笔者眼帘前便会浮现出那尊世人熟知的弥勒佛像。"大肚能容，容天下难容之事；笑口常开，笑世间可笑之人。"不亦正是"和圣"柳下惠的心境写照吗？

因为不肯改变自己"直道事人"的做人为官原则，不肯效仿多如过江之鲫般的追名逐利之徒寡廉鲜耻"枉道事人"，且不肯离开自己所深深眷恋着的父母之邦，柳下惠只能继续留在那个令他再三蒙羞的鲁国官场中，只能继续与各怀鬼胎的鲁国君臣为伍，只能继续和颜悦色地与之相周旋。故而，对于"和圣"柳下惠而言，孟子眼里的所谓"不恭"只是皮毛表象，他依然出污泥而不染，坚守着自己的坚守，始终践行直道事人，降志辱身之后依然"言中伦，行中虑"，才是其高洁本质的真实外化。外表的"不恭"与内心的绝不苟同浑然一体，不仅使柳下惠定格为世人心目中的圣贤柳下惠，而且为后人如何面对仕途坎坷困顿，如何在迭遭不幸之际进行两难选择，提供了一个光辉的范例。

令柳下惠饱受宦海浮沉煎熬的，表面上看是和他共事的鲁国的君臣同事，其实是看似无形实则无处不在的官场潜规则。与这个无比强大的潜规则相比，柳下惠无疑显得过于渺小。无力改变纠正这个潜规则的柳下惠能够做到任凭这个潜规则反复摆布而不肯顺从，已经非常难能可贵了。即便这个潜规则迫使柳下惠最后丢掉了官帽子，离开仕途归隐，成为逸民，柳下惠依然没有丢掉自己安身立命的原则，而由此彰显了他高尚的人格力量。正是这一点，使得柳下惠成了世人心目中不朽的圣贤，使得后来许多抱负宏大的仕途中人相形见绌，难以望其项背，许多人甚至只能成为柳下惠的反衬。这里，试举西汉萧望之、明代严嵩两人为例。

西汉名臣萧望之早年经当时任长史后来做了丞相的丙吉举荐步入政坛，初生牛犊般的萧望之却公开忤逆秉政的大将军霍光，因而霍光独不授职萧望之，而同时被举荐的王仲翁等人皆补为大将军职。"三岁间，仲翁至光禄大夫、给事中，望之以射策甲科为郎，署小苑东门候。仲翁出入从仓头庐儿，下车趋门，传呼甚宠，顾谓望之曰：'不肯录录，反抱关为？'望之曰：'各从其志。'"投身仕途之初的萧望之心气志向之高，于此可见一斑。霍光死后，"子禹复为大司马，兄子山领赐清闲之宴，口陈灾异之意。"萧望之才得以进入汉宣帝的视野，被拜为谒者，"累迁谏大夫，丞相司直，岁中三迁，官至二千石。其后霍氏竟谋反诛，望之浸益任用。"汉宣帝临终前，时任太子太傅的萧望之被任命为前将军光禄勋，受遗诏辅政，领尚书事。汉元帝继位后对萧望之信任有加，让他总领朝政。宦官中书令恭弘、石显利用元帝的无知，将萧望之"招致廷尉"。萧望之被逮入监狱后，元帝命令放人，恭弘、石显又花言巧语蒙哄迷惑元帝将萧望之削职为民。几个月后，元帝下诏封萧望之为关内侯，并打算让他出任丞相。其时，萧望之的儿子上书为乃父鸣冤，令元帝心生恼怒。石显抓住机会，请求逮捕萧望之。

  弘恭、石显等知望之素高节，不诎辱，建白："望之前为将军辅政，欲排退许、史，专权擅朝。幸得不坐，复赐爵邑，与闻政事，不悔过服罪，深怀怨望，教子上书，归非于上，自以托师傅，怀终不坐。非颇诎望之于牢狱，塞其怏怏心，则圣朝亡以施恩厚。"上曰："萧太傅素刚，安肯就吏？"显等曰："人命至重，望之所坐，语言薄罪，必亡所忧。"上乃可其奏。
  显等封以付谒者，敕令召望之手付，因令太常急发执金吾车骑驰围其第。使者至，召望之。望之欲自杀，其夫人止之，以为非天子意。望之以问门下生朱云。云者好节士，劝望之自裁。于是望之仰天叹曰："吾尝备位将相，年逾六十矣，老入牢狱，苟求生活,不亦鄙乎!"字谓云曰:"游,趣和药来,无久留我死!"竟饮鸩自杀。天子闻之惊,拊手曰:"曩固疑其不就牢狱,果然杀吾贤傅!"(《汉书·萧望之传》)

史学家班固如此评论道:"萧望之历位将相,籍师傅之恩,可谓亲昵亡间。及至谋泄隙开,谗邪构之,卒为便嬖宦竖所图,哀哉!不然,望之堂堂,折而不挠,身为儒宗,有辅佐之能,近古社稷臣也。"(《汉书·萧望之传》)

设若萧望之能具备柳下惠那种面对仕途坎坷的良好心态,能具备柳下惠那样的抗击打能力,能像柳下惠一样甘于降志辱身而不为虚荣心所累,是决然不会选择饮鸩自杀的。

严嵩在《明史》中跻身《奸臣列传》,他在耳顺之年以后方才仕途顺遂,做了20多年首相,先后栽在他手中的大人物不知凡几。但这位有明一代的"大奸大恶",并非从投身仕途之初就劣迹斑斑,而是经历了一个较为清晰的扭曲蜕变过程。严嵩出生于明成化年间,弘治十八年高中进士,正德二年授翰林院编修,开始步入仕途。其后不久,他以身体有病为由辞官归乡隐居,经过十年苦读之后,于正德十一年重入官场,后任国子祭酒。嘉靖七年,严嵩升任礼部右侍郎。嘉靖十一年,"进南京礼部尚书,改吏部"。嘉靖十五年,从南京前往北京朝觐的严嵩被留在朝廷,担任礼部尚书兼翰林院学士。

严嵩的蜕变是从嘉靖十七年的大礼仪之争开始的。世宗朱厚熜的生父兴献王朱祐杬,是宪宗朱见深之子,封地在安陆。武宗朱厚照死后因其无子,皇太后和辅臣按照"兄终弟及"的祖训,从朱厚照的兄弟辈中选了朱厚熜继承大统。朱厚熜称帝以后,按照规矩应称武宗为兄长,以武宗父母为父母,以孝宗为先考,以昭圣皇太后为皇母。一想到自己的生父生母,世宗心里总觉得不是滋味。于是,世宗遂下令追尊其生父兴献王朱祐杬为兴献帝,追尊其生母蒋氏为兴献皇后。这一做法在今天看来是无关宏旨的扯淡之事，在当时却因为有违祖制有悖礼教而震惊朝野，朝堂上下一片喧哗，三百多位官员纷纷站出来表示反对。世宗于盛怒之下，对持反对意见的官员们给予了严厉处罚。

嘉靖十七年，世宗又要将其生父兴献帝的庙号追尊为睿宗，并将神主入太庙。于是，便引来了比起几年前更为猛烈的反对浪潮。作为主管礼仪事宜的礼部尚书，严嵩起初和大多数官员们一样持反对态度。见礼部尚书居然和自己唱反调，世宗极为恼怒。立马"杀鸡给猴看"，下令将喊得最凶的反对者吏部侍郎唐胄逮入大狱，并着《明堂或问》责问群臣。严嵩看到龙颜震怒，马上放弃原则改变初衷，不仅不敢劝阻世宗，而且"尽改前说，条画礼仪甚备"，充当了兴献帝朱祐杬神主入太庙仪式的具体组织者。世宗则对严嵩投桃报李："礼成，赐金币。"严嵩由是悟出了出仕做官的一大秘诀：必须与皇帝老子保持高度一致。

> 自是，益务为佞悦。帝上皇天上帝尊号、宝册，寻加上高皇帝谥圣号以配，嵩乃奏庆云见，请受群臣朝贺。又为《庆云赋》《大礼告成颂》奏之，帝悦，命付史馆。寻加太子太保，从幸承天，赏赐与辅臣埒。（《明史·严嵩传》）

嘉靖年间"大礼仪"之争中严嵩态度前后的变化，雄辩地说明其为官并非没有见识主张，而是缺少做人的骨气；并非不懂得应该直道事人直道事君直道而行，而是更精于见风转舵枉道事人枉道事君枉道而行。严嵩以及数不胜数的名利客们，聪明就聪明在善于揣摩主子的心思，进而全力以赴地去讨好迎合，可悲就可悲在不懂得坚持原则、坚持真理的价值之可贵。经过多如过江之鲫的严嵩之流的反衬，柳下惠的官德人格理想信念价值观更加伟岸挺拔令人景仰。

六

"金杯银杯,不如百姓们的口碑。"春秋年间是否流传过这样的俗话不得而知,但因坚持直道事人直道事君直道而行而不受当政者待见,多次被贬黜最后成为一介逸民的柳下惠,由于在人们心中享有崇高的威望和影响力,而在身后依然为不同阵营的当道者所敬畏尊重。

《战国策·齐策四·齐宣王见颜斶章》通过齐宣王和隐士颜斶之间的对话,生动地刻画了柳下惠在战国时期的巨大影响力:

> 齐宣王见颜斶,曰:"斶前!"斶亦曰:"王前!"宣王不悦。左右曰:"王,人君也。斶,人臣也。王曰'斶前',亦曰'王前',可乎?"斶对曰:"夫斶前为慕势,王前为趋士。与使斶为慕势,不如使王为趋士。"王忿然作色曰:"王者贵乎,士贵乎?"对曰:"士贵耳,王者不贵。"王曰:"有说乎?"斶曰:"有。昔者秦攻齐,令曰:'有敢去柳下季垄五十步而樵采者,死不赦。'令曰:'有能得齐王头者,封万户侯,赐金千镒。'由是观之,生王之头,曾不若死士之垄也。"宣默然不悦。

颜斶为了向齐宣王论证自己"士贵王者不贵"的观点,讲述了秦国攻打齐国时秦王对秦军所下达的保护柳下惠坟墓的命令:"昔者秦攻齐,令曰:'有敢去柳下季垄五十步而樵采者,死不赦。'"秦国要攻打齐国,中间要经过鲁国。考虑到柳下惠在鲁国人民心目中享有崇高威望,为了收买人心,秦王下令切实保护柳下惠在鲁国的墓地,并规定在柳下惠墓地五十步以内砍柴的人要处以死刑。颜斶以此为例，是为了说明"士贵王者不贵"的观点，却于不经意间道出了柳下惠在各诸侯国的巨大影响力。

司马迁有言：

> 古者富贵而名摩灭，不可胜记，唯倜傥非常之人称焉。

虽然司马迁所列举的倜傥非常之人有周文王、孔子、屈原、左丘、孙膑、吕不韦、韩非等，柳下惠并未被提及，虽然柳下惠没有建立什么文治武功，虽然柳下惠终其一生不过是一介官越做越小最后被排挤出局的宦海失意者，但由于他有确信不自欺，有追求不放弃，始终坚持直道事人无怨无悔，终于赢得了世人的一致认同赞誉。柳下惠的人生之旅虽然坎坷不平，其人格魅力却永远存活在人们心中。

屈原

> 路漫漫其修远兮,
> 吾将上下而求索

　　伟人崇拜或曰仰慕英雄豪杰,是古人逐渐揖别图腾崇拜之后,在现实生活中寻觅精神偶像光大人生价值的一种精神寄托方式。相形于众多形象高大美轮美奂的成功人物,悲剧英雄不仅往往更令人同情,而且感召力影响力更为深远巨大。只要闭上眼睛让自己所心仪的古代英雄如行星般在脑海中依次闪现,便会发现,他们当中以悲剧色彩浓郁者居多。

　　毫无疑问,屈原是中国古代历史上最享盛名的悲剧英雄。由于具有强烈爱国主义情怀的屈原,仕途生涯坎坷困顿、颠沛流离无以复加,却不变初衷,"虽九死其犹未悔",由于学问博大精深的屈原是一位才华横溢无与伦比的爱国诗人,遭遇人生逆境转而催生了他的许多不朽名作,如《离骚》《天问》《九歌》等,故而,集官员、诗人、政治家、思想者、爱国者、殉道者、立德、立言于一身的复合型的伟人屈原,在国人心目中的印象和影响力，便远非其他单一型的悲剧人物所能比肩。尽管从古至今有关屈原的文字汗牛充栋，但时至今日人们谈论起这位悲剧英雄来，依旧津津有味，毫不厌倦。

一

> 屈原者，名平，楚之同姓也。为楚怀王左徒。博闻强志，明于治乱，娴于辞令。入则与王图议国事，以出号令；出则接遇宾客，应对诸侯。王甚任之。（《史记·屈原贾生列传》）

唐人张守节《史记正义》注曰："屈、景、召皆楚之族。王逸云：'楚王始都是，生子瑕，受屈为卿，因以为氏。'"

屈原（约前340年或前339年—前278年），芈姓，屈氏，名平，字原。又自名正则，字灵均。战国时期楚武王熊通之子屈瑕的后代。在《离骚》中，屈原曾自道其名、字缘由："皇览揆余初度兮，肇锡余以嘉名，名余曰正则兮，字余曰灵均。"

东汉文人王逸如此解释屈原的名字："正，平也；则，法也。""灵，神也；均，调也。言正平可法者莫过于天，养物均调者，莫神于地。"所以名"平以法天"，字"原以法地"。

生长在楚国贵族家庭的屈原聪慧好学，自幼受到良好的教育，很早便显示出过人的才华。公元前320年春三月，屈原应楚怀王之召出山进郢，同年被任命为鄂渚县县丞。次年，刚刚20岁的屈原进入楚怀王视野，被任命为左徒。

对于屈原所任左徒一职，古今学人有诸多不同的解释。唐人张守节认为，左徒是左右拾遗之类；当代学者林庚则认为，左徒是太傅之类；有人认为，左徒是令尹（相）的副职；有人认为，左徒是行人，负责外交事务；有人认为，左徒是左登徒；有人认为，左徒之职略同于《周礼》中的太仆；也有人认为，左徒即楚怀王左司徒。楚人尚右，故右司徒为正，左司徒为副。

司马迁的叙述简约而精准：贵族血统、骄人的才干和楚怀王的信任，让年轻的屈原在左徒这个重要位置上干得风生水起，做出了不俗的政绩，成了楚怀王甚为倚重的左右手。

叙述屈原的仕途坎坷，有必要了解汉代思想家王充的一个著名观点。在《论衡·累害篇》中，王充提出了著名的人生之"三累""三害"说：

> 夫乡里有三累，朝廷有三害。累生于乡里，害发于朝廷，古今才洪行淑之人遇此多矣。何谓三累三害？
>
> 凡人操行，不能慎择友，友同心恩笃，异心疏薄，疏薄怨恨，毁伤其行，一累也。人才高下，不能钧同，同时并进，高者得荣，下者惭恚，毁伤其行，二累也。人之交游，不能常欢，欢则相亲，忿则疏远，疏远怨恨，毁伤其行，三累也。位少人众，仕者争进，进者争位，见将相毁，增加傅致，将昧不明，然纳其言，一害也。将吏异好，清浊殊操，清吏增郁郁之白，举涓涓之言，浊吏怀患恨，徐求其过，因纤微之谤，被以罪罚，二害也。将或幸佐吏之身，纳信其言，佐吏非清节，必拔人越次。迕失其意，毁之过度；清正之仕，抗行伸志，遂为所憎，毁伤于将，三害也。夫未进也，身被三累；已用也，身蒙三害，虽孔丘、墨翟不能自免，颜回、曾参不能全身也。

王充以古人孔丘、墨翟、颜回、曾参为例加以说明。其实，屈原也是一个很典型的例证。屈原虽然侥幸躲过了"未进也，身被三累"，却未能躲过"已用也,身蒙三害"。

"天有不测风云,人有旦夕祸福。"就在左徒屈原全身心地投入国事,干得正起劲的时候,厄运已悄然降临了。

二

屈原有个同事上官大夫,两人之间原本没有任何个人恩怨纠葛,只是因为屈原的才能远远高出同侪,且倍受楚怀王信任,令上官大夫自愧不如,小人所固有的妒忌心理遂促使上官大夫开始琢磨固宠手段和升官捷径,竟然打起了屈原的主意。

> 上官大夫与之同列,争宠而心害其能。怀王使屈原造为宪令,屈平属草稿未定。上官大夫见而欲夺之,屈平不与,因谗之曰:"王使屈平为令,众莫不知,每一令出,平伐其功,以为'非我莫能为'也。"王怒而疏屈平。(《史记·屈原贾生列传》)

真的是林子大了什么鸟都有,屈原根本不会想到,楚国朝堂上竟然会有上官大夫这样的脸皮比城墙还要厚,心肠比蛇蝎还要毒的卑鄙无耻之徒!屈原拒绝上官大夫的无耻要求后尚且羞于对人言及,上官大夫已经恶人先告状,在楚怀王面前信口雌黄地诬陷谗构屈原。显而易见,屈原遭遇上官大夫陷害,乃属于典型的"累害"现象。更让屈原难以想象的是,楚怀王居然不辨真伪,轻易听信了上官大夫的谗言,开始迁怒并疏远屈原。如此不由分说颠倒黑白,让含冤负屈的屈原找谁说理去!还是王充的分析一针见血,指出了官场上正邪相争是非混淆的要害所在:

清受尘，白取垢，青蝇所污，常在练素。处颠者危，势丰者亏，颓坠之类，常在悬垂。屈平洁白，邑犬群吠，吠所怪也，非俊疑杰，固庸能也。伟士坐以俊杰之才，招致群吠之声。(《论衡·累害篇》)

　　屈原因上官大夫之谗毁见疏，被罢黜左徒，改任三闾大夫，发生在楚怀王十五年（前314年）。次年（前313年），屈原遂被迫开始其人生漫长的放逐生涯，被流放在汉北地区。素来顺风顺水才华卓异倍受宠信的贵族高官屈原，何曾蒙受过如此奇耻大辱，于是在离开郢都前往汉北的流放途中，将不停地翻滚着的一腔怨愤倾注于文字，在无尽的忧愁幽思之中创作了传世经典《离骚》。司马迁简要地介绍了屈原写作《离骚》的哀怨悲愤和良苦用心：

　　屈平疾王听之不聪也，谗谄之蔽明也，邪曲之害公也，方正之不容也，故忧愁幽思而作《离骚》。离骚者，犹离忧也。夫天者，人之始也；父母者，人之本也。人穷则反本，故劳苦倦极，未尝不呼天也；疾痛惨怛，未尝不呼父母也。屈平正道直行，竭忠尽智以事其君，谗人间之，可谓穷矣。信而见疑，忠而被谤，能无怨乎？屈平之作《离骚》，盖自怨生也。《国风》好色而不淫，《小雅》怨诽而不乱。若《离骚》者，可谓兼之矣。上称帝喾，下道齐桓，中述汤武，以刺世事。明道德之广崇，治乱之条贯，靡不毕见。其文约，其辞微，其志絜，其行廉，其称文小而其指极大，举类迩而见义远。其志絜，故其称物芳。其行廉，故死而不容。自疏濯淖污泥之中，蝉蜕于浊秽，以浮游尘埃之外，不获世之滋垢，皭然泥而不滓者也。推此志也，虽与日月争光可也。(《史记·屈原贾生列传》)

鲁迅在《汉文学史纲要》中对《离骚》做过极为洗练的介绍：

《离骚》者，司马迁以为"离忧"，班固以为"遭忧"，王逸释以离别之愁思，扬雄则解为"牢骚"，故作《反离骚》，又作《畔牢愁》矣。其辞述己之始生，以至壮大，迄于将终，虽怀内美，重以修能，正道直行，而罹谗贼，于是放言遐想，称古帝，怀神山，呼龙虬，思佚女，申纾其心，自明无罪，因以讽谏。

在《离骚》中，屈原以诗的语言，叙述了自己向往辅佐楚怀王，推行改革、强盛楚国的宏大政治抱负：

日月忽其不淹兮，春与秋其代序。
唯草木之零落兮，恐美人之迟暮。
不抚壮而弃秽兮，何不改乎此度？
乘骐骥以驰骋兮，来吾道夫先路！

屈原以极大的伤感愤慨沉痛地述说着仕途的艰险、宵小的谗毁、君主的昏庸与改革的艰难：

惟夫党人之偷乐兮，路幽昧以险隘。
岂余身之殚殃兮，恐皇舆之败绩。
忽奔走以先后兮，及前王之踵武。
荃不察余之中情兮，反信谗而怒。
余固知謇謇之为患兮，忍而不能舍也。……
众皆竞进以贪婪兮，凭不厌乎求索。

羌内恕己以量人兮，各兴心而嫉妒。

忽驰骛以追逐兮，非余心之所急。

老冉冉其将至兮，恐修名之不立。……

世溷浊而嫉贤兮，好蔽美而称恶。

闺中既以邃远兮，哲王又不寤。

怀朕情而不发兮，余焉能忍而与此终古？

在陈说内心无尽苦楚的同时，屈原一再表明自己上下求索无怨无悔的心志：

謇吾法夫前修兮，非世俗之所服。

虽不周于今之人兮，愿依彭咸之遗则。

长太息以掩涕兮，哀民生之多艰。……

亦余心之所善兮，虽九死其犹未悔。

怨灵修之浩荡兮，终不察夫民心。……

背绳墨以追曲兮，竞周容以为度。

忳郁邑余侘傺兮，吾独穷困乎此时也。

宁溘死以流亡兮，余不忍为此态也。

鸷鸟之不群兮，自前世而固然。

何方圆之能周兮，夫孰异道而相安？

屈心而抑志兮，忍尤而攘诟。

伏清白以死直兮，固前圣之所厚。……

路漫漫其修远兮，吾将上下而求索。

一篇《离骚》，道不尽屈原心中的冤屈凄苦，却道出了古往今来无数志士仁人舍生求法的人生价值观!

三

忠君爱国的屈原蒙受屈辱开始其放逐生涯，正值战国进入生灵涂炭、群魔乱舞的诡异时期。借用西汉贾谊在《吊屈原赋》中的话说，叫作：

呜呼哀哉，逢时不祥！鸾凤伏窜兮，鸱枭翱翔。阘茸尊显兮，谗谀得志；贤圣逆曳兮，方正倒植。世谓伯夷为涠兮，谓盗跖廉。莫邪为顿兮，铅刀为铦。于嗟嚜嚜兮，生之无故！斡弃周鼎兮宝康瓠，腾驾罢牛兮骖蹇驴，骥垂两耳兮服盐车。章甫荐屦兮渐不可久，嗟苦先生兮，独离此咎！

殊不知，前所未有的大乱世，乃是凭借三寸不烂之舌浑水摸鱼的说客们扬名立万的绝佳时机。转瞬之间，齐楚韩燕赵魏秦列强各国似乎变成了纵横家苏秦、张仪舞唇弄舌的绝佳舞台，而低智商缺心眼的楚怀王则成了秦王和说客张仪手上的玩偶。师兄苏秦先行出山，说服齐楚韩燕赵魏等山东各国联手共同抵御强势的秦国，并因此而身挎六国相印。师弟张仪下山较晚，经师兄苏秦暗中助力，方才取得秦惠王信任。楚怀王元年（前328年），秦惠王委任张仪为秦相，震惊天下的连横合纵大戏由此进入高潮。楚怀王十一年（前318年），"苏秦约从山东六国共攻秦，楚怀王为从长。至函谷关，秦出兵击六国，六国兵皆引而归，齐独后。"

楚怀王十二年（前317年），齐国和赵国魏国发生战争，而秦国则发动侵略韩国之战，以和齐国争雄："齐愍王伐败赵魏军，秦亦伐败韩，与齐争长。"

楚怀王十六年（前313年），秦齐两国之间剑拔弩张，战争一触即发。因为近邻楚国和齐国订有联盟，秦惠王遂决定首先瓦解齐楚联盟，而将目标锁定为楚怀王。于是，秦惠王和张仪精心设计了一场骗局，以六百里商於之地为诱饵，引诱见利忘义的楚怀王上钩。

十六年，秦欲伐齐，而楚与齐从亲，秦惠王患之，乃宣言张仪免相，使张仪南见楚王，谓楚王曰："敝邑之王所甚说者无先大王，虽仪之所甚愿为门阑之厮者亦无先大王。敝邑之王所甚憎者无先齐王，虽仪之所甚憎者亦无先齐王。而大王和之，是以敝邑之王不得事王，而令仪亦不得为门阑之厮也。王为仪闭关而绝齐，今使使者从仪西取故秦所分楚商於之地方六百里，如是则齐弱矣。是北弱齐，西德于秦，私商於以为富，此一计而三利俱至也。"怀王大悦，乃置相玺于张仪，日与置酒，宣言"吾复得吾商於之地"。……楚王弗听，因使一将军西受封地。

张仪至秦，详醉坠车，称病不出三月，地不可得。楚王曰："仪以吾绝齐为尚薄邪？"乃使勇士宋遗北辱齐王。齐王大怒，折楚符而合于秦。秦齐交合，张仪乃起朝，谓楚将军曰："子何不受地？从某至某，广袤六里。"楚将军曰："臣之所以见命者六百里，不闻六里。"即以归报怀王。怀王大怒，兴师将伐秦。陈轸又曰："伐秦非计也。不如因赂之一名都，与之伐齐，是我亡于秦，取偿于齐也，吾国尚可全。今王已绝于齐而责欺于秦，是吾合秦齐之交而来天下之兵也，国必大伤矣。"楚王不听，遂绝和于秦，发兵西攻秦。秦亦发兵击之。

十七年春，与秦战丹阳，秦大败我军，斩甲士八万，虏我大将军屈匄、裨将军逢侯丑等七十余人，遂取汉中之郡。楚怀王大怒，

乃悉国兵复袭秦,战于蓝田,大败楚军。韩、魏闻楚之困,乃南袭楚,至于邓。楚闻,乃引兵归。(《史记·楚世家》)

至此,在与秦军交战中大败亏输的楚怀王方才回过味来,品尝到和齐国绝交的苦涩。无奈之下,只得重新起用长于外交的逐臣屈原,让他出使齐国,设法让齐楚两国缔结新的联盟。由此可知,屈原第一次被放逐的时间较短,某种程度上可以说是拜秦国侵略欺凌之所赐。

四

偷鸡不成蚀了一把米,没有得到垂涎不已的六百里商於之地,反倒损兵折将、丢失了大片汉中之地,楚怀王为此而恨透了反复无常的奸诈说客张仪,必欲生食其肉而后快。然而谁能想到,一提起张仪便怒不可遏的楚怀王居然再次被张仪所尽情戏弄。令人啼笑皆非的这一幕发生在楚怀王十八年(前311年):

十八年,秦使使约复与楚亲,分汉中之半以和楚。楚王曰:"愿得张仪,不愿得地。"张仪闻之,请之楚。秦王曰:"楚且甘心于子,奈何?"张仪曰:"臣善其左右靳尚,靳尚又能得事于楚王幸姬郑袖,袖所言无不从者。且仪以前使负楚以商於之约,今秦楚大战,有恶,臣非面自谢楚不解。且大王在,楚不敢取仪。诚杀仪以便国,臣之愿也。"仪遂使楚。

至,怀王不见,因而囚张仪,欲杀之。仪私于靳尚,靳尚为请怀王曰:"拘张仪,秦王必怒。天下见楚无秦,必轻王矣。"又谓夫人郑袖曰:"秦王甚爱张仪,而王欲杀之,今将以上庸之地六县赂楚，以美人聘楚王，以宫中善歌者为之媵。楚王重地，秦女必贵，而夫人必斥矣。夫人不若言而出之。"郑袖卒言张仪于王而出之。仪出，怀王因善遇仪，仪因说楚王以叛从约而与秦合亲，约婚姻。张仪已去，屈原使从齐来，谏王曰："何不诛张仪？"怀王悔，使人追仪，弗及。是岁，秦惠王卒。（《史记·楚世家》）

明年，秦割汉中地与楚以和。楚王曰："不愿得地，愿得张仪而甘心焉。"张仪闻，乃曰："以一仪而当汉中地，臣请往如楚。"如楚，又因厚币用事者臣靳尚，而设诡辩于怀王之宠姬郑袖。怀王竟听郑袖，复释去张仪。是时屈平既疏，不复在位，使于齐，顾反，谏怀王曰："何不杀张仪？"怀王悔，追张仪不及。（《史记·屈原贾生列传》）

《楚世家》《屈原贾生列传》所载详略不一，皆言之凿凿地陈述了基本事实经过。张仪之所以有恃无恐，敢于在楚怀王赌咒发誓"愿得张仪而甘心"的背景下再度坦然来到楚国，就在于他摸准了楚怀王的致命软肋。到达楚国后，张仪用金钱收买幸臣靳尚，用花言巧语迷惑宠姬郑袖，而后在楚怀王手下安然脱险。等到屈原使齐归来劝楚怀王"何不杀张仪"，已经追之不及。《东周列国志》中有段描述堪称经典：

屈平出使齐国而归，闻张仪已去，乃谏曰："前大王见欺于张仪，仪至，臣以为大王必烹食其肉，今赦之不诛，又欲听其邪说，率先事秦。夫匹夫犹不忘仇雠，况君乎？未得秦欢，而先触天下之公愤，臣窃以为非计也。"怀王悔，使人驾轺车追之，张仪已星驰出郊二日矣。张仪既还秦，魏章亦班师而归。史臣有诗云：张仪反覆为嬴秦，朝作俘囚暮上宾。堪笑怀王如木偶，不从忠计听谗人。

可笑可气又可悲的楚怀王"不从忠计听谗人"，既是狡诈无常的张仪侥幸脱身的原因之所在，也是屈原忠而见谤仕途坎坷的根源之所在。正义在身的屈原和反复无常的张仪隔空过招不胜反败，深层次的原因就在于楚怀王统治下的楚国政坛早已"君子道消，小人道长"。

对屈原成见颇深的楚怀王虽然因为形格势禁而在秦军大兵压境之时委任屈原充当使臣出使齐国，却并不意味着恢复了对屈原的信任。其后，屈原依旧被排斥在核心圈以外，不能参与朝政。当时，楚国所面临的最大问题是分清敌友，但楚怀王却在究竟是和齐国联合还是和秦国结盟这一最大国策上犹豫不决，忽左忽右。屈原审时度势，坚持认为楚国必须和齐国、赵国、魏国等山东各国联手抗秦，为此他和令尹昭雎相呼应，劝谏楚怀王实施联齐抗秦的国策。

楚怀王二十四年（前305年），楚怀王决意"倍齐而合秦"，坚定的反对派屈原遂再度被逐出郢都，流放到汉北地区。《史记·楚世家》载：

二十四年，倍齐而合秦。秦昭王初立，乃厚赂于楚。楚往迎妇。二十五年，怀王入与秦昭王盟，约于黄棘。秦复与楚上庸。二十六年，齐、韩、魏为楚负其从亲而合于秦，三国共伐楚。楚使太子入质于秦而请救。秦乃遣客卿通将兵救楚，三国引兵去。

二十七年，秦大夫有私与楚太子斗者，楚太子杀之而亡归。二十八年，秦乃与齐、韩、魏共攻楚，杀楚将唐眛，取我重丘而去。二十九年，秦复攻楚，大破楚，楚军死者二万，杀我将军景缺。怀王恐，乃使太子为质于齐以求平。三十年，秦复伐楚，取八城。

齐、魏、韩三国联军攻打楚国发生在楚怀王二十六年（前303年），秦、齐、韩、魏多国军队一同攻打楚国发生在楚怀王二十八年（前301年），随后秦军先后在楚怀王二十九年（前300年）、三十年（前299年）侵略楚国攻城掠地大破楚军。身在汉北地区而时刻关注着国家命运的逐臣屈原，既对接踵而来的战事导致楚国山河破碎痛心疾首，却又回天乏力，只能徒唤奈何。

五

秦昭王挟攻城略地之余威，又对楚怀王玩起了猫捉老鼠的游戏：

> 秦昭王遗楚王书曰："而今秦楚不欢，则无以令诸侯。寡人愿与君王会武关，面相约，结盟而去，寡人之愿也。敢以闻下执事。"楚怀王见秦王书，患之。欲往，恐见欺；无往，恐秦怒。昭雎曰："王毋行，而发兵自守耳。秦虎狼，不可信，有并诸侯之心。"怀王子子兰劝王行，曰："奈何绝秦之欢心！"于是往会秦昭王。昭王诈令一将军伏兵武关，号为秦王。楚王至，则闭武关，遂与西至咸阳，朝章台，如蕃臣，不与亢礼。楚怀王大怒，悔不用昭子言。秦因留楚王，要以割巫、黔中之郡。楚王欲盟，秦欲先得地。楚王怒曰："秦诈我而又强要我以地！"不复许秦。秦因留之。（《史记·楚世家》）

秦昭王邀约楚怀王赴会时，屈原已经从流放地回到了郢都。《史记·楚世家》仅记载了楚国令尹昭雎劝阻楚怀王，《史记·屈原贾生列传》中则有屈原劝阻楚怀王的记载：

> 时秦昭王与楚婚，欲与怀王会。怀王欲行，屈平曰："秦，虎狼之国，不可信，不如毋行。"怀王稚子子兰劝王行："奈何绝秦欢！"怀王卒行。入武关，秦伏兵绝其后，因留怀王，以求割地。怀王怒，不听。亡走赵，赵不内。复之秦，竟死于秦而归葬。（《史记·屈原贾生列传》）

围绕是否赴秦昭王的约会，楚国君臣所见不一：楚怀王对秦昭王心存余悸，患得患失，左右为难；昭雎和屈原等旗帜鲜明地反对赴会；公子子兰因担忧失去秦王欢心而竭力怂恿怀王赴会。楚怀王拍板，作出了令他悔恨终生的错误决策，结果被秦军扣留，劫往咸阳，成了秦昭王砧板上的鱼肉。

楚怀王被秦昭王扣留在秦国期间，其长子横继位，是为顷襄王。公子子兰为令尹。楚顷襄王三年（前296年），楚怀王客死于秦国。

与昭雎、屈原等坚决反对楚怀王前去秦国赴会不同，公子子兰是竭力撺掇楚怀王应邀赴会以讨秦昭王欢心的。在楚国官员和百姓眼里，公子子兰对楚怀王之死负有不可推卸的责任。在子兰做了楚国令尹以后，人们依旧对他多有怨言。被流放在外地的屈原更是耿耿于怀。令尹子兰得知屈原怨恨他，非常愤怒，便让上官大夫在楚顷襄王面前说屈原的坏话。在子兰、上官大夫、郑后的交相谗构之下，楚顷襄王遂将屈原一贬再贬，放逐于偏远的湘沅之地。对此，司马迁在《史记·屈原贾生列传》中予以记载并抒发了自己的看法：

> 长子顷襄王立，以其弟子兰为令尹。楚人既咎子兰以劝怀王入秦而不反也。
>
> 屈平既嫉之，虽放流，眷顾楚国，系心怀王，不忘欲反，冀幸君之一悟，俗之一改也。其存君兴国而欲反覆之，

一篇之中三致志焉。然终无可奈何，故不可以反，卒以此见怀王之终不悟也。人君无愚智贤不肖，莫不欲求忠以自为，举贤以自佐，然亡国破家相随属，而圣君治国累世而不见者，其所谓忠者不忠，而所谓贤者不贤也。怀王以不知忠臣之分，故内惑于郑袖，外欺于张仪，疏屈平而信上官大夫、令尹子兰。兵挫地削，亡其六郡，身客死于秦，为天下笑。此不知人之祸也。《易》曰："井泄不食，为我心恻，可以汲。王明，并受其福。"王之不明，岂足福哉！

　　令尹子兰闻之大怒，卒使上官大夫短屈原于顷襄王，顷襄王怒而迁之。

　　思量起来，侍奉楚怀王真是屈原仕途生涯中的大不幸。楚怀王九年屈原被任命为左徒，楚怀王十五年因上官大夫谗构，屈原失去楚怀王信任而被疏远，次年即被放逐到汉北地区，随后因秦军入侵而被召回出使齐国，后再次被放逐到汉北地区。楚怀王三十年，屈原又因劝阻楚怀王赴秦国之邀与公子子兰发生分歧，而为后来的更大不幸埋下了伏笔。公元前296年，死在秦国的楚怀王被送回楚国后，屈原也被免去三闾大夫，放逐江南。随后又一贬再贬，放逐于湘沅之地。

六

　　相形于楚怀王，楚顷襄王和令尹子兰对屈原更加冷酷无情，故而屈原的心情也更加痛苦莫名。于是，便发生了彷徨无助的屈原在江滨和隐者渔父之间的对话。《楚辞·渔父》的记载可圈可点：

> 屈原既放，游于江潭，行吟泽畔，颜色憔悴，形容枯槁。
> 渔父见而问之曰："子非三闾大夫与？何故至于斯？"
> 屈原曰："举世皆浊我独清，众人皆醉我独醒，是以见放！"
> 渔父曰："圣人不凝滞于物，而能与世推移。
> 世人皆浊，何不淈其泥而扬其波？
> 众人皆醉，何不餔其糟而歠其醨？何故深思高举，自令放为？"
> 屈原曰："吾闻之：新沐者必弹冠，新浴者必振衣；安能以身之察察，受物之汶汶者乎！宁赴湘流，葬于江鱼之腹中。安能以皓皓之白，而蒙世俗之尘埃乎！"
> 渔父莞尔而笑，鼓枻而去。乃歌曰："沧浪之水清兮，可以濯吾缨。沧浪之水浊兮，可以濯吾足。"
> 遂去，不复与言。

在屈原迷惘不解的时候现身在江滨与之会面的隐者渔父，显然是一位乱世之中的得道高人。渔父对屈原的谈话，无疑是对天下所有痴迷于仕途志在行道者的指点。

《史记·屈原贾生列传》采纳了《楚辞·渔父》的文字见解：

> 屈原至于江滨，被发行吟泽畔。颜色憔悴，形容枯槁。渔父见而问之曰："子非三闾大夫欤？何故而至此？"屈原曰："举世混浊而我独清，众人皆醉而我独醒，是以见放。"渔父曰："夫圣人者，不凝滞于物而能与世推移。举世混浊，何不随其流而扬其波？众人皆醉，何不其糟而啜其醨？何故怀瑾握瑜而自令见放为？"屈原曰："吾闻之，新沐者必弹冠，新浴者必振衣，人又谁能以身之察察，受物之汶汶者乎！宁赴常流而葬乎江鱼腹中耳，

又安能以晧晧之白而蒙世俗之温蠖乎！"

《史记》和《楚辞》的相同之处在于，都在陈说渔父试图用自己和光同尘的人生价值观来指点、开导和说服屈原；不同之处在于，《楚辞》中的渔父劝说之后，见屈原不肯听从，便唱着歌飘然而去，《史记》中却未提渔父的下落，而只是着力叙述极度悲愤的屈原的痛苦呻吟，及其沉江自尽的悲壮结局。

  陶陶孟夏兮，草木莽莽。伤怀永哀兮，汩徂南土。眴兮窈窈，孔静幽墨。冤结纡轸兮，离愍之长鞠；抚情效志兮，俯诎以自抑。
  刓方以为圜兮，常度未替；易初本由兮，君子所鄙。章画职墨兮，前度未改；内直质重兮，大人所盛。巧匠不斫兮，孰察其揆正？玄文幽处兮，蒙谓之不章；离娄微睇兮，瞽以为无明。变白而为黑兮，倒上以为下。凤皇在笯兮，鸡雉翔舞。同糅玉石兮，一概而相量。夫党人之鄙妒兮，羌不知吾所臧。
  任重载盛兮，陷滞而不济；怀瑾握瑜兮，穷不得余所示。邑犬群吠兮，吠所怪也；诽骏疑桀兮，固庸态也。文质疏内兮，众不知吾之异采；材朴委积兮，莫知余之所有。重仁袭义兮，谨厚以为丰；重华不可牾兮，孰知余之从容！古固有不并兮，岂知其故也？汤禹久远兮，邈不可慕也。惩违改忿兮，抑心而自强；离愍而不迁兮，愿志之有象。进路北次兮，日昧昧其将暮；含忧虞哀兮，限之以大故。
  乱曰：浩浩沅湘兮，分流汨兮。修路幽拂兮，道远忽兮。曾唫恒悲兮，永叹慨兮。世既莫吾知兮，人心不可谓兮。怀情抱质兮，独无匹兮。伯乐既殁兮，骥将焉程兮？人生禀命兮，各有所错兮。

定心广志，余何畏惧兮？曾伤爰哀，永叹喟兮。世溷不吾知，心不可谓兮。知死不可让兮，愿勿爱兮。明以告君子兮，吾将以为类兮。

于是怀石遂自〔沉〕汨罗以死。（《史记·屈原贾生列传》）

屈原长期淤积在胸中的块垒未能因渔父的劝告而消除，不是因为他不晓得自己面前有渔父所指点的那条路可供选择，而是因为他不愿意选择走那条路。屈原不顾一切地反复劝谏楚怀王、楚顷襄王，完全是出于一片忧国忧民的赤子之心："岂余身之殚殃兮，恐皇舆之败绩！"

为了实现忠君爱国的理想抱负，屈原早已认准了自己要走的路：

长太息以掩涕兮，哀民生之多艰；……亦余心之所善兮，虽九死其犹未悔。……伏清白以死直兮，固前圣之所厚。（《离骚》）

"人各有志，不能强勉。"透过屈原在《离骚》中所流露出来的心迹，不难明白渔父的良言相劝何以没有效果，亦不难明白屈原的人生之路何以如此坎坷。相形于内心所承受的巨大煎熬，沉江自尽对于屈原来说，也许是一种彻底的解脱。

楚顷襄王二十一年（前278年），秦将白起攻占郢都，楚顷襄王君臣狼狈逃难，"保于陈城"。目睹楚国山河支离残破，灭亡在即，流放中的屈原终于发现，他不屈不挠上下求索却报国无门走投无路。彻底绝望的爱国者屈原再也无法承受残酷现实的一次次重创，而于是年农历五月五日投汨罗江自尽了。享年六十出头。

屈原之死，在一个时期里意味着楚国朝堂上直谏精神的黯然消逝，而楚国接踵而至的削弱败亡尤其让世人更加思念屈原及其身上所焕发着的爱国精神：

屈原既死之后，楚有宋玉、唐勒、景差之徒者，皆好辞而以赋见称；然皆祖屈原之从容辞令，终莫敢直谏。其后楚日以削，数十年竟为秦所灭。（《史记·屈原贾生列传》）

七

"爱国主义就是千百年来固定下来的对自己祖国的一种最深厚的感情。"列宁的这句名言人们耳熟能详。古往今来的爱国者因为秉承对自己祖国的这种最深厚的感情，而广受世人褒扬。

屈原是人们公认的伟大的爱国者，屈原沉江自尽彰显了一种伟大的爱国主义精神，屈原的忠君爱国精神长期受到国人的推崇赞扬。但是，在谈论屈原忠君爱国时不应漠视，忠君爱国在任何时候有其具体的时代内容特征。生长在战国时代的屈原深爱着的乃是自己的父母之邦楚国，楚国只是战国时的一个诸侯国，周天子才是名义上的天下共主，而屈原对于周朝并不存有什么爱国情结，对周天子更谈不上什么忠诚可言。

生活在春秋末年的孔子，对于忠君爱国的理解显然要高出屈原许多。"如有用我者，吾其为东周乎？"由孔子的这句话，不难想见他对周王朝的爱国情怀。但在生活在战国末期的屈原那里，却根本看不到任何热爱周王朝的言论。从孔子到屈原，前后仅百余年，爱国的具体内容却发生了如此巨大的变化！在此期间，周王朝迅速衰败名存实亡路人皆知固然是一个重要的原因，而屈原自身的因素也不能忽视。

在春秋战国时期，君臣之间尚且可以互相选择，有理想有抱负的志士名流大多奉行"良禽择木而栖，良臣择主而事""此处不留人，自有留人处"的人生准则，百里奚、商鞅、范雎、蔡泽、吴起、廉颇、苏秦、张仪、李斯、荀卿等，都曾有过"择主而事"的经历。屈原才高八斗而不为楚怀王重用，一再遭遇放逐，完全可以重新选择，择木而栖，而他却历经磨难痴心不改，始终忠诚于楚怀王和楚国。后人贾谊和司马迁都曾对屈原的做法很不理解。贾谊在《吊屈原赋》中悲怆地为屈原鸣不平：

遭世罔极兮，乃陨厥身。呜呼哀哉，逢时不祥！……凤漂漂其高遰兮，夫固自缩而远去。袭九渊之神龙兮，沕深潜以自珍。弥融爚以隐处兮，夫岂从蚁与蛭螾？所贵圣人之神德兮，远浊世而自藏。使骐骥可得系羁兮，岂云异夫犬羊！般纷纷其离此尤兮，亦夫子之辜也！瞝九州而相君兮，何必怀此都也？凤皇翔于千仞之上兮，览德辉而下之；见细德之险〔征〕兮，摇增翮逝而去之。彼寻常之污渎兮，岂能容吞舟之鱼！横江湖之鳣鲸兮，固将制于蚁蝼。（《吊屈原赋》）

司马迁在"太史公曰"中直抒胸臆：

余读《离骚》《天问》《招魂》《哀郢》，悲其志。适长沙，观屈原所自沉渊，未尝不垂涕，想见其为人。及见贾生吊之，又怪屈原以彼其材，游诸侯，何国不容，而自令若是。读《服鸟赋》，同死生，轻去就，又爽然自失矣。（《史记·屈原贾生列传》）

令人太息不已的是，屈原所忠诚的君主，竟然是楚怀王这样一个低能的昏君！明人李贽在《焚书·读史》中为屈原的愚忠开脱时，这样说道：

为井者泄淤泥而莹清泉，可以汲矣，而乃不汲，真不能不令人心恻也。故知王明则臣主并受其福，不明则臣主并受其辱，又何福能得知乎？然则怀王客死于秦，屈原沉没于渊，正并受其辱者耳，何足怪耶！张仪侮弄楚怀，直似儿戏，屈原乃欲托之为元首，望之如尧、舜、三王，虽忠亦痴。观者但取其心可矣。

屈原用自己的生命演绎了对楚国的热爱和忠诚，从而在世人心目中树立了伟大的爱国者形象。他宁可蒙冤受辱被放逐，也不肯周游列国择主而事，很容易令人联想起春秋时期鲁国人"和圣"柳下惠。他们二人相同之处在于，皆深深热爱着自己的父母之邦，不离不弃；不同之处则表现在，"和圣"柳下惠具有很高的修养，足以坦然面对不期而至的各种坎坷困厄，即便是官越做越小，也能够用微笑面对现实，始终不改直道而事人的初衷，屈原的修养不及柳下惠，做不到坦然面对困厄，故而长期沉湎于苦恼怨愤之中无法自拔。

八

仕途坎坷无情地毁灭了屈原宏大的政治抱负，却成全了他的文学天赋。奸佞当道的楚国政坛排挤了一位杰出的政治家，中国乃至世界文学史上却产生了一位震古烁今无与伦比的伟大诗人。有道是形势比人强，战国后期由战乱趋于统一的大趋势绝非任何个人所能阻挡，即便是屈原和楚怀王君臣相得，也未必能避免楚国被吞并的下场。山河破碎仕途坎坷颠沛流离彷徨山泽，一方面令学识渊博、怀才不遇的屈原忧心忡忡饱受煎熬，另方面又转过来成就了他，让他胸中挥之不去的怨愤牢骚凝结成了文字，催生了那些弥足珍贵的感人诗篇。"屈原放逐，乃赋《离骚》。"司马迁一语道出了屈原之成为屈原的缘由所在。

从屈原开始，中国方才有了以文学名世的作家。据汉代刘向、刘歆父子校定，屈原的作品凡二十五篇，即《离骚》一篇，《天问》一篇，《九歌》十一篇，《九章》九篇，《远游》《卜居》《渔父》各一篇。据《史记·屈原贾生列传》，还有《招魂》一篇。据郭沫若考证，屈原作品流传下来的凡二十三篇：《九歌》十一篇，《九章》九篇，《离骚》《天问》《招魂》各一篇。屈原所开创的新诗体——楚辞，突破了《诗经》的表现形式，极大地丰富了诗歌的表现力，为中国古代的诗歌创作开辟了一片新天地。后人便将"楚辞"与《诗经》中的《国风》并称为"风骚"，誉之为中国古代诗歌史上现实主义和浪漫主义两大优良传统的源头。

于此无意介绍评价屈原的传世之作，古今介绍评价屈原诗作的文字业已汗牛充栋，根本无须一个门外汉多嘴饶舌。笔者只是想说明，使屈原流芳史册的并非由于他心系楚国志在事功，而是因为他在文学上的杰出贡献。倘若没有创作出《离骚》《九歌》《九章》《天问》等著名诗篇，那位仕途上的悲剧人物屈原便绝不会与国人心目中栩栩如生的诗人屈原合二为一。换个角度审视，则必须肯定屈原具有他人难以望其项背的文学才华。中国古代历史上抱负宏大却仕途多舛的志士仁人数不胜数，却没有再衍生出另一个屈原，即是明证。

回望古今各色人等对屈原的正面评价，大多将政治评价和文学评价交织在一起，且以赞许其文学贡献为多。

西汉淮南王刘安称许《离骚》兼有《国风》《小雅》之长，体现了屈原"浮游尘埃之外"的人格风范，可"与日月争光"。

东汉史家王逸在《离骚经序》中对屈原表达了无尽的怜悯同情：

屈原执履忠贞，而被逸邪，忧心烦乱，不知所诉，乃作《离骚经》。离，别也；骚，愁也；经，径也。言以放逐离别，中心愁思，犹依道径，以风谏君也。故上述唐虞三后之制，下序桀纣羿浇之败。

冀君觉悟，反于正道而还己也。是时，秦昭王使张仪谲诈怀王，令绝齐交，又使诱楚，请与俱会武关。遂胁与俱归，拘留不遣。卒客死于秦。其子襄王复用谗言，迁屈原于江南。

屈原放在草野，复作九章，援天引圣，以自证明，终不见省。不忍以清白久居浊世，遂赴汨渊，自沉而死。

《离骚》之文，依诗取兴，引类譬喻。故善鸟香草以配忠贞，恶禽臭物以比谗佞，灵修美人以媲于君，宓妃佚女以譬贤臣，虬龙鸾凤以托君子，飘风云霓以为小人。其辞温而雅，其义皎而朗，凡百君子，莫不慕其清高，嘉其文彩，哀其不遇，而愍其志焉。

宋人洪兴祖作《楚辞补注》，认为逐臣屈原不离开楚国是由于"楚无人焉，屈原如去国，则楚必从而亡"。"屈原虽被放逐，又徘徊而不去楚，其意是生不得力争强谏，死犹冀其感。"由此可见，屈原"虽死，犹不死也"。

宋代理学家朱熹对《诗经》和楚辞极为推崇。其注《离骚》中"仆夫悲余马怀兮，蜷局顾而不行"云：此乃是屈原"托为此行，周流上下，而卒返于楚焉；亦仁之至，而义至尽也"。

近人梁启超首推屈原为"中国文学家的老祖宗"。鲁迅在《汉文学史纲要》中盛赞屈原诗作的影响力："战国之世，言道术既有庄周之蔑诗礼，贵虚无，尤以文辞，陵轹诸子。在韵言则有屈原起于楚，被谗放逐，乃作《离骚》。逸响伟辞，卓绝一世。后人惊其文采，相率仿效，以原楚产，故称"楚辞"。较之于《诗》，则其言甚长，其思甚幻，其文甚丽，其旨甚明，凭心而言，不遵矩度。故后儒之服膺诗教者，或訾而绌之，然其影响于后来之文章，乃甚或在三百篇以上。"

郭沫若赞誉屈原是"伟大的爱国诗人"，一颗闪耀在"群星丽天的时代"，"尤其是有异彩的一等明星"。

毛泽东则更加重视屈原是一位影响深远的伟大的爱国者："屈原的名字对我们更为神圣。他不仅是古代的天才歌手，而且是一名伟大的爱国者，无私无畏，勇敢高尚。他的形象保留在每个中国人的脑海里。无论在国内国外，屈原都是一个不朽的形象。我们就是他生命长存的见证人。"

闻一多认为，屈原是"中国历史上唯一有充分条件称为人民诗人的人"。

九

《离骚》之出，其沾溉文林，既极广远，评之语，遂亦纷繁，扬之者谓可与日月争光，抑之者且不许与狂狷比迹，盖一则达观于文章，一乃局蹐于诗教，故其裁决，区以别矣。（《鲁迅全集·汉文学史纲要》）

赞扬屈原及其《离骚》"可与日月争光"一语，出自西汉淮南王刘安之口，并为司马迁所赞同援引；不许与狂狷景行之士比迹，则是东汉史家班固的观点。班固无疑是负面品评屈原的代表人物。在《离骚·序》中，班固说道：

昔在孝武，博览古文，淮南王安《叙离骚传》，以"《国风》好色而不淫，《小雅》怨悱而不乱，若《离骚》者，可谓兼之。蝉蜕浊秽之中，浮游尘埃之外，皭然泥而不滓，推此志，与日月争光可也"。斯论似过其真。……且君子道穷，命矣，故潜龙不见，是而无闷。《关雎》哀周道而不伤，蘧瑗持可怀之智，宁武保如愚之性，咸以全命避害，不受世患，故《大雅》曰："既明且哲，以保其身。"斯为贵矣。今若屈原，露才扬己，竞乎危国群小之间，以离谗贼。然责数怀王，怨恶椒兰，愁神苦思，非其人，忿怼不容，沉江而死，亦贬絜狂狷景行之士。多称昆仑冥婚宓妃虚无之语，皆非法度之政。经义所载，谓之兼《诗》风、雅，而与日月争光，过矣！然其文弘博丽雅，为辞赋宗，后世莫不斟酌其英华，则象其从容。自宋玉、唐勒、景差之徒，汉兴，枚乘、司马相如、刘向、扬雄，骋极文辞，好而悲之，自谓不能及也。虽非明智之器，可谓妙才者也。

在上述文字中，班固仅承认屈原是个"妙才"，却不认可其具有"明智之器"。他公开批评刘安赞许屈原可与日月争光的说法"似过其真"，批评屈原不懂得明哲保身，而"露才扬己，竞乎危国群小之间，以离谗贼。然责数怀王，怨恶椒兰，愁神苦思，非其人，忿怼不容，沉江而死，亦贬絜狂狷景行之士"。

早在班固之前，奉行"有道则现，无道则隐"之保命学说的西汉辞赋家扬雄，便深为沉江自尽的屈原不值，并作《反离骚》，援引古代名人轶事，批评屈原不智。《汉书·扬雄传》将其立场说得一清二楚："……又怪屈原文过相如，至不容，作《离骚》，自投江而死，悲其文，读之未尝不流涕也。以为君子得时则大行，不得时则龙蛇，遇不遇命也，何必湛身哉！乃作书，往往摭《离骚》文而反之，自岷山投诸江流以吊屈原，名曰《反离骚》。"

生活在南北朝至隋代的著名文人颜之推承袭班固对屈原的偏见，认为屈原身上表现出了古代文人的通病："自古文人，常陷轻薄，屈原露才扬己，显暴君过。"

"金无足赤，人无完人。"屈原是一位值得人们景仰和同情的伟人，却不是一位没有缺点无可挑剔的完人。冷静审视，在身怀不羁之才，矢志忠君爱国的屈原身上，确实带有明显的修养欠缺的文人通病。故而，扬雄、班固、颜之推等古代著名学者（包括那位不知名的旷世高人隐者渔父）从明哲保身的角度批评屈原修养不够，不能够仿效古圣先贤"有道则现，无道则隐"，在环境险恶危机四伏时不选择退步抽身，谋求自我保全，却一味露才扬己，徒然抗争，迭遭放逐却不能改变初衷，归隐山泽，独善其身，反而愁肠百结，幽愤无尽，竟至完全丧失继续生活在世间的勇气，而投江自沉，白白丢了性命，既说明他们和屈原奉行的是全然不同的人生价值观，又确实击中了不顾个人生死利害与恶势力抗争的屈原的软肋。至于他们基于"为尊者讳"的儒家说教指责屈原"数责怀王""显暴君过"，在今人眼里十分荒唐可笑，根本不值一驳。

  从不同的角度品人论事，自然会得出不同的甚至是相反的结论。倘若能沉下心来仔细在故纸堆中流连徜徉，便不难发现，许多慷慨陈词批驳班固、颜之推说法的人，在行动上却充分汲取了屈原留给后人的教训。不然，就难以解释为何人们变得越来越圆滑，越来越世故，就难以解释为何现实生活中越来越需要倡导和弘扬先贤屈原甘于上下求索的献身精神。

贾谊

才调绝伦器量小,
愧疚哀伤付一生

    诗意的人生令人艳羡。但倘若人生真的可以浓缩为一首诗,乃至几首名诗,对于当事人而言未必一定就幸福美满令人艳羡,或许反倒会因充满了苦涩艰难而使人倍加感伤。生活在西汉文帝时期的杰出文人贾谊,就是典型一例。

    有感于贾谊的人生不幸,唐代大诗人李商隐曾赋诗《贾生》曰:

    宣室求贤访逐臣,贾生才调更无伦。
    可怜夜半虚前席,不问苍生问鬼神。

    在众多咏叹诗作中,一代伟人毛泽东的《贾谊》堪称眼光独到:

> 贾生才调世无伦，哭泣情怀吊屈文。
> 梁王堕马寻常事，何用哀伤付一生。

李商隐抓住汉文帝"可怜夜半虚前席，不问苍生问鬼神"，为才高八斗见识卓越的贾谊因无法施展才华竟至郁郁而终开脱，显然是用诗来诠释贾谊悲剧的深刻社会政治根源；毛泽东透过"梁王堕马寻常事，何用哀伤付一生"，含蓄地批评贾谊死得不值得，则是从人生价值观方面来评价贾谊的悲剧。视角不同，见仁见智在所难免。历史上有关贾谊人生悲剧的看法各有不同，但最有影响力的当首推上述两种见解。援引两位伟人的上述诗篇开启人们审视贾谊悲剧人生的思路，即是笔者撰写这篇文字时的思绪所在。

一

放眼历史，西汉初年著名政治家、文学家贾谊（前200年—前168年），无疑属于历史上罕见的才华横溢少年得志之人。

> 贾生名谊，洛阳人也。年十八，以能诵诗属书闻于郡中。吴廷尉为河南守，闻其秀才，召置门下，甚幸爱。孝文皇帝初立，闻河南守吴公治平为天下第一，故与李斯同邑而常学事焉，乃征为廷尉。廷尉乃言贾生年少，颇通诸子百家之书。文帝召以为博士。（《史记·屈原贾生列传》）

贾谊在家乡洛阳度过了他的少年时代。他师从荀况的学生张苍，从小就博览群书，读过儒家经典《诗》《书》《礼》《乐》《易》《春秋》等，且颇有心得。在他18岁时,便以"能诵诗属书闻于郡中",并被河南守吴公发现而"召置门下,甚幸爱"。

吴公,史失其名,因其后来曾经做过廷尉,故史称他为"吴廷尉"。当时,西汉王朝已然操控在太后吕雉手中,吴公因获得朝廷赏识而被任命为河南郡最高行政长官——河南守。由于吴公慧眼识人才,贾谊甫一进入青年时代,便与西汉官场发生了交结,并为日后驰骋西汉政坛打下了基础。

三年后,汉文帝刘恒登基。汉文帝听闻河南郡治理有方,遂擢升河南郡守吴公为廷尉。吴公因势举荐贾谊,汉文帝当即征召贾谊,委以博士之职。按《汉书·百官公卿表》:"博士,秦官,掌通古今,秩比六百石,员多至数十人。"其时贾谊21岁,在所聘博士中年纪最轻。

贾谊成为朝廷最年轻的博士,固然与吴公的推荐分不开,他的授业恩师张苍也起了重要作用。就在吕后去世当年,张苍由淮南王相迁为御史大夫,并为贾谊传授《春秋左氏传》。张苍与陈平、周勃一道,对汉文帝有拥立之功,《史记·孝文本纪》对此有明文记载。因此,当吴公与张苍联合起来推荐贾谊任博士时,文帝自会欣然同意。

出任博士期间,每逢皇帝出题让臣下讨论,贾谊每每有精辟见解,获得了同侪的一致赞许。汉文帝对贾谊非常欣赏,破格提拔,一年内便升任为太中大夫。史书对贾谊意气风发的描述,令人读来颇为振奋:

> 是时贾生年二十余,最为少。每诏令议下,诸老先生不能言,贾生尽为之对,人人各如其意所欲出。诸生于是乃以为能,不及也。孝文帝说之,超迁,一岁中至太中大夫。(同上书)

汉承秦制,太中大夫掌议论,从四品上,在朝廷中虽然属于中层官员,却是天子的近臣。贾谊擢升为太中大夫时,西汉初年另一位大名鼎鼎的智者陆贾，在朝中担任的职务也是太中大夫。

二

  贾生以为汉兴至孝文二十余年，天下和洽，而固当改正朔，易服色，法制度，定官名，兴礼乐，乃悉草具其事仪法，色尚黄，数用五，为官名，悉更秦之法。孝文帝初即位，谦让未遑也。诸律令所更定，及列侯悉就国，其说皆自贾生发之。于是天子议以为贾生任公卿之位。绛、灌、东阳侯、冯敬之属尽害之，乃短贾生曰："洛阳之人，年少初学，专欲擅权，纷乱诸事。"于是天子后亦疏之，不用其议，乃以贾生为长沙王太傅。（同上书）

上述文字简约地交代了贾谊所经历的第一次仕途曲折。文帝元年（前179年），贾谊提议进行礼制改革，上《论定制度兴礼乐疏》，以儒学与五行学说设计了一整套汉代礼仪制度，主张"改正朔、易服色、制法度、兴礼乐"，以进一步代替秦制。当时文帝刚即位，认为条件还不成熟，因此没有采纳。

文帝二年（前178年），针对当时"背本趋末""淫侈之风，日日以长"的现象，贾谊上《论积贮疏》，提出重农抑商的经济政策，主张发展农业生产，加强粮食贮备，预防饥荒。汉文帝采纳其建议，下令鼓励农业生产。政治上，贾谊提出了遣送列侯离开京城到自己封地的建议。

鉴于贾谊的突出才能和优异表现，文帝想提拔贾谊担任公卿之职，却遭到了绛侯丞相周勃、颍阴侯太尉灌婴、东阳侯张相如和御史大夫冯敬等人的嫉妒反对，进言诽谤贾谊"年少初学，专欲擅权，纷乱诸事"。汉文帝权衡利弊轻重，遂逐渐疏远贾谊，不再采纳他的建言，并于次年将他外放为长沙王太傅。

有道是:"初生牛犊不畏虎。"颇受汉文帝赏识器重的贾谊不仅青春年少才华横溢,而且眼光独到见解深邃,根本不顾官场上的陈规陋习,而了无顾忌地提出了许多直接关乎国家前途命运的决策建议。三国时魏国人李康在《运命论》中有言:"木秀于林,风必摧之;堆出于岸,流必湍之;行高于人,众必非之。前鉴不远,覆车继轨。"就在贾谊全力以赴力图兴利除弊有所建树之际,没想到他不知天高地厚不顾及朝廷元老重臣颜面的言行,已经得罪了朝中众多权臣,无形之中便成了他们攻讦的对象。于是,年轻的贾谊被排挤出朝廷,虽然出乎他本人的意料,却是旧官场逆淘汰的逻辑之必然。

司马迁简约概述了贾谊在太中大夫任上的主要建树,而贾谊所提出的"改正朔,易服色,法制度,定官名,兴礼乐"等,则建立在他从政治哲学的高度,分析秦王朝迅速灭亡之教训的《过秦论》基础之上。贾谊通过分析秦王朝二世而亡的教训,得出的结论是:"夫并兼者高诈力,安危者贵顺权,推此言之,取与守不同术也。秦离战国而王天下,其道不易,其政不改,是其所以取之守之者异也。"(贾谊《过秦论》)他进而明确指出:要使西汉政权长治久安,就要善于总结历史经验,善于观察和分析不断变化着的形势,并且根据变化了的形势及时调整自己的政策和统治方法。由此,贾谊连续提出了从根本上取代秦朝制度的一系列重大政策建议。年轻气盛的贾谊此时的表现显然属锋芒毕露,史称:"每诏令议下,诸老先生不能言,贾生尽为之对。"

沉浸在亢奋中的贾谊没有意识到,他全然不顾及别人感受的言行已经引起了大臣们的极度反感。丞相周勃、太尉灌婴、东阳侯张相如、御史大夫冯敬等多系高祖刘邦的旧臣,这些赳赳武夫对以文才学识获得皇上宠信的贾谊不感兴趣乃至渐渐心生厌恶,似在意料之中。周勃一向鄙视文人,史称其："不好文学，每召诸生说士，东向坐而责之：'趣为我语。'其椎少文如此。"这些大臣纷纷指责贾谊"专欲擅权，纷乱诸事"，则表明他们内心深处对贾谊他日进入朝廷权力中枢之后的担心。而他们在文帝面前弹劾贾谊，则纯属于中伤诬陷。权臣们的嫉妒攻讦，是文帝疏远贾谊的重要原因。而贾谊得罪了文帝的幸臣邓通，也是一个不容忽略的原因。应劭《风俗通义·正失·孝文帝》载：

> 中垒校尉刘向对孝成帝曰："太中大夫邓通以佞幸吮痈疮汁见爱，凝于至亲，赐以蜀郡铜山，令得铸钱。通私家之富俦于王者。封君又为微行，数幸通家。文帝代服衣帢，袭毡帽，骑骏马，从侍中近臣常侍期门武骑，猎渐台下，驰射狐兔果雉刺截。是时待诏贾山谏，以为不宜数从郡国贤良吏出游猎。重令此人负名不称其与。及太中大夫贾谊亦数陈止游猎。是时谊与邓通俱侍中同位，谊又恶通为人。数廷讥之，由是疏远，迁为长沙太傅。既之官，内不自得，及渡湘水，投吊书曰：'阘茸尊显，佞谀得意。'以哀屈原离谗邪之咎，亦因自伤为邓通等所愬也。"

权臣和幸臣内外中伤，令风华正茂的贾谊失去了在朝廷叱咤风云的平台，而前往长沙任太傅。长沙地处南方，离京师长安有数千里之遥。贾生既辞往行，闻长沙卑湿，自以寿不得长，又以适去，意不自得。及渡湘水，为赋以吊屈原。（《史记·屈原贾生列传》）

离京前去长沙途经湘江时，贾谊写了《吊屈原赋》凭吊屈原，并发抒自己的怨愤之情。

三

班固在《汉书·贾谊传》中明确指出：

> 谊既以适去，意不自得，及渡湘水，为赋以吊屈原。屈原，楚贤臣也，被谗放逐，作《离骚赋》，其终篇曰："已矣！国亡人，莫我知也。"遂自投江而死。谊追伤之，因以自谕。

贾谊的《吊屈原赋》，无疑是他留给世间的千古名作：

> 共承嘉惠兮，俟罪长沙。侧闻屈原兮，自沉汨罗。造托湘流兮，敬吊先生。遭世罔极兮，乃陨厥身。呜呼哀哉，逢时不祥！鸾凤伏窜兮，鸱枭翱翔：阘茸尊显兮，谗谀得志；贤圣逆曳兮，方正倒植。世谓伯夷贪兮，谓盗跖廉；莫邪为顿兮，铅刀为铦。于嗟嚜嚜兮，生之无故！斡弃周鼎兮宝康瓠，腾驾罢牛兮骖蹇驴，骥垂两耳兮服盐车。章甫荐履兮，渐不可久；嗟苦先生兮，独离此咎！
>
> 讯曰：已矣，国其莫我知，独壹郁兮其谁语？凤漂漂其高遰兮，夫固自缩而远去。袭九渊之神龙兮，沕深潜以自珍。弥融爚以隐处兮，夫岂从蚁与蛭蟥？所贵圣人之神德兮，远浊世而自藏。使骐骥可得系羁兮，岂云异夫犬羊！般纷纷其离此尤兮，亦夫子之辜也！瞰九州而相君兮，何必怀此都也？凤凰翔于千仞之上兮，览惪辉而下之；见细德之险征兮，摇增翮逝而去之。彼寻常之污渎兮，岂能容吞舟之鱼！横江湖之鳣兮，固将制于蚁蝼。

赋中所提及的许多史实，如"鸾凤伏窜""鸱枭翱翔""阘茸尊显""谗谀得志""贤圣逆曳""方正倒植"等,皆系屈原生平所遭遇。贾谊因伤感自身的处境,而将自己心中的愤慨不平与屈原的忧愁幽思交融在一起,对官场上贤人失意、小人得志现状表达出极度不满。但他并不赞同屈原的以身殉国。透过"所贵圣人之神德兮,远浊世而自藏。使骐骥可得系羁兮,岂云异夫犬羊!""凤凰翔于千仞之上兮,览惪辉而下之;见细德之险征兮,摇增翮逝而去之。彼寻常之污渎兮,岂能容吞舟之鱼!横江湖之鳣鲟兮,固将制于蚁蝼"的呼喊,可以清晰地看出,贾谊一方面借吊屈原自喻,发泄心中块垒,一方面又不肯轻易效法先贤屈子蹈水自尽,于是,在写下《吊屈原赋》之后,便赶往长沙就任去了。

出任长沙王太傅成就了贾谊的两大文学佳作,除上述《吊屈原赋》外,还有一篇是大大有名的《鹏鸟赋》。

> 贾生为长沙王太傅三年,有鸮飞入贾生舍,止于坐隅。楚人命鸮曰"服"。贾生既以适居长沙,长沙卑湿,自以为寿不得长,伤悼之,乃为赋以自广。(《史记·屈原贾生列传》)

贾谊任长沙王太傅期间,心情始终郁郁寡欢。有天,一只鸟飞入贾谊官邸,停留在一张椅子上。鸟外形似猫头鹰,按当地人迷信的说法,是一种不祥之鸟,如果它飞入民舍,主人就要离开这座房子了。因为不适应南方卑湿气候、总以为自己活不长久的贾谊,在长沙几年,胸中怨愤郁闷积日深,无法排遣,一只鸟飞入房舍竟成了他发泄的诱因。于是贾谊愤然命笔,写了传世名篇《鹏鸟赋》。

《鹏鸟赋》篇幅较长,以拟人化的手法,借鸟之口,记载了作者当时的心境,道出了作者的哲学情怀。贾谊在赋的开头写道:

单阏之岁兮，四月孟夏，庚子日斜兮，集予舍，止于坐隅，貌甚闲暇。异物来萃兮，私怪其故；发书占之兮，策言其度。曰"野鸟入处兮，主人将去。"请问于服兮："予去何之？吉乎告我，凶言其灾。淹速之度兮，语予其期。"服乃叹息，举首奋翼，口不能言，请对以意。……夫祸之与福兮，何异纠。命不可说兮，孰知其极？水激则旱兮，矢激则远。万物回薄兮，振荡相转。云蒸雨降兮，错缪相纷。大专槃物兮，坱轧无垠。天不可与虑兮，道不可与谋。迟数有命兮，恶识其时？（同上书）

　　显然，贾谊对"主人将去"（离开长沙）很感兴趣。所以他立即问鵩鸟：我将会到哪里去呢？这一去是吉是凶，请告诉我；离开此地的时间还要多久，也请告我一个日期吧。贾谊想离开长沙的迫切心情跃然纸上。鵩鸟当然无法回答贾谊的问题。于是，贾谊只好用天命学说自我麻痹："命不可说兮，孰知其极！""天不可与虑兮，道不可与谋。迟速有命兮，焉识其时！"对于自己的去向、前途和命运，贾谊的心中渺茫而无奈。可以说，《鵩鸟赋》精准地道出了在困境绝望中挣扎的贾谊心中的彷徨苦楚怨愤和无奈。对于热衷于在朝中指点江山、激扬文字、建言献策的政治家、文学家贾谊来说，担任长沙王太傅的岁月太过冷清，长沙卑湿的环境气候太过难熬，在他人眼中原本是优哉游哉的生活，在贾谊眼中简直是苦不堪言。此时此际的贾谊近乎严重的抑郁症患者。心病还需心药医，解铃还须系铃人，而在这个世界上能够治疗贾谊心理创伤的，恐怕只有汉文帝刘恒了。

四

　　贾谊得以离开长沙重返京城，缘于文帝刘恒对他的思念。

> 后岁余，文帝思谊，征之。至，入见，上方受釐，坐宣室。上因感鬼神事，而问鬼神之本。谊具道所以然之故。至夜半，文帝前席。即罢，曰："吾久不见贾生，自以为过之，今不及也。"乃拜谊为梁怀王太傅。怀王，上少子，爱，而好书，故令谊傅之，数问以得失。(《汉书·贾谊传》)

应诏入京后，文帝很快召见贾谊，并在未央宫祭神的宣室里接见他。文帝的召见令贾谊兴奋莫名，但他根本没有想到，一直交谈到深夜的这次召见，文帝询问的竟然全是鬼神之事。文帝一再向贾谊询问鬼神的原本，贾谊只得详细讲述其中的道理，汉文帝兴致盎然，听得不觉移坐到席之前端。谈论完了，汉文帝感慨地说了句："我很久没看到贾生了，自以为超过他了，今天看来，还比不上他啊！"

这次不同寻常的召见及其交谈内容，既说明他依然是文帝心目中的大学问家，又暗示着他在文帝心目中的地位已然今非昔比，已无可能成为天子近臣委以重任，边缘化的地位已然定型，碍难改变。虽然如此，贾谊的处境还是明显好转。

贾谊回到长安时，朝廷的人事已有很大变化，早年的几位元老重臣纷纷出局：灌婴已死，周勃遭冤狱获赦回绛县封地定居，不再过问朝事。文帝没有让贾谊在朝中任职，却任命他为梁怀王太傅，而梁怀王刘揖是文帝非常宠爱的幼子，且任职所在地离京城较近。不待说，文帝委任贾谊做梁怀王太傅，也体现了对他的重视。

西汉进入文帝时代，标志中国古代太平盛世的"文景之治"渐渐显露端倪，诸多社会矛盾也随之凸显：是时，匈奴强，侵边。天下初定，制度疏阔。诸侯王僭拟，地过古制，淮南、济北王皆为逆诛。(《汉书·贾谊传》)回到京城的贾谊虽然没有被安置到朝廷重要岗位上，却时刻关注并敏锐地发现了新王朝不应忽视的主要矛盾。出于一位杰出政治家的忠诚和良心，他披肝沥胆上疏陈说政事（即《陈政事疏》或曰《治安策》），"多所欲匡建"。在他看来，令当政者不容轻忽的重大社会矛盾已经到了令人痛哭、流涕、长太息的程度：

> 臣窃惟事势，可为痛哭者一，可为流涕者二，可为长太息者六，若其它背理而伤道者，难遍以疏举。进言者皆曰天下已安已治矣，臣独以为未也。曰安且治者，非愚则谀，皆非事实知治乱之体者也。夫抱火厝之积薪之下而寝其上，火未及燃，因谓之安，方今之势，何以异此！本末舛逆，首尾衡决，国制抢攘，非甚有纪，胡可谓治！陛下何不壹令臣得孰数之于前，因陈治安之策，试详择焉！（同上书）

贾谊建言的主要内容可概括为三个方面：一是建议削藩，具体内容见《贾子新书》之《宗首》《藩伤》《藩强》《大都》《等齐》《益壤》《权重》《五美》《制不定》《属远》《亲疏危乱》《淮难》等篇；二是建议以德怀服匈奴，具体内容见《贾子新书》之《威不信》《匈奴》《势卑》等篇；三是主张别贵贱、明尊卑、以礼治国，具体内容见《贾子新书》之《等齐》《服疑》《审微》《俗激》《时变》《瑰玮》《孽产子》等篇。

尽管不断向文帝上疏的贾谊此时还不满30岁，但是从他的建言中却可以看到一位杰出政治家高出同侪的远见卓识。贾谊的政治智慧，突出地反映在他劝阻文帝分封同姓王上面。

> 文帝复封淮南厉王子四人皆为列侯。贾生谏，以为患之兴自此起矣。贾生数上疏，言诸侯或连数郡，非古之制，可稍削之。

文帝不听。(《史记·屈原贾生列传》)

文帝六年(前174年),淮南王刘长谋反废死后,同情者利用歌谣攻击文帝:"一尺布,尚可缝;一斗粟,尚可舂;兄弟二人不相容!"为粉饰帝王家族内部关系,刘恒于文帝八年(前172)夏封淮南王刘长之子刘安等四人为列侯。贾谊当即上《谏立淮南诸子疏》表示反对,疏曰:

窃恐陛下接王淮南诸子,曾不与如臣者孰计之也。淮南王之悖逆亡道,天下孰不知其罪?陛下幸而赦迁之,自疾而死,天下孰以王死之不当?今奉尊罪人之子,适足以负谤于天下耳。此人少壮,岂能忘其父哉?白公胜所为父报仇者,大父与伯父、叔父也。白公为乱,非欲取国代主也,发愤快志,剡手以冲仇人之匈,固为俱靡而已。淮南虽小,黥布尝用之矣,汉存特幸耳。夫擅仇人足以危汉之资,于策不便。虽割而为四,四子一心也。于之众,积之财,此非有子胥、白公报于广都之中,即疑有专诸、荆轲起于两柱之间,所谓假贼兵为虎翼者也。愿陛下少留计!(《汉书·贾谊传》)

对于贾谊的忠谏,文帝却听不进去。

文帝十一年(前169年),梁怀王刘揖(即刘胜)坠马死,又没有儿子,按成例他的封国就要撤销。贾谊于悲痛之中上《请封建子弟疏》,建议文帝加强两个亲儿子的诸侯国——代国和淮阳国的势力:

举淮南地以益淮阳,而为梁王立后,割淮阳北边二三列城与东郡以益梁;不可者,可徙代王而都睢阳。梁起于新郪郦以北著之河，淮阳包陈以南揵之江。则大诸侯之有异心者，破胆而不敢谋。梁足以扞齐、赵，淮阳足以禁吴、楚，陛下高枕，终亡山东之忧矣，此二世之利也。(《汉书·贾谊传》)

文帝接受了贾谊的这一建议："乃徙淮阳王武为梁王，北界泰山，西至高阳，得大县四十余城；徙城阳王喜为淮南王，抚其民。"从后来发生吴楚七国之乱、梁王刘武坚定地站在中央一边抵御叛乱所发挥出来的重大作用来看，贾谊确实是一位深谋远虑的政治家战略家。

较之任长沙王太傅，贾谊任梁怀王太傅后的境遇要好得多。文帝对贾谊的信任逐步恢复，贾谊重新获得了建言献策的机会，梁怀王刘揖年纪虽小却爱读诗书，师徒之间相得甚欢。可惜好景不长。文帝十一年（前169年），刘揖入朝时不慎坠马死。梁怀王的意外之死，对贾谊是一个致命的打击：梁怀王刘揖是文帝的爱子，与自己相处甚欢；身为梁怀王太傅，主子王意外身亡自己难辞其咎。文帝十二年（前168年），贾谊在极度哀伤忧郁之中结束了自己的人生之旅，终年33岁。

一代才俊如此轻掷生命，令后人为之伤悼惋惜不已，绝大多数人认为贾谊死得不值得。

五

贾谊有形的躯体随着他的去世而告终结，贾谊无形的精神则与世长存永不磨灭。随着时间的推移，人们对贾谊的兴趣有增无减，有关贾谊评论的话题也见仁见智，各执一词。评价贾谊的第一个难点是他短暂的仕途人生，究竟是遇还是不遇？围绕着这一话题，长期存在着两种截然相反的观点。

在《史记》中，司马迁将贾谊与屈原合传，已经含蓄地表达了他对屈原和贾谊不幸遭遇的同情伤感。在《屈原贾生列传》中，司马迁一是说由于绛灌等短贾生，"于是天子后亦疏之，不用其议，乃以贾生为长沙王太傅"；二是说贾谊因"长沙卑湿，自以为寿不得长，伤悼之，乃为赋以自广"；三是说贾谊谏封淮南王子，"文帝不听"；四是说他自己适长沙，"观屈原所自沉渊，未尝不垂涕，想见其为人。及见贾生吊之，又怪屈原以彼其才，游诸侯，何国不容，而自令若是。读《鵩鸟赋》，同死生，轻去就，又爽然自失矣"。

刘向承袭司马迁的观点，认为：

> 贾谊言三代与秦治乱之意，其论甚美，通达国体，虽古之伊、管未能远过也。使时见用，功化必盛。为庸臣所害，甚可悼痛。(《汉书·贾谊传·赞》)

另一位史学家班固则不同意司马迁、刘向的观点，而将自己的见解写入《汉书·贾谊传·赞》中：

> 追观孝文玄默躬行以移风俗，谊之所陈略施行矣。……谊亦天年早终，虽不至公卿，未为不遇也。

在《汉书·叙传》中，班固又说道：

> 贾生矫矫，弱冠登朝，遭文睿圣，屡抗其疏。暴秦之戒，三代是据；建设屏藩，以强守围；吴楚合从，赖谊之虑。

双方的分歧在于：司马迁、刘向认为，贾谊的才能完全可以任公卿，文帝也有此打算，只是为当朝大臣所阻挠，导致文帝逐渐疏远贾谊，致使贾谊不遇，以致终于藩国太傅之任；班固却认为，贾谊位虽不至公卿，但其谋议已略施行，从这一点来看，他未为不遇。

唐人李善对班固之见不以为然。他借注《昭明文选》中贾谊《鵩鸟赋》指出，贾谊当时只有登公卿之位，才可以称得上是达和遇；既然贾谊没有被擢升为公卿，班固所言"未为不达"，就是错误的。

宋人欧阳修则撰写《贾谊不至公卿论》反驳班固，指出：

孝文之兴，汉三世矣。孤秦之弊未救，诸吕之危继作；南北兴两军之诛，京师新蹀血之变。而文帝由代邸嗣汉位，天下初定，人心未集，方且破觚斫雕，衣绨履革，务率敦朴，推行恭俭。故改作之议谦于未遑，制度之风阙然不讲者，二十余年矣。而谊因痛哭以悯世，太息而着论。况是时方隅未宁，表里未辑，匈奴桀黠，朝那、上郡萧然苦兵；侯王僭拟，淮南、济北，继以见戮。谊指陈当世之宜，规画亿载之策，愿试属国以系单于之颈，请分诸子以弱侯王之势。上徒善其言而不克用。……

且以谊之所陈，孝文略施其术，犹能比德于成、康。况用于朝廷之间，坐于廊庙之上，则举大汉之风，登三皇之首，犹决壅稗坠耳。奈何俯抑佐王之略，远致诸侯之间！故谊过长沙作赋以吊汨罗，而太史公传于屈原之后，明其若屈原之忠而遭弃逐也。而班固不讥文帝之远贤，痛贾生之不用，但谓其天年早终。且谊以失志忧伤而横夭，岂曰天年乎！

北宋改革家兼诗人王安石则赞同班固的见解，并赋诗一首说明自己的看法：

> 一时谋议略施行，谁道君王薄贾生。
> 爵位自高言尽废，古来何啻万公卿？

在王安石看来，一个人的遇不遇，不在于其官职大小，而在其言能否为君王采用：其言能被采用，则可谓受知遇之恩；如果其言尽废，那么即使位至公卿也难以言知遇。

贾谊的人生际遇犹如秃子头上的虱子——明摆在那儿，后人之所以会各执一词争执不休，根源盖出于认识的片面性。贾谊少年得志，20多岁便做了太中大夫，成了文帝身边的近臣，当然是令人羡慕不已的幸运和偶遇。意气风发的贾谊凭借其不羁才华睿智卓见，针对国家面临的诸多矛盾问题多次建言献策，部分被文帝所采纳，而成为朝廷决策，有的建议当时虽然未被采纳，却在后来逐渐付诸实施。这些不争的事实都说明，贾谊是西汉官场上的幸运儿。贾谊因倍受文帝赏识活跃在朝堂上，直言不讳地对国家大事陈述己见而为朝中元老重臣所嫉妒之时，许多和他年龄相仿的学子还在默默无闻地苦读诗书，许多和他一样学富五车的青年才俊还在为寻求晋身之阶而苦闷彷徨，许多颇有才华的年轻人在达官显贵面前还只能毕恭毕敬，尚未取得议论国家大事的话语权。有比较才能鉴别，贾谊年纪轻轻便平步青云成为文帝的近臣，无论如何不能说是不遇。即便是他后来受到冷落，被外放为长沙王太傅，对于一位二十几岁没有地方工作经验的年轻人来说，未尝不是一种历练。放眼历朝历代，由朝廷下放到地方任职而后又调回朝中任职，几乎屡见不鲜，其道理就在于经过地方工作的历练磨难方能晓得朝廷决策的艰难。总不能因为贾谊被外放随后早夭，便否定他同样有外放到地方历练的必要性。否则，就会陷入天才论的泥淖而无法自拔。

但是，贾谊仕途的不遇又确是从汉文帝听信周勃绛灌等大臣谗言，疏远并外放他为长沙王太傅开始的。此后所发生的一切，诸如途经湘江时撰写《吊屈原赋》，鸟入室后撰写《鵩鸟赋》，奉诏入京夜半与文帝在宣室不谈论苍生谈论鬼神之事，因梁怀王坠马丧命哀伤自责而死等，皆可视为是因文帝冷淡疏远将其放置到不重要岗位上而引发的。

围绕贾谊究竟是遇还是不遇的争论，实际上反映出了封建时代才华卓异的士大夫们的无奈和渺小。即便是像贾谊这样罕见的杰出政治家、文学家，其仕途前程政治命运完全取决于君王一己之好恶。究其根源，贾谊人生中无法自拔的悲哀正在于此。

司马迁将贾谊和屈原并列一传，但贾谊与屈原毕竟不同。屈原所面对的是乱世，是无道昏君楚怀王，而贾谊所置身其中的则是治世，是历史上难得一觅的有道明君汉文帝。饶是如此，贾谊究竟是遇还是不遇的问题，方才更加吸引人们的眼球，引发人们的慨叹。"屈贾谊于长沙，非无圣主；窜梁鸿于海曲，岂乏明时？"（王勃《滕王阁序》）唐代诗人刘长卿也在《长沙过贾谊宅》中，道出了贾谊躬逢治世躬逢明主而不遇的无尽惆怅：

汉文有道恩犹薄，湘水无情吊岂知。
寂寂江山摇落处，怜君何事到天涯。

六

贾谊话题的另一个热点是其抗击打能力问题，或曰心量大小问题。

《孟子·告子下》有一段至理名言：

舜发于畎亩之中，傅说举于版筑之间，胶鬲举于鱼盐之中，

> 管夷吾举于士，孙叔敖举于海，百里奚举于市，故天将降大任于斯人也，必先苦其心志，劳其筋骨，饿其体肤，空乏其身，行拂乱其所为，所以动心忍性，曾益其所不能。

在孟子看来，艰难困苦是锻炼人成就人的有效途径，杰出人物的杰出才能不是与生俱来的，而是在后天的恶劣环境中培养磨炼出来的。按照孟子的这一观点，作为"天将降大任于斯人"的贾谊，无疑也应当以达观的态度看待宦海沉浮，经受各种艰难困苦的磨炼。但是，回望贾谊其人，显然在面对逆境磨难方面心理承受能力脆弱，抗击打能力太差。

同样是著名文学家经历过更多苦难却没有倒下去的后来者宋人苏轼，在其著名的《贾谊论》中，对贾谊这一性格缺陷的分析入木三分：

> 非才之难，所以自用者实难。惜乎！贾生，王者之佐，而不能自用其才也。……愚观贾生之论，如其所言，虽三代何以远过？得君如汉文，犹且以不用死。然则是天下无尧、舜，终不可有所为耶？……若贾生者，非汉文之不能用生，生之不能用汉文也。
>
> 夫绛侯亲握天子玺而授之文帝，灌婴连兵数十万，以决刘、吕之雌雄，又皆高帝之旧将，此其君臣相得之分，岂特父子骨肉手足哉？贾生，洛阳之少年。欲使其一朝之间，尽弃其旧而谋其新，亦已难矣。为贾生者，上得其君，下得其大臣，如绛、灌之属，优游浸渍而深交之，使天子不疑，大臣不忌，然后举天下而唯吾之所欲为，不过十年，可以得志。安有立谈之间，而遽为人"痛哭"哉！观其过湘为赋以吊屈原，纡郁愤闷，趯然有远举之志。其后以自伤哭泣，至于夭绝。是亦不善处穷者也。夫谋之一不见用，则安知终不复用也？不知默默以待其变，而自残至此。呜呼！

> 贾生志大而量小，才有余而识不足也。……

且不论苏轼通观全局对于汉文帝对贾谊建言的权衡取舍分析，单就他对于贾谊心量太小、在人情世故方面见识不足的批评而言，无疑是十分中肯的。书生气十足的贾谊一心想着通过说服文帝将自己的政策建议变成现实，却忽略了必须处理好方方面面的关系，"上得其君，下得其大臣，如绛、灌之属，优游浸渍而深交之，使天子不疑，大臣不忌"。所以说，贾谊空怀"王者之佐，而不能自用其才也"。通过贾谊失宠外放后怨愤不平溢于言表，苏轼强调指出，贾谊的致命缺陷是"不善处穷"，"志大而量小，才有余而识不足"。

清人袁枚也对贾谊心胸不开阔提出批评，指出：

> 吾尤怪太史公谓生悲不用故早折，非知生者。洛阳年少，内位大夫，外为师傅，非不遇也。文帝肫诚，自惊不及，宁肯虚誉？其所议论，颇见施行，其未为丞相者，将老其才而用之。宾门纳麓，尧试舜且然，而遽谓文帝之不用生乎？生不死，帝必用生；生用其所施，必远过晁、董。而卒之天夺其年，岂非命耶？生自伤为傅无状，哭泣过哀，思文帝之恩，惜梁王之死，盖深于情者也，所以为贤也。为《鹏鸟赋》《吊屈原》，皆文人之偶寄。颜渊不改其乐，亦三十而卒。乌得以其早亡，为有所怼乎？（袁枚《读贾子》）

有道是："风物长宜放眼量。"作为一位杰出的政治家，具备人所不及的心胸器量尤其重要。司马迁在《报任安书》中所列举的几位古人，如文王、孔子、屈原、左丘明、孙膑、吕不韦、韩非等，无一不具备这一过人的优长。

即使不拿这些形象过于高大完美令人难以望其项背的先贤说事，单是看对贾谊同情不已的司马迁，以及极其仰慕他的宋代文豪苏轼，他们所承受的苦难挫折都远远大于贾谊，他们表现出来的抗击打能力也远远高于贾谊。器量大小决定格局大小，抗击打能力强弱决定生死存亡。于此可见一斑。

如果我们联想到贾谊遭遇挫折困顿时年仅二三十岁，如果我们联想到他只做了三年长沙王太傅便被重新召回京城，改任文帝宠爱的小儿子梁怀王刘揖的太傅，如果我们联想到贾谊提出的建言已有部分被采纳，那么我们就可以大胆想象：贾谊倘若心胸广阔豁达，坚韧不拔，愈挫愈奋，具有足够强大的抗击打能力，能战胜自己的弱点，而不是无休止地沉溺于伤感自责愧疚当中者，后来必然会为文帝所重用，说不定会因此而成为一代名臣。惜乎性格决定命运，贾谊的性格缺陷使得他过早地离开了人世。

冯唐

鄙人不知忌讳
与白首不见招

古人将"立德、立功、立言"视为人生"三不朽"，核心自是围绕着"青史留名"打转。"了却君王天下事，赢得生前身后名，可怜白发生。"宋代词圣辛弃疾一语道出了古代无数志士仁人抱恨终天的无尽苦恼。或者是生不逢时不遇明主，或者是生逢其时而不见用，或者是由于这种那种原因而找不到用武之地，无法施展其才华本领，无从将平生所学得的文武艺出售于帝王家，以至于长期困顿潦倒休置闲散郁郁而终。与被人艳羡称之为冰山一角的极少数有幸青史留名的成功人士相对应的，是沉没于水下冰山里数不清的终其一生都没能寻找到施展才学报效国家机会的庞大的志士仁人群体。

西汉人士冯唐无疑应当属于这个被漠视、被冷落、被遗忘的群体，却奇迹般地在青史上留下了姓名，进而成为这一不幸群体的代表性人物。"冯唐易老,李广难封。""冯公岂不伟,白首不见招。""冯唐有乘龙之才,一生不遇。""垂白冯唐老,清秋宋玉悲。""应同罗汉无名欲,故作冯唐老岁年。"在古代文人笔下,冯唐不仅是人们排遣牢骚郁闷的符号,而且成了"同是天涯沦落人"相互劝慰自我宽慰,"风物长宜放眼量"的同义语。

冯唐何以能够获得这种待遇?何以会比那么多抱憾终生默默而逝的在人世间走过一个来回的难兄难弟更幸运?因为思考这些问题,而悠然想到了司马迁在《史记》中多次述及的观点:"得附骥尾而至千里。"

在《史记·伯夷列传》中,司马迁有感而发,谈起了人生知名度问题,说道:"'君子疾没世而名不称焉。'贾子曰:'贪夫徇财,烈士徇名,夸者死权,众庶冯生。''同明相照,同类相求。''云从龙,风从虎,圣人作而万物睹。'伯夷、叔齐虽贤,得夫子而名益彰。颜渊虽笃学,附骥尾而行益显。岩穴之士,趣舍有时若此,类名湮灭而不称,悲夫!闾巷之人,欲砥行立名者,非附青云之士,恶能施于后世哉?"

在《史记·萧相国世家》中,司马迁大胆冷静地分析萧何的成功,直言不讳地说道:"萧相国何于秦时为刀笔吏,录录未有奇节。及汉兴,依日月之末光,何谨守管籥,因民之疾法,顺流与之更始。淮阴、黥布等皆以诛灭,而何之勋烂焉。"

在《史记·樊郦滕灌列传》中,司马迁直截了当地指出:"吾适丰沛,问其遗老,观故萧、曹、樊哙、滕公之家,及其素,异哉所闻!方其鼓刀屠狗卖缯之时,岂自知附骥之尾,垂名汉廷,德流子孙哉?余与他广通,为言高祖功臣之兴时若此云。"

对于冯唐其人其事其现象乃至其身后知名度和影响力的认识,同样可以从司马迁的上述言论中得到启发:"伯夷、叔齐虽贤,得夫子而名益彰。颜渊虽笃学,附骥尾而行益显。"冯唐也是如此,明显是沾了司马迁将他写进《史记》的光,使得他原本平庸无作为郁郁不得志的坎坷人生,具有了某种标志性的代表"人生在世不得志"的群体的价值意义。

一

冯唐,西汉代郡(治今蔚县)人,其祖父为战国时期赵国人,父亲移居于代地。冯唐以孝行著称于当时,被举荐做了中郎署长。

在《史记》中,冯唐和张释之并列一传。与冯唐以品行良好步入仕途不同,堵阳人张释之靠金钱开路,做了一个小小的骑郎。转眼十年过去,张释之一直未得升调。在他心灰意冷打算辞官之际,亏得中郎将袁盎援手,奏请文帝调补张释之做了谒者。因为在面见文帝时应对得体,受到夸奖,提升为谒者仆射。尔后,张释之逐渐进入文帝的视野,职务不断升迁,由谒者仆射而公车令,而中大夫,而中郎将,而廷尉。相形之下。张释之所担任的职务远比冯唐要显赫。

太史公把冯唐和张释之同列一传,使得人们无形之中便将他们二人互为参照,进而认识其在官场上的异同。张释之虽然有过长达十年之久的冷遇,但却比冯唐幸运许多,因为其渊博的历史学识和刚直不阿的性格颇受汉文帝赏识,张释之很快升任廷尉,成了朝中的显赫人物。在廷尉任上,张释之通过处理两件棘手的事体,而展现了自己刚直不阿的优秀品质。第一件是坚持依法量刑,公然忤逆文帝旨意,仅对惊了文帝御马之人处以罚金。太史公津津有味地讲述了事情的经过:

上行出中渭桥,有一人从桥下走出,乘舆马惊。于是使骑捕,属之廷尉。释之治问。曰:"县人来,闻跸,匿桥下。久之,以为行已过,即出,见乘舆车骑,即走耳。"廷尉奏当,一人犯跸,当罚金。文帝怒曰："此人亲惊吾马，吾马赖柔和，令他马，固不败伤我乎？而廷尉乃当之罚金！"释之曰："法者天子所与天下公共也。今法如此而更重之，是法不信于民也。且方其时，上使立诛之则已。今既下廷尉，廷尉，天下之平也，一倾而天下用法皆为轻重，民安所措其手足？唯陛下察之。"良久，上曰："廷尉当是也。"（《史记·张释之冯唐列传》）

第二件是坚持法律至上，判处偷盗汉室宗庙御物的盗贼死罪，而不肯迎合文帝的心思罪及无辜：

其后有人盗高庙坐前玉环，捕得，文帝怒，下廷尉治。释之案律盗宗庙服御物者为奏，奏当弃市。上大怒曰："人之无道，乃盗先帝庙器，吾属廷尉者，欲致之族，而君以法奏之，非吾所以共承宗庙意也。"释之免冠顿首谢曰："法如是足也。且罪等，然以逆顺为差。今盗宗庙器而族之，有如万分之一，假令愚民取长陵一抔土，陛下何以加其法乎？"久之，文帝与太后言之，乃许廷尉。当是时，中尉条侯周亚夫与梁相山都侯王恬开见释之持议平，乃结为亲友。张廷尉由此天下称之。（同上书）

在张释之名满天下誉满天下之际，品行高洁的冯唐一如既往，未能引起人们的关注，继续默默无闻地充任他当了多年的中郎署长。

二

冯唐由于一直没有获得相应的职务和平台，没有机会施展才能，故而乏善可陈。他和张释之堪有一比的地方在于，虽然长期得不到升迁，仅是个中郎署长，却照样有胆有识，正直敢言，从不阿谀奉承。或许司马迁正是敬重冯唐的这一胆识优长，而将他和张释之并列在一篇列传当中。司马迁绘声绘色地介绍了冯唐和汉文帝刘恒之间的一次交往：

> 文帝辇过，问唐曰："父老何自为郎？家安在？"唐具以实对。文帝曰："吾居代时，吾尚食监高祛数为我言赵将李齐之贤，战于巨鹿下。今吾每饭，意未尝不在巨鹿也。父知之乎？"唐对曰："尚不如廉颇、李牧之为将也。"上曰："何以？"唐曰："臣大父在赵时，为官将，善李牧。臣父故为代相，善赵将李齐，知其为人也。"上既闻廉颇、李牧为人，良说，而搏髀曰："嗟乎！吾独不得廉颇、李牧时为吾将，吾岂忧匈奴哉！"唐曰："主臣！陛下虽得廉颇、李牧，弗能用也。"上怒，起入禁中。良久，召唐让曰："公奈何众辱我，独无闲处乎？"唐谢曰："鄙人不知忌讳。"（《史记·张释之冯唐列传》）

汉文帝乘车经过郎署时，看见了年事已高的冯唐，觉得奇怪，便问冯唐说："老人家怎么还在做郎官？家在哪里？"冯唐均如实作答。因为文帝曾经做过代王，得知冯唐是代人后，便找到了聊天的话题，由赵国将领李齐而聊到了赵国名将廉颇、李牧。文帝不由得生发感慨，说道："嗟乎！吾独不得廉颇、李牧时为吾将，吾岂忧匈奴哉！"说话一向直来直去的冯唐闻听之下，不假思索，便脱口回答说："主臣！陛下虽得廉颇、李牧，弗能用也。"一句话说得文帝无地自容，遂怒气勃勃地"起入禁中"。过了良久，又将冯唐召来责备道："公奈何众辱我，独无闲处乎？"耿介的冯唐一边谢罪，一边回答说："鄙人不知忌讳。"

这些文字写活了文帝刘恒和中郎署长冯唐。据《资治通鉴》所载，他们二人之间的对话发生在汉文帝十四年（前166年）：

> 上辇过郎署，问郎署长冯唐曰："父家安在？"对曰："臣大父赵人，父徙代。"上曰："吾居代时，吾尚食监高祛数为我言赵将李齐之贤，战于巨鹿下。今吾每饭意未尝不在巨鹿也。父知之乎？"唐对曰："尚不如廉颇、李牧之为将也。"上搏髀曰："嗟乎！吾独不得廉颇、李牧为将！吾岂忧匈奴哉！"唐曰："陛下虽得廉颇、李牧，弗能用也。"上怒，起，入禁中，良久，召唐，让曰："公奈何众辱我，独无闲处乎！"唐谢曰："鄙人不知忌讳。"（《资治通鉴》卷十五）

汉文帝刘恒享年47岁，和冯唐对话时38岁。汉武帝刘彻即位（前141年）那年，冯唐已经是90多岁的老人了。以此前推，其时冯唐在65岁左右，但依旧是个郎官，文帝觉得奇怪，所以会有此一问："父老何自为郎？家安在？"在文帝礼贤下士和他聊天的时候，冯唐的脾气秉性却不知收敛，由于文帝的感慨触动了他的神经，于是竟然脱口说出"陛下虽得廉颇、李牧，弗能用也"。尽管刘恒是历史上罕见的有道明君，尽管冯唐是一位垂垂老者，但如此当面嘲讽，还是令刘恒汗颜，因愤怒而"起入禁中"。由于文帝心胸宽阔，同时感到好奇，于是待到怒气稍微平息，便又走出来重新和冯唐对话，责备他"公奈何众辱我，独无闲处乎！"皇帝这么一问，冯唐随口道出了一句大实话："鄙人不知忌讳。"

封建时代里君臣之间如此坦诚对话，堪称是难以寻觅的政坛佳话，对于冯唐来说，则无疑是天大的幸事——如果换成是别的君主，他的脑袋即便不搬家，身上也得脱层皮。不论是"大不敬"，或者是"君前失仪"，或者是触碰了皇帝的逆鳞，都足以让"不知忌讳"的冯唐悔恨终生。

三

汉文帝并不是一时心血来潮，便向一个小小的中郎署长冯唐抒发"吾独不得廉颇、李牧时为吾将，吾岂忧匈奴哉"的感慨，而是因为担忧北方匈奴屡屡入侵而放不下心来，才和高祖刘邦一样国难思良将，"大风起兮云飞扬。威加海内兮归故乡。安得猛士兮守四方！"进而追问冯唐何以知道他不能使用廉颇、李牧那样的名将。

当是之时，匈奴新大入朝，杀北地都尉卬。上以胡寇为意，乃卒复问唐曰："公何以知吾不能用廉颇、李牧也？"唐对曰："臣闻上古王者之遣将也，跪而推毂，曰阃以内者，寡人制之；阃以外者，将军制之。军功爵赏皆决于外，归而奏之。此非虚言也。臣大父言，李牧为赵将居边，军市之租皆自用飨士，赏赐决于外，不从中扰也。委任而责成功，故李牧乃得尽其智能，遣选车千三百乘，彀骑万三千，百金之士十万，是以北逐单于，破东胡，灭澹林，西抑强秦，南支韩、魏。当是之时，赵几霸。其后会赵王迁立，其母倡也。王迁立，乃用郭开谗，卒诛李牧，令颜聚代之。是以兵破士北，为秦所禽灭。今臣窃闻魏尚为云中守，其军市租尽以飨士卒，〔出〕私养钱，五日一椎牛，飨宾客军吏舍人，是以匈奴远避，不近云中之塞。虏曾一入，尚率车骑击之，所杀甚众。夫士卒尽家人子，起田中从军，安知尺籍伍符。终日力战，斩首捕虏，上功莫府，一言不相应，文吏以法绳之。其赏不行而吏奉法必用。臣愚，以为陛下法太明，赏太轻，罚太重。且云中守魏尚坐上功首虏差六级，陛下下之吏，削其爵，罚作之。由此言之，陛下虽得廉颇、李牧，弗能用也。臣诚愚，触忌讳，死罪死罪！"文帝说。是日令冯唐持节赦魏尚，复以为云中守，而拜唐为车骑都尉，主中尉及郡国车士。（《史记·张释之冯唐列传》）

仔细品味上述问答，方知官职不高的冯唐不仅平时注意留心国事，对如何抵御匈奴入侵颇有见地，而且看出了朝廷用兵的症结所在，挑明了文帝在使用将帅上"法太明、赏太轻、罚太重"的失误，并批评文帝对边关守将魏尚赏罚倒置。由于心里有气，在文帝感慨时，冯唐才丝毫不留情面地挖苦他"虽得廉颇、李牧，弗能用也"。从善如流的文帝很快转怒为笑，当即对冯唐委以重任，派他作为朝廷钦差，持节前往云中赦免边关守将魏尚，恢复魏尚的云中太守职务，并对前方将士们进行安抚。接着，文帝又擢升冯唐为"车骑都尉，主中尉及郡国车士"。

就这样，"不知忌讳"直来直去的倔老头冯唐非但没有因言获罪，反而得到提拔重用，有了持节前往云中的风光。在冯唐的人生履历上，这大概是最为辉煌的一页。而冯唐和文帝之间的对话，因充分体现了冯唐其人的胆略见识才干风骨语言风格，而被同时代人且稍晚于他的史家司马迁赞赏不已，称之为："冯公之论将率，有味哉！有味哉！"

世人谈论上述掌故，往往停留在仰慕冯唐的耿介和文帝的虚怀若谷方面，却忽略了冯唐当面顶撞文帝的背后原因。自古以来，历代帝王都把赏罚视为驾驭天下的基本手段，所谓"天下大务，莫过赏罚"。坚持无为而治的明主汉文帝却未能艺术地利用赏罚来驾驭天下，官职卑微的冯唐对之看在眼里，急在心上，却苦于找不到进谏的机会。于是，文帝偶然的主动垂询，便让冯唐等到了发泄不满的机会。

冯唐和汉文帝之间的这番问答会话，如同凤凰展翅一般，在展示其靓丽风采的同时，也含蓄地点明了他在官场上吃不开混不出模样来的根源所在。性格决定命运，自然在很大程度上也决定官运。"不知官场忌讳"的冯唐投身官场，已然是一个异数，一个错误，其不受待见没有发展长期郁郁不得志，自是预料当中的事情。

四

后元七年（前157年），文帝刘恒去世，太子刘启继位，是为景帝。冯唐被任命为楚相，但很快被罢免。

因为景帝器量不大，对在他作太子时曾让他难堪过的大臣张释之不能尽释前嫌，嘴上说不会怪罪，后来却对张释之还以牙眼，将其外放为淮南王相。故而，冯唐被外放为楚王相，旋又遭罢免，人们便认为是冯唐说话不知忌讳、令景帝厌恶的缘故。但事情的真相也许并不如人们的主观揣测。

前已述及，和文帝对话时冯唐的年龄在65岁左右，九年之后，他已是年逾古稀之人，年龄偏大可能是冯唐很快被免职致仕的主要原因。至于将冯唐外放为楚相是否一定意味着景帝不愿意把他留在朝中，即便不排除这种可能，也不应将冯唐外放楚相，与景帝将张释之外放为淮南王相，文帝将贾谊外放为长沙王相混为一谈。这不仅是因为贾谊、张释之在朝中的官职比冯唐高，还因为贾谊、张释之都曾经被文帝高度信任，而冯唐始终没有享受过这一殊荣。汉高祖刘邦在世时，就曾经将他所信任的大臣御史大夫周昌改任为赵王相，替他呵护爱子赵王刘如意。这个例子也表明，任命冯唐为楚王相无疑是一种升迁。

17年后，景帝刘启去世，太子刘彻称帝，史称汉武帝。武帝即位后励精图治，不拘一格选用人才。

建元元年（前140年）冬十月，诏举贤良方正直言极谏之士，上亲策问以古今治道，对者百余人。

　　上自初即位，招选天下文学材智之士，待以不次之位。四方士多上书言得失，自衒鬻者以千数。上简拔其俊异者宠用之。庄助最先进，后又得吴人朱买臣、赵人吾丘寿王、蜀人司马相如、平原东方朔、吴人枚皋、济南终军等，并在左右，每令与大臣辨论，中外相应以义理之文，大臣数屈焉。（《资治通鉴》卷十七）

武帝在这个时候想起了久闻大名的冯唐，却不知道他已经是九十多岁的高龄老翁了。故而，方才有"求贤良，举冯唐。唐时年九十余，不能复为官，乃以唐子冯遂为郎"流传为美谈。对于冯唐来说，朝廷的这次征召实在是来得太晚了！

看到朝廷诏书后九旬老翁冯唐作何感想，史书未载，不得而知。

也许会感触万千，也许会一笑置之，也许会断然拒绝，也许会置若罔闻。韶华易逝，人生易老，后人完全有理由为冯唐之生也早，没能等到在武帝时代一展长才而感慨系之。

从世俗的观点来看，冯唐一生等闲白头，罕有建树，唯一可以称道并存活在世人心中的，便是当面顶撞批评汉文帝并以"鄙人不知忌讳"为由相解脱一件事。但冯唐的人生并非虚掷，起码他赢得了一个伟岸耿介的好名声，起码他的名字进入了后起之君武帝刘彻的视野，起码因为他的缘故儿子冯遂得沾朝廷雨露恩泽，做了一个郎官。

五

冯唐曾经做了多年郎官，后来承蒙武帝刘彻恩典，其子冯遂也出仕做了郎官。郎官是皇帝身边的侍卫或随从，在汉代属于初级官吏。郎官虽小，却有机会接近皇帝，在有人眼里被视为升官捷径。能否利用好郎官这个平台作为进身之阶，则因人而异。不待说，耿介刚直不善于察言观色"不知忌讳"的冯唐是一个失败者，而成功者同样大有人在，其中最有说服力的当属清代的和珅。

据说和珅当侍卫不久，一次乾隆在出行途中看奏折，看到有要犯逃脱，便随口念叨了一句："虎兕出于柙，龟玉毁于椟中，是谁之过与？"乾隆身边别的侍卫皆不知所云，唯有和珅脱口对出："典守者不得辞其责。"这是南宋理学大师朱熹的《论语》批注。乾隆闻言大悦。从此和珅平步青云，两三年之间就升到了军机大臣。如果乾隆身边站立的不是和珅而是冯唐，十之八九不会有此一出。这倒不是说冯唐没有这个学问，而是依据冯唐耿介的性格，断然不会随口迎合的。回望历史，许多和冯唐一样才华卓异有胆有识的人士，不是没有过脱颖而出的机会，而是由于性格使然，总是不肯或者说不善于努力去把握这种稍纵即逝的机会。

在《史记》里，冯唐因敢于当面顶撞汉文帝而留下伟岸耿介的良好形象，汉文帝则因能够包容冯唐、不计较他的言辞、虚心采纳他的建议、起用他作为钦差出使云中而广受褒奖。殊不知，汉文帝在位凡24年，直到公元前166年即他做皇帝的第15个年头，冯唐才得以进入他的视野，而这15年正是冯唐精力最为充沛的大好时光。一直服侍在这位历史上罕见的有道明君身边，却没有进入人家的视野，固然与冯唐不懂得官场规矩，不知忌讳，不会主动投其所好有关，和汉文帝自己也不喜欢冯唐的性格做派，也有说不清道不明的关系。透过史书介绍人们都知道，冯唐是一位有胆有识性情耿介的倔人。这样的人总是吃嘴巴的亏而不自知。中国人好面子，官场上的人尤其好面子，失了面子无异于失了官威。战国著名思想家韩非子曾潜心研究官场心理、帝王心理，提出了有名的"逆鳞说"，核心是告诉人们必须时刻注意主动维护君主的颜面形象,维护君主的无上权威,一旦不慎触动了君主的逆鳞,就会将自己置于万劫不复的绝境。无数名利客由此而悟出了官场的生存升迁之道,于是乎溜须拍马、曲意迎奉、阿谀奉承、讨好取悦,便成为他们在官场上平步青云的终南捷径和不传之秘。

冯唐或者根本不懂得这一套,或者对之嗤之以鼻不屑为之。他像意大利著名诗人但丁在《神曲》中所说的那样:"一意孤行,笑骂由人,非但不加申辩,而且充耳不闻。"即使在皇上面前也是实话实说,也敢直言冲撞。汉文帝固然有容人之量,但他这样的人世所罕见。所以,在当面一套背后一套口蜜腹剑笑里藏刀的官场中,冯唐无形中就成了不入群不合伙的异数,只能徒然地在官场中虚耗时光,随着时光的流逝而自然淡出。而冯唐本人走过的真实路程,又恰恰说明了这一点。

西哲有言:"实体是自身原因。""本质在表现出来,现象是本质的。"如果套用这一哲学语言来解释冯唐现象的话,冯唐的倔强性格乃是他无法在官场上游刃有余地施展才华的自身原因。

六

"冯唐易老,李广难封。"——用北宋宰相吕蒙正的话说叫作:"李广有射虎之威,到老无封;冯唐有乘龙之才,一生不遇。"——一个"易老",留不住逝水年华,一个"难封",等不来朝廷封侯,不仅将冯唐和李广两个难兄难弟紧紧地联系在了一起,而且道出了普天之下无数官场失意之人的彷徨苦闷心酸和无奈。

李广是世人所喜爱的历史人物,飞将军的传奇故事人们耳熟能详。史称李广"悛悛如鄙人,口不能道辞",却骁勇善战,常年驰骋在和匈奴作战的战场上,是一位令敌人闻风丧胆同时深得将士们拥戴的杰出将才。文帝在世时曾经赞许李广道:"惜乎!子不遇时,如令当高皇帝时,万户侯岂足道哉!"

汉景帝时期爆发七国之乱,李广奉命随同大将军周亚夫平叛,屡建功勋,奋勇夺得对方军旗而威名大震。梁孝王刘武当即赐以将军之印,李广没有多想便接受了。景帝对亲弟弟梁孝王刘武存有戒心,李广憨头憨脑地接受了梁孝王赏赐的将军印,如此不懂政治触犯大忌,无法不让景帝心生猜忌。因此之故,战后论功行赏时,多人因平叛有功被封侯,立下大功的李广却没有得到赏赐,从而失去了一次封侯的绝佳机会。

武帝时期穷兵黩武,战事频仍,李广自然用不着发愁没有用武之地。汉朝奖励军功,非有大功不得封侯。武帝时因军功获封侯的先后有26人之多,李广虽然作战勇敢,射技超群,名震边境,但惜乎不走运,几次眼看就要到手的功名与他擦肩而过,阴错阳差地始终未获封侯。李广心里对此耿耿于怀,曾对相面先生提及此事:"自汉击匈奴而广未尝不在其中,而诸部校尉以下,才能不及中人,然以击胡军功取侯者数十人,而广不为后人,然无尺寸之功以得封邑者,何也?岂吾相不当侯邪?且固命也?"这位名叫王朔的相面术士反应颇快,反问李广:"将军自念,岂尝有所恨乎?"李广回答说:"吾尝为陇西守,羌尝反,吾诱而降,降者八百余人,吾诈而同日杀之。至今大恨独此耳。"王朔顺水推舟地说道:"祸莫大于杀已降,此乃将军所以不得侯者也。(见《史记·李将军列传》)

元狩四年(前119年),大将军卫青、骠骑将军霍去病受汉武帝之命兵分两路大举出击匈奴。行军途中,李广与卫青意见分歧,率军与右将军赵食其东出,不巧迷道而落在大军之后。战事结束之后,卫青命长史前去看望李广,并追问李广、赵食其迷道缘由,准备上报皇帝。当卫青命人召李广至幕府对簿时,李广愤然对部属说道:"广结发与匈奴大小七十余战,今幸从大将军出接单于兵,而大将军又徙广部行四远,而又迷失道,岂非天哉！且广年六十余矣，终不能复对刀笔之吏。"说完，便拔刀自刎而死。飞将军李广死前仍然固执地认为："一切都是命运，一切都是天意。"不能封侯，是命运，出征迷道，也是天意。

仔细思量，冯唐和李广的命运其实并不相同，较之多年驰骋疆场迭建奇功，不仅未能封侯，最后竟然被迫拔剑自刎的飞将军李广，冯唐的命运要好得多，除开没有步入朝廷高层，没有寻找到施展其政治才华抱负的机会而外，冯唐的人生安稳而平静，与世无争、无惊无险地在体制内活到了90多岁，并且在生命最后的日子里，等来了朝廷迟到的诏书。在芸芸众生眼中，冯唐安安稳稳地做官多年，安然度过了九十多个春秋，如此平安长寿的人生无疑正是他们所想要追求的人生。如果说这样的人生对冯唐有什么遗憾的话，在正统的士大夫眼中，自然是终其一生没能找到施展其抱负才华的平台，没有实现"立德、立功、立言"的人生梦想。对于冯唐这样的有抱负、有才干的官员来说，一生蹉跎虚掷光阴毕竟是其人生最大的憾事。

冯唐临终前是否和李广一样表达过什么悔恨，不得而知。"此时无声胜有声。"冯唐平静而默默地离开人世间，他心中的思念便成了任由世人尽情想象的悬念。

七

无言地离开了这个世俗社会的冯唐，和其他告别这个世界的人们一样，变成了后来的人们记忆、思念以及倾诉、向往的对象。

西晋文人左思在其鞭笞封建门阀制度的名作《咏史》之二中，强烈地为冯唐鸣不平，发出了"冯公岂不伟，白首不见招"的呐喊：

郁郁涧底松，离离山上苗。以彼径寸茎，荫此百尺条。
世胄蹑高位，英俊沉下僚。地势使之然，由来非一朝。
金张藉旧业，七叶珥汉貂。冯公岂不伟，白首不见招。

冯唐的名字也不时出现在唐代诗人杜甫的笔下。在《垂白》（一作白首）一诗中，杜甫写道：垂白冯唐老，清秋宋玉悲。

在《寄岑嘉州》中，杜甫又写道：

不见故人十年余，不道故人无素书。
愿逢颜色关塞远，岂意出守江城居。
外江三峡且相接，斗酒新诗终日疏。
谢朓每篇堪讽诵，冯唐已老听吹嘘。
泊船秋夜经春草，伏枕青枫限玉除。
眼前所寄选何物，赠子云安双鲤鱼。

显然，杜甫是在写状冯唐的心酸无奈，也是在借古人的不幸抒发自己的人生感慨。

明人刘伯温曾作《感兴》诗，以李牧、冯唐为例，喟叹官场原本无道理可讲：

天弧不解射封狼，战骨纵横满路旁。
古戍有狐鸣夜月，高冈无凤集朝阳。
雕戈画戟空文物，废井颓垣自雪霜。
慢说汉庭思李牧，未闻郎署遣冯唐。

冯唐死后逾千年,怀才不遇迭遭贬黜的宋代大文豪苏轼被贬黜到了密州后,一个又一个的不幸让苏轼想起了敢在君主面前替蒙冤负屈的云中太守魏尚鸣不平的冯唐,盼望着朝廷能派遣一位冯唐那样的天使前来解救自己。于是,思绪起伏心潮澎湃的大文豪,挥笔写下了不朽名篇《江城子·密州出猎》:

老夫聊发少年狂,左牵黄,右擎苍,锦帽貂裘,千骑卷平冈。为报倾城随太守,亲射虎,看孙郎。 酒酣胸胆尚开张,鬓微霜,又何妨!持节云中,何日遣冯唐?会挽雕弓如满月,西北望,射天狼。

人生如白驹过隙,转瞬即逝。倘若一个人身后能够经常被人们想起,在人们迷茫困顿的时候能想起他来聊以慰藉,在人们怨愤难平的时候能想起他来抚平创伤,在陷入绝望的时候能盼望他前来解救自己,那么这个人一定是幸运的。生前"白首不见招"的冯唐,死后能享此殊荣,实在是不幸中的大幸啊!

杨恽

牢骚愤懑诉文字，
腰斩之日血斑斑

谈到古代仕途坎坷，人们多会于喟叹之余将之归委于命运。其实，碍难捉摸的所谓命运固然在冥冥之中约束和左右着人生，但是当事人自己的主观特质譬如脾气、性格、修为等，同样与人生道路上不期而至的坎坷困顿有着说不清道不明的内在关联。"祸福无门，惟人所召。""祸福无门，惟人自召。"回望历史，由于性格缺陷而祸根深种，为自己招来无妄之灾，不仅令自个儿身首异处，而且殃及全家、牵连九族的大有人在，西汉名士杨恽就是其中的一个。

一

古往今来，由于令人讨厌的虚荣心作祟，许多原本出身卑贱之人却总是花样百出厚颜无耻地炫耀自己出身高贵。与他们不同，西汉的杨恽（字子幼）的确出生于名门望族。弘农郡杨氏家族历史悠久，其远祖可以追溯到春秋时晋国的太傅羊舌肸，羊舌肸被晋平公封于杨地（今山西洪洞东南）。羊舌肸死后，其子杨伯石承袭其爵位，以食采邑地为姓，改为杨姓。此后，杨氏子孙为躲避战乱而散居各地，其中一支逃进华山的仙谷之中，经世代繁衍而成为华阴杨氏家族。秦末楚汉相争时，项羽兵败乌江，自刎前夕留下话来，允许追杀他的汉军将领中的故人杨喜，提着他的头颅去向刘邦邀功请赏，杨喜因此而受封为赤泉侯。这个杨喜乃是杨恽的近祖。此后，杨喜的爵位传于儿子杨敷，再传孙子杨胤，杨胤有两个儿子：杨孟尝和杨敞。杨敞便是杨恽的生父。汉昭帝时代，杨敞先是在权臣霍光的大将军府任军司马、大司农，后来在朝中又担任御史大夫兼代理丞相。有道是："龙生龙，凤生凤，老鼠生儿会打洞。"出生在官宦世家、父亲又贵为丞相，杨恽长大成人后自然衣食无忧有官做，倘若不出重大意外变故，是完全可以优哉游哉名利双收尽情地享受人生的。

杨恽还有一个即使是凤子龙孙也无法攀比的荣耀：他的母亲司马英是太史公司马迁的女儿。唐代诗人白居易在其诗作《谈氏小外孙玉童》中，曾以不无艳羡的口吻化用历史典故，盛赞司马迁有羊祜之遗风，其女儿司马英女承父业，其外孙杨恽年幼能文而有其外公的文才：

外翁七十孙三岁，笑指琴书欲遣传。
自念老夫今耄矣，因思稚子更茫然。
中郎余庆钟羊祜，子幼能文似马迁。
才与不才争料得，东床空后且娇怜。

由于和司马迁血脉相承，杨恽有幸在少年时便得以接触和阅读不朽的历史名著《史记》。这其中的缘故尽人皆知：司马迁因为替李陵说话而被汉武帝处以腐刑之后，为继续完成《史记》的写作而忍辱含垢，"就极刑而无愠色"，顽强地活了下来。司马迁写完《史记》以后，为了不致招来更大的灾难，而不敢将之公之于世，只能秘密地藏了起来，等待时机。用司马迁《报任安书》里的话，则叫作"藏之名山，传之其人，通邑大都"。天下之大，当其之时，敢于承担收藏《史记》的重托并且能让司马迁放心的人，却委实难以寻觅。于是，女儿司马英便承担起了这一使命，将父亲的力作藏在自己身边。如此一来，从小即聪慧过人的杨恽无形之中"近水楼台先得月"，而得以目睹外祖父的这部名作，于享受先睹为快乐趣的同时增长学问见识。史称："恽母，司马迁女也。恽始读外祖《太史公记》，颇为《春秋》。以材能称。"（《汉书·杨恽传》）

就此而言，杨恽和司马迁之间又有着某种得天独厚的文化遗传。

二

"父母是子女的第一位老师。"杨恽的人生显然沾了其父母的光。走近和认识杨恽，不可以不走近和认识他的父亲杨敞和母亲司马英。好在这并不困难，《汉书·杨敞传》《资治通鉴》对杨敞夫妇均有所介绍。

> 杨敞，华阴人也。给事大将军莫府，为军司马，霍光爱厚之，稍迁至大司农。元凤中，稻田使者燕苍知上官桀等反谋，以告敞。敞素谨累事，不敢言，乃移病卧。以告谏大夫杜延年，延年以闻。苍、延年皆封，敞以九卿不辄言，故不得侯。后迁御史大夫，代王䜣为丞相，封安平侯。明年，昭帝崩。昌邑王征即位，淫乱，大将军光与车骑将军张安世谋欲废王更立。议既定，使大司农田延年报敞。敞惊惧，不知所言，汗出洽背，徒唯唯而已。延年起至更衣，

敞夫人遽从东箱谓敞曰:"此国大事,今大将军议已定,使九卿来报君侯。君侯不疾应,与大将军同心,犹与无决,先事诛矣。"延年从更衣还,敞、夫人与延年参语许诺,请奉大将军教令,遂共废昌邑王,立宣帝。宣帝即位月余,敞薨,谥曰敬侯。子忠嗣,以敞居位定策安宗庙,益封三千五百户。(《汉书·杨敞传》)

杨敞步入仕途后,先是在大将军霍光府为属官,因谨言慎行而深得霍光信任。公元前87年,汉武帝临终前托孤于霍光。汉昭帝始元六年(前81年),杨敞被任命为大司农,位列九卿。元凤元年(前80年),辅政大臣上官桀、上官安父子和御史大夫桑弘羊密谋发动政变,杀死霍光,推翻汉昭帝,迎立燕王刘旦做傀儡皇帝,而后再除杀刘旦,让上官桀登基称帝。这一惊天阴谋被盖长公主的一个侍从的父亲、稻田使者燕仓获悉后,立马报告了上司杨敞。但杨敞却不敢据实上奏,而是卧床装病,并把消息转告谏大夫杜延年,让他传递给秉政大臣、大将军霍光。霍光当机立断,迅速出手,平定了这场未遂政变。《资治通鉴》载:

上官桀父子既尊,盛德长公主,欲为丁外人求封侯,霍光不许。又为外人求光禄大夫,欲令得召见,又不许。长主大以是怨光,而桀、安数为外人求官爵弗能得,亦惭。又桀妻父所幸充国为太医监,阑入殿中,下狱当死;冬月且尽,盖主为充国入马二十匹赎罪,乃得减死论。于是桀、安父子深怨光而重德盖主。自先帝时,桀已为九卿,位在光右,及父子并为将军,皇后亲安女,光乃其外祖,而顾专制朝事,由是与光争权。燕王旦自以帝兄不得立,常怀怨望。及御史大夫桑弘羊建造酒榷、盐、铁,为国兴利,伐其功,欲为子弟得官,亦怨恨光。于是盖主、桀、安、弘羊皆与旦通谋。

旦遣孙纵之等前后十余辈，多赍金宝、走马赂遗盖主、桀、弘羊等。桀等又诈令人为燕王上书，言光出都肄郎、羽林，道上称跸，太官先置。又引"苏武使匈奴二十年不降，乃为典属国；大将军长史敞无功，为搜粟都尉；又擅调益莫府校尉。光专权自恣，疑有非常。臣旦愿归符玺，入宿卫，察奸臣变"。候司光出沐日奏之，桀欲从中下其事，弘羊当与诸大臣共执退光。书奏，帝不肯下。明旦，光闻之，止画室中不入。上问："大将军安在？"左将军桀对曰："以燕王告其罪，故不敢入。"有诏："召大将军。"光入，免冠，顿首谢。上曰："将军冠！朕知是书诈也，将军无罪。"光曰："陛下何以知之？"上曰："将军之广明都郎，近耳；调校尉以来，未能十日，燕王何以得知之？且将军为非，不须校尉。"是时帝年十四，尚书、左右皆惊。而上书者果亡，捕之甚急。桀等惧，白上："小事不足遂。"上不听。后桀党羽有谮光者，上辄怒曰："大将军忠臣，先帝所属以辅朕身，敢有毁者坐之！"自是桀等不敢复言。……

桀等谋令长公主置酒请光，伏兵格杀之，因废帝，迎立燕王为天子。旦置驿书往来相报，许立桀为王，外连郡国豪桀以千数。旦以语相平，平曰："大王前与刘泽结谋，事未成而发觉者，以刘泽素夸，好侵陵也。平闻左将军素轻易，车骑将军少而骄，臣恐其如刘泽时不能成，又恐既成反大王也。"旦曰："前日一男子诣阙，自谓故太子，长安中民趣乡之，正欢不可止。大将军恐，出兵陈之，以自备耳。我，帝长子，天下所信，何忧见反！"后谓群臣："盖主报言，独患大将军与右将军王莽。今右将军物故，丞相病，幸事必成，征不久。"令群臣皆装。

安又谋诱燕王至而诛之，因废帝而立桀。或曰："当如皇后何？"

安曰:"逐麋之狗,当顾菟邪!且用皇后为尊,一旦人主意有所移,虽欲为家人亦不可得。此百世之一时也!"会盖主舍人父稻田使者燕仓知其谋,以告大司农杨敞。敞素谨,畏事,不敢言,乃移病卧,以告谏大夫杜延年;延年以闻。九月,诏丞相部中二千石逐捕孙纵之及桀、安、弘羊、外人等,并宗族悉诛之;盖主自杀。燕王旦闻之,召相平曰:"事败,遂发兵乎?"平曰:"左将军已死,百姓皆知之,不可发也。"王忧懑,置酒与群臣、妃妾别。会天子以玺书让旦,旦以绶自绞死,后、夫人随旦自杀者二十余人。天子加恩,赦王太子建为庶人,赐旦谥曰剌王。皇后以年少,不与谋,亦霍光外孙,故得不废。(《资治通鉴·汉纪十五》)

上述事件让杨敞处事软弱的性格缺陷暴露无遗,但杨敞的仕途依旧顺畅,于元凤四年(前77年)被任命为御史大夫,并于元凤六年(前75年)升任丞相。紧接着,在霍光决意代行周公之事,废除刚刚拥立不久的无道昏君昌邑王刘贺,派人前来知会丞相杨敞时,杨敞怯懦软弱的性格又一次表现出来:"惊惧,不知所言,汗出洽背,徒唯唯而已。"生死攸关之际,夫人司马英及时对他做了提醒点拨:"此国大事,今大将军议已定,使九卿来报君侯。君侯不疾应,与大将军同心,犹与无决,先事诛矣。"寥寥数语,已经传神般地道出了司马英的政治睿智和不凡胆识。在司马光的笔下,司马英的形象更为清晰:

光、安世既定议,乃使田延年报丞相杨敞。敞惊惧,不知所言,汗出洽背,徒唯唯而已。延年起,至更衣,敞夫人遽从东厢谓敞曰:"此国大事,今大将军议已定,使九卿来报君侯,君侯不疾应,与大将军同心,犹与无决,先事诛矣!"延年从更衣还,

敞夫人与延年参语许诺:"请奉大将军教令!"(《资治通鉴·汉纪十六》)

经夫人点拨,杨敞方才恍然大悟,于是旗帜鲜明地站在大将军霍光一边,参与废黜只做了二十七天皇帝的昌平王刘贺,拥立流落在民间的汉武帝曾孙刘询(刘病已)承继大统,史称汉宣帝。元平元年(前74年)秋七月,刘病已登基称帝,是年八月,杨敞一病不起,与世长辞。不消说,杨敞有生之年所参与的最后一件皇帝废立之事,自然会让新君刘病已感念在心,爱屋及乌而关照他的后人。

杨敞几次表现出来的迟钝软弱,究竟是性格缺陷使然,抑或是多年宦海沉浮调教使然,已经不得而知,但可以肯定的是,他患得患失优柔寡断的处世风格并没有传给他的儿子杨恽。

三

常言说:"丞相家人七品官。"贵为丞相公子,在世人眼里更是不得了。父亲官居丞相,对于杨恽而言无疑是一个得天独厚的巨大优势,加之他聪明好学,从小便接受母亲司马英的教诲,"以材能称,好交英俊诸儒,名显朝廷。"怀才自负的他雄心万丈,自信十足,豪气干云,走了一条完全不同于乃父的人生之路。

杨敞去世后,长子杨忠继承了父亲的爵位,次子杨恽则出仕做了一名郎官,补常侍骑,不久被提升为左曹。如此在西汉朝堂之上优哉游哉地过了六七年。地节二年(前68年),辅政多年的大将军霍光去世,西汉朝廷开始出现微妙的变化,以霍氏家族为代表的既得利益集团和以汉宣帝为代表的皇权集团之间的矛盾迅速加剧,并逐渐明朗化。地节四年(前66年),

汉宣帝开始出手遏制霍氏家族的势力，引起了霍氏家族的惊恐，霍显、霍禹、霍山、霍云等遂密谋造反。当此汉宣帝政权生死存亡千钧一发之际，获得这一重大消息的杨恽没有像当年乃父杨敞那样举棋不定，犹豫观望，而是义无反顾地和同谋男子张章、期门董忠、侍中金安上、史高一起马上上书朝廷，揭发霍氏的政变密谋，为朝廷及时平息叛乱，建立了大功。对于杨恽可圈可点的这一功绩，《汉书·杨恽传》以简约的文字一带而过：

> 霍氏谋反，恽先闻知，因侍中金安上以闻，召见言状。霍氏伏诛，恽等五人皆封，恽为平通侯，迁中郎将。

《资治通鉴·汉纪十七》从汉宣帝事后封赏告密者角度作了记载：

> 禹、山等家数有妖怪，举家忧愁。山曰："丞相擅减宗庙羔、菟、蛙，可以此罪也。"谋令太后为博平君置酒，召丞相、平恩侯以下，使范明友、邓广汉承太后制引斩之，因废天子而立禹。约定，未发，云拜为玄菟太守，太中大夫任宣为代郡太守。会事发觉，秋七月，云、山、明友自杀，显、禹、广汉等捕得；禹要斩，显及诸女昆弟皆弃市；与霍氏相连坐诛灭者数十家。太仆杜延年以霍氏旧人，亦坐免官。八月，己酉，皇后霍氏废，处昭台宫，乙丑，诏封告霍氏反谋者男子张章、期门董忠、左曹杨恽、侍中金安上、史高皆为列侯。恽，丞相敞子；安上，车骑将军日䃅弟子；高，史良娣兄子也。

究竟应该如何看待杨恽告密？古人对此作出了截然相反的回答。这种事情倘若让杨恽的父亲杨敞赶上，恐怕会继续选择卧床装病的观望投机态度，但杨恽却作出了如此态度鲜明毫不犹豫的抉择，因此而成了人们眼中的所谓告密者。和杨恽一起告发霍氏家族谋反的金安上的父亲，乃是长期和霍光合作共事的汉武帝临终前委托的另一位辅政大臣金日䃅。在事关朝廷安危百姓安危的大是大非面前，杨恽和金安上等人的选择无疑是正确的。窃以为，杨恽告发霍氏集团图谋造反，绝不是他人生的败笔，而是其人生的一大闪光点。

四

从汉宣帝地节四年（前66年）告发霍氏家族谋逆受封为平通侯，迁升为中郎将，到汉宣帝五凤二年（前56年），是杨恽在官场上最为顺畅的十年。其外祖父司马迁的不朽名著《史记》，应是在这段时间里杨恽凭借汉宣帝的信任而获得允准公开问世的。毋庸讳言，这是杨恽对传承中华历史文化所作出的巨大贡献。在此期间，杨恽轻财好义、刚直不阿、清廉无私、善恶分明的形象也逐渐展示出来。史载：

> 郎官故事，令郎出钱市财用，给文书，乃得出，名曰"山郎"。移病尽一日，辄偿一沐，或至岁余不得沐。其豪富郎，日出游戏，或行钱得善部。货赂流行，传相仿效。恽为中郎将，罢山郎，移长度大司农，以给财用。其疾病休谒洗沐，皆以法令从事。郎、谒者有罪过，辄奏免，荐举其高弟有行能者，至郡守、九卿。郎官化之，莫不自厉，绝请谒货赂之端，令行禁止，宫殿之内翕然同声。由是擢为诸吏光禄勋，亲近用事。（《汉书·杨恽传》）

杨恽担任中郎将后发现了郎署的一大弊端。在汉代，出任郎官的人，须先自置鞍马、服装、兵器等物，所以，人称郎官为"山郎"。另外还规定，要享受五日休息一天的制度，必须按例给长官交纳一定的钱财。穷郎官交不起钱，只有病了才可休息。要用公休假来顶，病一天就取消一天公休假。这样，这些人一年下来也难得休息一天。而富家子弟，只要把钱一交，就可以天天出去玩耍，还不影响升迁的机会。这种坏风气一开，上行下效，贿赂公行。于是，中郎将杨恽便大刀阔斧地进行改革，除掉"山郎"做法，所需要的款额由大司农补足。郎官们的"休谒洗沐，皆以法令从事"。这样一来，令行禁止，风气焕然一新，深得皇上的赏识，被提拔为诸吏光禄勋。

"天下熙熙，皆为利来；天下攘攘，皆为利往。""名缰利锁浓于酒，醉得人心死不醒。"此话无疑击中了许多人的软肋，但未免失之以偏概全，若将其用在杨恽身上，便大谬不然。《汉书·杨恽传》陈述了杨恽轻财好义的两个个案：

> 初，恽受父财五百万，及身封侯，皆以分宗族。后母无子，财亦数百万，死皆子恽，恽尽复分后母昆弟。再受訾千余万，皆以分施。其轻财好义如此。

早在父亲杨敞去世时，杨恽便分到了父亲的遗产五百万，杨恽当时保存了起来。等到他受赏封侯之后，便将这笔遗产全部取出来分给了同宗族的人们。五百万不是个小数目，能够如此慷慨地全部分给宗族中人，足见杨恽心中看重的并不是钱财。杨恽的继母没有亲生儿子，死后留下数百万财产给他，他也悉数给了继母的兄弟。另外，他自己一千多万收入，也全都分给了别人。由此可见，具有世所罕见的仗义疏财的宽广胸怀的杨恽，是何等的自信！设若没有对自己足够的自信，是绝不可能做到挥洒钱财如同粪土的。"天生我材必有用，千金散尽还复来。"诗仙李白的这首名诗并非凭空杜撰，杨恽其人就是一个真实的范例。

一个视财如粪土之人，在官场上践行清廉自守拒绝收受贿赂，便不是什么艰难事体，杨恽即成功地做到了这一点。史称："恽居殿中，廉洁无私，郎官称公平。"（同上书）

五

西哲有言："人是环境和教育的产物。"这句格言虽然带有明显片面性，忽略了环境和教育也是需要通过人来改变的，却生动形象地道出了环境和教育对人之性格、处世方式、思维方式的重大影响作用。从这一观点出发审视杨恽，既容易理解他何以会遭遇接二连三的人生坎坷，又可于无形中加深对"祸福无门，为人自招"这句古训的认识。

如前所述，出生于名门望族的丞相公子杨恽才华横溢，见识过人，在乃父去世后又因及时举报霍氏家族谋反一案有功，而加官晋爵，倍受汉宣帝器重，在官场上混得游刃有余，有滋有味，加上其本人又轻财好义廉洁自守，故而无形之中便产生了某种优越感，不注意官场的交际艺术，经常自我炫耀，且又喜欢揭人隐私，喜欢通过打击别人尤其是和自己地位官职不相上下的人，来显示和抬高自己。因此在官场中人缘很差，结怨甚多。杨恽做人做官的这一严重性格缺憾，为他招来了始料不及的祸患，并引发了惨不忍睹的悲惨结局。史称：

> 恽居殿中，廉洁无私，郎官称公平。然恽伐其行治，又性刻害，好发人阴伏，同位有忤己者，必欲害之，以其能高人。由是多怨于朝廷，与太仆戴长乐相失，卒以是败。（同上书）

对于太仆戴长乐告发杨恽一事，《汉书·杨恽传》记载颇详：

长乐者，宣帝在民间时与相知，及即位，拔擢亲近。长乐尝使行事肄宗庙，还谓掾史曰："我亲面见受诏，副帝肄，秺侯御。"人有上书告长乐非所宜言，事下廷尉。长乐疑恽教人告之，亦上书告恽罪。

高昌侯车奔入北掖门，恽语富平侯张延寿曰："闻前曾有奔车抵殿门，门关折，马死，而昭帝崩。今复如此，天时，非人力也。"左冯翊韩延寿有罪下狱，恽上书讼延寿。郎中丘常谓恽曰："闻君侯讼韩冯翊，当得活乎？"恽曰："事何容易！胫胫者未必全也。我不能自保，真人所谓鼠不容穴衔窭数者也。"又中书谒者令宣持单于使者语，视诸将军、中朝二千石。恽曰："冒顿单于得汉美食好物，谓之殠恶，单于不来明甚。"恽上观西阁上画人，指桀纣画谓乐昌侯王武曰："天子过此，一二问其过，可以得师矣。"画人有尧舜禹汤不称，而举桀纣。恽闻匈奴降者道单于见杀，恽曰："得不肖君，大臣为画善计不用，自令身无处所。若秦时但任小臣，诛杀忠良，竟以灭亡；令亲任大臣，即至今耳。古与今如一丘之貉。"恽妄引亡国以诽谤当世，无人臣礼。又语长乐曰："正月以来，天阴不雨，此《春秋》所记，夏侯君所言。行必不至河东矣。"以主上为戏语，尤悖逆绝理。

事下廷尉。廷尉定国考问，左验明白，奏："恽不服罪，而召户将尊，欲令戒饬富平侯延寿，曰：'太仆定有死罪数事，朝暮人也。恽幸与富平侯婚姻，今独三人坐语，侯言"时不闻恽语"，自与太仆相触也。'尊曰：'不可。'恽怒，持大刀，曰：'蒙富平侯力，得族罪！毋泄恽语，令太仆闻之乱余事。'恽幸得列九卿诸吏，宿卫近臣，上所信任，与闻政事，不竭忠爱，尽臣子义，而妄怨望，称引为恶言，大逆不道，请逮捕治。"上不忍加诛，有诏皆免恽、长乐为庶人。

《资治通鉴·汉纪十九》简约叙述了杨恽和戴长乐交恶的缘起经过：

> 光禄勋平通侯杨恽，廉洁无私；然伐其行能，又性刻害，好发人阴伏，由是多怨于朝廷。与太仆戴长乐相失；人有上书告长乐罪，长乐疑恽教人告之，亦上书告恽罪曰："恽上书讼韩延寿，郎中丘常谓恽曰：'闻君侯讼韩冯翊，当得活乎？'恽曰：'事何容易，胫胫者未必全也！我不能自保，真人所谓"鼠不容穴，衔窦数"者也。'又语长乐曰：'正月以来，天阴不雨，此《春秋》所记，夏侯君所言。'"事下廷尉。廷尉定国奏恽怨望，为妖恶言，大逆不道。上不忍加诛，有诏皆免恽、长乐为庶人。

通览上述文字，不难想见当年犯了众怒的杨恽在西汉朝堂之上的处境是怎样的尴尬：因为他给人留下了一个喜欢揭人隐私、喜欢打小报告的不良印象，故而，只要朝中发生了什么飞短流长的事情，人们便会将之与他联系起来，归咎于他。五凤二年（前56年），太仆戴长乐因言行有失检点而被人告发，宣帝下令廷尉严肃查办。戴长乐不假思索，遂认定告发者必定是杨恽，于是马上还以牙眼，把平时知道的、听到的杨恽对皇上不敬的言论，整理成文字，上书宣帝。——其实，戴长乐这回真的是冤枉了杨恽，杨恽并没有教唆别人告发他。杨恽之所以遭到戴长乐的严重误解，又确实和他平日言语行事有失检点、喜欢打小报告分不开。

太仆戴长乐是刘病已做平民时的朋友，又是宣帝登基后颇受亲信的大臣，虽然背景特殊，但他对杨恽的指控却并非信口开河凭空捏造，而皆有其事实依据。戴长乐对杨恽的指控，归纳起来，有以下几宗：

一、有一次，高昌侯乘坐的马车因失控而闯入皇宫的北掖门，杨便借题发挥，对儿女亲家、富平侯张延寿大放厥词，借古喻今，意在诅咒当今皇上。

二、左冯翊韩延寿涉及一桩案子，被判有罪关进了监狱，杨恽上书为之辩护。郎中丘常问杨恽能否救韩延寿一命，杨恽则回答说："这样的事谈何容易！要知道，正直的人不一定有好下场。我连自己的命运尚不能掌握，哪能管得了别人的死活呢？这正像人们常说的，老鼠衔着个大草垫子，害得自己进不了洞。"话里话外攻击诽谤朝廷的意思，昭然若揭。

三、中书谒者令拿着匈奴使者的谈话译文记录，给有关大臣们传看，其中有匈奴国的单于要来朝拜大汉天子的话。汉朝皇帝和大臣们都有一种天朝心态，听说匈奴单于要来朝拜，自然会觉得脸上有光，当大家沾沾自喜之际，杨恽却冷嘲热讽，兜头浇了一瓢冷水，扫了大家的兴致。

四、杨恽到朝廷的西阁上去看藏画，他指着几幅反映夏桀和商纣荒淫无道的画，对一起前来的乐昌侯王武妄加议论：当天子看到这些画的时候，如果能够向人询问桀、纣的一点点罪过，就会知道桀、纣是他的反面教员。西阁上悬挂的人物画像中还有尧、舜、禹、汤这些古代的圣王，杨恽却不提他们，偏偏举出桀、纣这些暴君，可以做天子的反面教员。

五、有个前来投降汉朝的匈奴人，报告说匈奴的单于被部下杀死了。杨恽遂借题发挥说："遇到不成器的君主，大臣给出了好主意，也不能采用，只好一直错下去，造成身败名裂的可悲下场，真是自作自受。像秦朝，只重用鼠目寸光的小人，却诛杀功臣良将，最终导致了国家的灭亡。假如当时的统治者能够信任重用大臣，秦朝的统治就会延续到今天了。古代和今天的情况相比，简直是一丘之貉。"把汉朝和秦朝相提并论，很明显是对当朝的诽谤，毫无人臣之礼。

六、杨恽还对长乐说过："今年正月以来，阴雨连绵，已经很多天了。《春秋》上曾记载过同样的情况，光禄大夫、鲁国人夏侯胜对此解释说：当年，昌邑王刘贺被霍光拥立为昭帝的继承人，却不改恶习，劣迹斑斑，霍光就伙同群臣将其废掉。当刘贺外出巡游的时候，夏侯胜就挡住车驾劝谏道：'天气久阴而不下雨，从阴阳五行的道理推测，预示着臣下有不利于皇上的阴谋。'这样看来，皇上今年去河东祭祀后土，恐怕不能成行了。"杨恽这样拿皇上玩笑，极其荒谬狂妄，悖逆绝理。

宣帝下令由廷尉于定国审理该案。于定国经过调查核实，认定戴长乐所揭发的内容准确无误。这就说明，戴长乐所指控杨恽的各项罪名皆属实，概难抵赖。杨恽平时恃宠而骄，口无遮拦，不计后果，不仅蔑视同僚，而且目无君主，等到这一切成了人家攻击告发他的把柄时，便只能有口难辩、有苦难言。

从廷尉于定国呈给宣帝的奏章中可以看出，杨恽还做了一件追悔莫及的蠢事。他以为，在戴长乐所指控的各项罪名中，第一项便足以要他性命。于是，他托人捎话给儿女亲家张延寿，希望他能明确告诉那些问询的官员："根本没有听到杨恽说这些话。"幻想以此来证明戴长乐所告完全是一派胡言，却被张延寿严词拒绝。如此画蛇添足的举止，无疑从反面证明了戴长乐所言不虚。于是，于定国认定杨恽有罪："恽幸得列九卿诸吏，宿卫近臣，上所信任，与闻政事，不竭忠爱，尽臣子义，而妄怨望，称引为妖恶言，大逆不道，请逮捕治。"

转瞬之间，风云陡变，显赫一时的高官杨恽命悬一线，生死存亡，取决于汉宣帝一念之间。所幸此时汉宣帝尚且感念杨恽父子两代对朝廷都有大功，不忍心加罪诛杀，而下诏将杨恽和戴长乐同时罢官夺职，免为庶人，杨恽还被剥夺了平通侯的爵位。

在官场这个大舞台上，官员们的升官夺职、进退出处，荣辱得失、宦海沉浮，自是花样翻新反复出现再平常不过的现象，但对心气过于高傲自尊心极强的杨恽来说，却沉重得难以承受。完全出乎他意料的这一跤，极大地改变了他的人生态度。据《资治通鉴》所载，此事发生在汉宣帝五凤二年。

六

按照封建官场的通则，因被指控犯有死罪而丢了官爵却保住了性命的杨恽，理应在叩谢浩荡皇恩之余连呼侥幸，——因为官职爵位皆是身外之物，生命才是真正属于自己的。——而后谨言慎行，闭门思过，诚惶诚恐，低调处世，不事张扬，以期取得朝廷谅解，等待有朝一日东山再起。杨恽却不作如是观。史称："恽既失爵位，家居治产业，起室宅，以财自娱。"

做官不成便"家居治产业，起室宅"，并且"以财自娱"，罪人杨恽居然如此张扬毫无顾忌，自然会引人关注且招来非议。过了一年多，闻听杨恽被罢黜后之所作所为，友人安定太守孙会宗深深为其担忧，出于好心，遂修书劝谏杨恽应当自觉收敛，按照封建官场的生存法则行事。

孙会宗的劝谏书信写于五凤四年（前54年）夏天，原文无从查找，《汉书·杨恽传》介绍孙会宗为"知略士"，概述其书信主要内容是说："大臣废退，当阖门惶惧，为可怜之意，不当治产业，通宾客，有称誉。"

班固精准地道出了杨恽被罢官夺爵后真实心迹："恽宰相子，少显朝廷，一朝以暗昧语言见废，内怀不服。"有道是"一石激起千重浪"，孙会宗的这封书信，如同投向杨恽心中的一颗石子，顿时激起了无数涟漪，令杨恽淤积在胸中多时的悲怆感慨牢骚怨愤一下子不可遏制地发泄出来。于是，便有了不朽的传世名作《报孙会宗书》。

　　恽材朽行秽，文质无所底，幸赖先人余业得备宿卫，遭遇时变以获爵位,终非其任,卒与祸会。足下哀其愚,蒙赐书,教督以所不及,殷勤甚厚。然窃恨足下不深惟其终始,而猥随俗之毁誉也。言鄙陋之愚心,若逆指而文过,默而息乎,恐违孔氏"各言尔志"之义,故敢略陈其愚,唯君子察焉!

恽家方隆盛时,乘朱轮者十人,位在列卿,爵为通侯,总领从官,与闻政事,曾不能以此时有所建明,以宣德化,又不能与群僚同心并力,陪辅朝廷之遗忘,已负窃位素餐之责久矣。怀禄贪势,不能自退,遭遇变故,横被口语,身幽北阙,妻子满狱。当此之时,自以夷灭不足以塞责,岂意得全首领,复奉先人之丘墓乎?伏惟圣主之恩,不可胜量。君子游道,乐以忘忧;小人全躯,说以忘罪。窃自思念,过已大矣,行已亏矣,长为农夫以没世矣。是故身率妻子,戮力耕桑,灌园治产,以给公上,不意当复用此为讥议也。

夫人情所不能止者,圣人弗禁,故君父至尊亲,送其终也,有时而既。臣之得罪,已三年矣。田家作苦,岁时伏腊,亨羊炰羔,斗酒自劳。家本秦也,能为秦声。妇,赵女也,雅善鼓瑟。奴婢歌者数人,酒后耳热,仰天拊缶而呼乌乌。其诗曰:"田彼南山,芜秽不治,种一顷豆,落而为萁。人生行乐耳,须富贵何时!"是日也,拂衣而喜,奋袖低卬,顿足起舞,诚淫荒无度,不知其不可也。恽幸有余禄,方籴贱贩贵,逐什一之利,此贾竖之事,污辱之处,恽亲行之。下流之人,众毁所归,不寒而栗。虽雅知恽者,犹随风而靡,尚何称誉之有!董生不云乎?"明明求仁义,常恐不能化民者,卿大夫意也;明明求财利,常恐困乏者,庶人之事也。"故"道不同,不相为谋"。今子尚安得以卿大夫之制而责仆哉!

夫西河魏土,文侯所兴,有段干木、田子方之遗风,漂然皆有节概,知去就之分。顷者,足下离旧土,临安定,安定山谷之

间,昆戎旧壤,子弟贪鄙,岂习俗之移人哉?于今乃睹子之志矣。方当盛汉之隆,愿勉旃,毋多谈。(《汉书·杨恽传》)

因为对官场投入太多、用情太深,而遭遇的打击又太重、蒙受的创伤又太深,故而心有不服,怨愤郁结,决意破罐子破摔,与仕途彻底分道扬镳,从此不再重返官场。于是,杨恽循着"道不同不相为谋"的思路,挥动如椽大笔,写下了这篇文字。正是由于杨恽因官场上的挫折伤透了心,正是由于杨恽决意终老田间自食其力,也正是由于杨恽天真地以为自己安于做一介农夫便没人会继续与他过不去,故而,才会对苦口婆心地劝他正确对待仕途坎坷挫折的友人孙会宗这封来得不是时候又戳着了其痛处的书信,极其反感并大为光火,而在回信时缺少应有的冷静和理智,却充满了极端情绪化的火药味道,字里行间处处充盈着浓郁的怨愤不平之气,于牢骚激愤之中尽情地讽刺挖苦,通过这种过于偏激的方式表达了他对官场、对政治、对人生、对人情冷暖世态炎凉的痛切感受和认知。

七

从"道不同不相为谋"的视角来看,杨恽回复孙会宗的书信不唯慷慨激昂振振有词,而且饱含深意耐人寻味。

孙会宗是从士大夫的立场出发,劝告杨恽低调再低调,学会韬光养晦,以期他日东山再起的,其立论的基石是劝告杨恽不要忘记重返官场。而杨恽在经过一次刻骨铭心的挫折后,对帝王家的刻薄寡情心有余悸,已然彻底斩断重入仕途的念想,不仅从他写给孙会宗的书信里可以看出这一点,在他和侄儿安平侯杨谭的交流中,更是将这一点说得十分明确:

又恽兄子安平侯谭为典属国,谓恽曰:"西河太守建平杜侯前以罪过出,今征为御史大夫。侯罪薄,又有功,且复用。"恽曰:"有功何益?县官不足为尽力。"恽素与盖宽饶、韩延寿善,谭即曰:"县官实然,盖司隶、韩冯翊皆尽力吏也,俱坐事诛。"(同上书)

被迫断绝了做官念想的杨恽心里最烦的,便是人们要求他继续按照官员们的思维逻辑说话行事。于是便在给孙会宗的书信中直抒胸臆,毫不遮掩地申明自己的余生信念:"君子游道,乐以忘忧;小人全躯,说以忘罪。窃自思念,过已大矣,行已亏矣,长为农夫以没世矣。是故身率妻子,戮力耕桑,灌园治产,以给公上,不意当复用此为讥议也。"

杨恽情绪化地讲述了自己的农耕之乐:"臣之得罪,已三年矣。田家作苦,岁时伏腊,亨羊炰羔,斗酒自劳。家本秦也,能为秦声。妇,赵女也,雅善鼓瑟。奴婢歌者数人,酒后耳热,仰天拊缶而呼乌乌。其诗曰:'田彼南山,芜秽不治,种一顷豆,落而为萁。人生行乐耳,须富贵何时!'是日也,拂衣而喜,奋袖低卬,顿足起舞,诚淫荒无度,不知其不可也。"

在杨恽看来,自己因为别无选择而走上"长为农夫以没世"这条道路,已经承受了人生碍难承受的痛苦,"恽幸有余禄,方籴贱贩贵,逐什一之利,此贾竖之事,污辱之处,恽亲行之。"雄心壮志已然消磨殆尽,剩下的唯有及时行乐,聊以打发光阴。"人生行乐耳,须富贵何时!"而今自己已经迫不得已走上了和仕途完全不同的道路,竟然还会遭到人们的讥评!这种讥议令杨恽怒不可遏,故而迁怒于友人孙会宗,毫不留情面地反唇相讥:"今子尚安得以卿大夫之制而责仆哉!""于今乃睹子之志矣。方当盛汉之已隆,愿勉旃,毋多谈。"一副"你走你的阳关道,我走我的独木桥"的决绝神态跃然纸上。

从表面上看,杨恽以如此言辞回敬完全出于好意的友人孙会宗,未免太不近人情，其实杨恽所言并非全是冲着孙会宗，而是借机发泄自己被赶出官场的无尽怨愤，倾诉自己心有不甘。

杨恽所言"君子游道，乐以忘忧；小人全躯，说以忘罪"，"人生行乐耳，须富贵何时"，极容易使人联想起三国时东吴逐臣虞翻。被孙权放逐到蛮荒之地交州之后的虞翻无官一身轻，转而忙碌于收徒、讲学、著述，乐而忘忧。东吴黄武元年（222年）孙权称帝后，虞翻上疏祝贺曰："臣伏自刻省，命轻雀鼠，性轗毫厘，罪恶莫大，不容于诛，昊天罔极，全宥九载，退当念戮，频受生活，复偷视息。臣年耳顺，思咎忧愤，形容枯悴，发白齿落，虽未能死，自悼终没，不见宫阙百官之富，不睹皇舆金轩之饰，仰观巍巍众民之谣，旁听钟鼓侃然之乐，永陨海隅，弃骸绝域，不胜悲慕，逸豫大庆，悦以忘罪。"（《虞翻别传》）

毋庸赘言，杨恽口中的"说以忘罪"和虞翻所讲的"悦以忘罪"，显然是两回事，杨恽言不由衷，心中充满了怨愤不平之气；虞翻大彻大悟，如实道出了自己的心情。

因为经历了从备受宣帝信任的高官到被罢官夺爵贬为庶人的痛苦转变，高干子弟杨恽对杀伤力巨大的人情冷暖世态炎凉才有了痛切的认知，故而在回复孙会宗的书信中出现了这样几句话："下流之人，众毁所归，不寒而栗。虽雅知恽者，犹随风而靡，尚何称誉之有！"从五凤二年到五凤四年，人缘不好的杨恽从显赫的高官一下子变成了平头百姓，变成了众人所诋毁的对象，被迫承受落井下石者的冷嘲热讽，随处可见势利之徒的白眼，即便是原先以为交情很深的友人，如今也纷纷离他而去。从他发自肺腑的这几句感慨中，不难想见素来自尊心极强的杨恽遭遇的伤害之深重！

人世间最富杀伤力的人情冷暖世态炎凉，对所有走过背字的人几乎都感同身受。司马迁在《报任安书》中便叙述过这种痛入骨髓的感受：因为替李陵说好话而获罪入狱后，"家贫，货赂不足以自赎；交游莫救，左右亲近不为一言。"其时，连死的心思都有的司马迁为了写完历史巨著《史记》，只得在身受腐刑之后屈辱地活下去。相形之下，司马迁的感受无疑较其外孙杨恽更为深切。

"一死一生，乃知交情。一贫一富，乃知交态。一贵一贱，交情乃见。"杨恽之所以决意与官场决裂，除开对汉宣帝不再抱任何幻想而外，恐怕和人情冷暖世态炎凉的铁律伤透了他的心，和朝堂上下那帮一心追名逐利的同僚们令他厌恶且望而生畏大有关系。

八

俗话说："没有不透风的墙。""要想人不知，除非己莫为。"杨恽被罢官夺爵后依旧骄奢不思悔改是明面上的事，人们都可以看到听到，而他给孙会宗的书信以及和侄儿杨谭之间的私下交流，则属于个人隐私，居然也被有心人侦知并传了开来，由此可知"关心"杨恽并随时准备着落井下石、将告发杨恽视为升官捷径的大有人在。值此险象环生之际，局中人杨恽却浑然不觉，以为自己被贬为庶民已经坠入如人生谷底，从事农耕已经是其落难后最坏的结局，而丝毫没有意识到真正的大难正在步步逼近，而他自己依旧口无遮拦、率性而为，无疑是在给他人诬陷和铲除自己制造口实。说来简直难以置信，一次自然界发生的异象——日食现象，竟然会成为杨恽之死的诱因：

> 会有日食变，驷马猥佐成上书告恽"骄奢不悔过，日食之咎，此人所致"。章下廷尉案验，得所予会宗书，宣帝见而恶之。廷尉当恽大逆无道，要斩。妻子徙酒泉郡。谭坐不谏正恽，与相应，有怨望语，免为庶人。召拜成为郎，诸在位与恽厚善者，未央卫

尉韦玄成、京兆尹张敞及孙会宗等，皆免官。（《汉书·杨恽传》）

五凤四年四月，发生了日食现象。在今人看来，这根本值不得大惊小怪，但在古人那里，却是不得了的大事件，被认为是上天对最高统治者的某种警告。真的是"虎落平阳被犬欺"，其时，有一个叫拜成的"弼马温"为了出人头地，竟然独出心裁地把日食和落难后不思悔过的杨恽联系起来，把出现日食归咎于杨恽，上书诬告说："杨恽高傲奢侈，死不悔过，这次发生日食，就是杨恽的关系。"如此荒诞不经的逻辑居然可以堂而皇之地写进呈给皇帝的奏章里，显然不可思议。更不可思议的是，汉宣帝竟然会信以为真，当即交代廷尉按查奏章告发之事。——任谁人都可以揣测出来，宣帝此举意在抛弃杨恽，要他充当替罪羊。

廷尉顺藤摸瓜，查出了杨恽写给孙会宗的那封复信。"宣帝见而恶之。廷尉当恽大逆无道，要斩。"杨恽惨遭腰斩之极刑以后，其妻子儿女被流放至酒泉郡；侄儿杨谭受到株连，被夺去爵位，废为庶人；几位和杨恽关系友善的在职官员，如未央宫卫尉韦玄成、京兆尹张敞以及孙会宗等人，全被免去了职务。

汉宣帝处死杨恽的主要依据是杨恽写给孙会宗的复信，故而，杨恽案件又被后人称之为中国古代历史上第一桩文字狱案件。那么，究竟是信中的那些话触动了宣帝绝对不可触动的逆鳞呢？

对此，宋人罗大经在《鹤林玉露》中断言："杨子细（恽）以'南山种豆'之句，杀其身。"宋人洪迈则在《容斋四笔》卷十三《汉人坐语言获罪》条中推测说：

杨恽之《报孙会宗书》，初无甚怨怒之语，其诗曰："田彼南山，芜秽不治。种一顷豆，落而为萁。"张晏释以为言朝廷荒乱，百官谄谀，可谓穿凿，而廷尉当以大逆无道刑及妻子。予熟味其词，独有所谓"君父至尊亲，送其终也，有时而既"，盖宣帝恶其君丧送终之喻耳。

在杨恽看来，人的情感是连圣人也无法禁止的，即使是至尊至亲的君父死了，臣子守孝三年，三年过后也不再受到限制。杨恽想依据古人所倡导的"发乎情而止乎礼"，来说明自己已经做了三年农夫，现在可以随心所欲，并不违背礼数。于此可见，书生气十足的杨恽颇有春秋战国时期名士们的信念，认为君臣之间可以自由地相互选择，误以为自己不再做官，不再重返官场而甘于终老田间，就可以随心所欲地神交古人，傲视王侯，蔑视皇权。杨恽的这个念头未免太天真了，天真到居然忘记了专制政体的本质特征乃是"普天之下，莫非王土；率土之滨，莫非王臣"。故而，尽管杨恽负才使气，所言不无道理，但却因"君丧送终"的比喻被汉宣帝视为大不敬，而只能承受被腰斩的苦楚。

九

专制社会最不缺少的便是冤假错案。放眼中国古代历史典籍，冤假错案比比皆是，含冤负屈死不瞑目者不胜枚举。杨恽一案被古人称之为中国古代第一桩文字狱案件，也被人称之为"种豆诗案"。尽管不能简单地将杨恽一案说成是一桩冤案，但起码属于量刑过重之列。司马光在《资治通鉴》中便持这一观点。在讲述杨恽被处死之后，司马光深有感触地评论说：

以孝宣之明，魏相、丙吉为丞相，于定国为廷尉，而赵、盖、韩、杨之死皆不厌众心，其为善政之累大矣！《周官》司寇之法，有议贤、议能。若广汉、延寿之治民，可不谓能乎？宽饶、恽之刚直，可不谓贤乎？然则虽有死罪，犹将宥之，况罪不足以死乎？

汉宣帝是历史上为数不多的好皇帝，杨恽有幸成为他的臣民，却不幸地死在了他的手上。杨恽罪不致死而被腰斩，无疑是汉宣帝的一个污点。至于司马光援引古代基于珍惜人才而议贤、议能，"虽有死罪，犹将宥之"，用这一标准来要求心量不大的汉宣帝，显然近乎苛求。只要汉宣帝能尊重刑法，杨恽便可以保全性命，而不会惨遭极刑。但是，这在极权时代又谈何容易！

杨恽的人生虽然坎坷，虽然谢幕过早而且惨不忍睹，但毕竟留下了属于他自己的印记。粗略地说，参与告发霍氏家族谋反案、促成历史典籍《史记》公开问世和撰写《告孙会宗书》，乃是杨恽的三张永远的历史名片。参与告发霍氏家族谋反案，是杨恽维护汉宣帝统治的政治业绩；促成《史记》公开问世，则是杨恽对传播中华文化作出的不可磨灭的贡献；而《报孙会宗书》，则是中国文学史上影响最大的书信之一，和司马迁《报任安书》、邹阳《狱中上梁王书》齐名，并称汉代三大著名书信。其中，又以促成《史记》公开问世最受世人称道。从这个角度来看，杨恽的人生虽然过于短暂，却没有虚掷，所绽放出来的夺目光辉足以令他引为骄傲。

和历史上众多著名的坎坷人物不同，究其原因，杨恽的人生坎坷主要不是因为时乖命蹇生不逢时未遇明主，而是因为他自身的主观原因。因为他负才傲物，说话口无遮拦，行事有失检点，喜欢打小报告，喜欢揭人隐私，喜欢自我炫耀，经常四面树敌，才让他原本顺遂的仕途陡生变故，被人告发而后丢了官帽子丢了爵位，被免为庶人。如此处理杨恽，显然是汉宣帝念及他父子往日功劳的缘故。栽了这样一个大跟头的杨恽本应闭门思过，低调做人，韬光养晦，但心怀怨愤的他却索性破罐子破摔，说话行事更加张扬放肆,毫不顾忌社会影响。如此不管不顾地一意孤行,丝毫不考虑可能带来的严重后果,显然是杨恽迅速陷入人生绝境的致命原因。读杨恽的《报孙会宗书》,一方面不能不为作者笔下流淌出来的真性情所动容,另一方面又不能不为作者的过于任性过于肆无忌惮而惋惜。修养功夫不到家的杨恽不能控制自己的情绪,"牢骚愤懑诉文字",结果落了个"腰斩之日血斑斑"。从某种意义上说,导致杨恽这位天才过早陨世的,乃是杨恽自己过于情绪化的性格。性格决定命运,真个是言之伤心啊!

"人固有一死,或重于泰山,或轻于鸿毛,用之所趋异也。"按照司马迁的观点来衡量杨恽,不能不为他死得不值得而深感惋惜。不论是伯夷叔齐不食周粟饿死在首阳山上,抑或兵家吴起抱着楚悼王的尸体而死,刺客荆轲吟唱着"风萧萧兮易水寒,壮士一去兮不复返"刺秦而死,霸王项羽兵败乌江自刎而死,还是田横五百壮士义无反顾地蹈海而死,或慷慨,或从容,赴死的目标指向皆非常明晰,用大白话说叫作死得有价值。而杨恽则不然,身怀卓异的才能却不具备过人的抗击打能力,虚荣心自尊心极强,却无法承受现实生活的不公正,一味地无节制地负才放纵,却不明白其外翁司马迁《报任安书》中所阐述的忍辱负重的深刻哲理,结果白白地断送了自己的有用之身。如果他能够效法司马迁处世功夫的十之一二,那么,中国古代典籍中保不定会增添一二闪光的内容。

蔡邕

图安应聘因气馁,
徒然罹祸缘泪多。

琴遇知音始可调,卓非善听亦徒劳。
早知应聘终罹祸,罪死何如节死高。

吟诵南宋诗人徐钧的这首不无调侃意味的《咏史》诗,总觉得徐钧事后诸葛亮的口吻对东汉著名学者高官蔡邕有失公允。掩卷之余重阅《后汉书·蔡邕列传》,并参阅相关文字,心中五味杂陈,感慨系之。"人生如梦,梦如人生。"蔡邕的悲剧人生似乎是在复述着这个格言,告诉人们在难以预料的强大外力面前,个体生命竟然会如此之脆弱不堪。

一

蔡邕(133—192年),字伯喈。陈留郡圉人。东汉著名文学家、书法家，官至左中郎将，封高阳乡侯。

蔡邕出生于世代官宦之家，祖先名声颇佳。《后汉书·蔡邕列传》介绍说：

> 蔡邕字伯喈，陈留圉人也。六世祖勋，好黄老，平帝时为郿令。王莽初，授以厌戎连率。勋对印绶仰天叹曰："吾策名汉室，死归其正。昔曾子不受季孙之赐，况可事二姓哉？"遂携将家属，逃入深山，与鲍宣、卓茂等同不仕新室。父棱，亦有清白行，谥曰贞定公。

蔡邕的六世祖蔡勋在西汉平帝时曾任郿县令，王莽篡汉后蔡勋拒绝接受委任，效法先贤曾子，携带着家属逃进深山，和鲍宣、卓茂等人一样坚决不在王莽的新朝做官。蔡邕的父亲蔡棱也有清白的操行，谥号为贞定公。蔡邕对长辈非常孝顺，其母曾卧病三年，蔡邕不论盛夏严冬气候变化，都在床前服侍，70天未曾解过衣带。母亲去世后，蔡邕在墓旁盖了一间房子住下守墓，一动一静，皆遵守礼制。史载："有菟驯扰其室旁，又木生连理，远近奇之，多往观焉。"（《后汉书·蔡邕列传》）

古人在兄弟儿子长大成人后往往分家析产，父子兄弟各立门户，以求减少矛盾隔阂，同时更提倡一家两代同堂、三代同堂、四代同堂，将之视为家庭和睦的象征。蔡邕长大后坚持与叔父、叔伯兄弟同居，三代没有分家，周围的人们无不称赞他品行良好。

蔡邕在少年时即博学多闻，师从太傅胡广。他喜欢文学、数术、天文，尤其擅长音乐，很快便闻名遐迩。因为这个缘故，接下来便发生了蔡邕借口生病拒绝朝廷征召的轶事。

> 桓帝时，中常侍徐璜、左悺等五侯擅恣，闻邕善鼓琴，遂白天子，

来陈留太守督促发遣。邕不得已,行到偃师,称疾而归。闲居玩古,不交当世。感东方朔《客难》及杨雄、班固、崔骃之徒设疑以自通,及斟酌群言,韪其是而矫其非,作《释诲》以戒厉云尔。(同上书)

这次托词生病婉拒朝廷征召,实际上表达了他对朝政昏暗、宦官擅权的极度不满。惹不起躲得起,是为年轻蔡邕当时的真实心态。

蔡邕在家中醉心于品玩古董,而不爱与时人来往。受东方朔《客难》及扬雄、班固、崔骃设疑自通的启发,学识渊博的蔡邕汲取百家之言,"韪其是而矫其非",写了诫训文《释诲》,以警惕和自勉。

二

范晔在《后汉书》中,援引了蔡邕的名作《释诲》。《释诲》是蔡邕赋中最长的一篇。冷眼旁观,这篇文字确实道出了作者的人生三观和对仕途的认识。

在《释诲》中,蔡邕仿效扬雄、班固、崔骃设疑自通的形式,假托务世公子劝华颠胡老不如弃贫贱而取富贵:

> 有位斯贵,有财斯富,行义达道,士之司也。故伊挚有负鼎之炫,仲尼设执鞭之言,宁子有清商之歌,百里有豢牛之事。夫如是,则圣哲之通趣,古人之明志也。夫子生清穆之世,禀醇和之灵,覃思典籍,韫椟《六经》,安贫乐贱,与世无营,沉精重渊,抗志高冥,包括无外,综析无形,其已久矣。曾不能拔萃出群,扬芳飞文,登天庭,序彝伦,扫六合之秽慝,清宇宙之埃尘,连光芒于白日,属炎气于景云。时逝岁暮,默而无闻。小子惑焉,

是以有云。方今圣上宽明，辅弼贤知，崇英逸伟，不坠于地，德弘者建宰相而裂土，才羡者荷荣禄而蒙赐。盍亦回涂要至，俯仰取容，辑当世之利，定不拔之功，荣家宗于此时，遗不灭之令踪？夫独未之思邪，何为守彼而不通此？

蔡邕则以华颠胡老自况，发表长篇宏论，对务世公子希望其迎合权贵的言论予以反驳，表明了他反对见利忘义、甘于淡泊自守的人生志向。胡老首先嘲笑务世公子所问浅薄，只看到含糊不明的福利，而忘记了清晰明显的祸害；只专心肯定达成的事功，而轻忽可能失足跌倒的毁败。接着，胡老从治世讲到乱世，从古人讲到今人，系统阐述了自己的政治见解和隐逸情怀。

石门守晨，沮、溺耦耕，颜歜抱璞，蘧瑗保生，齐人归乐，孔子斯征，雍渠骖乘，逝而遗轻。夫岂傲主而背国乎？道不可以倾也。

这是通过援引《论语》讲过的石门守晨人，隐士长沮、桀溺耕田自娱，蘧伯玉邦有道则仕、邦无道则卷而怀之，齐人馈赠歌女、孔子便离开鲁国，雍渠陪侍灵公同乘一车，孔子离开卫国，和《战国策》讲述的颜歜坚守璞玉本色等典故，说明早在春秋战国时期，这些隐士和圣贤们并非是傲视君主背弃国家，而是用自己的行动坚守着心中的大道。

明哲泊焉，不失所宁。狂淫振荡，乃乱其情。贪夫殉财，夸者死权。瞻仰此事，体躁心烦。暗谦盈之效，迷损益之数。骋骛驵于修路，慕骐骥而增驱，卑俯乎外戚之门，乞助乎近贵之誉。

荣显未副，从而颠踣，下获熏胥之辜，高受灭家之诛。前车已覆，袭轨而骛，曾不鉴祸，以知畏惧。予惟悼哉，害其若是！天高地厚，踡而踏之。怨岂在明，患生不思。战战兢兢，必慎厥尤。

这是通过讲述明智睿哲之人不失所守，狂妄骄纵之徒惑乱性情，贪图财货之人为财赔命，浮夸虚名之人为权丧身，说明种种情由皆在于"体躁心烦，暗谦盈之效，迷损益之数"。可怕的是人们竟然不汲取教训，不懂得畏惧。祸患产生于不去深思。必须慎之又慎啊。

今子责匹夫以清宇宙，庸可以水旱而累尧、汤乎？惧烟炎之毁爝，何光芒之敢扬哉！且夫地将震而枢星直，井无景则日阴食，元首宽则望舒朓，侯王肃则月侧匿。是以君子推微达着，寻端见绪，履霜知冰，践露知暑。时行则行，时止则止，消息盈冲，取诸天纪。利用遭泰，可与处否，乐天知命，持神任己。群车方奔乎险路，安能与之齐轨？思危难而自豫，故在贱而不耻。方将骋驰乎典籍之崇涂，休息乎仁义之渊薮，盘旋乎周、孔之庭宇，揖儒、墨而与为友。舒之足以光四表，收之则莫能知其所有。若乃丁千载之运，应神灵之符，阊闾阖，乘天衢，拥华盖而奉皇枢，纳玄策于圣德，宣太平于中区。计合谋从，己之图也；勋绩不立，予之辜也。龟凤山翳，雾露不除，踊跃草莱，只见其愚。不我知者，将谓之迂。修业思真，弃此焉如？静以俟命，不觳不渝。"百岁之后，归乎其居。"幸其获称，天所诱也。罕漫而已，非己咎也。昔伯翳综声于鸟语，葛卢辩音于鸣牛，董父受氏于豢龙，奚仲供德于衡辀，倕氏兴政于巧工，造父登御于骅骝，非子享土于善圉，狼瞫取右于禽囚，弓父毕精于筋角，佽非明勇于赴流，寿王创基于格五，东方要幸

于谈优,上官效力于执盖,弘羊据相于运筹。仆不能参迹于若人,故抱璞而优游。(《后汉书·蔡邕列传》)

这是通过正面回应务世公子的诘难,引申出"仆不能参迹于若人,故抱璞而优游"的结论。

蔡邕这番安贫乐道抱璞优游的宏论绝非信口开河,而是经过深思熟虑的,表明他的思想深受黄老学说影响,不失为身处乱世的有识之士的安身立命之道。无独有偶,和蔡邕同时代的著名隐士陈留老父,便和蔡邕持同样的见解。他曾经叹息道:"夫龙不隐鳞,凤不藏羽,网罗高县,去将安所?"这段话和蔡邕的上述话语异曲同工,皆反映了东汉桓灵之际许多有识之士的忧患意识和退隐远害心理。

且说务世公子听了胡老这番话之后,"仰首降阶,忸怩而避"。胡老乃扬衡含笑,援琴而歌。歌曰:

练余心兮浸太清,涤秽浊兮存正灵。和液畅兮神气宁,情志泊兮心亭亭,嗜欲息兮无由生。踔宇宙而遗俗兮,眇翩翩而独征。
(同上书)

"洗刷我的心胸啊浸润这宇宙,涤荡污浊肮脏啊保存这纯正的魂灵。津液顺畅啊神气安宁,情志淡泊啊内在的心神高远清澄,享受的欲望止息啊各种贪欲不复产生。超越天地万物而抛弃种种流俗啊,轻快地飞向那浩渺而独自踏上那征程。"能吟诵如此诗句自娱自乐的蔡邕,无疑是一位真正不俗的智者。明了《释诲》所要表达的思想,对于分析研究蔡邕的坎坷人生至关重要。常言说:"明哲保身。"将人生世事看得如此透彻的智者蔡邕,按说是完全可以躲避他人难以躲避的无妄之灾的,可惜他并没能躲避过去。

三

尽管蔡邕具有同龄人难以具有的退隐避祸意识，却毕竟经不住名缰利锁的强大引诱。建宁三年（170年），经司徒桥玄征召，38岁的蔡邕前往司徒府做了掾属。不久出任河平县长，又被召拜为郎中，在东观校书，升任议郎。此时的蔡邕意气风发，积极建言献策：

> 邕以经籍去圣久远，文字多谬，俗儒穿凿，疑误后学。熹平四年，乃与五官中郎将堂溪典、光禄大夫杨赐、谏议大夫马日䃅、议郎张驯、韩说、太史令单飏等，奏求正定《六经》文字。灵帝许之，邕乃自书丹于碑，使工镌刻立于太学门外。于是后儒晚学，咸取正焉。及碑始立，其观视及摹写者，车乘日千余辆，填塞街陌。（同上书）

这一时期蔡邕所上奏折，以上封施行七事表最具有代表性。因汉灵帝喜爱辞赋，写了《皇羲篇》，人们遂误认为是作文章便能得到任用。侍中祭酒乐松、贾护引荐许多趋炎附势之人在鸿都门学任职，宣讲地方风俗、乡里之事，灵帝一高兴，便破格提拔他们。有几十个市井小民，谎称自己是宣陵孝子，也都被授予郎中、太子舍人。当时常有雷霆疾风，伤树拔木，地震、冰雹、蝗虫为害，鲜卑人又不断侵犯边境，百姓为劳役赋税所苦。熹平六年（177年）灵帝下诏自责，并下令群臣各自陈说可行的治国举措。蔡邕抓住时机，上密奏陈说应该施行七件事：

一事：明堂月令，天子以四立及季夏之节，迎五帝于郊，所以导致神气，祈福丰年。清庙祭祀，追往孝敬，养老辟雍，示人礼化，皆帝者之大业，祖宗所祇奉也。而有司数以蕃国疏丧，宫内产生，及吏卒小污，屡生忌故。窃见南郊斋戒，未尝有废，至于它祀，辄兴异议。岂南郊卑而它祀尊哉？……自今斋制宜如故典，庶答风霆灾妖之异。

二事：臣闻国之将兴，至言数闻，内知己政，外见民情。……陛下亲政以来，频年灾异，而未闻特举博选之旨。诚当思省述修旧事，使抱忠之臣展其狂直，以解《易传》"政悖德隐"之言。

三事：夫求贤之道，未必一涂，或以德显，或以言扬。顷者，立朝之士，曾不以忠信见赏，恒被谤讪之诛，遂使群下结口，莫图正辞。郎中张文，前独尽狂言，圣听纳受，以责三司。臣子旷然，众庶解悦。臣愚以为宜擢文右职，以劝忠謇，宣声海内，博开政路。

四事：夫司隶校尉、诸州刺史，所以督察奸枉，分别白黑者也。……宜追定八使，纠举非法，更选忠清，平章赏罚。三公岁尽，差其殿最，使吏知奉公之福，营私之祸，则众灾之原庶可塞矣。

五事：臣闻古者取士，必使诸侯岁贡。孝武之世，郡举孝廉，又有贤良、文学之选，于是名臣辈出，文武并兴。汉之得人，数路而已。夫书画辞赋，才之小者，匡国理政，未有其能。陛下即位之初，先涉经术，听政余日，观省篇章，聊以游意，当代博弈，非以教化取士之本。而诸生竞利，作者鼎沸。其高者颇引经训风喻之言；下则连偶俗语，有类俳优；或窃成文，虚冒名氏。臣每受诏于盛化门，差次录第，其未及者，亦复随辈皆见拜擢。既加之恩，难复收改，但守奉禄，于义已弘，不可复使理人及仕州郡。昔孝宣会诸儒于石渠，章帝集学士于白虎，通经释义，其事优大，文武之道，所宜从之。若乃小能小善，虽有可观，孔子以为"致远则泥"，君子故当志其大者。

六事：墨绶长吏，职典理人，皆当以惠利为绩，日月为劳。褒责之科，所宜分明。而今在任无复能省，及其还者，多召拜议郎、郎中。若器用优美，不宜处之冗散。如有衅敌，自当极其刑诛。岂有伏罪惧考，反求迁转，更相放效，臧否无章？先帝旧典，未尝有此。可皆断绝，以核真伪。

七事：伏见前一切以宣陵孝子为太子舍人。臣闻孝文皇帝制丧服三十六日，虽继体之君，父子至亲，公卿列臣，受恩之重，皆屈情从制，不敢逾越。今虚伪小人，本非骨肉，既无幸私之恩，又无禄仕之实，恻隐思慕，情何缘生？而群聚山陵，假名称孝，行不隐心，义无所依，至有奸轨之人，通容其中。……太子官属，宜搜选令德，岂有但取丘墓凶丑之人？其为不祥，莫与大焉。宜遣归田里，以明诈伪。（同上书）

奏书上陈后，灵帝颇为重视，亲自在北郊迎祥气，举行辟雍礼仪。又下诏把那些以宣陵孝子为名被任命为太子舍人的，统统改任丞尉。

时妖异数见，人相惊扰。其年七月，诏召邕与光禄大夫杨赐、谏议大夫马日䃅、议郎张华、太史令单飏诣金商门，引入崇德殿，使中常侍曹节、王甫就问灾异及消改变故所宜施行。邕悉心以对，事在《五行》《天文志》。又特诏问曰："比灾变互生，未知厥咎，朝廷焦心，载怀恐惧。每访群公卿士，庶闻忠言，而各存括囊，莫肯尽心。以邕经学深奥，故密特稽问，宜披露失得，指陈政要，勿有依违，自生疑讳。具对经术，以皂囊封上。"（同上书）

蔡邕于是上奏，直言不讳地指出，妇人、宦官干预政事是怪异发生的重要原因。并弹劾太尉张颢、光禄勋玮璋、长水校尉赵玹、屯骑校尉盖升等人贪赃枉法，举荐廷尉郭禧、光禄大夫桥玄、前任太尉刘宠，认为可以向他们咨议朝政。灵帝看过奏章后为之叹息，在起身如厕时，奏章被中常侍曹节偷窥泄漏。于是，凡是蔡邕奏章上认为应该废黜的人都对他恨之入骨，企图打击报复。

从形式上看，蔡邕遭人嫉恨系宦官曹节为其同党通风报信所致；就其性质而言，则是不折不扣的"自古正邪不两立"使然。

四

学识渊博的蔡邕正直敢言，却不善于处理官场里的人际关系，一向与司徒刘郃不和，其叔父卫尉蔡质又与将作大匠、中常侍程璜的女婿阳球合不来，程璜便让人写匿名诬告蔡邕、蔡质几次因私事请托于刘郃，刘郃没有答应，蔡邕遂怀恨在心，图谋陷害刘郃。灵帝下诏让尚书召蔡邕质问。问心无愧的蔡邕随即上疏为自己辩白：

> 臣征营怖悸，肝胆涂地，不知死命所在。窃自寻案，实属宛、奇，不及陟、班。凡休假小吏，非结恨之本。与陟姻家，岂敢申助私党？如臣父子欲相伤陷，当明言台阁，具陈恨状所缘。内无寸事，而谤书外发，宜以臣对与郃参验。臣得以学问特蒙褒异，执事秘馆，操管御前，姓名貌状，微简圣心。今年七月，召诣金商门，问以灾异，赍诏申旨，诱臣使言。臣实愚赣，唯识忠尽，出命忘躯，不顾后害，遂讥刺公卿，内及宠臣。实欲以上对圣问，救消灾异，规为陛下建康宁之计。陛下不念忠臣直言，宜加掩蔽，诽谤卒至，便用疑怪。

尽心之吏,岂得容哉?诏书每下,百官各上封事,欲以改政思谴,除凶致吉,而言者不蒙延纳之福,旋被陷破之祸。今皆杜口结舌,以臣为戒,谁敢为陛下尽忠孝乎?臣季父质,连见拔擢,位在上列。臣被蒙恩渥,数见访逮。言事者因此欲陷臣父子,破臣门户,非复发纠奸伏,补益国家者也。臣年四十有六,孤特一身,得托名忠臣,死有余荣,恐陛下于此不复闻至言矣。臣之愚冗,职当咎患,但前者所对,质不及闻,而衰老白首,横见引逮,随臣摧没,并入坑陷,诚冤诚痛。臣一入牢狱,当为楚毒所迫,趣以饮章,辞情何缘复闻?死期垂至,冒昧自陈。

  愿身当辜戮,丐质不并坐,则身死之日,更生之年也。惟陛下加餐,为万姓自爱。(同上书)

  蔡邕慷慨陈词,言之凿凿,明眼人一看便知其无辜冤枉,但昏聩的汉灵帝却将他和蔡质一起投入大狱。蔡邕身陷囹圄不久,便被看权宦程璜眼色行事的有司衙门"劾以仇怨奉公,议害大臣,大不敬,弃市"。生死关头,幸亏中常侍吕强"愍邕无罪",出于同情心而请求灵帝刀下留人并得到恩准,"有诏减死一等,与家属髡钳徙朔方,不得以赦令除"。

  流徙途中,依旧险象环生。将作大匠阳球不肯甘心,暗中派遣刺客前去刺杀蔡邕,所幸刺客被蔡邕一身正气所感动,阳球的阴谋才未能得逞。阳球随后又贿赂有关官员毒害蔡邕,受赂之人却把消息告诉了蔡邕。几番生死周折之后,蔡邕才得以在流徙之地五原安阳县(治今内蒙古乌拉特前旗东南)居住下来。

  蔡邕早先在东观时,与卢植、韩说等修撰《后汉纪》,因获罪流放,"不得及成"。在五原安阳,他为此上书,"奏其所着《十意》,分别首目,连置章左"。灵帝爱怜蔡邕才高,在第二年大赦时赦免了他,准许他返回原籍。

谁也不会想到，因为不肯给人家面子，致使眼看就要走出背字的蔡邕再度蒙受劫难。事情的经过是这样的：蔡邕准备启程回郡时，五原太守王智为他送行。酒足饭饱之后，王智起舞劝蔡邕，蔡邕却不理人家。王智是中常侍王甫的弟弟，平时骄横惯了，如今竟然在蔡邕面前丢了面子，为宾客所嘲笑，于是乎怒不可遏，破口大骂蔡邕说："罪犯也敢轻侮我！"蔡邕随即振衣而去。蔡邕的极度轻蔑令王智心生恨意，遂密告蔡邕心怀怨望，诽谤朝廷。原先被蔡邕弹劾过的深受灵帝宠幸的官员们，这时也都在诬陷他。蔡邕闻讯后，为躲避祸害而逃命江海，远走吴会之地，在吴地共待了12年。这就是蔡邕避难江海的由来。

一望即知，蔡邕避难江海与他性格孤傲不肯虚与委蛇而得罪人大有关系。在开罪五原太守王智一事上，狗仗人势的王智固然可恶至极，蔡邕恃才傲物目中无人任性而为也难辞其咎。

蔡邕在吴地时，邻居有天准备了酒菜宴请他。他赶过去的时候邻居已经喝得兴起，有位客人在屏风后面弹琴，蔡邕在门口听了，大吃一惊："用音乐招我来却藏有杀心，怎么回事？"于是掉头回去了。主人赶紧追赶并询问原因，蔡邕便告诉了他。弹琴的客人说："我刚才弹琴的时候，看见一只螳螂正要扑向鸣蝉，蝉将飞走还没有飞走，螳螂的动作一前一后。我心里有些担心，唯恐螳螂丧失了机会，这难道就是所谓的杀心流露到音乐中来吗？"蔡邕莞然而笑说："这足以表明了。"据传，这把和蔡邕有关的焦尾琴也成了稀世珍宝。

五

蔡邕避难江海期间，朝廷发生了许多重大变故，"何进无谋中贵乱，西凉董卓举朝堂"。人们很难想到，一代乱世枭雄董卓把持朝政以后，远在吴地避难的蔡邕居然会时来运转：

中平六年，灵帝崩，董卓为司空，闻邕名高，辟之。称疾不就。卓大怒，詈曰："我力能族人，蔡邕遂偃蹇者，不旋踵矣。"又切来州郡举邕诣府，邕不得已，到，署祭酒，甚见敬重。举高第，补侍御史，又转持书御史，迁尚书。三日之闲，周历三台。迁巴郡太守，复留为侍中。初平元年，拜左中郎将，从献帝迁都长安，封高阳乡侯。（同上书）

虽然蔡邕重返朝廷极不情愿，是在董卓以身家性命相威胁的情形之下的无奈选择，但奸雄董卓真心诚意地尊重重用迭遭坎坷的蔡邕，也是不争的事实。历史有惊人的相似之处，董卓起用蔡邕时所采取的手段，和后来曹操起用司马氏时所采取的手段略无二致。

曹操在担任汉献帝的司空之后，大力延揽人才，下令让人去延请司马懿。司马懿"不欲屈节曹氏"，便"辞以风痹，不能起居"，回绝了曹操的延请。曹操听了使者的回禀后，又派人深夜前往司马懿家里，暗中观察司马懿是否真的有病。司马懿料到曹操会有这一手，便躺在炕上"坚卧不动"。稍后，做了丞相的曹操又下令要司马懿来朝中担任文学掾，并在使者行前特别交代："若复盘桓，便收之。"见曹丞相使出了杀手锏，司马懿为了活命，只得改变初衷，乖乖地跟随使者前往京城就职。曹操对司马懿颇为器重，"于是使与太子游处，迁黄门侍郎，转议郎、丞相东曹属，寻转主簿"（见《晋书·宣帝纪》）。

董卓、曹操都是杀人不眨眼的枭雄、奸雄，在他们面前，蔡邕也好，司马懿也好，所能选择的仅有生死两条道路，故而想留下有用之身的他们便只能选择乖乖地遵命。

蔡邕于汉灵帝中平六年（189年）应征入朝，当年即被任命为侍中，第二年迁升为左中郎将，后又受封为高阳乡侯。在朝中，蔡邕利用骄横跋扈的董卓尚能听得进他的逆耳之言，不失时机地向董卓提出了一些理智的建议，并为董卓所采纳。诸如：董卓的宾客部属为了讨董卓喜好，商议要朝廷将董卓与西周开国功臣姜子牙姜太公相比，称为"尚父"。董卓私下询问蔡邕的意见，蔡邕劝他说："太公辅周，奉命灭商，所以特号为太公。现在您的威德虽高，但相比尚父，我以为还不行。等到关东平定，陛下返还旧京，然后再讨论此事。"董卓听后，采纳了他的意见。

又如：初平二年（191年）六月，发生地震，董卓为此询问蔡邕。蔡邕乘机利用天人感应说劝说董卓约束自己，不要逾制："地动者，阴盛侵阳，臣下逾制之所致也。前春郊天，公奉引车驾，乘金华青盖，爪画两轓，远近以为非宜。"董卓也听了进去，于是改乘皂盖车。

董卓看重蔡邕的才学，对他非常客气，一遇举行宴会，往往令蔡邕鼓琴助兴，蔡邕也有心出力。但董卓性格刚愎自用，蔡邕恨自己的话很少为董卓采纳，于是心生去意。后经人劝说和自己权衡，还是留了下来。这一政治见识上的迟钝，无疑直接影响到蔡邕的黄昏岁月，竟至留下了不可挽回的憾恨。

六

历史诡异起来往往令人不可思议，蔡邕的人生路径即是如此。汉灵帝时期，刚直不阿的蔡邕因得罪宦官势力而锒铛入狱，贬徙五原避难江海，十多年的蹉跎岁月无妄之灾似乎可以用自古正邪不两立来诠释；以倒行逆施凶残暴虐名世的大军阀董卓占据朝堂后，东汉王朝进入了自身历史上最黑暗最反动的时期，无数忠诚正直的官员纷纷死在董卓的屠刀之下，身处江湖之远的蔡邕却因颇具声望而被董卓出于笼络天下士人装潢门面的需要征召入朝，委以重任，拜将封侯，敬重有加；接下来的一切更是令人匪夷所思：东汉初平三年（192年），恶贯满盈的董卓被诛杀，谁能想象到，这一原本大快人心的事体，竟然会成为蔡邕命断官场的导火索！

关于蔡邕之死，有三种版本三种说法。谢承《后汉书》曰：

蔡邕在王允坐，闻卓死，有叹惜之音。允责邕曰："卓，国之大贼，杀主残臣，天地所不佑，人神所同疾。君为王臣，世受汉恩，国主危难，曾不倒戈，卓受天诛，而更嗟痛乎？"便使收付廷尉。邕谢允曰："虽以不忠，犹识大义，古今安危，耳所厌闻，口所常玩，岂当背国而向卓也？狂瞽之词，谬出患入，愿黥首为刑以继汉史。"公卿惜邕才，咸共谏允。允曰："昔武帝不杀司马迁，使作谤书，流于后世。方今国祚中衰，戎马在郊，不可令佞臣执笔在幼主左右，后令吾徒并受谤议。"遂杀邕。（见《三国志·魏书·董二袁刘传》裴松之注）

南朝刘宋范晔本《后汉书·蔡邕列传》的说辞又进了一步：

及卓被诛，邕在司徒王允坐，殊不意言之而叹，有动于色。允勃然叱之曰："董卓国之大贼，几倾汉室。君为王臣，所宜同忿，而怀其私遇，以忘大节！今天诛有罪，而反相伤痛，岂不共为逆哉？"即收付廷尉治罪。邕陈辞谢，乞黥首刖足，继成汉史。士大夫多矜救之，不能得。太尉马日䃅驰往谓允曰："伯喈旷世逸才，多识汉事，当续成后史，为一代大典。且忠孝素着，而所坐无名，诛之无乃失人望乎？"允曰："昔武帝不杀司马迁，使作谤书，流于后世。方今国祚中衰，神器不固，不可令佞臣执笔在幼主左右。既无益圣德，复使吾党蒙其讪议。"日䃅退而告人曰："王公其不长世乎？善人，国之纪也；制作，国之典也。灭纪废典，其能久乎！"邕遂死狱中。允悔，欲止而不及。时年六十一。搢绅诸儒莫不流涕。北海郑玄闻而叹曰："汉世之事，谁与正之！"兖州、陈留间皆画像而颂焉。

《三国演义》第九回对蔡邕之死的描述添加了若干文学成分：

　　正饮宴间，忽人报曰："董卓暴尸于市，忽有一人伏其尸而大哭。"允怒曰："董卓伏诛，士民莫不称贺；此何人，独敢哭耶！"遂唤武士："与吾擒来！"须臾擒至。众官见之，无不惊骇：原来那人不是别人，乃侍中蔡邕也，允叱曰："董卓逆贼，今日伏诛，国之大幸。汝为汉臣，乃不为国庆，反为贼哭，何也？"邕伏罪曰："邕虽不才，亦知大义，岂肯背国而向卓？只因一时知遇之感，不觉为之一哭，自知罪大。愿公见原：倘得黥首刖足，使续成汉史，以赎其辜，邕之幸也。"众官惜邕之才，皆力救之。太傅马日䃅亦密谓允曰："伯喈旷世逸才，若使续成汉史，诚为盛事。且其孝行素着，若遽杀之，恐失人望。"允曰："昔孝武不杀司马迁，后使作史，遂致谤书流于后世。方今国运衰微，朝政错乱，不可令佞臣执笔于幼主左右，使吾等蒙其讪议也。"日䃅无言而退，私谓众官曰："王允其无后乎！善人，国之纪也；制作，国之典也。灭纪废典，岂能久乎？"当下王允不听马日䃅之言，命将蔡邕下狱中缢死。一时士大夫闻者，尽为流涕。后人论蔡邕之哭董卓，固自不是；允之杀之，亦为已甚。

蔡邕"闻卓死，有叹惜之音"也罢，"殊不意言之而叹，有动于色"也罢，董卓暴尸街头，蔡邕"伏其尸而大哭"也罢，不论哪种说辞，都表明蔡邕对董卓怀有难以言传的复杂情感，对董卓的死深感震惊，无法控制自己而将个人情感置诸国家政治事件之上，以至于白白丢了性命。范晔在《后汉书·蔡邕列传》的评论中对蔡邕怀有浓郁的同情之心：

> 论曰：意气之感，士所不能忘也。流极之运，有生所共深悲也。当伯喈抱钳扭，徙幽裔，仰日月而不见照烛，临风尘而不得经过，其意岂及语平日幸全人哉！及解刑衣，窜瓯越，潜舟江壑，不知其远，捷步深林，尚苦不密，但愿北首旧丘，归骸先垄，又可得乎？董卓一旦入朝，辟书先下，分明枉结，信宿三迁。匡导既申，狂僭屡革，资《同人》之先号，得北叟之后福。属其庆者，夫岂无怀？君子断刑，尚或为之不举，况国宪仓卒，虑不先图，矜情变容，而罚同邪党？执政乃追怨子长谤书流后，放此为戮，未或闻之典刑。

相形之下，明清之际著名思想家王夫之在《读通鉴论·汉灵帝》中对蔡邕之死的评论颇为中肯：

> 蔡邕意气之士也，始而以危言召祸，终而以党贼逢诛，皆意气之为也。何言之？曰：合刑赏之大权于一人者，天子也；兼进贤退不肖之道，以密赞于坐论者，大臣也；而群工异是。奸人之在君侧，弗容不击矣。击之而吾言用，奸人退，贤者之道自伸焉。吾言不用，奸人且反噬于我，我躬不阅，而无容以累君子，使犹

安焉，其犹有人乎君侧也。君子用而不任，弗容不为白其忠矣。白之而吾言用，君子进，奸人之势且沮焉。吾言不用，奸人不得以夺此与彼之名加之于我，而犹有所惮焉。邕苟疾夫张颢、伟璋、赵玹、盖升之为国蠹也，则专其力以击之可耳。若以郭禧、桥玄、刘宠之忠而劝之以延访也，则抑述其德以赞君之敬礼已耳。而一章之中，抑彼伸此，若将取在廷之多士而惟其所更张者。为国谋邪？为君子谋邪？则抑其一往之意气以排异己而伸交好者之言耳，庸有听之者哉！

七

意气之士蔡邕死于意气用事，属于蔡邕自身原因；气量狭窄的司徒王允因此而下令诛杀了旷世奇才蔡邕，是蔡邕死于非命的直接原因，故而王允无法不饱受世人诟病。

蔡邕之死的是非曲直一目了然，在刚刚铲除国贼董卓之际，身为朝廷大员的蔡邕居然在公开场合为董卓之死太息挥泪，显然是严重的政治过失，错在蔡邕，不言而喻。当司徒王允勃然大怒，严词谴责时，蔡邕马上明白自己犯下了难以宽恕的罪过，当即向王允请罪，恳求能获得谅解。蔡邕想到了西汉时因替投降了匈奴的汉将军李陵求情而惨遭宫刑的史官司马迁，表示"愿黥首为刑，以继汉史"。

当此时际，司徒王允的态度至关重要。他完全可以抬抬手臂放过蔡邕，也可以应允蔡邕所请对之施以刑罚而留其性命，让他续成汉史。太尉马日䃅亲自出面劝说王允："伯喈旷世逸才，多识汉事，当续成后史，为一代大典。且忠孝素着，而所坐无名，诛之无乃失人望乎？"而盛怒中的王允却一定要处死蔡邕。因为他深知蔡邕和司马迁一样具有深厚的史家功力，在文人士大夫中间有着广泛的影响力号召力,担心留下蔡邕会给日后招来大麻烦:"昔孝武不杀司马迁,后使作史,遂致谤书流于后世。方今国运衰微,朝政错乱,不可令佞臣执笔于幼主左右,使吾等蒙其讪议也。"王允的言语不仅解释了他何以一定要除掉蔡邕,而且将他自己担心蒙受蔡邕非议的阴暗心理暴露无遗。蔡邕死于牢狱之中,不仅使东汉王朝失去了一位难以寻觅的旷世大才,而且也使司徒王允背上了诛杀贤良的骂名。太尉马日磾即因劝说王允不成而大发感慨:"王公其不长世乎?善人,国之纪也;制作,国之典也。灭纪废典,其能久乎!"

后人因为同情享有盛名的蔡邕之死,遂想方设法为他哭董卓开脱。明人李贽便用"士为知己者死",来论证蔡邕哭董卓乃真正的君子所为:

> 今人俱以蔡邕哭董卓为非,是论固正矣。然情有可原,事有足录,何也?士各为知己者死。设有人受恩桀纣,在他人固为桀纣,在此人则尧舜也,何可概论也?董卓诚为邕之知己,哭而报之,杀而残之,不为过也。犹胜今之势盛则借其余润,势衰则掉臂去之,甚至为操戈,为下石,无所不至者。毕竟蔡为君子,而此辈则真小人也。(见《汇评三国演义》)

清人韩菼则更为超然地看待朝廷诛除董卓和蔡邕为董卓伤感,将之解释成是不妨并美的两件事:

> 栾布哭彭,朱诩葬董,伯喈一叹,未足为累。且十年亡命,三日尚书,朝廷伸国讨,国士感私恩,不妨并美也。

"爱者欲其生,恨者欲其死。"对于蔡邕之死的评价,生动地说明了古人评价历史人物历史事件时主观因素所发挥的作用。但是，主观的情愫毕竟不能替代客观的真实。与其千方百计挖空心思为蔡邕哭董卓找理由，不如冷静理性地分析人物事件本身。

八

本文开篇业已述及，南宋诗人徐钧写过一首《咏史》诗，责备蔡邕未能真正做到明哲保身："琴遇知音始可调，卓非善听亦徒劳。早知应聘终罹祸，罪死何如节死高。"明清之际的文学家顾景星秉承徐钧的观点，在《蔡邕论》中对蔡邕遭遇不幸的主观因素进行了深刻剖析，提出了自己的见解：

> 王允既诛董卓，蔡邕动色悲叹，允勃然叱之曰："董卓国之人贼，几倾汉室。邕为王臣，所宜同忿，而怀其私义，以忘大节。天诛有罪，反相痛伤，岂不共为逆哉！"收付廷尉，人皆冤邕而罪允。以今观之，王允斯言，未为过也。
>
> 始邕直言为阉侍所中，囚徙朔方，赭衣抱拱，全室流离，可谓难矣。及宥还畏祸，亡命吴会，十有二年，无意功名，而且以弹琴著书终老牖下矣。使邕如梅福，长流江湖，岂不高哉？
>
> 董卓擅权，辟署祭酒，补御史，迁尚书，不三日而周历三台。伊何为者？卓盖惜邕致天下豪杰，不加望外之荣，无以市德。故举之髡钳之余，爵之卿贰之上。且邕有何功？遂封侯食五百户、禄五十万？夫无故之利，圣人恶之。邕初议卓不可受尚父之称，而自出显位，何也？
>
> 今夫捕鸟者，择其黠者以为囮，毇米为饲，滤流而饮，凡所以慰囮，靡弗至也。笯而出于野，置之丛薄之间，悲呼众鸟，至

> 日暮，翩然投于罗者众矣。夫囮，未始乐为是也，而鸣致众鸟，谓非囮罪不可也。邕，卓之囮也，邕未始乐为是也，而厚禄高位，将以风天下为邕之类者，而邕甘心受之，谓非邕罪不可。
>
> 桓帝召邕鼓琴，行次偃师，称疾而返。卓每宴集，邕辄赞事鼓琴。后遂为表荐卓，时卓已为太尉，封郿侯、进相国，废少帝、放太后，倾逼人主。邕谓宜益隆委。厚其爵赏，岂欲卓加九锡、封安汉而已哉！然则邕死，不亦宜乎！

在顾景星看来，倘若蔡邕一直避祸江湖，安于隐居生活，潜心文学艺术，就不会发生后来的悲剧。由于他贪恋功名富贵，而且是来自奸雄董卓的"恩惠"，才酿成了后来的悲剧。

与顾景星同时代的著名思想家王夫之则认为，曾经令人仰慕的斗士蔡邕，因为晚年"气馁"才上了董卓的贼船，所谓蔡邕因惧怕董卓杀戮而应聘出仕，实际不过是后人文饰蔡邕之辞：史纪董卓之辟蔡邕，邕称疾不就，卓怒曰："我能族人。"邕惧而应命。此殆惜邕之才，为之辞以文其过，非果然也。

蔡邕应董卓征召入朝为官，并非出于惧祸，而是由于丈夫气短、晚年贪图安逸的缘故：

> 邕之始为议郎也，程璜之毒，阳球之酷，可以指顾杀人，而邕不惧；累及叔质，几同骈首以死，而不惧；何其壮也！至是而馁矣。亡命江海者十二年，固贞人志士义命自居之安土也。宦官之怨愤积，而快志于一朝；髡钳之危辱深，而图安于晚岁；非惧祸也，诚以卓能矫宦官之恶，而庶几于知己也。于是而其气馁矣。以身殉卓，贻玷千古，气一馁而即于死亡，复谁与恤其当年之壮

志哉？

　　君子之立身，期于洁己；其出而事君也，期于靖国；恩怨去就，非有定也。祸在宫闱，则宫闱吾所亟违也；祸在阉宦，则阉宦吾所亟违也，祸在权奸，则权奸吾所亟违也。推而至于僭窃之盗贼、攘夺之夷狄，皆冰炭之乍投而沸、薰犹之逆风而辨也。所疾恶者在此，而又在彼矣。气运移而贞邪忽易，违之于此，而即之于彼，是逃虎而抱蛇、舍砒而就鸩也。能终始数易而不染者，其唯执志如一而大明于义之无方者乎！而邕不能也。始终之怨毒，宦竖而已，此外而篡弑之巨憨不辨矣。非不辨也，己私未忘，而宠辱之情移于衰老也。则一往之劲直，乌足以定人之生平哉？《易》曰："介于石，不终日。"介于石，贞之至也；不终日，见几而无执一之从违，乃以保其贞也。邕勿论矣。欲养浩然之气，日新其义而研之以几，其尚以邕为戒乎！（《读通鉴论·灵帝》）

窃以为，王夫之的分析是很有力度值得重视的。"佛争一炷香，人争一口气。"蔡邕在青壮年时期正气浩然，"始为议郎也，程璜之毒，阳球之酷，可以指顾杀人，而邕不惧；累及叔质，几同骈首以死，而不惧；何其壮也！""亡命江海者十二年，固贞人志士义命自居之安土也。"王夫之对蔡邕的心理分析入木三分："宦官之怨愤积，而快志于一朝；髡钳之危辱深，而图安于晚岁；非惧祸也，诚以卓能矫宦官之恶，而庶几于知己也。于是而其气馁矣。以身殉卓，贻玷千古，气一馁而即于死亡，复谁与恤其当年之壮志哉？"王夫之所提出的告诫有如洪钟大吕激荡人心："欲养浩然之气，日新其义而研之以几，其尚以邕为戒乎！"显而易见，用王夫之的"气馁说"来审视历史上与蔡邕相类似的文人从政悲剧，倒不失为一条行之有效的路径。

虞翻

节狂傲投荒客,
疏典籍自慰名不朽

俗世红尘,无奇不有。"我本无心求富贵,谁知富贵迫人来"是一景观,"运交华盖欲何求,未敢翻身已碰头"是一景观,"十年苦读无人问,一朝成名天下知"是一景观,"要做官,杀人放火受招安"是一景观,"万般皆是命,半点不由人"是一景观,"名利危中来,富贵险中求"是一景观,"福祸无门,唯人所召"是一景观,"是福不是祸,是祸躲不过"是一景观,"慷慨赴死,从容就义"是一景观,"见利忘义,求荣取辱"是一景观,"明哲保身,趋利避害"是一景观,"没事找事,自讨苦吃"是一景观。三国时东吴名士虞翻的坎坷人生便属于最后一种情形。

一

虞翻字仲翔，会稽余姚人氏。读《三国志·吴书·虞翻传》及裴松之注，深深以为虞翻是一位可遇而不可求的传奇人物。裴松之援引《吴书》说明虞翻在少年时即与众不同：

> 翻少好学，有高气。年十二，客有候其兄者，不过翻，翻追与书曰："仆闻虎魄不取腐芥，磁石不受曲针，过而不存，不亦宜乎！"客得书奇之，由是见称。

虞翻小小年纪心气竟然如此之高，无怪乎很早便引起了人们的注意和称赞。

虞翻年轻时，王朗任会稽太守。王朗闻听虞翻年少才高，便任命他为功曹。其时，东汉王朝已气息奄奄，梁冀、董卓、李傕、郭汜等乱臣贼子竞相登场，天下盗贼蜂起，战乱频仍，地处东南一隅的江东也动荡不安。小霸王孙策靠乃父孙坚余荫，乘乱举兵起事，兵锋直指会稽。虞翻虽然年轻却见识过人，建议王朗躲避孙策，不要与之争锋。史称：

> 孙策征会稽，翻时遭父丧，衰绖诣府门，朗欲就之，翻乃脱衰入见，劝朗避策。朗不能用。拒战败绩，亡走浮海。翻追随营护，到东部候官，候官长闭城不受，翻往说之，然后见纳。朗谓翻曰："卿有老母，可以还矣。"翻既归，策复命为功曹，待以交友之礼，身诣翻第。（《三国志·吴书·虞翻传》）

孙策占领会稽后，认为虞翻是一位难得的人才，便让他继续担任功曹一职。很快,虞翻就成了深受孙策信任的部属。此时的虞翻允文允武,不仅是一位见识高超卓尔不凡的文士,而且是一位身怀绝技武功高强尤其善于健走的武将。在一次营救孙策脱险中,虞翻展现了他的惊人本领。据裴松之注引《吴书》载:

> 策讨山越,斩其渠帅,悉令左右分行逐贼,独骑与翻相得山中。翻问左右安在,策曰:"悉行逐贼。"翻曰:"危事也。"令策下马:"此草深,卒有惊急,马不及萦策,但夺之,执弓矢以步。翻善用矛,请在前行。"得平地,劝策乘马。策曰:"卿无马奈何?"答曰:"翻能步行,日可二百里,自征讨以来,吏卒无及翻者,明府试跃马,翻能疏步随之。"行及大道,得一鼓吏,策取角自鸣之,部曲识声,小大皆出。遂从周旋,平定三郡。

虞翻在关键时刻舍命护主,与主公孙策的感情随之升华,以至于他人难以企及。孙策有驰骋游猎的爱好,经常外出围猎。虞翻劝告说:

> "明府用乌集之众,驱散附之士,皆得其死力,虽汉高帝不及也。至于轻出微行,从官不暇严,吏卒常苦之。夫君人者不重则不威,故白龙鱼服,困于豫且,白蛇自放,刘季害之,愿少留意。"策曰:"君言是也,然时有所思,端坐悒悒,有神谌草创之计,是以行耳。"(《三国志·吴书·虞翻传》)

刚愎自用的孙策我行我素,没有将虞翻的劝谏放在心上,结果在日后的一次会猎中,不幸被仇人许贡的家客暗算,身中毒箭,丢了性命,年仅28岁。

孙策死前，虞翻已外放担任富春的长官。孙策不治身亡的噩耗传来时，部属都要前去奔丧。面对突如其来的重大变故，虞翻保持了难得的冷静和理智，担心与富春邻县的山民可能借机滋事，故而力主留守富春。听说虞翻留守在富春"制服行丧"，其他各县的官吏也纷纷仿效，坚守岗位，故而在孙策亡故之后，东吴各地未发生动乱，保持了江东政局的稳定。

孙策死后，其从兄定武中郎将孙暠驻守乌程，欲率兵夺取会稽。会稽郡守派虞翻前去劝说孙暠。虞翻慨然前往，对孙暠说道："讨逆明府，不竟天年。今摄事统众，宜在孝廉，翻已与一郡吏士，婴城固守，必欲出一旦之命，为孝廉除害，惟执事图之。"孙暠见会稽官兵已做好准备，严阵以待，便取消了夺取会稽的念头。通过化解这一非常事变，虞翻处理紧急复杂事变的能力初显。

孙策健在的时候，深知中原人才济济，常以江东人士学问不博为憾事。便让虞翻出使许昌，意图借助虞翻的渊博学识为江东人士争口气，没想到虞翻却不愿意前去。孙策问虞翻原因时，虞翻的回答简洁而自信：

> 翻是明府家宝，而已使人，人倘留之，则去明府良佐，故前不行耳。（《三国志·吴书·虞翻传》裴松之注）

此后，虞翻被举为茂才推荐到朝廷，朝廷召其赴京任侍御史；曹操把持朝政后，命人请虞翻为司空辟，虞翻皆推辞不就。《吴书》称：虞翻闻听曹操要他去京师做官，不屑一顾地说道："盗跖欲以余财污良家邪？"当即拒而不受。虞翻在挟天子令诸侯的曹操以官帽子相诱惑面前丝毫不为所动的定力，和对东吴政权的赤胆忠诚，于此清晰可见。

二

虞翻和主公孙策的交谊，是他仕途生涯中最为开心的美好时光。待到孙权主政江东后，虞翻的处境便渐渐发生了微妙的变化。虽然他作为孙策所信赖的老臣继续受到重用，但是江东新主孙权和虞翻之间的性格差异，却促使他们逐渐产生隔阂并日渐加深。

孙权主政后提拔虞翻为骑都尉，虞翻的话语权由此而大为增强。书生气十足的虞翻由是以饱满的热情参与政事，在诸多问题上毫无保留地直抒己见。由于在一些事情上与孙权的意见相左，虞翻几次犯颜直谏，让孙权心里很不高兴。加上虞翻性格高傲，与朝中官员们的志趣爱好格格不入，这些人便抓住机会，经常在孙权面前说虞翻的坏话，孙权生气之下，便把虞翻贬徙到泾县做县令去了。这次被贬黜外放，是虞翻在仕途上跌的第一个跟头。

虞翻在泾县一待便是好几年。相助虞翻走出困境的，是他的好友吕蒙。东吴大将吕蒙为了谋求夺回刘备久借不还的荆州，出于麻痹关羽注意力的考量，以身体有病为名从前线回到了京城建业。吕蒙和虞翻私交很深，为缓和虞翻与主公孙权之间的矛盾，相助虞翻走出厄运，吕蒙"以翻兼知医术"为名，请他前来为其看病。给点阳光就灿烂的虞翻马上将自己智慧见识运用到了战场上，而令吕蒙刮目相看：

> 后蒙举军西上，南郡太守糜芳开城出降。蒙未据郡城而作乐沙上，翻谓蒙曰："今区区一心者糜将军也，城中之人岂可尽信，何不急入城持其管籥乎？"蒙即从之。时城中有伏计，赖翻谋不行。（《三国志·吴书·虞翻传》）

吕蒙白衣渡江、夜袭荆州之后，吴蜀两国进入战争状态。关羽统率的荆州军队在曹、吴军队的夹击下且败且走。身在建业的孙权心系前方战事，寝食难安，便把精通周易的虞翻找来，命其"筮之"。虞翻得出的结论是："不出二日，必断关羽之头。"战事的发展竟然和虞翻的预言完全一样。孙权十分惊讶，称赞虞翻说："卿不及伏羲，可与东方朔为比矣。"（同上书）

虞翻重新回到孙权身边后任何职务，史书不载。因为虞翻是孙策时代备受信任的老人，这次回到中央，不论担任什么职务，都意味着孙权对他的看法有了好转。但是，孙权对虞翻的赏识没有持续多久，便因虞翻公然羞辱曹魏降将于禁而破坏了这份好心情。

早在关羽挥师北上、攻打樊城时，于禁、庞德奉曹操之命率大军前往救援樊城守将曹仁。关云长水淹七军后，庞德壮烈殉难，于禁则做了俘虏，被囚于关羽军中。关羽兵败后，于禁落到吴军手上，辗转到了建业。

孙权出于借助曹操的力量应付刘备报复的考量，将于禁视为上宾，优礼有加：

他日，权乘马出，引禁并行，翻呵禁曰："尔降虏，何敢与吾君齐马首乎！"欲抗鞭击禁，权呵止之。后权于楼船会群臣饮，禁闻乐流涕，翻又曰："汝欲以伪求免邪？"权怅然不平。（同上书）

裴松之注引《吴书》曰：

后权与魏和，欲遣禁还归北，翻复谏曰："禁败数万众，身为降虏，又不能死。北习军政，得禁必不如所规。还之虽无所损，犹为放盗，不如斩以令三军，示为人臣有二心者。"权不听。群臣送禁，翻谓禁曰："卿勿谓吴无人，吾谋适不用耳。"禁虽为翻所恶,然犹盛叹翻,魏文帝常为翻设虚坐。

透过孙权、曹丕两位君主对虞翻一再羞辱的降将于禁截然相反的态度,不难体味孙权并不是真的尊重于禁,而只是出于和曹魏修好的政治考量。而虞翻一再让于禁难堪,也并非由于他对于禁有什么个人成见,乃是因为他从内深处对变节投降之人极为鄙视。

蜀国降将糜芳也曾被虞翻尽情羞辱。糜芳原是关羽部下,在吕蒙夜袭荆州时变节投降做了贰臣。一次,虞翻乘船而行时与糜芳的船只相逢。糜芳船上的人多,便让虞翻的船只避让,并大声喊道:"避将军船!"虞翻大怒,厉声喝道:"失忠与信,何以事君?倾人二城,而称将军,可乎?"糜芳无言以对,只得命军士让道。后虞翻乘车行路,经过糜芳军营门前时,糜芳麾下的军士关闭了营门,虞翻的车辆无法通过。虞翻又一次发怒,喊道:"当避反开,当开反避,岂得事宜邪?"糜芳在营内听了,悔愧交加,无以名状。虞翻如此不管不顾一股劲地揭人家的短,固然有失厚道,却也真实地反映出他内心的好恶爱憎。

三

《三国志·吴书·吴主传》载:

> 二十五年春正月,曹公薨,太子丕代为丞相魏王,改年为延康。……冬,魏嗣王称尊号,改元为黄初。二年四月,刘备称帝于蜀。……自魏文帝践阼,权使命称藩,及遣于禁等还。十一月,策命权曰:"……今封君为吴王,……以大将军使持节督交州,领荆州牧事。"

裴松之注援引《江表传》，道出了当时孙权心中的权谋：

> 权群臣议，以为宜称上将军九州伯，不应受魏封。权曰："九州伯，于古未闻也。昔沛公亦受项羽拜为汉王，此盖时宜耳，复何损邪？"遂受之。

戴上吴王的桂冠后孙权心里痛快，设宴款待群臣。谁都不会想到，这样一个难得的欢庆场合，竟然会不欢而散，并成为虞翻不堪回首的噩梦。而这一切，皆缘于虞翻任性癫狂公然藐视吴王孙权的恶作剧行径。

在酒宴将要结束之时，孙权亲自向大臣们敬酒，来到虞翻跟前时，虞翻伪装酒醉倒在了地上。等孙权转过去之后，虞翻又坐了起来。虞翻如此做法，无异于藐视孙权至高无上的威权，公开给孙权难堪。

> 权于是大怒，手剑欲击之，侍坐者莫不惶遽。惟大司农刘基起抱权谏曰："大王以三爵之后杀善士，虽翻有罪，天下孰知之？且大王以能容贤畜众，故海内望风，今一朝弃之，可乎？"权曰："曹孟德尚杀孔文举，孤于虞翻何有哉？"基曰："孟德轻害士人，天下非之。大王躬行德义，欲与尧、舜比隆，何得自喻于彼乎？"翻由是得免。权因敕左右，自今酒后言杀，皆不得杀。(《三国志·吴书·虞翻传》)

虞翻过分卖弄乖张的行径着实令人讨厌，"是可忍，孰不可忍？"孙权因面子上挂不住而勃然大怒似在情理之中。设若没有大司农刘基冒死劝谏，那场欢庆酒宴便会成为虞翻的葬身之宴。怒发冲冠的孙权完全丧失了理智，竟然脱口说出："曹操尚且诛杀了孔融，孤于虞翻何有哉？"可见他内心里对虞翻的厌恶憎恨已经到了极点。俗话说："冰冻三尺，非一日之寒。"孙权不满虞翻过于乖戾嚣张的心结显然由来已久。

待到孙权怒气平息下来后，不仅宽恕了虞翻，而且专门下了一道敕令，告诉侍臣曰："自今酒后言杀，皆不得杀。"

就事论事，虞翻所为简直是"犯浑"。虞翻能保住项上人头，多亏了大司农刘基冒死劝谏，和孙权理智战胜情感后的大人大量。

按说经过这件事，从鬼门关走了一回的虞翻应当汲取教训，收敛言行，注意处理好君臣关系了，但虞翻却没有任何改变，依旧我行我素。史书称"翻性疏直，数有酒失"。一次，吴主孙权和东吴首屈一指的元老重臣张昭在一起议论神仙之事，君臣之间谈得津津有味，其乐融融，在一侧旁听的虞翻却站出来，冲动地指着张昭说道："彼皆死人，而语神仙，世岂有仙人也！"（同上书）虞翻的这一横炮不仅让张昭的老脸挂不住，更令吴主孙权恼怒不已，过去多年的种种积怨在此刻全部爆发了出来。盛怒中的孙权当即下令，将虞翻流放到岭南蛮荒之地交州。史书没有言及当时是否有臣工劝解，这回即便有人出面苦劝，恐怕也无济于事了。

虞翻这次遭遇贬徙流放，主要是由于其太过锋芒毕露的性格缺陷所造成的。在平常人眼里，虞翻是百分之百的没事找事，自讨苦吃咎由自取自食其果。但虞翻之所以不计后果地令孙权、张昭君臣难堪，是因为学识渊博的他无法理解也不能容忍，身份尊贵的孙权和张昭居然郑重其事津津有味地谈论荒诞不稽的所谓神仙之事。当然，一向率性而为口无遮拦的虞翻压根儿没有想到过去自己多次冒犯主公，已经在孙权心中形成了极其恶劣的印象。如果能想到这一层，或许他就会自觉约束一下自己的言行，而不至于如此放肆。但那样一来，处世圆融的此虞翻，便不是棱角分明的彼虞翻了。

四

算上从前由骑都尉徙为泾县县令，发配交州是虞翻第二次被贬黜，而且比上一次要厉害得多。人生苦短，这次戴罪流放是虞翻仕途生涯的一次重大逆转，直接决定了他的余生岁月。在历史上，许多才华卓异满腹经纶的官员遭遇贬徙后，皆怨愤莫名悔愧交加，难以接受严峻的现实落差。西汉文帝时期贾谊被权臣排挤构陷徙为长沙王太傅，长沙的自然环境明显好过交州，而长沙王太傅的职务更远胜虞翻戴罪流放，但年纪轻轻的贾谊却碍难忍受，牢骚满腹，怨愤难平，《吊屈原赋》《鹏鸟赋》已然从一个侧面反映出作者承受挫折的意志力太弱，适应恶劣生活环境的能力太差。"文起八代之衰"的唐代大文学家韩愈因为上疏《谏迎佛骨表》、公然反对崇佛而被唐宪宗贬徙为潮阳刺史，在前往潮州途中曾经赋诗言志："一封朝奏九重天，夕贬潮阳路八千。欲为圣明除弊事，肯将衰朽惜残年。"但到了潮州以后，韩愈便改变策略，立马给皇帝写谢表，谋求取得主子的谅解，为日后重返京城做铺垫。

虞翻遭受的打击比贾谊、韩愈要重得多，却表现出了超强的抗击打能力。他既没有愁肠百结怨愤不平，也没有低下头颅主动悔罪，而是坦然面对，逆来顺受。到了交州以后，虞翻没有自暴自弃，让自己生活在无休止的愧疚怨愤之中，而是发挥自身的学问优长，自食其力，潜心学问，收授门徒，活得紧张充实而有乐趣。

虞翻是东汉末有名的大学问家，学问广博，名动一时。据称他曾将自己所撰《易注》送给大儒孔融阅看，孔融看后大加赞赏，称之为"探赜穷通"之作。孔融回复虞翻的书信写得言辞恳切，对虞翻的赞誉很高：

  闻延陵之理乐，睹吾子之治《易》，乃知东南之美者，非徒

会稽之竹箭也。又观象云物，策应寒温，原其祸福，与神合契，可谓探赜穷通者也。（《三国志·吴书·虞翻传》）

因为虞翻一直钟情于专研《易经》，始终没有放弃对学问的执着追求，故而在交州，虞翻没有表现出别人因官场失意而萌发的那种怨愤痛苦。史称：无官一身轻的虞翻"虽处罪放，而讲学不倦，门徒常数百人"。"又为《老子》《论语》《国语》训注，皆传于世"（同上书）。

《虞翻别传》载：虞翻初立《易经》注，专门上表，称述自己为《易经》作注的动机。从家学渊源谈起，说道其视为《易经》作注为使命，并指出"索览诸家解不离流俗，义有不当实"，而郑玄"所注五经，违义尤甚者百六十七事"，若任由其"行乎学校，传乎将来"，"臣窃耻之"。虞翻动情地说道："自恨疏节，骨体不媚，犯上获罪，当长没海隅，生无可与语，死以青蝇为吊客，使天下一人知己者，足以自不恨。"虞翻所言，一方面真实地道出了自己内心的凄苦，另方面道出了其埋头于书海、以典籍自慰的心态。

东吴黄武元年（222年），孙权登基称帝。虞翻专门上疏祝贺，曰：

> 陛下膺明圣之德，体舜、禹之孝，历运当期，顺天济物。奉承策命，臣独抃舞。罪弃两绝，拜贺无阶，仰瞻宸极，且喜且悲。臣伏自刻省，命轻雀鼠，性轻毫厘，罪恶莫大，不容于诛，昊天罔极，全宥九载，退当念戮，频受生活，复偷视息。臣年耳顺，思咎忧愤，形容枯悴，发白齿落，虽未能死，自悼终没，不见宫阙百官之富，不睹皇舆金轩之饰，仰观巍巍众民之谣，傍听钟鼓侃然之乐，永陨海隅，弃骸绝域，不胜悲慕，逸豫大庆，悦以忘罪。（《三国志·吴书·虞翻传》裴松之注引《虞翻别传》）

阅读这段文字，虞翻高傲狂狷的形象跃然纸上，虽然是祝贺孙权荣登九五至尊，却没有丝毫个人企图，没有任何请求宽恕的成分；虽然是戴罪之身，虽然已发白齿落，却依旧悠然自得，不无骄傲地告诉大帝孙权自己活得很充实，乃至"悦以忘罪"。

虞翻完全有理由"悦以忘罪"，因为交州的流放生涯对他而言并不仅仅是苦涩，同时成就了他在整理校注中国古代典籍方面的地位。因为交州的流放生涯，而让后人认识了一位大写的学问家虞翻，令他此前的仕途生涯皆成为序曲；因为交州的流放生涯，而让虞翻成了后来人与坎坷命运相抗争的光辉榜样，无论如何都是虞翻的人生之大幸啊！

虞翻在交州生活了十多年，最后死在了交州，享年70岁。

走笔至此，不由自主地想起了南宋诗人刘克庄的那首《杂咏》：

孝谦已称帝，宾佐尽封侯。
不道投荒客，交州白了头。

五

掩卷沉思，身逢乱世的虞翻允文允武，胆识过人，没有政治污点，不为高官厚禄所动，忠贞不贰，人格高尚，实属东吴政权中不可多得的杰出人才。出道甚早且被孙策赏识、赞许为"卿复以功曹为吾萧何"（见《江表传》）的虞翻，在东吴官场上原本应该顺风顺水稳居高位尽享荣华富贵，却出人意料地陡生不测，乃至被赶出官场，流放岭南，老死交州。一个如此沉重的话题，究其原因并不复杂，主要是虞翻没有处理好与主公孙权的关系。陈寿曾经直言不讳地指出："虞翻古之狂直，固难免乎末世，然权不能容，非旷宇也。"（同上书）

孙权是在兄长孙策死后统领江东的，与当年孙策麾下的一批老人有过一段磨合期，也闹过不少矛盾分歧。张昭和孙权之间闹矛盾便闹得天下皆知。张昭是孙策临终前的顾命大臣，对新主公孙权始终竭尽忠诚，为孙权顺利主政江东做出了不可磨灭的贡献。但孙权后来不论是称王还是称帝，却始终没有让张昭做丞相。初置丞相时，人们都以为是张昭，结果孙权却任命了孙劭。孙劭死后，人们皆认为继任者非张昭莫属，结果孙权却任命了顾雍。顾雍之后，孙权又任命年轻的陆逊做了丞相。换来换去，就是与张昭无缘。究其原因，主要是在曹操率大军意欲吞并江南时，张昭出馊主意力主求和，令孙权耿耿于怀，造成了君臣之间难以弥补的隔阂。而张昭性格上的缺陷，也令孙权无法不对他敬而远之。

孙权做了吴王后在武昌大宴群臣时，虞翻撒酒疯恶作剧让孙权大动肝火，气冲冲地拔剑要杀虞翻。在此之前，孙权便和张昭闹了一场不愉快：孙权要求人们开怀畅饮，一醉方休。张昭听后很不高兴，立刻离开宴会厅，到自己的车上坐着。孙权派人请张昭回来，对他说道："今日之宴，只是想让大家尽兴而已，您为何要发怒呢？"张昭立刻回答说："从前纣王置糟丘酒池，为长夜之欢，当时亦以为乐，不以为恶，没有想到会亡国。"张昭的言行虽然令孙权很是不快，却找不出反驳的理由，只能把怒火强窝在肚里。待到后来看见虞翻撒酒疯恶作剧大不敬，才一并发泄出来。

张昭和虞翻在性格上颇为相近，或多或少都有些倚老卖老，时不时地有失人臣礼数，自己习以为常，却不明白已经伤害了气量不大的主公孙权的自尊心虚荣心。故而，他们必定会被孙权报以牙眼。因为张昭和孙权家族渊源太深，孙权对张昭的了解太深，所以尽管张昭一再和孙权闹别扭，孙权也始终不肯将丞相一职相授，却能容忍张昭继续留在庙堂之上。而虞翻和孙权的关系远不及张昭深厚，伤害孙权颜面刺激孙权尊严的言行又让孙权忍无可忍，于是才会受到戴罪流放蛮荒之地交州的严厉惩处。

东吴黄武七年（228年），辽东公孙渊派使节向孙权联络输诚。嘉禾元年（232年），东吴派人从海路到辽东向公孙渊求马。《吴书》载：

> 翻虽在徙弃，心不忘国，常忧五谿宜讨，以辽东海绝，听人使来属，尚不足取，今去人财以求马，既非国利，又恐无获。欲谏不敢，作表以示吕岱，岱不报，为爱憎所白，复徙苍梧猛陵。

想劝谏但又不敢，请求交州刺史吕岱传话但吕岱又不肯，及后更被人中伤，再被流放到苍梧郡。罪臣虞翻想向君王陈述真知灼见和所遭遇的艰辛，令人为之太息。《江表传》载：

> 后权遣将士至辽东，于海中遭风，多所没失，权悔之，乃令曰："昔赵简子称诸君之唯唯，不如周舍之谔谔。虞翻亮直，善于尽言，国之周舍也。前使翻在此，此役不成。"促下问交州，翻若尚存者，给其人船，发遣还都；若以亡者，送丧还本郡，使儿子仕宦。会翻已终。

直到派出的将士遭遇风暴伤亡惨重，决策者孙权方才知迷途而觉返，心生悔意并想起了有先见之明的虞翻。良心发现的孙权于是命人到交州找寻虞翻，找到就护送他回建业；若已死，则送还会稽，并让儿子仕宦。而此时虞翻已经撒手人寰，当孙权闻听虞翻已经去世的消息后作何感想，有无疚愧，只有天知道！

六

"实体是自身原因。""祸福无门,唯人自招。"虞翻的所遭遇人生磨难,特别是他被贬徙岭南长达十八年直至老死,人们在慨叹之余大多会抱怨他自找苦吃。但又不能不感到奇怪:作为一位以研究易学颇有心得名世的经学大师,怎么会不懂得做臣子应当恪守的礼数,怎么可能在处理君臣关系上一再犯常识性的错误呢?南宋思想家叶适曾为之叹息:

> 虞翻,东国俊才,宦仕州郡。上不及预天下废兴之义,下不能为一身荣辱之防。虚效忠勤,轻招废放,惜哉,惜哉!(《习学记言》卷二十八)

对于自己何以会多舛困厄,虞翻曾做过深刻反思。他将属于自身方面的原因归结为:"自恨疏节,骨体不媚,犯上获罪。"(《虞翻别传》曰:翻放弃南方,云:"自恨疏节,骨体不媚,犯上获罪,当长没海隅,生无可与语,死以青蝇为吊客,使天下一人知己者,足以不恨。")

虞翻被流徙到交州后,没有怨天尤人,没有委之于客观,坦然承认自己所遭受的一切皆系咎由自取,是和他自己为人疏于小节和"骨体不媚"分不开的。"疏节"一词易于理解,"骨体不媚"一词则是虞翻的创造。

早在先秦时期,"媚"已有喜爱、逢迎阿谀之意,运用于君臣关系时,"媚"字多有阿谀逢迎之意。汉末品评人物之风兴起,而两汉相术中的骨相说影响尤大,汉末三国时骨相说依旧盛行。虞翻被贬岭南后自谓"自恨疏节,骨体不媚",乃指自己因骨骼连接处不细密为恨,此乃骨相不好,言下之意指自己不肯逢迎君主。故而虞翻的这一慨叹,叹出了他心中的不遇心态。经虞翻首次将"骨体"与"不媚"连用表达气节观,这两个词便进入新的语境,开始含有气节之意，象征着一种顽强不屈的独立人格精神。

虞翻开列出的"疏节""不媚"两条原因，确实是他自身的软肋。由于饱读诗书，由于文武全才，由于名声远播，也由于曾经深受孙策的信任倚重，虞翻身上带有一股浓浓的傲气。由于这股傲气在身上不时游走，虞翻在接人待物方面时常随心所欲，目空余子，口无遮拦。久而久之，便养成了一种文人的"臭毛病"：不肯像别人一样谨守臣节，只要是自认为真理在手，便得理不让人，即使是面对自己的主子孙权，也不肯哪怕是稍微委屈一下自己。不消说，虞翻对于古人韩非影响深远的逆鳞说置若罔闻不屑一顾，而逆鳞说却是事奉君主不得不遵守的铁律。在中国古代官场上，专制君主是不能容忍臣子对自己的哪怕是一点儿不忠不敬的，更容不得臣下在大庭广众之下不给自己面子。虞翻一而再、再而三地肆意放纵，力图使自己成为体制内的一个特例，无论如何是行不通的，倒霉是迟早的事。

从这一点上看，虞翻的处世修养确实有欠火候，功夫远远不到家。单看虞翻早年拒绝曹丞相邀请、不肯进京做官时所说的那句名言："盗跖欲以余财污良家邪？"很容易使人联系当时军阀割据的局面，认为虞翻之所以作此惊人之语，完全是因为自己身在江东、曹操鞭长莫及的缘故。直到看了虞翻在孙权称王后酒宴上的反常举止，特别是当着同僚们痛斥孙权、张昭，才能理解虞翻的所作所为不是为了欺世盗名，而是本性使然。虞翻之所以如此"放肆"，除了"恃才傲物"与"骨体不媚"而外，不肯随波逐流，不肯委屈自己，无疑是一个十分重要的原因。

史家对虞翻的一些看似不近人情的做法，多有批评。比如，虞翻对降将于禁就有过一些很出格的举止，又是要用马鞭抽打人家，又是当面羞辱人家，又是反对孙权放人家回曹魏，又是建议杀死人家以儆效尤等等。有人对此很是反感，认为虞翻的这些做法令人作呕。虽然虞翻未必是想通过这一系列的做法抬高身价，但确实有欠修养。倘若虞翻是一个有修养的人，他是决然不会去做这些近乎下三滥式的举动的。在诸如此类的事情上，更多地是表现了虞翻的轻狂，而不是其他。

虞翻的所作所为，无论是殊堪称道的，还是饱受非议的，都从不同的侧面反映了一个真实的阳光的虞翻。虞翻在接人待物、处世修养方面存在着明显欠缺，这是毋庸置疑的。但是，虞翻在人生的大节追求上可圈可点，同样是不争的事实。

作为一个活生生的人，虞翻的内心是极其苦楚的。他深知孙权绝不会宽恕自己，"当长没海隅，生无可与语，死以青蝇为吊客。"一方面他明智而冷静地预测了自己的后半生，另方面他则以积极向上的人生观迎接命运的挑战。不难想见，流放中的学问家虞翻与西汉时身受腐刑的史学家司马迁有着同样的心志，要在光大学问中延伸自己的生命，找寻自己的知音，实现自己生命的全部意义和价值。

虞翻对待坎坷遭遇的心态之所以能够做到平静坦然，既不怨天尤人，又不心存侥幸，是因为他不仅"骨体不媚"，而且见识通达，没有将做官作为自己人生的唯一选择，在事功之路行不通山重水复疑无路的时候，随即将精力和兴趣转移到做学问上来，进而开拓出柳暗花明又一村的新境界。因为醉心于学问，虞翻才从无尽的委屈不平怨愤中解脱出来；因为醉心于学问且有所成就，虞翻又有了属于自己的快乐，敢于自豪地对大帝孙权说自己在交州生活得很充实，已然"悦以忘罪"。

顺带说明一下，虞翻用"骨体不媚"来诠释自己运交华盖，含蓄地申明自己志不可夺的气节观，对后世影响甚大，在后世文人笔下，"骨体不媚"变成了一个褒义词，后世因为直谏被贬的士人往往引用虞翻之贬来写状自己的枉贬。唐代诗人官员韩愈因获罪遭贬出任潮州刺史，后量移袁州，途经韶州时写了《韶州留别张端公使君》一诗，诗中以虞翻自况，云："久钦江总文才妙，自叹虞翻骨相屯。"宋代大文豪苏轼一生迭遭贬黜流放，在《广倅萧大夫借前韵见赠复和答之》一诗中，苏轼便借虞翻抒发心中感慨："生还粗胜虞，早退不如疏。"清初文人王嗣槐在《喜吴汉槎塞外还和益都相国韵》中，竟将虞翻和屈原并提，云："去如屈子悲长放，归似虞翻气不除。"

后人的褒扬归后人褒扬，虞翻依旧是历史上的那个独一无二不可替代的虞翻。作为中国古代文人中的这一个，虞翻的优长和缺陷同样引人瞩目。"君子之过也，如日月之食也。过也，人皆见之；更也，人皆仰之。"借用《论语》的这几句话来形容古人虞翻，不亦很合适吗？

嵇康

鸾翮有时铩,
龙性谁能驯

　　生活在魏晋时期的嵇康和阮籍齐名,是名动天下的竹林七贤中的核心人物。审视嵇康的诸多狂放不羁,鸟瞰其令人一睹三叹的悲剧人生,思索这位倡导"越名教而任自然"的文人斗士何以会运交华盖血染黄泉,是魏晋迄今一个常谈常新的永远的话题。

一

　　嵇康生于魏黄初五年(224年),一作黄初四年。《三国志》卷二十一仅用几句话介绍嵇康:

> 时又有谯郡嵇康,文辞壮丽,好言老庄,而尚奇任侠。至景元中,坐事诛。

裴松之注援引其兄长嵇喜（曾在曹魏政权中历任太仆、宗正）为嵇康所作传记及《嵇氏谱》《晋书》《魏氏春秋》《嵇康别传》《晋阳秋》《康集目录》《世语》《钟会传》《晋诸公赞》等，考证介绍了嵇康的生平事迹，可以作为嵇康研究的重要史料。裴注云：

> 康字叔夜。案《嵇氏谱》：康父昭，字子远，督军粮治书侍御史。兄喜，字公穆，晋扬州刺史、宗正。

嵇康年幼丧父，由母亲和兄长抚养成人。他幼年聪颖，博览群书，学习各种技艺。嵇喜为嵇康所作的传记曰：

> 家世儒学，少有俊才，旷迈不群，高亮任性，不修名誉，宽简有大量。学不师授，博洽多闻，长而好老庄之业，恬静无欲。

《晋书·嵇康列传》称：

> 康早孤，有奇才，远迈不群。身长七尺八寸，美词气，有风仪，而土木形骸，不自藻饰，人以为龙章凤姿，天质自然。恬静寡欲，含垢匿瑕，宽简有大量。学不师受，博览无不该通，长好《老》《庄》。

嵇康在母亲和兄长嵇喜的抚养下博览群书，学习各种技艺，专研并酷爱道家著作。成年后身材俊美，容止出众，"土木形骸，不自藻饰"，而"人以为龙章凤姿，天质自然"。胸有奇才的嵇康少年时期健康而顺遂。

嵇康成年后，因仪表堂堂才华出众，而迎娶曹操曾孙女长乐亭主（沛王曹林之女）为妻，做了曹魏宗室的女婿。因此之故，嵇康轻轻松松地步入了官场，拜郎中，升至中散大夫，世称"嵇中散"。

尽管年纪轻轻便官居中散大夫，但是嵇康却对朝政之事不感兴趣，而迷恋于养生自娱，史称："（嵇康）常修养性服食之事，弹琴咏诗，自足于怀。以为神仙禀之自然，非积学所得，至于导养得理，则安期、彭祖之伦可及，乃著《养生论》。"（《晋书·嵇康列传》）

其时，曹魏王朝已然徒有其表，朝廷实权已经逐渐转移到了手握兵权的司马氏父子兄弟手中。酷爱《老》《庄》的嵇康心知难以与司马氏父子兄弟相抗衡，又不甘心与其同流合污助纣为虐为虎作伥，于是便退而求其次，将兴趣精力转移到养生自娱方面，并撰写专著《养生论》，提出著名的口号：越名教而任自然。

又以为君子无私，其论曰："夫称君子者，心不措乎是非，而行不违乎道者也。何以言之？夫气静神虚者，心不存于矜尚；体亮心达者，情不系于所欲。矜尚不存乎心，故能越名教而任自然；情不系于所欲，故能审贵贱而通物情。物情顺通，故大道无违；越名任心，故是非无措也。是故言君子则以无措为主，以通物为美；言小人则以匿情为非，以违道为阙。何者？匿情矜吝，小人之至恶；虚心无措，君子之笃行也。是以大道言'及吾无身，吾又何患'。无以生为贵者，是贤于贵生也。由斯而言，夫至人之用心，固不存有措矣。故曰'君子行道，忘其为身'，斯言是矣。君子之行贤也，不察于有度而后行也；任心无邪，不议于善而后正也；显情无措，不论于是而后为也。是故傲然忘贤，而贤与度会；忽然任心，而心与善遇；傥然无措，而事与是俱也。"其略如此。（同上书）

二

嵇康不是一位孤立的存在，谈论嵇康不能不提及魏晋玄学的代表性群体"竹林七贤"。有道是："阳春白雪，和者盖寡。"志趣高雅脱俗的嵇康也是如此，真正心心相印的神交之友并不多。史称：

> 盖其胸怀所寄，以高契难期，每思郢质。所与神交者惟陈留阮籍、河内山涛，豫其流者河内向秀、沛国刘伶、籍兄子咸、琅邪王戎，遂为竹林之游，世所谓"竹林七贤"也。（同上书）

> 陈留阮籍、谯国嵇康、河内山涛，三人年皆相比，康年少亚之。预此契者：沛国刘伶、陈留阮咸、河内向秀。琅邪王戎。七人常集于竹林之下，肆意酣畅，故世谓竹林七贤。（《世说新语·任诞篇》）

"竹林七贤"皆是魏晋玄学的代表人物，他们的思想倾向却不尽相同。嵇康、阮籍、刘伶、阮咸始终服膺老庄，主张"越名教而任自然"；山涛、王戎好老庄而杂以儒术；向秀则主张名教与自然合一。他们在生活上不拘礼法，清静无为，聚众在竹林喝酒，纵歌。作品揭露和讽刺司马朝廷的虚伪。

司马光在《资治通鉴》卷七十八，径直以下述口吻介绍嵇康等竹林七贤的志趣爱好：

> 谯郡嵇康，文辞壮丽，好言老庄而尚奇任侠，与陈留阮籍、籍兄子咸、河内山涛、河南向秀、琅邪王戎、沛国刘伶特相友善，号竹林七贤。皆崇尚虚无，轻蔑礼法，纵酒昏酣，遗落世事。

"竹林七贤"多以纵酒名世，但典籍中很少见到有关嵇康纵酒的记载。《世说新语·容止篇》借"竹林七贤"中人山涛之口，如是描绘了嵇康醉酒后的风貌：

  嵇康身长七尺八寸，风姿特秀。见者叹曰："萧萧肃肃，爽朗清举。"或云："肃肃如松下风，高而徐引。"山公曰："嵇叔夜之为人也，岩岩若孤松之独立；其醉也，傀俄若玉山之将崩。"

《太平御览·人事部·酣醉》在援引山涛所言形容嵇康醉酒神态时，稍做了一点文字改动：

  《世说》曰：山公曰：嵇叔夜之为人也，岩然若孤松之独立。及其醉也，嵬峨若玉山之将颓。

作为学养深厚的魏晋名士，嵇康醉酒后的神态风貌也不同寻常："及其醉也，嵬峨若玉山之将颓。"寥寥数字，已然将酒神嵇康醉酒后的神态描绘得栩栩如生。

嵇康的道德修养水准颇高，《世说新语·德行篇》记载了"竹林七贤"中人王戎对嵇康的评语。王戎云："与嵇康居二十年，未尝见其喜愠之色。"《晋书·嵇康列传》所载略无二致："戎自言与康居山阳二十年，未尝见其喜愠之色。"

出自志同道合且相处长达二十年之久的友人王戎之口的这句评语，应当具有很高的可信度。精心伪装固然可以得逞于一时，却断然经不起二十年光阴的考验。阅读这些文字的时候，如果联想起嵇康仅活了40岁，王戎与嵇康山居二十年，占了嵇康生命的半数光阴，对于嵇康涵养功夫的认识无疑会更深一层。

  信奉老庄学说的嵇康虽然身为皇亲国戚，却因朝中司马氏父子兄弟当道而无意仕途，厌恶做官。他赞美古代隐者达士的事迹，向往出世的生活，不肯屈身奔走于朝中权贵之间，而土木形骸，不自藻饰，恬静寡欲，含垢匿瑕，潜心老庄，弹琴咏诗，自足于怀，不唯经常游走山林，而且喜欢上了打铁冶炼技艺且乐此不疲。嵇康以此立身处世，与世无争，按理说可以规避功名利禄之徒所要遇到的诸多烦恼，了无拘束优哉游哉地在林泉之中了结余生。然而，"是福不是祸，是祸躲不过"。面对变幻莫测的尘世生活，老子"夫唯不争，故天下莫能与之争"的说教有时候竟然显得那么苍白无力。尽管嵇康选择了退出政坛，不问世事，不和官场权贵争竞，却总是会被意想不到的政治变故所纠缠，令嵇康防不胜防，而无法从其所好洁身自好。作为社会学意义上的存在，嵇康虽然深谙老庄学说之精髓，却依旧无法摆脱历史的捉弄。

三

  潜心林泉的嵇康以狂放任性为表象，不肯出仕做官、不和朝中权贵往来，乃是他不可触动的人生底线。一旦有人触碰到他的这一底线，他压抑在内心里的憎恶便会不可抑制地爆发出来。当此时际，人们平时很难看到的嵇康的喜愠之情便会倾泻而出。人们难以想象，首先触动了嵇康人生底线的不是别人，竟然是"竹林七贤"中的山涛。

  与嵇康发自内心厌恶司马氏不同，深谙人情世故向往功名富贵的山涛选择了和当政者司马师、司马昭兄弟合作，于是乎仕途顺遂，很快便做了尚书吏部郎，随后又调任大将军从事中郎。调任时，山涛想荐举好友嵇康出任他原来的职务。或许山涛是出于好心，却没有想到竟然触动了嵇康不能触动的人生底线。嵇康听到山涛要推荐他做官的消息后十分恼火，认为山涛并不真正了解自己。一向以涵养好闻名的他一反常态，愤而撰写了名垂史册的《与山巨源绝交书》：

> 闻足下欲以吾自代，虽事不行，知足下故不知之也。恐足下羞庖人之独割，引尸祝以自助，故为足下陈其可否。
>
> 老子、庄周，吾之师也，亲居贱职；柳下惠、东方朔，达人也，安乎卑位。吾岂敢短之哉！又仲尼兼爱，不羞执鞭；子文无欲卿相，而三为令尹，是乃君子思济物之意也。所谓达能兼善而不渝，穷则自得而无闷。以此观之，故知尧、舜之居世，许由之岩栖，子房之佐汉，接舆之行歌，其揆一也。仰瞻数君，可谓能遂其志者也。故君子百行，殊途同致，循性而动，各附所安。故有"处朝廷而不出，入山林而不反"之论。且延陵高子臧之风，长卿慕相如之节，意气所托，亦不可夺也。
>
> 吾每读《尚子平台孝威传》，慨然慕之，想其为人。加少孤露，母兄骄恣，不涉经学，又读《老》《庄》，重增其放，故使荣进之心日颓，任逸之情转笃。阮嗣宗口不论人过，吾每师之，而未能及。至性过人，与物无伤，惟饮酒过差耳，至为礼法之士所绳，疾之如仇雠，幸赖大将军保持之耳。吾以不如嗣宗之资，而有慢弛之阙；又不识物情，暗于机宜；无万石之慎，而有好尽之累；久与事接，疵衅日兴，虽欲无患，其可得乎！
>
> 又闻道士遗言，饵术黄精，令人久寿，意甚信之。游山泽，观鱼鸟，心甚乐之。一行作吏，此事便废，安能舍其所乐，而从其所惧哉！
>
> 夫人之相知，贵识其天性，因而济之。禹不逼伯成子高，全

其长也;仲尼不假盖于子夏,护其短也。近诸葛孔明不迫元直以入蜀,华子鱼不强幼安以卿相,此可谓能相终始,真相知者也。自卜已审,若道尽途殚则已耳,足下无事冤之令转于沟壑也。

吾新失母兄之欢,意常凄切。女年十三,男年八岁,未及成人,况复多疾,顾此恨恨,如何可言。今但欲守陋巷,教养子孙,时时与亲旧叙离阔,陈说平生,浊酒一杯,弹琴一曲,志意毕矣,岂可见黄门而称贞哉!若趣欲共登王途,期于相致,时为欢益,一旦迫之,必发狂疾。自非重仇,不至此也。既以解足下,并以为别。(《晋书·嵇康列传》)

拜读这篇文字,不难想见嵇康心中的愤怒达到了何种程度!嵇康因为怒不可遏而尽情宣泄,以求一吐为快,公然拒绝出仕,表明了自己与当政者司马昭的不合作心态。有道是"覆水难收",这封书信的内容不胫而走,迅速在官场上传播开来,史称大将军司马昭"闻而怒焉"。嵇康一时难以遏制的感情冲动,无疑埋下了令自己日后身首异处的祸根。

四

如果说,《与山巨源绝交书》表现了嵇康一时的感性冲动,那么,公然蔑视并得罪炙手可热的新贵钟会,则折射出了嵇康高贵的秉性人格。

钟会是太傅钟繇的幼子。出身名门的钟会"敏慧夙成,少有才气",钟会5岁时随同父亲钟繇去见蒋济,蒋济大加赞赏,认为钟会"非常人也"。弱冠时,与名士、玄学代表人物王弼并知名。家庭背景优越资质过人才气纵横的钟会年少得志,19岁即为秘书郎。嵇康比钟会仅年长两岁,名气却远远大过钟会。尽管钟会对嵇康仰慕敬佩有加,却未能进入嵇康的法眼。《世说新语》记载了这样一则有趣的轶事：

> 钟会撰《四本论》始毕，甚欲使秘公一见。置怀中，既定，畏其难，怀不敢出，于户外遥掷，便回急走。

短短几句话，便将钟会走近嵇康时矛盾惊慌胆怯的心态刻画得栩栩如生。想把自己的新作《四本论》送呈嵇康一览，又怕人家看不上，情急之中，竟然"于户外遥掷，便回急走"。钟会此举纯粹是自作多情，却从一个侧面反映出他内心里强烈的自馁和虚荣。

曹魏正元元年（254），曹髦即位后，深受司马氏宠信的钟会被封为关内侯。意得志满的钟会再度前去拜谒嵇康。《三国志》《晋书》《资治通鉴》对此皆有记载，但详略不一：

> 钟会为大将军所昵，闻康名而造之。会，名公子，以才能贵幸，乘肥衣轻，宾从如云。康方箕踞而锻，会至，不为之礼。康问会曰："何所闻而来？何所见而去？"会曰："有所闻而来，有所见而去。"会深衔之。（《三国志》卷二十一裴注）

> 钟会方有宠于司马昭，闻嵇康名而造之，康箕踞而锻，不为之礼。会将去，康曰："何所闻而来，何所见而去？"会曰："闻所闻而来，见所见而去！"遂深衔之。（《资治通鉴》卷七十八）

> 初，康居贫，尝与向秀共锻于大树之下，以自赡给。颍川钟会，贵公子也，精练有才辩，故往造焉。康不为之礼，而锻不辍。良

久会去，康谓曰："何所闻而来？何所见而去？"会曰："闻所闻而来，见所见而去。"会以此憾之。(《晋书·嵇康列传》)

钟会这次前来拜谒，全然没有上次的那种胆怯心虚惶恐，举手投足之间皆显露出得志新贵的骄狂俗气："乘肥衣轻，宾从如云"。钟会的本意是借此向嵇康炫耀自己的尊贵，却没有想到嵇康居然对此不屑一顾。正忙着打铁营生的嵇康看见钟会前来不为之礼，不肯停下手中的活计，而是继续打铁不止，以这种方式接待自命不凡的贵客，自然令钟会恚愤不已。嵇康公然蔑视司马昭麾下红得发紫的钟会，被人们称之为"梗脖子"，由此而深深得罪了睚眦必报的小人钟会，以至于促成了其人生难以挽回的悲剧。"何所闻而来？何所见而去？""闻所闻而来，见所见而去。"听起来颇富哲理饱含诗意的一问一答，其实已然隐含有某种杀气。

"宁可得罪君子，不可得罪小人。"深谙老庄玄学精髓道的嵇康大可不必采用这种极端蔑视的方式接待钟会这个新贵。在人际交往当中，谁都免不了要和自己所蔑视厌恶不屑于来往的各色人等打交道，故而言不由衷虚与委蛇便成了社交场上司空见惯的常态。只要能克制有耐心，任谁都能游刃有余从容应对，并不需要多少大智慧。多年波澜不惊早已习惯了喜愠不形于色的嵇康此时却一反常态，不去掩饰内心对政治小丑钟会的极度厌恶，而毫无保留地表现出自己的真情实感，令钟会颜面扫地，无法下台。究竟是过于刚烈的性格使然，抑或是涵养功夫尚未真正修炼到家的缘故？隐士孙登对嵇康的品评，可谓点中了嵇康的软肋：

至汲郡山中见孙登，康遂从之游。登沉默自守，无所言说。
康临去，登曰："君性烈而才隽，其能免乎！"（同上书）
初，康采药于汲郡共北山中，见隐者孙登。康欲与之言，登默然不对。逾时将去，康曰："先生竟无言乎？"登乃曰："子才多识寡，难乎免于今之世。"（《三国志》卷二十一裴注引《魏氏春秋》）

五

怠慢上门访客使钟会反目成仇，成了必欲将他置诸死地的冤家对头，而无意中卷入友人吕安、吕巽兄弟之间的官司纠纷，则是嵇康身陷囹圄的诱因。《晋书·嵇康列传》如是介绍嵇康和吕安的交谊："（嵇康）性绝巧而好锻。宅中有一柳树甚茂，乃激水圜之，每夏月，居其下以锻。东平吕安服康高致，每一相思，辄千里命驾，康友而善之。"

曹魏景元四年（263年），吕巽、吕安兄弟之间闹出了一场大官司。兄长吕巽见弟媳徐氏貌美，乘吕安不在，指使其妻用酒把弟媳灌醉，将其奸污。事发后，吕安欲诉之于官。吕巽请嵇康从中调停。嵇康出面劝吕安不要揭发家丑，以保全门第清誉。事后吕巽害怕报复，反诬吕安不孝。吕安被捕后，嵇康激于义愤为其作证，反而锒铛入狱。因嵇康在《与山巨源绝交书》中"自说不堪流俗，而非薄汤、武"，司马昭耿耿于怀，便想借机除掉嵇康，又担忧嵇康人脉广泛影响力太大，会引起强烈舆论谴责而犹豫不决。钟会一直想报复嵇康往昔的轻蔑藐视之恨，便抓住机会中伤嵇康，竭力撺掇司马昭除掉嵇康。史称：

初，康与东平吕昭子巽及巽弟安亲善。会巽淫安妻徐氏，而诬安不孝，囚之。安引康为证，康义不负心，保明其事，安亦至烈，有济世志力。钟会劝大将军因此除之，遂杀安及康。（《三国志》卷二十一裴注）

及是，言于文帝曰："嵇康，卧龙也，不可起。公无忧天下，顾以康为虑耳。"因谮"康欲助毌丘俭，赖山涛不听。昔齐戮华士，鲁诛少正卯，诚以害时乱教，故圣贤去之。康、安等言论放荡，非毁典谟，帝王者所不宜容。宜因衅除之，以淳风俗"。帝既昵听信会，遂并害之。（《晋书·嵇康列传》）

康与东平吕安亲善，安兄巽诬安不孝，康为证其不然。会因谮"康尝欲助毌丘俭，且安、康有盛名于世，而言论放荡，害时乱教，宜因此除之。"昭遂杀安及康。（《资治通鉴》卷七十八）

身陷囹圄的嵇康心知来日无多，也不抱幻想，乃作《幽愤诗》表明心志，曰：

嗟余薄祜，少遭不造，哀茕靡识，越在襁褓。母兄鞠育，有慈无威，恃爱肆姐，不训不师。爰及冠带，凭宠自放，抗心希古，任其所尚。托好《庄》《老》，贱物贵身，志在守朴，养素全真。

曰予不敏，好善暗人，子玉之败，屡增惟尘。大人含弘，藏垢怀耻。人之多僻，政不由己。惟此褊心，显明臧否；感悟思愆，怛若创痏。欲寡其过，谤议沸腾，性不伤物，频致怨憎。昔惭柳惠，今愧孙登，内负宿心，外恧良朋。仰慕严、郑，乐道闲居，与世无营，神气晏如。

咨予不淑，婴累多虞。匪降自天，实由顽疏，理弊患结，卒致囹圄。对答鄙讯，絷此幽阻，实耻讼冤，时不我与。虽曰义直，神辱志沮，澡身沧浪，曷云能补。雍雍鸣雁，厉翼北游，顺时而动，得意忘忧。嗟我愤叹，曾莫能畴。事与愿违，遘兹淹留，穷达有命，亦又何求？

古人有言，善莫近名。奉时恭默，咎悔不生。万石周慎，安亲保荣。世务纷纭，只搅余情，安乐必诫，乃终利贞。煌煌灵芝，一年三秀；予独何为，有志不就。惩难思复，心焉内疚，庶勖将来，无馨无臭。采薇山阿，散发岩岫，永啸长吟，颐神养寿。（《晋书·嵇康列传》）

"唯大英雄能本色，是真名士自风流。"走向断头台的嵇康用生命最后的余光证明了自己的本色风流，留下了永不磨灭的光辉形象。

康临刑自若，援琴而鼓，既而叹曰："雅音于是绝矣！"时人莫不哀之。（《三国志》卷二十一裴注）

康将刑东市，太学生三千人请以为师，弗许。康顾视日影，索琴弹之，曰："昔袁孝尼尝从吾学《广陵散》，吾每靳固之，《广陵散》于今绝矣！"时年四十。海内之士，莫不痛之。（《晋书·嵇康列传》）

三千太学生请求留下嵇康性命做他们的老师，却没有得到允准。故而，正值盛年的嵇康只能从容赴死。如果说《幽愤诗》中"穷达有命，亦又何求"道出了嵇康视死如归的人生信念，刑前索琴弹奏，慨叹"《广陵散》于今绝矣"表达了他对于音乐的酷爱眷恋，那么，所有这一切，都表现了名士嵇康视死如归的气度从容！

六

宁肯赴死也不肯向恶势力低头，显示了嵇康的铮铮铁骨。他临死前留给儿子嵇绍的《家诫》，既是人生感言，凝结了他毕生对官场对社会对人际关系的真知灼见，有些言语又明显与他一向任性狂傲的风格格格不入，字里行间流露出父亲对儿子舐犊情深的复杂情感。《家诫》略微长了些，对于人们认识嵇康内心的苦楚矛盾，却不可或缺：

> 人无志，非人也。但君子用心，所欲准行，自当量其善者，必拟议而后动。若志之所之，则口与心誓，守死无二。耻躬不逮，期于必济。若心疲体解，或牵于外物，或累于内欲；不堪近患，不忍小情，则议于去就。议于去就，则二心交争。二心交争，则向所以见役之情胜矣。或有中道而废，或有不成一匮而败之。以之守则不固，以之攻则怯弱。与之誓则多违，与之谋则善泄。临乐则肆情，处逸则极意。故虽繁华熠耀，无结秀之勋；终年之勤，无一旦之功。斯君子所以叹息也。若夫申胥之长吟，夷齐之全洁，展季之执信，苏武之守节，可谓固矣。故以无心守之安，而体之若自然也。乃是守志之盛者也。
> 所居长吏，但宜敬之而已矣，不当极亲密，不宜数往，往当有时。其有众人，又不当独在后，又不当宿留。所以然者，长吏喜问外事，或时发举，则怨或者谓人所说，无以自免也。若行寡言，慎备自守，则怨责之路解矣。其立身当清远。若有烦辱，欲人之尽命，托人之请求，则当谦言辞谢，其素不豫此辈事，当相亮耳。若有怨急，心所不忍，可外违拒，密为济之。所以然者，上远宜适之几，中绝常人淫辈之求，下全束修无玷之称，此又秉志之一隅也。

凡行事先自审其可，不差于宜，宜行此事，而人欲易之，当说宜易之理。若使彼语殊佳者，勿羞折遂非也；若其理不足，而更以情求来守。人虽复云云，当坚执所守，此又秉志之一隅也。不须行小小束脩之意气，若见穷乏，而有可以赈济者，便见义而作。若人从我有所求欲者，先自思省，若有所损废多，于今日所济之义少，则当权其轻重而拒之。虽复守辱不已，犹当绝之。然大率人之告求，皆彼无我有，故来求我，此为与之多也。自不如此，而为轻竭。不忍面言，强副小情，未为有志也。

夫言语，君子之机，机动物应，则是非之形著矣，故不可不慎。若于意不善了，而本意欲言，则当惧有不了之失，且权忍之。后视向不言此事，无他不可，则向言或有不可；然则能不言，全得其可矣。且俗人传吉迟传凶疾，又好议人之过阙，此常人之议也。坐言所言，自非高议。但是动静消息，小小异同，但当高视，不足和答也。非义不言，详静敬道，岂非寡悔之谓？人有相与变争，未知得失所在，慎勿预也。且默以观之，其是非行自可见。或有小是不足是，小非不是非，至竟可不言以待之。就有人问者，犹当辞以不解。近论议亦然。若会酒坐，见人争语，其形势似欲转盛，便当无何舍去之。此将斗之兆也。坐视必见曲直，倘不能不有言，有言必是在一人，其不是者，方自谓为直，则谓曲我者有私于彼，便怨恶之情生矣；或便获悖辱之言，正坐视之，大见是非，而争不了，则仁而无武，于义无可，故当远之也。然大都争讼者，小人耳。正复有是非，共济汗漫，虽胜可足称哉？就不得远取醉为佳。若意中偶有所讳，而彼必欲知者，若守大不已，或劫以鄙情，不可惮此小辈，而为所挽。引以尽其言。今正坚语，不知不识，方为有志耳。

自非知旧、邻比，庶几已下，欲请呼者，当辞以他故，勿往也。外荣华则少欲，自非至急，终无求欲，上美也。不须作小小卑恭，当大谦裕；不须作小小廉耻，当全大让。若临朝让官，临义让生，若孔文举求代兄死，此忠臣烈士之节。凡人自有公私，慎勿强知人知。彼知我知之，则有忌于我。今知而不言，则便是不知矣。若见窃语私议，便舍起，勿使忌人也。或时逼迫，强与我共说。若其言邪险，则当正色以道义正之。何者？君子不容伪薄之言故也。一旦事败，便言某甲昔知吾事，是以宜备之深也。凡人私语，无所不有，宜预以为意，见之而走者，何哉？或偶知其私事，与同则可，不同则彼恐事泄，思害人以灭迹也。非意所钦者，而来戏调，蚩笑人之阙者，但莫应从小共，转至于不共；而勿大冰矜，趋以不言答之。势不得久，行自止也。自非所监临，相与无他宜适，有壶榼之意，束脩之好，此人道所通，不须逆也。过此以往，自非通穆。匹帛之馈，车服之赠，当深绝之。何者？常人皆薄义而重利，今以自竭者，必有为而作鬻，货微欢施而求报，其俗人之所甘愿，而君子之所大恶也。又愦不须离搂，强劝人酒。不饮自已，若人来劝，已辄当为持之，勿诮勿逆也。见醉薰薰便止，慎不当至困醉，不能自裁也。

　　耐人寻味的是，嵇康临死前既没有把儿子托付给兄长嵇喜，也没有托付给友人阮籍、向秀，而是托付给了他曾经写过绝交书的山涛，并对儿子嵇绍说："山公尚在，汝不孤矣。"

　　"鸟之将死，其鸣也哀；人之将死，其言也善。"嵇康临死前将儿子托付给山涛，充分说明了他对这位曾经的友人的了解和信任。山涛果然没有辜负嵇康的生死相托，在嵇康被杀害后，一直对嵇绍特别眷顾。

七

才华盖世卓然不群,一肚子不合时宜的嵇康英年早逝的悲剧,一直令后人所咏叹缅怀不已。南朝刘宋文学家颜延之在《五君咏·嵇中散》中,将嵇康之死视之为特立独行的孤傲性格使然:

中散不偶世,本自餐霞人。
形解验默仙,吐论知凝神。
立俗迕流议,寻山洽隐沦。
鸾翮有时铩,龙性谁能驯。

唐代诗人白居易则将嵇康的人生悲剧归咎于难以抗拒的外力:

吕安兄不道,都市杀嵇康。
斯人死已久,其事甚昭彰。
是非不由己,祸患安可防。
使我千载后,涕泗满衣裳。(《杂感》)

应当说,颜延之和白居易的看法都有其道理。嵇康的死既是"是非不由己,祸患安可防"的社会悲剧,也和他的特殊性格息息相关。

许多有识之士不幸身逢乱世,所做出的明智选择便是远离官场远离仕途归隐山林终老林泉,稍早于嵇康的诸葛亮便是如此,"苟全性命于乱世,不求闻达于诸侯"即是他的处世格言,尽管他后来还是被刘备三顾茅庐的赤诚所打动,改变初衷出山,"鞠躬尽瘁死而后已"。嵇康和诸葛亮略有不同,他不肯做官,不是因为天下大乱,而是因为鄙视左右朝政的司马氏集团，不肯与之为伍。

有道是："人各有志，不能强勉。"按说嵇康志在林泉，醉心玄学，践行越名教而任自然，没有任何不轨的企图，不妨碍司马氏集团发号施令，司马氏集团似乎也应该容得下这位异端分子。但是，因为嵇康是曹魏王室女婿，竹林七贤之首，魏晋玄学的代表人物，在朝野尤其是在天下读书人中间享有很高的声誉，拉拢嵇康不成的司马昭便将其视为心腹之患，必欲除之而后快。从局外人的视角冷眼旁观，公然表示不与司马氏集团合作，乃是嵇康英年早逝的真实原因。得志小人钟会的谗言构陷推波助澜，充其量不过是司马昭杀害嵇康的帮凶而已。

当然，嵇康之死不能完全委之于外因，和他自己没有做到谨言慎行大有关系。这里不能不提及同为竹林七贤领袖的阮籍。阮籍和嵇康同样狂放不羁，同样不肯与司马氏集团为伍，同样为司马氏所忌惮，下场却迥然不同：爱翻青白眼的阮籍为司马氏所优容得以善终，偶尔梗脖子的嵇康却成了当权者心中必欲除之而后快的隐患，被杀害于不惑之年。尽管嵇康平时修养极好，轻易看不到他流露出喜愠之色，但作为天下读书人的精神领袖，在关键时刻却敢于公然表白自己的心志，而不肯含糊其词明哲保身被司马氏所利用。阮籍也曾经让司马氏难堪，推却与司马家族联姻，但阮籍是巧妙地将这一切归之于醉酒误事，而没有说出口来。阮籍也曾经试图借醉酒拖延推脱为司马昭起草《劝进表》，但在无法逃脱时却又勉为其难，做了违心之事。或许正是他们之间的这种差异，导致了他们不同的人生结局。

近代文人余嘉锡曾经比较评论嵇康、阮籍之狂傲放诞，指出：嵇阮虽以放诞鸣高，然皆狭中不能容物。如康之箕踞不礼钟会，与山涛绝交书自言"不喜俗人，刚肠疾恶，轻肆直言，遇事辄发"，又《幽愤诗》曰"惟此褊心，显明臧否"，皆足见其刚直任性，不合时宜。……康卒撄杀身之祸。（《世说新语笺疏》）

如果将山涛和嵇康相比较，则谁都无法否认嵇康的不幸和他冲动爆发时刚直任性的性格缺陷密不可分。《晋书·山涛列传》载：

> 与钟会、裴秀并申欵昵。以二人居势争权，涛平心处中，各得其所，而俱无恨焉。

须知，钟会具有得志小人争权夺利的劣根性，在朝中公然和同事裴秀居势争权，弄得不可开交，山涛与他们共事，竟然能做到"平心处中"，使他们二人"各得其所，而俱无恨焉"。这种官僚式的涵养和度量，显然是憎爱分明的嵇康所不能望其项背的。

嵇康之死是一个说不完的话题。当政者司马昭对于明显有巨大利用价值的名士嵇康并无恶感，原本是想着利用嵇康以收买天下士人之心。在这一点上，司马昭对待嵇康和阮籍、山涛是一样的。如果嵇康能像山涛那样投怀送抱，也同样会安享尊荣富贵；如果嵇康能像阮籍那样，通过佯狂醉酒的方式含蓄地表明不肯合作的心志，而不公开表明异见，也同样能自生自灭。问题是在嵇康身上只有如此，没有如果，故而悲剧便不可避免地会降临到他的头上。走笔至此，吟诵嵇康的名言："内不愧心，外不负俗，交不为利，仕不谋禄，鉴乎古今，涤情荡欲，何忧于人间之委曲？""身贵名贱，荣辱何在？贵得肆志，纵心无悔。"真的是心潮澎湃，难以平息。

封建官场上的是非曲直就是如此难以分辨：具有优秀品行的人往往时乖运蹇，一不留神便像嵇康一样丢了性命；见风使舵八面玲珑之辈往往越混越滋润，像山涛一样反倒"任凭风浪起，稳坐钓鱼船"，成了官场上的不倒翁。

李适之

避贤求散乐衔杯，
忧惧服毒了此生

谈论人生的书籍汗牛充栋，喟叹命运的格言目不暇接，将多舛人生的根源归咎于不可捉摸难以抗拒的外力环境，委之于命运，乃是从古迄今广为流行而又无法自圆其说的惯用说辞。"宁为太平犬，不作乱离人"的格言，即是从战乱频仍中一路走来的睿智之士浸淌着血泪的人生认知。一般地说，这种观点确实体现了无法选择治乱、无法选择君主的芸芸众生的最大的主观诉求。

"宁为""不为"的说法过于绝对化，而大凡过于绝对化的说法注定经不起严谨的理性推敲。离乱时代固然苦不堪言，升平治世就一定会百事顺遂吗？未必然。王勃在《滕王阁序》中已经雄辩地道出了这一点："嗟乎！时运不济，命运多舛。冯唐易老，李广难封。屈贾谊于长沙，非无圣主；窜梁鸿于海曲，岂乏明时？所赖君子安贫，达人知命。"

165

这里所要探究的人生悲剧的主人公李适之，出生于王室，贵为皇族，生活在唐朝开元之治时期，赶上了玄宗李隆基这位旷世明主，自己有胆有识，宽和厚道，正直敢言，知进知退，曾经在仕途上平步青云，一路迁升至左丞相，但同样被命运无情戏弄，被权臣李林甫玩弄于股掌之上，晚景凄惨，最后在极度惊恐忧惧中服毒自尽，留下了一条清晰可见的别样的人生轨迹。从某种意义上可以说，李适之用自己的人生悲剧为王勃的观点作了生动的注脚。

一

李适之（694—747年），原名昌，祖籍陇西成纪，唐朝宗室，唐太宗李世民曾孙，恒山王李承乾之孙。因为皇族宗室的特殊背景，李适之进入仕途后年纪轻轻就被任命为左卫郎将。开元中，迁升为通州刺史，后"擢秦州都督，徙陕州刺史、河南尹"。开元二十四年（736年），唐玄宗下诏令李适之担任治水要职。李适之到任后修筑上阳、积翠、月陂三处堤防，成功治理了谷水、洛水的水患。因治水有功，唐玄宗下令立碑纪念，由永王李璘撰写碑文，太子李瑛题写碑额，又将李适之擢升为御史大夫。史称：

> 李适之，恒山愍王孙也，始名昌。神龙初，擢左卫郎将。开元中，迁累通州刺史，以办治闻。按察使韩朝宗言诸朝，擢秦州都督。徙陕州刺史、河南尹。其政不苛细，为下所便。玄宗患谷、洛岁暴耗徭力，诏适之以禁钱作三大防，曰上阳、积翠、月陂，自是水不能患。刻石著功，诏永王璘书，皇太子瑛署额。进御史大夫。
> （《新唐书·李适之列传》）

《旧唐书·李适之列传》所载与《新唐书》略同,特别提及李适之在通州刺史任上"以强干见称",故按察使韩朝宗特表推荐,擢拜秦州都督。俄转陕州刺史,入为河南尹。这表明,宗室背景加才干政绩,促成了李适之在仕途上的一路升迁。

新旧《唐书》和《资治通鉴》均记载了李适之为祖父李承乾请命之事:

> 开元二十七年,兼幽州大都督府长史,知节度事。适之以祖得罪见废,父又遭则天所黜,葬礼有阙,上疏请归葬昭陵之阙内。于是下诏追赠承乾为恒山愍王,象为越州都督、郇国公,伯父厥及亡兄数人并有褒赠。数丧同至京师,葬礼甚盛,仍刊石于坟所。俄拜刑部尚书。(《旧唐书·李适之列传》)

> 二十七年,兼幽州长史,知节度事。适之以祖被废,而父象见逐武后,时葬有阙,至是丏陪瘗昭陵阙中,诏可。褒册典物,焜照都邑,行道为咨叹。迁刑部尚书。(《新唐书·李适之列传》)

> 御史大夫李适之,承乾之孙也,以才干得幸于上,数为承乾论辩。甲戌,追赠承乾恒山愍王。(《资治通鉴》卷二百一十四)

由上述记载可以看出以下两点:一是李适之耿介敢言,不顾忌讳。因为祖父李承乾谋反被废,其父亲李象又被女皇武则天所黜,葬礼有阙,于是斗胆上疏,请求归葬昭陵之阙内,这是需要非凡胆气的;二是玄宗全部满足了他的请求,下诏追赠李承乾为恒山王、荆州大都督,谥曰愍,陪葬昭陵;并追赠李适之之父李象为越州都督、郇国公,伯父李厥及亡兄李玭等人也"并有褒赠"。如此顺利地解决了其祖父、父亲死后未能归葬昭陵的难题,随后又被擢升迁为刑部尚书,足以说明当时李适之在玄宗李隆基心目中的位置之重要。

二

在刑部尚书任上,李适之展示了自己迷人的才华风格。新旧《唐书》皆对之津津乐道,曰:

"适之雅好宾友,饮酒一斗不乱。夜则宴赏,昼决公务,庭无留事。"(《旧唐书·李适之列传》)

"适之喜宾客,饮酒至斗余不乱。夜宴娱,昼决事,案无留辞。"(《新唐书·李适之列传》)

如此好酒而不耽误公事实难觅求,尽管有刻意夸大的成分,但也说明李适之的确天生海量和处理公务干脆利落能力很强。于是,在被同事们交口称誉的同时,李适之也越来越吸引着玄宗的眼球。

早在开元二十四年(736年),张九龄罢相后,"目不识书"的牛仙客顶替了张九龄的空缺,做了左丞相。牛仙客在位时唯首相李林甫之命是从,颇受非议。天宝元年(742年),牛仙客去世,玄宗将很快便任命李适之为左丞相。面对浩荡皇恩,李适之唯有竭尽忠诚以求报效国家,以期青史留名。他万万没有想到,这一淳朴的心愿却难以实现,因为他在左丞相这个平台上遇到了平生没有遇到过的厉害对手——右丞相李林甫。

李林甫是唐高祖李渊堂弟长平肃王李叔良的曾孙,和李适之一样具有皇族宗室的背景。开元二十四年李林甫接替张九龄，升任右丞相，后进封晋国公。

放眼大唐王朝乃至整个中国古代封建社会，李林甫都称得上是老谋深算老奸巨猾极难对付的官场政客，不仅在玄宗时代即被称之为"口有蜜，腹有剑"的极端阴险的老狐狸，而且其"口蜜腹剑"的功夫不输有史以来任何人。

三

李适之担任左相后，李林甫对这位和他一样血统高贵、具有皇族宗室背景、才气过人、品行端庄、敢说敢为的新同事，表面上笑容可掬，暗中却挖空心思企图利用李适之性情粗疏的弱点来算计他。

《资治通鉴》记载了一桩李林甫和李适之争权恶斗的轶事：

> 李适之与李林甫争权有隙。适之领兵部尚书，驸马张垍为侍郎，林甫亦恶之，使人发兵部铨曹奸利事，收吏六十余人付京兆与御史对鞫之，数日，竟不得其情。京兆尹萧炅使法曹吉温鞫之。温入院，置兵部吏于外，先于后厅取二重囚讯之，或杖或压，号呼之声，所不忍闻，皆曰："苟存余生，乞纸尽答。"兵部吏素闻温之惨酷，引入，皆自诬服，无敢违温意者。顷刻而狱成，验囚无搒掠之迹。
> （《资治通鉴》卷二百一十五）

法曹吉温这个酷吏心机之狡诈奸猾残酷歹毒，令人匪夷所思，不仅让关入狱中兵部吏员主动诬服认罪，轻松地完成了主子交给的差事，而且没有任何破绽，让别人检验不出一丝严刑拷打搒掠逼供的痕迹。吉温是京兆尹萧炅引荐给李林甫的，得到李林甫信任的吉温曾经对主子表忠心说："若遇知己，南山白额虎不足缚也。"在审理这个案件时，吉温的鹰犬之才果然得到了验证。

经过精心谋划，李林甫开始引诱李适之上圈套：

> 李适之性疏率。李林甫尝谓适之曰："华山有金矿，采之可以富国，主上未之知也。"他日，适之因奏事言之。上以问林甫，对曰："臣久知之，但华山陛下本命，王气所在，凿之非宜，故不敢言。"上以林甫为爱己，薄适之虑事不熟，谓曰："自今奏事，宜先与林甫议之，无得轻脱。"适之由是束手矣。（同上书）

愈是品味这段文字，愈是感到李适之根本不是李林甫的对手，李林甫戏弄李适之，有如猫戏弄耗子，老警察捉弄新警察。良可叹息的是，玄宗李隆基被李林甫玩弄于股掌之上而不自知，反倒认为他是老成谋国，李适之则过于轻率，说话办事不牢靠，由此而渐渐地疏远李适之。

屈原在《楚辞·卜居》中曾经痛心疾首地悲吟："世溷浊而不清，蝉翼为重，千钧为轻。黄钟毁弃，瓦釜雷鸣。谗人高张，贤士无名。"在唐朝高官李适之、李林甫身上，"黄钟毁弃，瓦釜雷鸣"一幕，因为玄宗李隆基的失误又一次重新上演。

古语云："君子可以欺之以方。"李林甫正是抓住李适之质朴方正思维简单的软肋而施展其鬼蜮伎俩的。他料定李适之一听说"华山有金矿，采之可以富国"，便会急不可耐地向玄宗禀报，而不会联想到其他，故而李适之与玄宗谈过华山金矿之事后，只要让玄宗联想到有可能凿动王气这一层，便会使他产生李适之考虑事情不周详不成熟的印象。辅佐玄宗治理天下的左右丞相如同其左膀右臂，一旦让玄宗对之产生如此不良印象，李适之左相的官帽子便戴不长久。李林甫的阴险歹毒固然于此清晰可见。倘若李适之心思缜密，闻听李林甫之言后稍加思考，便会联想到这个问题，便不会上李林甫的圈套。由此可见，李适之自身遇事不沉着、不冷静、不思考的软肋，才是他遭到玄宗冷落疏远的深层次原因。"苍蝇不叮无缝的鸡蛋。"李适之之所以会被李林甫轻易叮咬，得以施展其鬼蜮伎俩的深层次原因，也在这里。

四

自从失去玄宗恩宠，李适之的仕途便发生逆转，开始走背字，他的心态也随之发生了明显的变化，一向斗志昂扬的他开始变得消沉起来。李林甫抓住时机，迅速出手，首先对李适之在朝中的几位至交好友下手，剪除其羽翼帮手。好在李适之并不恋权贪位，审时度势，当即选择了退出。史称：

> 陇右节度皇甫惟明、刑部尚书韦坚、户部尚书裴宽、京兆尹韩朝宗，悉与适之善，林甫皆中伤之，构成其罪，相继放逐。适之惧不自安，求为散职。五载，罢知政事，守太子少保。（《旧唐书·李适之列传》）

《资治通鉴》所载略为详细，着重讲述了太子之妃兄、刑部尚书韦坚被李林甫中伤构陷贬官流放之事：

> 适之既失恩，韦坚失权，益相亲密，林甫愈恶之。
> 初，太子之立，非林甫意。林甫恐异日为己祸，常有动摇东宫之志；而坚，又太子之妃兄也。皇甫惟明尝为忠王友，时破吐蕃，

入献捷，见林甫专权，意颇不平。时因见上，乘间微劝上去林甫，林甫知之，使杨慎矜密伺其所为。会正月望夜，太子出游，与坚相见，坚又与惟明会于景龙观道士之室。慎矜发其事，以为坚戚里，不应与边将狎昵。林甫因奏坚与惟明结谋，欲共立太子。坚、惟明下狱，林甫使慎矜与御史中丞王鉷、京兆府法曹吉温共鞫之。上亦疑坚与惟明有谋而不显其罪，癸酉，下制，责坚以干进不已，贬缙云太守；惟明以离间君臣，贬播川太守；仍别下制戒百官。……

韦坚等既贬，左相李适之惧，自求散地。庚寅，以适之为太子少保，罢政事。其子卫尉少卿霅尝盛馔召客，客畏李林甫，竟日无一人敢往者。（《资治通鉴》卷二百一十五）

李林甫之所以铁了心要驱逐刑部尚书韦坚等人，其深层次的原因乃是他和太子李亨之间的尖锐矛盾。如上所述，李亨被立为太子之初，李林甫就不同意。李亨做了太子以后，李林甫害怕日后对自己不利，便总想动摇太子的地位。而早在太子为忠王时，皇甫惟明便是李亨的朋友，如今打败吐蕃入朝奏捷献俘，却发现李林甫专权，便毫不顾忌地劝玄宗不要任用李林甫。正月十五日夜太子出游，与韦坚相见，接着韦坚又与皇甫惟明在景龙观道士房中相会。眼线杨慎矜揭发此事后，李林甫遂上奏玄宗，诬陷说韦坚与皇甫惟明阴谋立太子为皇帝。为此而兴起了一干大案。紧接着刑部尚书韦坚、陇右节度使皇甫惟明、户部尚书裴宽、京兆尹韩朝宗等好友纷纷遭其毒手，相继被贬官流放。见李林甫出手如此狠辣，李适之心中惊惧不安，心知李林甫要对付的主要目标是自己，与其苦苦支撑恶斗下去，不如退避自保。于是主动上疏玄宗，请求避贤辞相，改任散职。天宝五载（746年），李适之被罢相，改授太子少保。

脱掉了丞相帽子的李适之欣然不已，天真地认为，自己已经交出了权力，不再过问政事，也就不再是权奸大恶李林甫的对头了，于是便可以避免灾祸，了无忧虑地享受余生。但是，人情冷暖世态炎凉的铁律立马使他的心中陡然多了几分寒意："其子卫尉少卿霅尝盛馔召客，客畏李林甫，竟日无一人敢往者。"向来总是一呼百应的李适之而今居然如此被人冷落，避之犹恐不及，目睹这一切，情绪化的李适之愤慨难平。于是，遽命亲故欢会，赋诗言志，一吐胸中块垒：

避贤初罢相，乐圣且衔杯。
为问门前客，今朝几个来？（《罢相作》）

感性的李适之没有发泄对阴谋家老狐狸李林甫的怨恨，却按捺不住对趋利避害趋炎附势之徒的极度厌恶。"为问门前客，今朝几个来？"李适之此时此际的无边愤怒，不由得使人联想起了战国时齐国孟尝君田文、赵国大将军廉颇，他们在被罢官之后也曾经历过门客纷纷离去不肯回顾的尴尬，那时候他们都将怨愤埋在肚子里，等到日后重新拜相拜将，面对接踵而来的门客们，才将心中的愤怒发泄出来。与田文、廉颇不同，李适之辞相后没有重登相位那一天，个人的修养功夫似乎还在田文、廉颇之下，故而，一看见势利小人一个个都躲避他，便为之愤怒，并立马发泄出了心中的怒火。李适之没有意识到，对于他来说，这种难以忍受的不堪仅仅是开始，更让他难以忍受的人生坎坷还在后面。

五

李适之拥有一张可以和其皇族宗室、大唐高官相媲美的名片——名列"饮中八仙"。诗人杜甫在其著名的《饮中八仙歌》中，将贺知章、李琎、李适之、崔宗之、苏晋、李白、张旭、焦遂称为"酒中八仙人"。

　　知章骑马似搭船，目眩落井水底眠。
　　汝阳三斗始朝天，道逢曲车口流涎，恨不移封向酒泉。
　　左相日兴费万钱，饮如长鲸吸百川，
　　衔杯乐圣称避贤。……

　　据史料记载，李适之饮酒使用的酒器就有九品：海川螺、舞仙盏、东溟样、瓠子卮、蓬莱盏、慢卷荷、金蕉叶、玉蟾儿、醉刘伶。其中的"蓬莱盏"，上有山，似三岛，注酒以山没为限；"舞仙盏"里有关捩，若酒满则仙人出舞。可见其日废万钱的奢侈豪华并非虚言。
　　从杜甫的诗句中可以看出，无论是担任左相期间，还是避贤罢相之后，李适之对酒的钟情始终没有改变。"悲欢离合一杯酒"，得意时他雅好宾友，尽情纵酒，"饮酒一斗不乱，夜则宴赏，昼决公务，庭无留事"；失意时更是"乐圣且衔杯"，酒不离口。李适之能做到这一点，是因为他家境优越，从来都不差钱，从来没有过囊中羞涩的苦恼。而同是饮中八仙中人的贺知章、李白，则难以望其项背。尽管同是酒仙，尽管贺知章、李白名满天下，有时却没有李适之的这份从容优雅潇洒，无法像李适之那样挥洒自如尽情尽兴地开怀畅饮，毕竟他们都有过想尽兴饮酒但囊中羞涩的窘境。这并不是凭空想象，而是生活的真实。贺知章与后生李白相识后想喝酒而口袋里缺钱，于是乎便有了金龟换美酒开怀痛饮的轶事；李白与友人登高之后，乘兴写出《将进酒》，描述当时自己的心境和举止："五花马，千金裘，呼儿将出换美酒，与尔同销万古愁。"倘若不是囊中羞涩，又焉能写出如此美好的诗句！
　　不差钱的李适之缺少的是真正的情谊。自己得志时他人趋之若鹜，自己失意时他人避之唯恐不及，请都请不来，极端实用化的人情世态，曾经形影不离的友人转瞬之间变得陌生难认，不能不令待人真诚质朴单纯的李适之充满惊讶、无奈和愤慨。直到此时才开始领悟体味世俗的人际关系学的李适之，虽然酒量大得惊人，却难以排遣"酒不醉人人自醉"的苦楚。

酒仙李适之或许读书有限，或许好读书不求甚解，如若他认真读过《史记·汲郑列传》，对太史公司马迁的感言有所领悟，就不会去计较势利之人的言行了。这里，不妨重温一下太史公的这段至理名言：

太史公曰：夫以汲、郑之贤，有势则宾客十倍，无势则否，况众人乎！下邽翟公有言，始翟公为廷尉，宾客阗门；及废，门外可设雀罗。翟公复为廷尉，宾客欲往，翟公乃大署其门曰："一死一生，乃知交情。一贫一富，乃知交态。一贵一贱，交情乃见。"汲、郑亦云，悲夫！

六

李适之总共有两首诗作流传下来，除前引《罢相作》外，另一首诗名曰《朝退》：

朱门长不闭，亲友恣相过。
年今将半百，不乐复如何。

有人认为这首诗和《罢相作》一样，都是李适之罢相以后所作，实则不然。李适之享年54岁，罢相之事发生在天宝五载（746年），时年53岁。倘若该诗是作于罢相以后，则绝不会出现"年今将半百"的字眼。以此推断，该诗应写于罢相之前。这就说明，即使是在仕途顺遂之际，嗜好杯中物的李适之也一直将饮酒寻欢作为人生快事来追求。罢相之后与世无争，无所事事，又误以为李林甫不会再盯着自己，因此之故，衔杯求乐自我麻醉的心理愈加浓厚。

但是李适之错估了李林甫，没想到李林甫兀自不肯收手，一定要将自己置诸死地方能解除心头之恨。天宝五载（746年）七月，李林甫上疏，诬称李适之与韦坚等人结成朋党。韦坚因此被长期流放临封，李适之则被贬为宜春太守。刑部尚书韦坚的弟弟将作少匠韦兰、兵部员外郎韦芝为助乃兄鸣不平申诉冤屈，而惹恼了玄宗，李林甫遂乘机发难，用朋党的罪名将李适之等人一股脑地外放流徙：

> 李林甫因言坚与李适之等为朋党，后数日，坚长流临封，适之贬宜春太守，太常少卿韦斌贬巴陵太守，嗣薛王琄贬夷陵别驾，睢阳太守裴宽贬安陆别驾，河南尹李齐物贬竟陵太守，凡坚亲党坐流贬者数十人。（《资治通鉴》卷二百一十五）

天宝六载（747年）春正月，李林甫索性大开杀戒：

> 春，正月，辛巳，李邕、裴敦复皆杖死。……林甫又奏分遣御史即贬所赐皇甫惟明、韦坚兄弟等死。罗希奭自青州如岭南，所过杀迁谪者，郡县惶骇。排马牒至宜春，李适之忧惧，仰药自杀。至江华，王琚仰药不死，闻希奭已至，即自缢。希奭又迂路过安陆，欲怖杀裴宽，宽向希奭叩头祈生，希奭不宿而过，乃得免。李适之子迎父丧至东京，李林甫令人人人诬告，杖死于河南府。（同上书）

杖毙李邕、裴敦复以后，李林甫奏请玄宗分遣御史前往贬所赐死皇甫惟明、韦坚兄弟等，赐死名单中原本没有李适之，他为什么会忧惧惊慌，以至于仰药自杀呢？究其原因，和李林甫派来赐死流徙官员的殿中侍御史、酷吏罗希奭大有关系。

因为整人害人颇有一套，罗希奭进入了李林甫的视野，经李林甫引荐，从御史台主簿迁升为殿中侍御史。从此，罗希奭和前已述及的另一位酷吏、御史吉温，便成了李林甫豢养的两只恶犬，他们善于领会主子的意图，长于制造冤狱，无论谁人，一旦落入他们之手，便无法逃脱，因此被人们称之为"罗钳吉网"。

如今，罗希奭口含天宪，从京城一路杀将过来，"自青州如岭南，所过杀迁谪者，郡县惶骇"。这样一位杀人不眨眼的大魔头即将来到宜春，在李适之看来自是凶多吉少，与其受辱而死，不如仰药自尽。于是乎，彻底绝望的李适之于惊恐忧惧焦灼不安之中选择了自尽。不待说，李适之仰药自尽正中李林甫下怀。李适之死后，歹毒阴险的李林甫竟然萌生了斩草除根的恶念，又寻找借口，残忍地杀害了李适之的儿子卫尉少卿李霅。

若干年后，北宋名臣寇准也遭遇了与李适之类似的情景。因为得罪了权奸丁谓，寇准被贬徙为雷州司户参军。贬徙途中，寇准在道州和朝廷派来的中使相遇，行前受丁谓精心指使的中使"赍敕就赐，以锦囊贮剑，揭于马前，示将诛戮状"，企图恐吓寇准自行了断性命。寇准却神色自若，不为所动，平静地回答说："朝廷若赐准死，愿见敕书。"于是，气势汹汹的中使只能收起那套鬼蜮伎俩，而将朝廷敕令授给寇准。如果寇准和李适之一样，看见中使摆出的架势，必然会遑辨真假信以为真，而在激愤之中选择自裁。或许是因为有李适之的前车之辙，寇准才没有中丁谓的诡计。反过来说，李适之因为总是被李林甫玩弄于股掌之上，才会失去理智，死得那么窝囊。

七

李适之的悲情故事情节简单，却让人感慨唏嘘不已。

李适之血统高贵，具有令人艳羡的皇族宗室背景，个人品行端庄，才干出众，仕途顺遂，平步青云，一路升迁至左丞相，成为玄宗时代核心圈里的人物。原本可以大展宏图做出一番事业有所成就的，却被大奸臣李林甫嫉妒陷害，玩弄于股掌之上，三下五除二地便化解了玄宗对他的信任倚重，接着罢相休闲置散，接着流徙贬黜，接着惊惧交加，服毒自尽。如此一蹶不振而命丧黄泉，居然在一年多一点时间内一气呵成——天宝五载春正月，李适之受李林甫蛊惑向玄宗奏陈开采华山金矿之事，遭玄宗疏远；同年夏四月，李适之主动请求辞去左相改任散官获允准，被任命为太子少保；同年秋七月，李适之受韦坚等人牵连，被李林甫罗织结党乱政之罪名，贬黜为宜春太守；天宝六载春正月，李适之在杀气腾腾的酷吏罗希奭到达宜春前夕仰药自尽——变化之快之剧烈，令人目不暇接，惊心动魄。

身为一代清流，李适之竟然如此窝囊地被奸臣李林甫假手杀害，人们于不胜惋惜之余，又不胜感慨：想不到曾经的当朝一品李适之，抗击打能力居然如此之差！

李适之在位时，凭借着玄宗对他的信任敢说敢做敢担当，无形之中形成了对右相李林甫的巨大压力，故而招致李林甫不遗余力的反击。在双方较量之中，质朴单纯感性不算计的李适之不敌阴险狡猾、处心积虑、口蜜腹剑的李林甫而败下阵来，在玄宗心目中留下了处事不成熟的印象。如果李适之在被玄宗疏远后能抱着"日久自然明"的信念泰然处之，假以时日，是不难向玄宗说清楚个中缘由误会的。如此一来，他和李林甫之间的钩心斗角便还得继续下去，谁胜谁负尚在未定之天。但是，李适之却因为玄宗的误解疏远而丧失了继续战斗的斗志，心知不是李林甫的对手而选择了退出，企图通过主动请求辞相改任散官淡出朝廷权力核心来换取安度余年。斗志懈怠导致了李适之和同道友人在与李林甫的斗争中满盘皆输，酿成了他的人生悲剧。

俗话说："进前担子千斤重，退后阶梯老大宽。"为何到了李适之这里便行不通呢？老子有言："吾所以有大患者，为吾有身；及吾无身，吾有何患？"李适之却没有明白这个道理。一方面是李适之和他的身居朝廷要职的同道友人的号召力、影响力令李林甫不敢小觑，更何况他们身后还有的太子作后台，故而李适之只要还活着，对李林甫来说就意味着巨大的威胁；另一方面是信奉先下手为强、后下手遭殃的李林甫，绝对不肯给对手东山再起的机会。于是，李适之在强大政敌咄咄逼人的进攻面前，错误地选择了一味退让，除了自欺欺人外，只能是白白地为李林甫提供了收拾他们的时间。

对于李适之来说，真正让他痛心乃至心灰意懒的，不是李林甫的奸猾狡诈、毒如蛇蝎、口蜜腹剑，而是玄宗的偏听偏信不辨忠奸。"知臣莫若君。"对于李林甫的为人，玄宗李隆基心里应该最清楚不过。蛊惑性格单纯的李适之上奏开采华山金矿，原本就是李林甫一贯喜欢采用的鬼蜮伎俩，李隆基即便一时被蒙骗，日后也会醒过神来，怎么可能会被始终蒙在鼓里呢？实际上，玄宗不过是以此为借口疏远李适之，个中必有只可意会不可言传的深层次原因。

李适之的人生悲剧不仅仅是他个人的悲剧，从一定意义上说，也是大唐王朝的悲剧。如果李适之在遭遇坎坷的当口不是选择退让，而是选择战斗，不是考虑将个人置身事外，而是考虑如何为国家为朝廷铲除李林甫等邪恶势力，"苟利国家生死以，岂因祸福避趋之"，那么，到头来他或许同样难免一死，却毕竟死得壮烈，死得其所；或许击败误国误民的李林甫而胜出，则后来爆发的安史之乱也许不会来得那么快。

刘禹锡

种桃道士归何处，
前度刘郎今又来。

自古逢秋悲寂寥，我言秋日胜春朝。
晴空一鹤排云上，便引诗情到碧霄。

吟唱着如此豪气干云的诗句走近唐代诗人刘禹锡，透过诗人长达二十三年的放逐贬徙生涯，认识刘禹锡不屈不挠的斗争精神和愈挫愈奋的人生态度，既是排遣空虚打发无聊时光的一种生活方式，也是透过神交古人进行精神升华的一条路径。

一

说来有趣，刘禹锡这么一位大名鼎鼎的人物，竟然一直存有籍贯争议。白居易说刘禹锡祖籍彭城，刘禹锡则自称是西汉中山靖王刘胜后裔。他在晚年写过自传（《子刘子自传》），云：

> 子刘子，名禹锡，字梦得。其先汉景帝贾夫人子胜，封中山王，谥曰靖，子孙因封为中山人也。七代祖亮，事北朝为冀州刺史散骑常侍，遇迁都洛阳，为北部都昌里人。世为儒而仕，坟墓在洛阳北山，其后地狭不可依，乃葬荥阳之檀山原。由大王父已还，一昭一穆如平生。曾祖凯，官至博州刺史。祖锽，由洛阳主簿察视行马外事，岁满，转殿中丞、侍御史，赠尚书祠部郎中。父讳绪，亦以儒学，天宝末应进士，遂及大乱，举族东迁，以违患难，因为东诸侯所用，后为浙西从事。本府就加盐铁副使，遂转殿中，主务于蛹桥。其后罢归浙右，至扬州，遇疾不讳。小子承夙训，禀遗教，眇然一身，奉尊夫人不敢殒灭。后忝登朝，或领郡，蒙恩泽，先府君累赠至吏部尚书，先太君卢氏由彭城县太君赠至范阳郡太夫人。

《旧唐书·刘禹锡列传》说刘禹锡是彭城人，而没有确认他是西汉中山靖王刘胜的后裔：

> 刘禹锡字梦得，彭城人。祖云。父溆，仕历州县令佐，世以儒学称。禹锡贞元九年擢进士第，又登宏辞科。禹锡精于古文，善五言诗，今体文章复多才丽。从事淮南节度使杜佑幕，典记室，尤加礼异。从佑入朝，为监察御史。与吏部郎中韦执谊相善。

《新唐书·刘禹锡列传》则用"自言系出中山"一带而过：

> 刘禹锡字梦得，自言系出中山，世为儒。贞元九年擢进士第，登博学宏辞科。工文章，善五言诗。淮南杜佑表管书记，入为监察御史。

费尽心思和既往的帝王将相拉上血缘关系以抬高自家身份，是古人的通病。刘禹锡和当年刘备一样，都自认为西汉中山靖王刘胜的后裔，虽然时人不肯贸然认同，却也只能如此交代。好在此事并不妨碍我们探究刘禹锡的人生轨迹。特别指出这一点，不过是为了请读者留神古人的有趣可爱而已。

刘禹锡生于大历七年（772年），其父、祖均为小官僚，父刘绪曾在江南为官。贞元六年（790年），刘禹锡开始游学洛阳、长安。贞元九年（793年），与柳宗元同榜进士及第，同年登博学鸿词科。两年后再登吏部取士科，释褐为太子校书，不久丁忧居家。贞元十六年（800年），淮南节度使兼任徐泗濠节度杜佑辟刘禹锡为掌书记。贞元十八年（802年），刘禹锡调任京兆府渭南县主簿。不久，迁监察御史。其时，韩愈、柳宗元均在御史台任职，三人结为好友，过从甚密。而刘禹锡又"与吏部郎中韦执谊相善"（韦执谊后来做了宰相）。

少年得志的刘禹锡才华横溢抱负宏大，在京城名重一时，由是进入了深受太子李诵宠信的翰林待诏王叔文的视野，很快被王叔文拉了过去。王叔文对刘禹锡非常赏识，经常称赞刘禹锡堪当大任，有宰相器。《旧唐书·刘禹锡列传》云：贞元末，王叔文于东宫用事，后辈务进，多附丽之。禹锡尤为叔文知奖，以宰相器待之。

不待说，此时的刘禹锡雄心万丈，一心想励精图治，革故鼎新，大展宏图，有所作为，建功立业，名垂不朽。而且，千载难逢的机会也似乎说来就来了。

二

贞元二十一年（805年）春正月，唐德宗李适去世，太子李诵继位，是为顺宗。改年号为永贞元年。早在顺宗为太子时，即有变革新政之志。太子侍读王伾、王叔文最受太子宠信，刘禹锡、柳宗元、程异、凌准、韩泰、韩晔、陈谏、陆质、吕温、李景俭等，皆与二王联手，逐渐形成一个以"二王刘柳"为核心的派别。以李诵继位为标志，大唐王朝开始了一场为期一百多天的短命改革，史称"永贞革新"。

永贞革新的目标是打击宦官势力，革除政治积弊，加强中央集权，反对藩镇割据。改革采取有力手段，取消了由宦官掌控、民怨沸腾的宫市和五坊（即雕坊、鹘坊、鹞坊、鹰坊、狗坊）使；取消了地方官员刻意讨好皇帝的月进、日进，明令除规定的常贡外，不许别有进奉；对不断膨胀的地方藩镇权势有所压抑；对危害地方的贪官有所打击等。史称永贞革新推行后，"市里欢呼""人情大悦"。

诡异的是，永贞革新是在顺宗李诵掌控下开始的，而他早在贞元二十年（804年）九月便患病中风失音。登基之后顺宗因中风未愈不能理政，便将王叔文视为灵魂人物，居中协调。王叔文打算自己在内廷当权，遂推荐吏部郎中韦执谊为宰相，与之内外呼应。顺宗遂任命王叔文为起居舍人，充翰林学士，王伾为左散骑常侍，充翰林学士；任命韦执谊为尚书左丞、同平章事。翰林学士掌白麻内命，亦即机密诏令；同平章事为宰相。因王叔文非常器重刘禹锡和柳宗元，他们便将全部精力投入到革新运动当中，进而和王伾、王叔文一起成了永贞革新的核心人物，"二王刘柳"由此而被时人侧目。《旧唐书·刘禹锡列传》称：

> 引禹锡及柳宗元入禁中，与之图议，言无不从。转屯田员外郎、

判度支盐铁案，兼崇陵使判官。颇怙威权，中伤端士。……侍御史窦群奏禹锡挟邪乱政，不宜在朝。群即日罢官。……既任喜怒凌人，京师人士不敢指名，道路以目，时号二王、刘、柳。

"二王刘柳"在短时间内采取了不少措施推进革新，颇有成果，但由于改革触犯了藩镇、宦官和大官僚们的利益，转瞬间便遭到了保守势力的联合反扑。加之顺宗和几位革新运动的核心人物之间上传下达的渠道不畅。顺宗垂帘问政，仅宦官李忠言、美人牛昭容侍左右。上传之事，要一经韦执谊，二经王叔文，三经王伾，四经李忠言，五经顺宗宠妃牛昭容，才能知晓。下达之事，环节亦然。如此，便不可避免地会衍生许多矛盾，使得变革新政无法顺利开展。

永贞元年（805年）三月，侍御史窦群、御史中丞武元衡，将革新党派列为异己进行攻击。宦官俱文珍、刘光琦、薛盈珍等"先朝任使旧人"，疾李忠言为宫中新进，王叔文等朋党相结，借顺宗病久不愈，立广陵王李淳（后改名纯）为太子。是年五月，王叔文因前充度支及盐铁转运副使，加拜户部侍郎，俱文珍等已趁机削去叔文翰林学士之职。失去了翰林学士这一要职，王叔文便无法领导变革新政运动。王伾为之一再疏请，也只允许"三五日一入翰林"。不久，王叔文又因母丧去位，形势更是急转直下。

是年六月，剑南西川节度使韦皋、荆南节度使裴均、河东节度使严绶等，相继向顺宗及太子奏表进笺，攻击革新党派。七月，韦执谊不听叔文调遣，革新党派内部分裂。王伾因再三上疏，请以叔文为宰相不果，知事不济，亦称病不出。

是年七月二十八日，俱文珍等逼顺宗下制称："积疢未复，其军国政事，权令皇太子纯勾当。"八月四日，宦官拥立太子李纯即皇帝位，即唐宪宗，唐顺宗退位称太上皇。八月六日，贬王伾为开州司马，王叔文为渝州司马。

伾不久死于贬所，叔文翌年亦被赐死。九月十三日，贬刘禹锡为连州刺史，柳宗元为邵州刺史，韩泰为抚州刺史，韩晔为池州刺史。十一月七日，贬韦执谊为崖州司马。朝议谓刘、柳等人贬太轻。十一月十四日，再贬刘禹锡为朗州司马，柳宗元为永州司马，韩泰为虔州司马，韩晔为饶州司马；又贬程异为郴州司马，凌准为连州司马，陈谏为台州司马。由永贞革新而衍生出来的"二王八司马"，即是对上述一干人等悲惨命运的总括。

"二王"指王伾、王叔文，"八司马"指韦执谊、韩泰、陈谏、柳宗元、刘禹锡、韩晔、凌准、程异。因他们在改革失败后，全部被贬为州司马，故名。

永贞革新失败后，非议诋毁之声铺天盖地，王叔文被视为元凶首恶，诸多革新措施被官员们口诛笔伐。但刘禹锡自始至终不肯苟同。他对永贞革新的是非功过自有其定见，并在其晚年写入《子刘子自传》中：

> 贞元二十一年春，德宗新弃天下，东宫即位。时有寒俊王叔文，以善弈棋得通籍博望，因间隙得言及时事，上大奇之。如是者积久，众未知之。至是起苏州掾，超拜起居舍人，充翰林学士，遂阴荐丞相杜公为度支盐铁等使。翌日，叔文以本官及内职兼充副使。未几，特迁户部侍郎，赐紫，贵振一时。予前已为杜丞相奏署崇陵使判官，居月余日，至是改屯田员外郎，判度支盐铁等案。初，叔文北海人，自言猛之后，有远祖风，唯东平吕温、陇西李景俭、河东柳宗元以为言然。三子者皆与予厚善，日夕过，言其能。叔文实工言治道，能以口辩移人。既得用，自春至秋，其所施为，人不以为当非。

> 时上素被疾，至是尤剧。诏下内禅，自为太上皇，后谥曰顺宗。东宫即皇帝位，是时太上久寝疾，宰臣及用事者都不得召对。宫掖事秘，而建桓立顺，功归贵臣。于是叔文首贬渝州，后命终死。

宰相贬崖州。予出为连州，途至荆南，又贬朗州司马。

在刘禹锡看来，王叔文在永贞革新中所采取的举措都是正确的："自春至秋，其所施为，人不以为当非。"宪宗李纯即位后，"宫掖事秘"，竟然将功劳归之于权臣，而将全力推行革新的二王八司马贬徙放逐。这不能不使他耿耿于怀，无法释然。正是因为对于永贞革新的这一价值评判和当道者迥然不同，刘禹锡才会在后来几十年蹉跎岁月中，始终坚持自己的信念，不肯向权贵者低下自己高贵的头颅。

三

初，禹锡、宗元等八人犯众怒，宪宗亦怒，故再贬。制有"逢恩不原"之令。（《旧唐书·刘禹锡列传》）

因为宪宗亲自发话，刘禹锡不仅一贬再贬，而且在贬徙之地朗州一待就是十年。朗州和夜郎相邻，交通不便，闭塞落后，史称：

（朗州）地居西南夷，土风僻陋，举目殊俗，无可与言者。禹锡在朗州十年，唯以文章吟咏陶冶性情。蛮俗好巫，每淫词鼓舞，必歌俚辞。禹锡或从事于其间，乃依骚人之作，为新辞以教巫祝。故武陵溪洞间夷歌，率多禹锡之辞也。（同上书）

流放朗州对刘禹锡来说是大不幸，对于朗州的开化和文明程度提升却是一桩幸事。刘禹锡流放朗州后虽因语言、风俗诸多困难而难以与当地人交流，却由此而潜心蛮俗，并亲自动手将原来的淫词俚辞改为新辞，教授巫祝，同时陶冶了自己的性情。

据《新唐书·刘禹锡列传》载：

> 始，坐叔文贬者八人，宪宗欲终斥不复，乃诏虽后更赦令不得原。然宰相哀其才且困，将澡濯用之，会程异复起领运务，乃诏禹锡等悉补远州刺史。而元衡方执政，谏官颇言不可用，遂罢。

看来，宪宗李纯对刘禹锡成见很深，是他长期困厄朗州的主要原因。只是因为宰相怜惜他的才干、同情他的处境，才有了转调做偏远州郡刺史的动议，但这一动议随即遭到言官反对而中止。

长年滞留在贬徙之地朗州的刘禹锡心情很不好。《新唐书·刘禹锡列传》说他："久落魄，郁郁不自聊，其吐辞多讽托幽远，作《问大钧》《谪九年》等赋数篇。"

翻开《谪九年赋》，牢骚不平之气扑面而来：

> 古称思妇，已历九秋。未必有是，举为深愁。莫高者天，莫浚者泉。推以极数，无逾九年。伊我之谪，至于数极。长沙之悲，三倍其时。廷尉不调，行当跂而。天有寒暑，闰余三变。朝有考绩，明幽三见。
>
> 顾尧之民兮，亦昏垫而有叹。叹息兮徜徉，登高高兮望苍苍。突弁之夫，我来始黄。
>
> 合抱之木，我来犹芒。山增昔容，水改故坊。童者郁郁兮而涧者洋洋。天覆地生，菶兮无伤。彼族而居，向之投荒。彼轩而游，昨日桁杨。信及泽濡，俄然复常。
>
> 稽天道与人纪，咸一偾而一起。去无久而不还，梦无久而不理。

何吾道之一穷兮,贯九年而犹尔。噫!不可得而知,庸讵得而悲?

苟变化之莫及兮,又安用夫肖天地之形为?

当年张九龄任宰相时,曾建言放逐之臣不宜与善地,多徙五溪不毛之乡。后来,张九龄也遭贬黜流放。刘禹锡读过《张九龄文集》之后,似乎寻找到了"感讽权近"和发泄不满的机会,于是将心中所思诉诸笔端:

张九龄为宰相,建言放臣不宜与善地,悉徙五溪不毛处。然九龄自内职出始安,有瘴疠之叹;罢政事守荆州,有拘囚之思。身出遐陬,一失意不能堪,矧华人士族必致丑地,然后快意哉!(《新唐书·刘禹锡列传》)

最能反映走背字的刘禹锡愤懑不平的,当属他在朗州时所作的《百舌吟》和《聚蚊谣》两诗:

晓星寥落春云低,初闻百舌间关啼。
花树满空迷处所,摇动繁英坠红雨。
笙簧百啭音韵多,黄鹂吞声燕无语。
东方朝日迟迟升,迎风弄景如自矜。
数声不尽又飞去,何许相逢绿杨路。
绵蛮宛转似娱人,一心百舌何纷纷。
酡颜侠少停歌听,坠珥妖姬和睡闻。
可怜光景何时尽,谁能低回避鹰隼。
廷尉张罗自不关,潘郎挟弹无情损。
天生羽族尔何微,舌端万变乘春晖。

南方朱鸟一朝见，索漠无言蒿下飞。(《百舌吟》)

沉沉夏夜兰堂开，飞蚊伺暗声如雷。
嘈然欻起初骇听，殷殷若自南山来。
喧腾鼓舞喜昏黑，昧者不分听者惑。
露花滴沥月上天，利觜迎人着不得。
我躯七尺尔如芒，我孤尔众能我伤。
天生有时不可遏，为尔设幄潜匡床。
清商一来秋日晓，羞尔微形饲丹鸟。(《聚蚊谣》)

刘禹锡在《百舌吟》中用百舌鸟讽刺昔日永贞革新阵营中的变节求荣者，在《聚蚊谣》中将政敌比作得逞于一时的飞蚊，坚决与之周旋斗争的决心跃然纸上。

元和十年（815年）二月，饱经坎坷的刘禹锡终于等到了奉召还京的这一天。匪夷所思的是，望眼欲穿才等来的东山再起的机会，却被刘禹锡直抒胸臆的一首诗给搅黄了。史称：

> 元和十年，自武陵召还，宰相复欲置之郎署。而禹锡作《游玄都观咏看花君子诗》，语涉讥刺，执政不悦，复出为播州刺史。(《旧唐书·刘禹锡列传》)

回到京城后，刘禹锡目睹那些意得志满的新贵和趋炎附势之徒，心中百感交集，犹如骨鲠在喉，不吐不快。元和十一年（817年）三月，借游玄都观，刘禹锡写诗抒发胸中块垒，结果惹来了大麻烦：

紫陌红尘拂面来，无人不道看花回。

玄都观里桃千树，尽是刘郎去后栽。

（《元和十年自朗州至京戏赠看花诸君子》）

在刘禹锡的政敌们看来，将他从朗州召回京城，已经是天大的眷顾，而他竟然不识抬举，公然嘲讽当政诸公，真乃是可忍孰不可忍！因为一首诗而触犯了当路者的逆鳞，刘禹锡马上被出为播州刺史。多亏御史中丞裴度仗义执言，面折廷争，刘禹锡才被改任连州，又徙夔州刺史。

诏下，御史中丞裴度奏曰："播极远，猿狖所宅，禹锡母八十有余不能往，当与其子死决，恐伤陛下孝治，请稍内迁。"宪宗曰："为人子者宜慎事，不贻亲忧。若禹锡望他人，尤不可赦。"度无以对。帝改容曰："朕所言，责人子事，然不欲伤其亲。"乃易连州，又徙夔州刺史。（《新唐书·刘禹锡列传》）

此间，刘禹锡目睹天下学校荒废，专门给宰相上奏记，提出相应对策建议。可惜执政者处于门户偏见，将之束之高阁，不予采纳。

四

刘禹锡任连州刺史近五年，直到元和十四年（819年）其母亡故才得以离开。长庆元年（821年）冬，刘禹锡改任夔州刺史。长庆四年（824年）夏，又调任和州刺史，一直到宝历二年（826年）才离开该地。在长达十多年间，朝廷更换了两位皇帝：元和十五年（820年）宪宗李纯死后，穆宗李恒继位；长庆四年穆宗死后，敬宗李湛继位。

传说刘禹锡从"巴山楚水凄凉地"的夔州来到比较富庶的和州后，又遇到一个势利小人，一个连姓名也没有留下来的当地知县。知县给这位比自己级别高的贬官的第一个下马威，是安排刘禹锡住到远离市区面朝大江一片荒芜的城南区。刘禹锡在住所门口贴了一副对联："面对大江观白帆，身在和州思争辩。"知县恼羞成怒，又让刘禹锡从城南搬到城北，新住所房间比原来少了近一半，旁边有一条小河，春天时河边杨柳依依。刘禹锡又写道："垂柳青青江水边，人在历阳心在京。"知县恼羞成怒，又把他安排到城中一间仅能容下一床一桌一椅的斗室里。刘禹锡淡定从容，写下了传世名篇《陋室铭》：

山不在高，有仙则名。水不在深，有龙则灵。斯是陋室，惟吾德馨。苔痕上阶绿，草色入帘青。谈笑有鸿儒，往来无白丁。可以调素琴，阅金经。无丝竹之乱耳，无案牍之劳形。南阳诸葛庐，西蜀子云亭。孔子云：何陋之有？

知县之事史书不载，或许只是出乎人们的想象力。《陋室铭》则尽人皆知，已然成为精神富有者特有的道德观。刘禹锡坚贞不屈的人格力量，也因此而与天地同在，与日月争辉！

太和二年（828年），刘禹锡奉诏回京。从永贞革新失败被放逐算起，刘禹锡已经被贬徙外放二十三年。在和诗友白居易的唱和诗中，刘禹锡如此排遣胸中块垒，抒发斗士情怀：

巴山楚水凄凉地，二十三年弃置身。
怀旧空吟闻笛赋，到乡翻似烂柯人。
沉舟侧畔千帆过，病树前头万木春。

今日听君歌一曲，暂凭杯酒长精神。

（《酬乐天扬州初逢席上见赠》）

《旧唐书·刘禹锡列传》则通过下述文字，介绍刘禹锡二度回京后出人意表的言行，并由此而写活了他的意志品格性情和灵魂：

太和二年，自和州刺史征还，拜主客郎中。禹锡衔前事未已，复作《游玄都观诗序》曰："予贞元二十一年为尚书屯田员外郎，时此观中未有花木。是岁出牧连州，寻贬朗州司马。居十年，召还京师，人人皆言有道士手植红桃满观，如烁晨霞，遂有诗以志一时之事。旋又出牧，于今十有四年，得为主客郎中。重游兹观，荡然无复一树，唯兔葵燕麦，动摇于春风，因再题二十八字，以俟后游。"其前篇有"玄都观里桃千树，总是刘郎去后栽"之句，后篇有"种桃道士今何在，前度刘郎又到来"之句，人嘉其才而薄其行。禹锡甚怒武元衡、李逢吉，而裴度稍知之。太和中，度在中书，欲令知制诰。执政又闻《诗序》，滋不悦。累转礼部郎中、集贤院学士。度罢知政事，禹锡求分司东都。终以恃才褊心，不得久处朝列。六月，授苏州刺史，就赐金紫。秩满入朝，授汝州刺史，迁太子宾客，分司东都。

刘禹锡的第一首《游玄都观》导致他再度被流放，如今重新回到京城，他依旧对此耿耿于怀，于是再游玄都观，再次赋诗言志，一介堂吉诃德式的斗士性格跃然纸上。

百亩庭中半是苔，桃花净尽菜花开。

种桃道士归何处？前度刘郎今又来。

《旧唐书》的主编后晋人刘昫对刘禹锡的做法明显持批评态度，《新唐书》主编宋人欧阳修、宋祁则云：人们听说刘禹锡诋毁权贵近臣的言辞后"益薄其行"。我们今天于茶余饭后吟诵是诗以及写在诗前面的序，却仿佛看到了刘禹锡迭遭坎坷不屈不挠的斗士心态。他这样做是为了表明自己多年的心志：决不和恶势力妥协，决不放弃战斗。比较前一首诗，讽刺更为辛辣，态度更为倔强。这哪里是在吟诗，简直是在发表战斗宣言！

当时的几位宰相中，武元衡、李逢吉和刘禹锡积怨甚深，唯有裴度赏识他的才干。由于刘禹锡重游玄都观诗及序深深得罪了执政诸公，裴度于太和中举荐刘禹锡担任知制诰未能通过，只能转任礼部郎中、集贤院学士。裴度罢职后，刘禹锡审时度势，请求分司东都。是年六月，被打发到苏州担任刺史，随后改任汝州刺史。

开成初，复为太子宾客分司，俄授同州刺史。秩满，检校礼部尚书、太子宾客分司。会昌二年七月卒，时年七十一，赠户部尚书。（《旧唐书·刘禹锡列传》）

相形于晚年的平淡，《再游玄都观》堪称是刘禹锡一生奋斗追求的真实写照，尽管他的名言"种桃道士归何处？前度刘郎今又来"被人视为刚褊偏激固执，饱受非议。

五

作为一位政治家，刘禹锡的宦海生涯极其悲惨，昙花一现的永贞革新虽然让他浮出水面，随后却作为革新失败的牺牲品饱受煎熬，贬徙外放长达23年。作为一位文学家，刘禹锡却经由坎坷困顿的仕途而达于辉煌，成了唐代屈指可数的杰出诗人、政论家、思想家。他的许多诗句穿越古今成为绝唱，他与柳宗元并称"刘柳"，与韦应物、白居易合称"三杰"，与白居易合称"刘白"，大诗人白居易对他的文学诗词天才仰慕赞叹不已，称他为"诗豪"，而他却尤其看重自己的文论，认为自己的优长在论说文方面。

即便我们不研究唐史，不研究中国古代文学史，对于刘禹锡的许多诗句，也依然印象清晰。诸如："芳林新叶催陈叶，流水前波让后波。""请君莫奏前朝曲，听唱新翻杨柳枝。""旧时王谢堂前燕，飞入寻常百姓家。""莫道谗言如浪深，莫言迁客似沙沉。千淘万漉虽辛苦，吹尽狂沙始到金。""流水淘沙不暂停，前波未灭后波生。"吟唱这些诗句，心潮起伏跌宕之余，悠然联想到：刘禹锡的诗词天赋似乎与他的仕途坎坷有着密不可分的联系。设若刘禹锡在永贞革新后封侯拜相，仕途一帆风顺，没有经历那么多的艰辛困顿，对于仕途险恶人心险恶的认识就不会那么铭心刻骨，对于自己当初投身永贞革新的志向就不会那么不离不弃，和邪恶势力斗争到底的意志力就不会那么坚定不移，那么，他就写不出那么多既斗志昂扬视野开阔又思想深邃饱含哲理的不朽名句来。"文章憎命达，愤怒出诗人。"大哉斯言！

《旧唐书·刘禹锡列传》饶有兴致地介绍了白居易和刘禹锡之间的友情，以及白居易对刘禹锡的崇高评价：

> 禹锡晚年与少傅白居易友善，诗笔文章，时无在其右者。常与禹锡唱和往来，因集其诗而序之曰："彭城刘梦得，诗豪者也。其锋森然，少敢当者。予不量力，往往犯之。夫合应者声同，交争者力敌。一往一复，欲罢不能。由是每制一篇，先于视草，视

竟则兴作，兴作则文成。一二年来，日寻笔砚，同和赠答，不觉滋多。太和三年春以前，纸墨所存者，凡一百三十八首。其余乘兴仗醉，率然口号者不在此数。因命小侄龟儿编录，勒成两轴。仍写二本，一付龟儿，一授梦得小男仑郎，各令收藏，附两家文集。予顷与元微之唱和颇多，或在人口。尝戏微之云：'仆与足下二十年来为文友诗敌，幸也！亦不幸也。吟咏情性，播扬名声，其适遗形，其乐忘老，幸也。然江南士女语才子者，多云元白，以子之故，使仆不得独步于吴越间，此亦不幸也。今垂老复遇梦得，非重不幸耶？'梦得梦得，文之神妙，莫先于诗。若妙与神，则吾岂敢？如梦得'雪里高山头白早，海中仙果子生迟'，'沉舟侧畔千帆过，病树前头万木春'之句之类，真谓神妙矣！在在处处，应有灵物护持，岂止两家子弟秘藏而已！"其为名流许与如此。

白居易认为诗豪刘禹锡的诗作"其锋森然，少敢当者"，绝非泛泛之词。他从诗词艺术的角度推崇刘禹锡的名句："雪里高山头白早，海中仙果子生迟""沉舟侧畔千帆过，病树前头万木春"，大呼"真谓神妙矣"。史称：

> 梦得尝为《西塞怀古》《金陵五题》等诗，江南文士称为佳作，虽名位不达，公卿大僚多与之交。（同上书）

一位出道甚早成名甚早胸怀兼济天下之志的士大夫，到头来却因诗文超越同侪而为人们所认可。对于事功心过于浓郁的刘禹锡来说，未免于欣慰之中带有些许酸楚。

六

"二王刘柳"几位永贞革新的核心人物，刘禹锡最长寿谢世最晚。短促的永贞革新失败后，被贬黜为开州司马的王伾首先死于贬所，被贬黜为渝州司马的王叔文也于翌年亦被赐死。柳宗元先是被贬黜为邵州刺史，途中被贬黜为永州司马，元和十年又被例移为柳州刺史，47 岁时死于柳州，可谓英年早逝。

作为刘禹锡的至交好友，柳宗元对刘禹锡可谓是真正的生死之交。史称：

元和十年，例移为柳州刺史。时朗州司马刘禹锡得播州刺史，制书下，宗元谓所亲曰："禹锡有母年高，今为郡蛮方，西南绝域，往复万里，如何与母偕行？如母子异方，便为永诀。吾于禹锡为执友，胡忍见其若是？"即草章奏，请以柳州授禹锡，自往播州。会裴度亦奏其事，禹锡终易连州。（《旧唐书·柳宗元列传》）

如此看重友情的柳宗元在贬徙岁月的无情煎熬下，也曾经心生退意。史称：

宗元不得召，内闵悼，悔念往咎，作赋自儆曰：
……哀吾生之孔艰兮，循《凯风》之悲诗。罪通天而降酷兮，不亟死而生为！逾再岁之寒暑兮，犹贸贸而自持。将沉渊而陨命兮，诋蔽罪以塞祸？惟灭身而无后兮，顾前志犹未可。进路呀以划绝兮，退伏匿又不果。为孤囚以终世兮，长拘挛而辗轲。
曩余志之修蹇兮，今何为此戾也？岂贪食而盗名兮，不混同于世也。将显身以直遂兮，众之所宜蔽也。不择言以危肆兮，固群祸之际也。

御长辕之无桡兮，行九折之峨峨。却惊棹以横江兮，溯凌天之腾波。幸余死之已缓兮，完形躯之既多。苟余齿之有惩兮，蹈前烈而不颇。死蛮夷固吾所兮，虽显宠其焉加？配大中以为偶兮，谅天命之谓何！（《新唐书·柳宗元列传》）

"天地不仁，以万物为刍狗；圣人不仁，以百姓为刍狗。"可叹造化弄人不商量，心有忏悔的柳宗元英年而逝，只活了47岁；没有丝毫悔意的刘禹锡不仅活到了古稀之年，而且在临终前写了《子刘子自传》，自己总结了其多灾多难充满坎坷的一生。行将离开这个世界前的老人不无幽默地写道：

行年七十有一，身病之日，自为铭曰：
不夭不贱，天之祺兮。重屯累厄，数之奇兮。天与所长，不使施兮。人或加讪，心无疵兮。寝于北牖，尽所期兮。葬近大墓，如生时兮。魂无不之，庸讵知兮。

从斗士刘禹锡为自己所作的铭文中，人们看到了古人真正的不忘初心，看到了一种罕见的自信，一种与命运抗争永不言败的自信！

在中国古代历史中，成效甚微争议甚大历时仅一百多天的永贞革新，不过是极为短暂的一个瞬间，却足以制约和界定刘禹锡的人生轨迹。作为当事人之一的刘禹锡不惜用毕生的精力为之呼吁呐喊，即便迭遭贬黜也无怨无悔，不论时代风云如何变幻，刘禹锡对永贞革新的认识始终没有改变。"三军可以夺帅，匹夫不可以夺志。"后人可以非议永贞革新的具体是非功过，却不能无视刘禹锡宁死不屈的信念追求。你可以从政治学的角度指责刘禹锡太过固执，太过执着，不懂得变通，不会以屈求伸，也可以从佛学的角度批评刘禹锡没有看透人情世态，不晓得"应无所住，而生其心"的佛家睿智，却无法否定刘禹锡"固余心之所善兮，虽九死其犹未悔"的言行印证了一个伟大的思想，无法否定刘禹锡愈挫愈勇的言行是抗争弱肉强食没道理可讲的邪恶现实的一种积极选项。

韩愈

慷慨谏迎佛骨表，一贬便陈封禅书

韩愈名列唐宋八大家之首，在古代士大夫心目中地位崇高，宋代大文豪苏轼便称赞韩愈"文起八代之衰，而道济天下之溺，忠犯人主之怒，而勇夺三军之帅"。苏轼对韩愈的品评涉及文章、道德、忠诚、勇敢四个方面，后人渐渐地忽略了后三个方面，而把"文起八代之衰"看作是一代文宗韩愈的名片。本文拟审视研讨韩愈的人生际遇，故不打算陈说他杰出的文学贡献，而是力图通过剖析他的坎坷多舛的从政历程，窥测他的真实心迹和生活态度。

一

韩愈（768—824年），字退之。河阳人。自称"郡望昌黎"，世称"韩昌黎""昌黎先生"。对于这位唐代杰出文学家、思想家、政治家的家庭背景，新旧《唐书》说法不一。《旧唐书·韩愈列传》云：韩愈，字退之，昌黎人。父仲卿，无名位。

《新唐书·韩愈列传》则云：

> 韩愈，字退之，邓州南阳人。七世祖茂，有功于后魏，封安定王。父仲卿，为武昌令，有美政，既去，县人刻石颂德。终秘书郎。

韩愈的父亲韩仲卿有无名位、做没做过县令无关紧要，重要的是，新旧《唐书》均记载，韩愈3岁时便成了孤儿。不待说，出生刚三岁便失去亲生父母的韩愈，幼小的心灵所承受的打击是正常儿童人所难以想象的。

父母死后，小韩愈由做官的从父兄韩会抚养。大历十二年（777年），韩会因受元载牵连，被贬为韶州刺史，到任不久即病故。韩愈随寡嫂郑氏回河阳原籍安葬兄长，又随寡嫂避居江南宣州。由此可见，韩愈的幼年不惟多灾多难，而且困苦颠沛，言之伤心。困厄苦难使人早熟。史称：

> 愈自以孤子，幼刻苦学儒，不俟奖励。大历、贞元之间，文字多尚古学，效杨雄、董仲舒之述作，而独孤及、梁肃最称渊奥，儒林推重。愈从其徒游，锐意钻仰，欲自振于一代。（《旧唐书·韩愈列传》）

天才出于勤奋，勤奋则多缘于苦难。小韩愈的幼年求学经历再次充分说明了这一点。

韩愈的科举之路并不顺畅：贞元三年至五年（787—789年）间，韩愈三次参加科举考试，均失败。贞元八年（792年），韩愈第四次参加进士考试，终于登进士第。次年，第一次参加吏部博学宏词科考试，失败。贞元十年（794年），再度参加博学宏词科考试，又惜败。贞元十一年（795年），第三次参加博学宏词科考试，仍失败。贞元十二年（796年）七月，经宣武节度使董晋推荐，韩愈试任秘书省校书郎，并出任宣武节度使观察推官。贞元十五年（799年）二月，董晋逝世，韩愈随灵柩至洛阳。是年秋，韩愈应徐泗濠节度使张建封之聘，出任节度推官，试协律郎。是年冬，张建封派韩愈前往长安朝正。贞元十六年（800年）冬，韩愈前往长安，第四次参加吏部考试。贞元十七年（801年）通过铨选。次年春被任命为国子监四门博士。贞元十九年（803年），韩愈晋升为监察御史。在韩愈任监察御史先后，刘禹锡、柳宗元也被任命为监察御史，同在御史台共事的三位文豪过从甚密。可惜好景不长，不久，韩愈便遇到了他从政生涯的第一道坎儿：

  德宗晚年，政出多门，宰相不专机务。宫市之弊，谏官论之不听。愈尝上章数千言极论之，不听，怒贬为连州阳山令，量移江陵府掾曹。（同上书）

二

  韩愈由监察御史被贬黜为阳山令的真实原因，新旧《唐书》语焉不详。因为很快便开始了为期短暂的永贞革新，实际主持革新的王叔文却没有起用贬官韩愈，故而韩愈对王叔文、柳宗元、刘禹锡产生了很大的误解，并由此而多次抨击永贞革新，却不清楚蛊惑德宗皇帝贬黜他的并非王叔文等人，而是他曾经刻意结交的京兆尹李实。虽然其间的原委很难陈说明白，但却是了解韩愈一生仕途情结的关键所在。
  贞元十九年，韩愈被免去国子监四门博士，尚未明确新职务。因不明究竟，韩愈遂想求助于京兆尹李实，于是写了《上李尚书书》，称：

  愈来京师，于今十五年，所见公卿大臣，不可胜数，皆能守官奉职，无过失而已；未见有赤心事上，忧国如家，如阁下者。今年已来，不雨者百有余日。种不入土，野无青草，而盗贼不敢起，谷价不敢贵。百坊、百二十司、六军、二十四县之人，皆若阁下亲临其家，老奸宿赃，销缩摧沮，魂亡魄丧，影灭迹绝。非阁下条理镇服，布宣天子威德，其何能及此。

  愈也少从事于文学，见有忠于君孝于亲者，虽在千百年之前，犹敬而慕之；况亲逢阁下，得不候于左右以求效其恳恳？谨献所为文两卷，凡十五篇。非敢以为文也，以为谒见之资也。进退惟命。愈恐惧再拜。

韩愈如此甘言卑辞，显然是对李实有所请求。

是年关中地区大旱，担任监察御史的韩愈在查访后发现灾情十分严重，于是愤然写了《御史台上论天旱人饥状》疏，上陈德宗云：

  臣伏以今年已来，京畿诸县，夏逢亢旱，秋又早霜，田种所收，十不存一。陛下恩逾慈母，仁过春阳，租赋之间，例皆蠲免。所征至少，所放至多；上恩虽宏，下困犹甚。至闻有弃子逐妻以求口食，拆屋伐树以纳税钱，寒馁道途，毙踣沟壑。有者皆已输纳，无者徒被追征。臣愚以为此皆群臣之所未言，陛下之所未知者也。

  臣窃见陛下怜念黎元，同于赤子。至或犯法当戮，犹且宽而宥之，况此无辜之人，岂有知而不救？又京师者，四方之腹心，国家之根本，其百姓实宜倍加忧恤。今瑞雪频降，来年必丰，急之则得少而人伤，缓之则事存而利远。伏乞特敕京兆府，应今年税钱及草粟等在百姓腹内，征未得者，并且停征，容至来年蚕麦，庶得少有存立。

心忧灾民生计的韩愈恳求朝廷"特敕京兆府"，免征当年"税钱及草粟等"。韩愈在撰写此疏时，或许根本没想到会在无形中触动刻意隐瞒灾情的京兆尹李实的政绩观，却深深得罪了颇受德宗宠信的这位大人，故而遭到李实等谗害，于是年十二月被贬为连州阳山县令。

宋人洪兴祖《韩子年谱》据唐人李翱所作《韩子行状》和皇甫湜所作《神道碑》，记述此事云：

> 是时有诏以旱饥蠲租之半，有司征愈急，愈与张署、李方叔上疏言，请宽民徭而免田租。卒为幸臣所谗，贬连州阳山令。

早在韩愈供职御史台时，太子李诵身边已经聚集了王伾、王叔文、刘禹锡、柳宗元等，"二王刘柳"集团已见雏形。韩愈被贬黜为阳山县令以后，随着贞元二十一年（805年）正月德宗李适去世，太子李诵继位，改年号为永贞元年，大唐王朝进入顺宗时代，"二王刘柳"等人依靠顺宗支持，使出霹雳手段，呼风唤雨，除旧布新，迅速掀起了震惊天下的"永贞革新"。或许是需要做的事情太多，或者想做而暂时没来得及，或许是别的什么原因，这几位永贞革新的骨干人物竟然都忽略了韩愈。目睹朝廷中轰轰烈烈的永贞革新，自己却被抛在一边，韩愈心中愤愤难平。

贞革新仅仅存在了一百多天，曾经不可一世的王伾、王叔文、刘禹锡、柳宗元或死或贬，或者先遭贬徙随后被赐死。

永贞元年（805年）秋八月，韩愈获授江陵法曹参军。在五言古诗《赴江陵途中寄赠三学士》里，韩愈通过写给友人的诗作发泄不满愤怒，把自己说成是永贞革新的受害者，把自己遭受贬黜归咎于柳宗元和刘禹锡，对永贞革新失败、"二王八司马"惨淡出局拍手叫好：

> 孤臣昔放逐，血泣追愆尤。
> 汗漫不省识，恍如乘桴浮。
> 或自疑上疏，上疏岂其由。……
> 同官尽才俊，偏善柳与刘。
> 或虑语言泄，传之落冤仇。
> 二子不宜尔，将疑断还不。……
> 昨者京使至，嗣皇传冕旒。
> 赫然下明诏，首罪诛共殴。
> 复闻颠夭辈，峩冠进鸿畴。
> 班行再肃穆，璜珮鸣琅璆。
> 伫继贞观烈，边封脱兜鍪。
> 三贤推侍从，卓荦倾枚邹。
> 高议参造化，清文焕皇猷。
> 协心辅齐圣，致理同毛锤。

在另一首诗作《永贞行》中，韩愈表达了对永贞革新的极度仇视：

> 君不见太皇谅阴未出令，小人乘时偷国柄。
> 北军百万虎与貔，天子自将非他师。
> 一朝夺印付私党，懔懔朝士何能为。
> 狐鸣枭噪争署置，睗睒跳踉相妩媚。

夜作诏书朝拜官，超资越序曾无难。
公然白日受贿赂，火齐磊落堆金盘。
元臣故老不敢语，昼卧涕泣何汍澜。
董贤三公谁复惜，侯景九锡行可叹。
国家功高德且厚，天位未许庸夫干。
嗣皇卓荦信英主，文如太宗武高祖。
膺图受禅登明堂，共流幽州鲧死羽。
四门肃穆贤俊登，数君匪亲岂其朋。
郎官清要为世称，荒郡迫野嗟可矜。
湖波连天日相腾，蛮俗生梗瘴疠烝。
江氛岭祲昏若凝，一蛇两头见未曾。
怪鸟鸣唤令人憎，蛊虫群飞夜扑灯。
雄虺毒螫堕股肱，食中置药肝心崩。
左右使令诈难凭，慎勿浪信常兢兢。
吾尝同僚情可胜，具书目见非妄征，嗟尔既往宜为惩。

用"小人乘时偷国柄"来攻击王叔文、柳宗元等人，以"天位未许庸夫干"来诋毁革新派，并非韩愈独创，而是强烈反对革新的宦官、藩镇和旧派朝臣的共同腔调。透过这首诗，韩愈的政治立场昭然若揭。

因为韩愈是一代文宗，其见解在士大夫阶层影响很大，故而他对永贞革新的成见也随之影响深远，后人在评价永贞革新以及二王八司马等一干人物时，往往沿袭韩说。欧阳修在《新唐书》中如此说道：

叔文沾沾小人，窃天下柄，与阳虎取大弓，《春秋》书为盗无以异。宗元等桡节从之，徼幸一时，贪帝病昏，抑太子之明，规权遂私。故贤者疾，不肖者娼，一偾而不复，宜哉！彼若不傅匪人，自励才猷，不失为名卿才大夫，惜哉！（《新唐书》卷一百六十八）

苏轼在《序欧阳子朋党论》中侃侃而谈：

唐柳宗元、刘禹锡始不陷叔文之党，共高才绝学，亦足以为名臣矣。

宋代著名改革家王安石在《读柳宗元传》中也认为：

余观八司马，皆天下之奇材也。一为叔文所诱，遂陷于不义。至今士大夫欲为君子者，皆羞道而喜攻之。然此八人者既困矣，无所用于世，往往能自强以求列于后世，而其名卒不废焉。而所谓欲为君子者，吾多见其初而已；要其终能毋于世俯仰以自别于小人者少耳！复何议彼哉？

三

对于大唐王朝来说，永贞元年注定是一个应接不暇、不堪回首的年头。首先是正月德宗去世，顺宗即位，紧接着便开始了大张旗鼓的永贞革新；随后是八月顺宗逊位，太子李纯即位，史称宪宗；接着是永贞革新宣告失败，革新人物纷纷被贬黜。一年之中政局如此变幻无常，着实令人眼花缭乱。

宪宗李纯称帝后，韩愈的境遇开始好转。先是被任命为江陵法曹参军；元和元年（806年）六月奉召回长安，授权知国子博士；元和三年（808年），

正式担任国子博士。不久"改都官员外郎,即拜河南令。迁职方员外郎"。接下来,韩愈因为华阴县令刘涧鸣不平再度被贬黜:

> 时华州刺史阎济美以公事停华阴令柳涧县务,俾摄掾曹。居数月,济美罢郡,出居公馆,涧遂讽百姓遮道索前年军顿役直。后刺史赵昌按得涧罪以闻,贬房州司马。愈因使过华,知其事,以为刺史相党,上疏理涧,留中不下。诏监察御史李宗奭按验,得涧赃状,再贬涧封溪尉。以愈妄论,复为国子博士。(《旧唐书·韩愈列传》)

只看到表面现象便轻率地上疏弹劾"刺史相党",却没有想到自己为之鸣冤屈的华阴县令柳涧竟然是个贪官,如此轻言妄论而被处罚贬黜,实属咎由自取,怪不得朝廷。但是,"自以才高,累被摈黜"的韩愈内心却郁闷不平,无法直面现实,因感叹不遇、自抒愤懑而写了世人耳熟能详的传世名篇《进学解》。

尽管此时已经徘徊在不惑之年,尽管是一代文宗,面对所遭受的仕途创伤,韩愈还是无法淡然释怀。在《进学解》中,他假托向学生训话抒发牢骚感慨。这种以问答形式抒发不遇之感的写法古已有之。汉代东方朔之《答客难》、扬雄之《解嘲》,均采用了这一写法。但是韩愈的《进学解》依旧让人读来耳目一新:通篇文字使人悲慨深思,而有的地方又颇有谐趣,如先生谆谆教诲,态度庄重,而生徒却以嬉笑对之;先生为说服生徒,不得不痛自贬抑,甚至自称盗窃陈编等,实具滑稽意味。

此文真正打动士大夫们的地方,恐怕是作者通过亦庄亦谐、正话反说对官场昏暗的深刻嘲讽:"业患不能精,无患有司之不明;行患不能成,无患有司之不公!"以及信手拈来借古喻今对根本没道理可讲的仕途穷通的无奈和反思：

> 孟轲好辩，孔道以明，辙环天下，卒老于行。荀卿守正，大论是弘，逃谗于楚，废死兰陵。是二儒者，吐辞为经，举足为法，绝类离伦，优进圣域，其遇于世何如也？今先生学虽勤，不由其统；言虽多，不要其中；文虽奇，不济于用；行虽修，不显于众。犹且月费俸钱，岁靡廪粟，子不知耕，妇不知织，乘马从徒，安坐而食，踵常涂之促促，窥陈编以盗窃。然而圣主不加诛，宰臣不见斥，此非其幸欤！动而得谤，名亦随之。投闲置散，乃分之宜。（同上书）

这些鞭辟入里入木三分的警世名言，不唯是韩愈的自我疗伤之药，对于投身仕途的士大夫身临其境时不得已而麻醉自疗，同样不可或缺。

四

大概韩愈自己也没有想到，《进学解》会给他多舛的仕途带来转机：执政览其文而怜之，以其有史才，改比部郎中、史馆修撰。逾岁，转考功郎中、知制诰，拜中书舍人。

韩愈似乎注定必须承受时乖运蹇。在他刚刚顺畅起来不久，便有人出来找他的麻烦：

> 俄有不悦愈者，摭其旧事，言愈前左降为江陵掾曹，荆南节度使裴均馆之颇厚，均子锷凡鄙，近者锷还省父，愈为序饯锷，仍呼其字。此论喧于朝列，坐是改太子右庶子。（同上书）

因为这么一件事，引起舆论大哗，韩愈百口难辩，遂被改任为太子右庶子。接下来，又发生了一桩令韩愈很丢面子的事体。

> 元和十二年八月，宰臣裴度为淮西宣慰处置使，兼彰义军节度使，请愈为行军司马，仍赐金紫。淮、蔡平，十二月随度还朝，以功授刑部侍郎，仍诏愈撰《平淮西碑》，其辞多叙裴度事。时先进蔡州擒吴元济，李愬功第一，愬不平之。愬妻出进禁中，因诉碑辞不实，诏令磨愈文。宪宗命翰林学士段文昌重撰文勒石。（同上书）

作为领袖天下读书人的一代文宗，韩愈竟然受到如此无情的羞辱，其内心的痛苦可想而知。但是平心而论，却又怪不得别人，因为韩愈在受命撰写《平淮西碑》时，只想着赞誉恩师裴度而碑辞不实，引起大功臣李愬的不满抗议，才有了宪宗亲自下诏磨去韩愈所撰之碑文、让翰林学士段文昌重新撰文勒石的一幕。这一尴尬虽然令韩愈颜面扫地，却没有泯灭他旺盛的斗志。没过多久，韩愈因上疏《谏迎佛骨表》公然反对崇佛而给自己带来了更大的挫折。不过，这次挫折却没有令韩愈尴尬，反而使他享誉无穷。

众所周知，佛教曾经大行于隋唐时期。在陕西凤翔法门寺里有一块"佛骨"："凤翔法门寺有护国真身塔，塔内有释迦文佛指骨一节，其书本传法，三十年一开，开则岁丰人泰。"从皇帝、王公大臣到平民百姓对这块"佛骨"顶礼膜拜，人们"焚顶烧指，百十为群，解衣散钱，自朝至暮。转相仿效，唯恐后时"。元和十四年（819年），宪宗下令将这块佛指骨从法门寺迎请到皇宫供养三日，然后再送回。皇帝亲自出面推波助澜，引发了朝廷内外狂热的敬佛礼佛热潮。"王公士庶，奔走舍施，唯恐在后。百姓有废业破产、烧顶灼臂而求供养者。"韩愈见状，出于忧国忧民的赤诚和自己的人生信仰，毅然挥笔上疏，写下了著名的战斗檄文——《谏迎佛骨表》。斯文不长，却掷地有声：

伏以佛者，夷狄之一法耳。自后汉时始流入中国，上古未尝有也。昔黄帝在位百年，年百一十岁；少昊在位八十年，年百岁；颛顼在位七十九年，年九十八岁；帝喾在位七十年，年百五岁；帝尧在位九十八年，年百一十八岁；帝舜及禹年皆百岁。此时天下太平，百姓安乐寿考，然而中国未有佛也。其后殷汤亦年百岁，汤孙太戊在位七十五年，武丁在位五十年，书史不言其寿，推其年数，盖亦俱不减百岁。周文王年九十七岁，武王年九十三岁，穆王在位百年。此时佛法亦未至中国，非因事佛而致此也。

汉明帝时始有佛法，明帝在位，才十八年耳。其后乱亡相继，运祚不长。宋、齐、梁、陈、元魏已下，事佛渐谨，年代尤促。唯梁武帝在位四十八年，前后三度舍身施佛，宗庙之祭，不用牲牢，昼日一食，止于菜果。其后竟为侯景所逼，饿死台城，国亦寻灭。事佛求福，乃更得祸。由此观之，佛不足信，亦可知矣。

高祖始受隋禅，则议除之。当时群臣识见不远，不能深究先王之道、古今之宜，推阐圣明，以救斯弊，其事遂止。臣尝恨焉！伏惟皇帝陛下，神圣英武，数千百年以来未有伦比。即位之初，即不许度人为僧尼、道士，又不许别立寺观。臣当时以为高祖之志，必行于陛下之手。今纵未能即行，岂可恣之转令盛也！

今闻陛下令群臣迎佛骨于凤翔，御楼以观，舁入大内，令诸寺递迎供养。臣虽至愚，必知陛下不惑于佛，作此崇奉以祈福祥也。直以年丰人乐，徇人之心，为京都士庶设诡异之观、戏玩之具耳。安有圣明若此而肯信此等事哉！然百姓愚冥，易惑难晓，苟见陛下如此，将谓真心信佛。皆云天子大圣，犹一心敬信；百姓微贱，于佛岂合惜身命。所以灼顶燔指，百十为群，解衣散钱，自朝至暮。转相仿效，唯恐后时。老幼奔波，弃其生业。若不即加禁遏，更历诸寺，必有断臂脔身以为供养者。伤风败俗，传笑四方，非细事也。

佛本夷狄之人，与中国言语不通，衣服殊制。口不道先王之法言，身不服先王之法行，不知君臣之义、父子之情。假如其身尚在，奉其国命，来朝京师，陛下容而接之，不过宣政一见，礼宾一设，赐衣一袭，卫而出之于境，不令惑于众也。况其身死已久，枯朽之骨，凶秽之余，岂宜以入宫禁！孔子曰："敬鬼神而远之。"古之诸侯，行吊于国，尚令巫祝先以桃茢，祓除不祥，然后进吊。今无故取朽秽之物，亲临观之，巫祝不先，桃茢不用，群臣不言其非，御史不举其失，臣实耻之。乞以此骨付之水火，永绝根本，断天下之疑，绝后代之惑。使天下之人，知大圣人之所作为，出于寻常万万也，岂不盛哉！岂不快哉！佛如有灵，能作祸祟，凡有殃咎，宜加臣身。上天鉴临，臣不怨悔。

韩愈陈说佛教来自夷狄，上古时期没有佛教一说，黄帝、少昊、颛顼、帝喾、帝尧、帝舜、殷汤、太戊、武丁、周文王、周武王、周穆王，在位时间都很长，且都是长寿之人，他们的长寿和在位时间长久与佛教没有任何联系。汉明帝以后才有佛法，而汉明帝在位仅十八年。此后佛教开始兴盛，而"乱亡相继，运祚不长"，宋、齐、梁、陈、元魏以下，"事佛渐谨，年代尤促"。梁武帝萧衍在位时间稍长些，他在位时曾前后三次舍身施佛，可到头来却为侯景所逼，"饿死台城，国亦寻灭"。通过历数古代史实，韩愈力陈"佛不足信"，"事佛求福，乃更得祸"。韩愈认为，如来佛祖生时为印度王子,如今身死已久,故绝不能迎佛骨入皇宫。并表示,"佛如有灵,能作祸祟,凡有殃咎,宜加臣身"。

《谏迎佛骨表》触动了宪宗逆鳞,引发了宪宗的冲冠之怒。宪宗恼怒的乃是韩愈征引史实所得出的结论:"佛不足信","事佛求福,乃更得祸"。他恼怒地说:"愈言我奉佛太过,我犹为容之。至谓东汉奉佛之后,帝王咸致夭促,何言之乖剌也?愈为人臣,敢尔狂妄,固不可赦!"宪宗本打算严厉惩处韩愈,在群臣反复劝谏之下,宪宗才做出让步,将其贬黜为潮州刺史。"福无双至,祸不单行。"前往潮州途中,他的小女儿因病撒手人寰:

> 愈既行,有司以罪人家不可留京师,迫遣之。女挐年十二,病在席。既惊痛与其父诀,又舆致走道撼顿,失食饮节,死于商南层峰驿。(韩愈《女挐圹铭》)

尽管迭遭不幸,韩愈对于这次被贬徙潮州并不后悔,但又认为生还无望,甚至做了葬身潮州的最坏打算。他的这种心态,透过其诗作《左迁至蓝关示侄孙湘》清晰地表现了出来:

> 一封朝奏九重天,夕贬潮阳路八千。
> 欲为圣明除弊事,肯将衰朽惜残年!
> 云横秦岭家何在?雪拥蓝关马不前。
> 知汝远来应有意,好收吾骨瘴江边。

因为不顾个人生死利害而写了《谏迎佛骨表》,韩愈受到了贬徙潮州的严重惩罚;因为有潮州之行,韩愈写了这首名诗;因为这首穿越古今的不朽名诗，世人永远认识了韩愈"苟利国家生死以，岂因祸福避趋之"的风骨和伟岸。

五

撰写《谏迎佛骨表》，公开反对宪宗迎佛骨，使韩愈获得了极高的声誉。苏轼称赞韩愈"忠犯人主之怒，而勇夺三军之帅"，当主要指他的这一壮举。而深谙为官之道的韩愈到达潮州以后，心中所思所想已经由路途中的"欲为圣明除弊事，肯将衰朽惜残年"，转变为如何取得宪宗皇帝的谅解。出于种种考量，他向宪宗写了一份言辞恳切的谢表：

> 臣以狂妄戆愚，不识礼度，陈佛骨事，言涉不恭，正名定罪，万死莫塞。陛下哀臣愚忠，恕臣狂直，谓言虽可罪，心亦无他，特屈刑章，以臣为潮州刺史。既免刑诛，又获禄食，圣恩宽大，天地莫量，破脑刳心，岂足为谢！
>
> 臣所领州，在广府极东，过海口，下恶水，涛泷壮猛，难计期程，飓风鳄鱼，患祸不测。州南近界，涨海连天，毒雾瘴氛，日夕发作。臣少多病，年才五十，发白齿落，理不久长。加以罪犯至重，所处远恶，忧惶惭悸，死亡无日。单立一身，朝无亲党，居蛮夷之地，与魑魅同群，苟非陛下哀而念之，谁肯为臣言者？
>
> 臣受性愚陋，人事多所不通，唯酷好学问文章，未尝一日暂废，实为时辈所见推许。臣于当时之文，亦未有过人者。至于论述陛下功德，与《诗》《书》相表里，作为歌诗，荐之郊庙，纪太山之封，镂白玉之牒，铺张对天之宏休，扬厉无前之伟绩，编于《诗》《书》之策而无愧，措于天地之间而无亏，虽使古人复生，臣未肯让。

伏以皇唐受命有天下，四海之内，莫不臣妾，南北东西，地各万里。自天宝以后，政治少懈，文致未优，武克不刚，孽臣奸隶，蠹居棋处，摇毒自防，外顺内悖，父死子代，以祖以孙，如古诸侯，自擅其地，不朝不贡，六七十年。

四圣传序，以至陛下。陛下即位以来，躬亲听断，旋乾转坤，关机阖开，雷厉风飞，日月清照，天戈所麾，无不从顺。宜定乐章，以告神明，东巡泰山，奏功皇天，具著显庸，明示得意，使永永年服我成烈。当此之际，所谓千载一时不可逢之嘉会，而臣负罪婴衅，自拘海岛，戚戚嗟嗟，日与死迫，曾不得奏薄伎于从官之内、隶御之间，穷思毕精，以赎前过。怀痛穷天，死不闭目，伏惟陛下天地父母哀而怜之。（《新唐书·韩愈列传》）

韩愈这份谢表所表现出来的奉承功夫简直无以复加。先是痛骂自己"狂妄戆愚，不识礼度，陈佛骨事，言涉不恭，正名定罪，万死莫塞"，承蒙皇恩浩荡，"哀臣愚忠，恕臣狂直"，从轻发落，贬为潮州刺史，"既免刑诛，又获禄食，圣恩宽大，天地莫量"；接着挖空心思往自己脸上贴金："论述陛下功德，与《诗》《书》相表里，作为歌诗，荐之郊庙，纪太山之封，镂白玉之牒，铺张对天之宏休，扬厉无前之伟绩，编于《诗》《书》之策而无愧，措于天地之间而无亏，虽使古人复生，臣未肯让"；继而不遗余力地吹捧宪宗的赫赫功德："陛下即位以来，躬亲听断，旋乾转坤，关机阖开，雷厉风飞，日月清照，天戈所麾，无不从顺。宜定乐章，以告神明，东巡泰山，奏功皇天，具著显庸，明示得意，使永永年服我成烈。"最后可怜兮兮地哀求宪宗垂怜："臣负罪婴衅，自拘海岛，戚戚嗟嗟，日与死迫，曾不得奏薄伎于从官之内、隶御之间，穷思毕精，以赎前过。怀痛穷天，死不闭目，伏惟陛下天地父母哀而怜之。"无怪乎宪宗读后为之动容，打算重新重用他,持韩愈之谢表示宰相曰:"愈前所论是大爱朕,然不当言天子事佛乃年促耳。"只是因为权臣皇甫镈从中作梗,韩愈才未能回京,而改授为袁州刺史。宋代文人陈普《咏史》系列诗因此而讽刺韩愈道:

> 杨墨蛇龙本一区,大颠便是恶溪鱼。
> 退之也是无操守,一贬便陈封禅书。

应当承认,陈普所言一语中的,打中了韩愈的软肋。

元和十五年(820年),韩愈被调回京师,任国子祭酒,转兵部侍郎。旋转"吏部侍郎,转京兆尹,兼御史大夫"。后因与同僚御史中丞李绅闹矛盾,被免去京兆尹之职,改任兵部侍郎。很快,又重新担任吏部侍郎。

长庆四年(824年),年方57岁的韩愈与世长辞:"赠礼部尚书,谥曰文。"故世称"韩文公"。

到了北宋神宗元丰元年(1078年),韩愈被追封为昌黎伯,并从祀孔庙。生前长期郁郁不得志的韩愈,死了250多年以后,却咸鱼翻身般地赢得了中国古代士大夫梦寐以求的——从祀孔庙的崇高荣誉。

六

为官一生迭经坎坷的韩愈对士大夫怀才不遇感慨颇深,在《与崔群书》中,韩愈曾经这样和友人一倾衷怀,感士不遇:

> 自古贤者少而不肖者多,自省事已来,又见贤者恒不遇,不贤者比肩青紫;贤者恒无以自存,不贤者志满气得;贤者虽得卑位,则旋而死,不贤者或至眉寿。不知造物者意竟如何,无乃所好恶

与人异心哉？又不知无乃都不省记、任其死生寿夭邪？未可知也。

在后人眼中，韩愈就是这样一位典型的怀才不遇的大文豪。北宋名臣韩琦便评论说：韩愈唐之名士，天下望以为相，而竟不用，谈者至今眦为谤。北宋大文学家苏辙更是将韩愈贾谊并提：

> 昔者汉之贾谊，谈论俊美，止于诸侯相，而陈平之属，实为三公；唐之韩愈，词气磊落，终于京兆尹，而裴度之伦，实在相府。夫陈平、裴度未免谓之不文，而韩愈、贾生亦常悲于不遇。

在苏辙看来，韩愈、贾谊和陈平、裴度在学养文化方面的差距不可以道里计，他们在官场上的遇和不遇，典型地说明了"万般皆是命，半点不由人"，"夫陈平、裴度未免谓之不文，而韩愈、贾生亦常悲于不遇"。

古人谈论遇和不遇，是以功名二字为前提的，大都是以成败论英雄。其逻辑顺序往往是做大官、干大事、享大名。故而，即使韩愈以立言名世，成了享誉天下的一代文宗，人们也还是认为他仕途不遇，没有当上宰相，命运对他不公平，而没有意识到韩愈在官场上摔的一跤又一跤，却使他不断接近大文豪大宗师的地位。"文章憎命达，愤怒出诗人。"正是因为多年仕途不遇，韩愈的文学造诣才达到了他人难以企及的高度，他才会与历代先贤并驾齐驱，成为时代仰慕的倜傥非常之人。"古者富贵而名摩灭，不可胜计，唯倜傥非常之人称焉。"从这个意义上说，终其一生都没有当成宰相的韩愈，要比那些贵为王侯将相的人们有价值得多。虽然韩愈本人并没有意识到这一点，虽然他生前经常为自己命途多舛、仕途不遇而伤感，但他毕生所向往的奋斗目标并不足以吸引后来人，反倒是他"失之东隅，收之桑榆"的奋斗精神和累累硕果，为后来人指明了一条阳光大道。

寇准

棱角分明的性格，坎坷多舛的命途

北宋名相寇准在古戏文里被定格为一位文武全才、足智多谋的天官形象。《宋史·寇准列传》对传主赞美有加，在《宋史》吕端、毕士安、李沆、王旦等人的传记中，也可以看到寇准的影子。自宋代以降，从大雅之堂到歌楼酒肆、街头巷尾，颇具传奇色彩的寇准就是人们经常谈论的对象，寇准的得势与失势，得意与失意，升迁与贬黜，生平功业与处世哲学，高风亮节与性格缺陷，都成了人们见仁见智褒贬不一的话题。寇准的仕途坎坷人生坎坷，和他过于刚褊的性格息息相关；而寇准在仕途坎坷面前的坦然和自信，则又为后人提供了一个有益的参照系数。

一

寇准（961—1023年），字平仲，华州下邽（今陕西境内）人。其父寇相，于五代后晋开运年间做过魏王府记室参军。出身名门的寇准少年时就喜欢读书，尤其喜欢读历史典籍，通晓《春秋》三传。19岁那年，寇准考中了进士。

据《宋史·寇准列传》记载，寇准初露头角、应考进士时，便表现出不凡见识：太宗赵匡义取士，经常"临轩顾问"，年少之人往往选不上。有人据此，提醒寇准把年龄填报得稍大些。寇准却不领情，反问道："准方进取，可欺君邪？"然后，寇准如实填报了自己的年龄，信心十足地参加了考试，结果中了进士。就这样，寇准直道而行，迈出了晋身仕途的第一步。

进士及第后，寇准官运亨通，先是做归州巴东知县、大名府成安县知县，不久"迁殿中丞、通判郓州"，随后又"召试学院，授右正言、直史馆，为三司度支推官，传盐铁判官"。在朝廷召集百官言事时，寇准正直敢言，讲得有理有据，引起了太宗的器重。很快，他便被提拔为"尚书虞部郎中、枢密院直学士，判吏部东铨"。

年轻的寇准春风得意，颇受太宗赏识，不知不觉之中就不大理会君臣之间的规矩了。有一次，寇准在大殿上奏事，因言辞过激，逆忤了太宗，太宗一怒而起，意欲拂袖而去。寇准一点儿也没有畏惧，而是走上前去，"辄引帝衣，令帝复坐，事决乃退"。敢在皇帝发怒时拽住皇帝的衣服不让走人，继续把事情讲明白的人，从古至今恐怕不多见。没有过人的胆略，是断然不会这样做的。寇准不按官场上的规矩出牌，颇有几分"初生牛犊不畏虎"的气概，太宗赵匡义却从心里喜欢上了寇准。"上由是嘉之，曰：'朕得寇准，犹文皇之得魏征也。'"（见《宋史·寇准列传》）寇准自己没有想到，因为一时激动下的鲁莽之举，居然会给太宗留下如此之好的印象，得到如此之高的评价，能被太宗皇帝喻为唐朝贞观之治时期的名臣魏征。

淳化二年（991年），多地发生严重旱灾，人心惶惶。太宗召集群臣商议"时政得失"，别人皆将局势不稳归咎为天灾，唯独寇准认为与政治上出现了不公平的事体有关。太宗听不进去，"起入禁中"，稍后又出来问寇准究竟有何根据，结果查出了两桩处罚不公的受贿案。太宗由此"而知准为可用矣"。寇准随之升迁为"左谏议大夫、枢密副使，改同知院事"。

在新的岗位上不久，寇准便与知院张逊发生了矛盾纠葛。一天，寇准与同事温仲舒并辔晚归，"有狂民迎马首呼万岁"，判左金吾王宾与张逊私交甚好，张逊便唆使王宾抓住这件事告了寇准的状。寇准不服，与之发生争执。"帝恶之，乃左降逊为右领军卫将军，出准知青州。"（《纲鉴易知录·宋纪》卷六五）这是寇准步入政坛后第一次摔跟头。寇准这次被贬黜青州，从他自身来看并没有什么大过错，而作出惩处决定的太宗赵匡义也仅是一时厌恶，并不认为寇准不堪信用。

寇准离开京城后，太宗心里总是想念他，由此而闷闷不乐。一日，太宗问身边的人说："寇准在青州乐乎？"身边的人回答说："寇准去了青州这样的好地方，应当不会有苦恼的。"过了几天，太宗又询问寇准的情况。身边的侍臣们这才揣摩出太宗的心思，便回答说："陛下思准不少忘，闻准日纵酒，未知亦念陛下乎？"太宗沉默不言。第二年，又将寇准召回，拜参知政事（副宰相）。此时，寇准年方32岁。到了至道元年（995年），又"加给事中"，益见恩宠。

这时，北宋朝廷的立储问题成了人们关注的重心。

众所周知，北宋王朝夺取天下的路径不正。身为后周大将的赵匡胤通过陈桥兵变的阴谋手段，取代后周恭帝柴宗训登基称帝，建立了大宋王朝。此后，乃弟赵匡义又在赵匡胤暴死之后坐上了龙椅，留下了所谓的"烛影斧声"之谜。太宗赵匡义是通过"兄终弟及"的路径登上皇帝之位的,如果立其子为太子,便是重回"父死子继"的老路,因担心受到人们非议,太宗迟迟未立太子。随着岁月流逝,太宗一天天衰老,大臣们的担忧也与日增加。大臣冯拯上疏请求确立储君,触动了太宗最为敏感的神经,被太宗一怒之下贬黜到了岭南。因此,朝中无人敢言立太子之事。寇准从青州回到京师后,太宗却主动和他提起了储君之事,问:"朕诸子孰可以付神器者?"寇准推心置腹地说道:"陛下为天下择君,谋及妇人、中官,不可也;谋及近臣,不可也;唯陛下择所以副天下望者。"听了寇准的话,太宗想了许久,屏退左右,对寇准说他打算立襄王赵恒为太子,寇准立即建议太宗当断则断,把这件大事确定下来。

赵恒被立为皇太子前去拜谒太庙时,"京师之人拥道喜跃,曰:'少年天子也。'"这本来是件大好事,太宗却不高兴了。他把寇准召来,说道:"人心遽属太子,欲置我何地?"寇准马上拜贺道:"此社稷之福也。""帝入语后嫔,宫中皆前贺。复出,延准饮,极醉而罢。"(见《宋史·寇准列传》)

史家对寇准的这一功勋大书特书,主要是因为寇准提出了封建王朝确立国之储君必须遵循的原则:"神器不可谋及妇人、中官和近臣。"在古人看来,寇准为解决封建社会最大的难题即如何确立储君的问题作出了重大建树。其实,从根本上说,这一问题不是难在理论上,而是难在操作上。太宗之所以迟迟不肯解决储君问题,如前所述,实系另有苦衷。寇准不过是顺水推舟般地促成太宗下了最后的决心而已,他所提出的几点原则,对于解决因封建社会体制性障碍所形成的皇位继承难题,是无济于事的。

深受太宗信任的寇准很快又犯了处事过于"善善恶恶"的毛病。至道二年(996年),"祠南郊,中外官皆进秩。准所喜者多得台省清要官,所恶不及知者推序进之"。这样一来,便引起了人们的不满,大臣冯拯愤而上书,指控寇准擅权。广东转运使康戬也上书指陈台阁吕端、张洎、李昌龄等不敢与寇准相抗衡，致使寇准得以任胸臆、乱经制。太宗看过这些奏章后大怒，便询问吕端等人。吕端的解释是："准性刚自任，臣等不欲数争，虑伤国体。"

太宗又和寇准谈及冯拯之事，告诉他不要在朝廷上论辩，"失执政体"。寇准却不依不饶，"力争不已，又持中书簿论曲直于帝前"。寇准如此不体谅太宗的一番苦心，使得太宗很是不悦，因而慨叹道："鼠雀尚知人意，况人乎？"随即，寇准被罢免相位，贬黜到邓州做知州去了。寇准的第二次被贬黜，可以说是咎由自取，怨不得太宗，也怨不得别人。

二

寇准任邓州知州不久，宋太宗便去世了。太子赵恒即位，是为真宗。寇准时来运转，咸平元年（998年）迁尚书工部侍郎。咸平六年（1003年）迁兵部，为三司使。史称："帝久欲相准，患其刚直难独任。"景德元年（1004年），寇准和毕士安一起被任命为同中书门下平章事。甫一担任宰相，寇准便在突如其来的澶渊之役中建立了不世功勋。

是年九月，辽国20万大军分兵三路，大举南侵，一路势如破竹，"陷德清军（治今河南清丰县西北），逼冀州（治今河北衡水市冀州区）"，兵锋直抵澶州（治今河南濮阳）城下。寇准的英雄本色就在这万分危急关头凸显出来。

> 是冬，契丹果大入。急书一夕凡五至，准不发，饮笑自如。明日，同列以闻，帝大骇，以问准。准曰："陛下欲了此，不过五日尔。"因请帝幸澶州。同列惧，欲退，准止之，令候驾起。帝难之，欲还内，准曰："陛下入则臣不得见，大事去矣，请毋还而行。"帝乃议亲征，

召群臣问方略。

　　既而契丹围瀛州，直犯贝、魏，中外震骇。参知政事王钦若，江南人也，请幸金陵。陈尧叟，蜀人也，请幸成都。帝问准，准心知二人谋，乃阳若不知，曰："谁为陛下画此策者，罪可诛也。今陛下神武，将臣协和，若大驾亲征，贼自当遁去。不然，出奇以挠其谋，坚守以老其师，劳佚之势，我得胜算矣。奈何弃庙社欲幸楚、蜀远地，所在人心崩溃，贼乘势深入，天下可复保邪？"遂请帝幸澶州。（同上书）

　　真宗渡过黄河、到达澶州北城时，守卫在那里浴血奋战的宋军将士望见城楼上高扬着的黄龙旗，"踊跃欢呼，声闻数十里"。对面的辽军将士则面面相觑，"相视惊愕，不能成列"。

　　真宗很快便返回黄河南岸，而将军事指挥权交给了寇准。在大战一触即发的当口，每天都听人报告说寇准在澶州城上与人饮酒下棋，真宗那颗始终高悬着的心才放了下来，高兴地对人们说道："准如此，吾复何忧？"

　　敌我双方如此对峙了十几日以后，辽军发动了攻城攻势。激战之中，辽军主帅达揽被宋军乱箭射中，当场毙命，辽军将士无心恋战，遂溃败而去。于是，辽国派遣使臣向宋国求和。

　　由于辽国在整体上占据着军事上的优势和主动，在求和时依然"狮子大开口"，向宋朝提出了许多苛刻的条件。要求宋朝将黄河以北的广大地区割让给辽国，每年索要大量的银两钱财等等。寇准起初主张抓住辽军大败这一难得的机会，乘机发动攻势，并对真宗献策道："如此，则可保百年无事；不然，数十年后戎且生心矣。"但一心想结束战事苟且偷安的真宗却说："数十年后，当有御之者。吾不忍生灵重困，故听其和可也。"一心想早日达成和议的真宗皇帝对于赔款多少并不上心，甚至授权给前去与辽国谈判的官员曹利用,"必不得已,虽百万亦可"。寇准获悉后立刻将曹利用召至帷幄之中,对他交代:"虽有敕旨,汝所许过三十万,吾斩汝矣。"曹利用到了辽营后使出了浑身解数,最后"竟以银十万两,绢二十万匹,成约而还"。这就是"澶渊之盟"形成的大致经过。

在强敌入侵、国家处于生死存亡的紧要关头,在朝廷中是战是和、莫衷一是的危机面前,寇准处变不惊,临危不乱,力主抗战,力挫强敌,迫使辽国签订了"澶渊之盟",为宋辽两国争取了几十年相对和平的局面。因此,寇准便被人们视之为国家的栋梁,民族的脊梁,抗御外敌的英雄。如果说历史经常用某些人的名字来标识一个特定的时代的话,那么,寇准的名字便和北宋时期的澶州之役、澶渊之盟这段特定的历史不可分割地联系在了一起。

有宋一代,对寇准在澶州之役中所建立的殊勋赞不绝口。寇准之后的名相范仲淹曾经评价道:"寇莱公当国,真宗有澶州之幸,而能左右天子,如山不动,保宗社天下,谓之大忠。"范仲淹之后的著名改革家王安石赋诗称赞寇准曰:"欢盟从此至今日,丞相莱公功第一。"

寇准建立了不世功勋,带来了莫大的荣誉,真宗赵恒对他更加信任倚重,其个人的威望也很快达到了巅峰。"否极泰来",反之亦然。寇准是一个不谙老庄冲和之道的人,在巨大的成功面前,他没有像古人所教导的那样"功成而不居",而是颇有几分"自矜"。真宗的高度信任,成功后的率性自矜,加上性格的"刚褊",在处理政事方面便自觉不自觉地反映出来。寇准在宰相之位上,使用提拔官吏不讲门第不看品级,只要是自己看上的,就坚决提拔重用,反之亦然。这样一来,就招致了不少非议,史称"同列颇不悦"。"他日除官,同列目吏持吏簿以进。准曰:'宰相所以进贤退不肖,若用例,一吏职尔。'"(《纲鉴易知录》卷六六)寇准的这种目无余子的处事方式,可以行于一时,时间一长,必然会人为地制造出自己的对立面来，使自己处于相对孤立的地位。

景德二年（1005年）十月，首相毕士安病故。失去了毕士安这位强有力的支持者，寇准的仕途生涯陡添了许多变数。

如前所述，毕士安是和寇准同时被任命为宰相的。在任命之前，真宗先和毕士安单独进行了一次谈话。《宋史·毕士安列传》记载了这次谈话的内容：

真宗曰："朕以卿以辅相，岂特今日。然时方多事，求与卿同进者，其谁可？"对曰："宰相者，必有其器，乃可居其位。臣驽朽，实不足以胜任。寇准兼资忠义，善断大事，此宰相才也。"真宗曰："闻其好刚使气。"又对曰："准方正，慷慨有大节，忘身殉国，秉道疾邪，此其素所蓄积，朝臣罕出其右者，第不为流俗所喜。今天下之民虽蒙休德，涵养安佚，而西北跳梁为边境患，若准者正所宜用也。"真宗曰："然。当借卿宿德镇之。"

寇准任相后，"守正疾恶，小人日思所以倾之"。有人诬告寇准"交通安王元杰，准惶恐，莫之所自明"。多亏了毕士安"力辩其诬"，将诬告之人下到大牢里，核实罪证后斩首示众，寇准那颗悬着的心才放了下来。设若没有毕士安的多方维护保全，寇准恐怕是早就被小人给算计了。

毕士安死后不久，奸臣王钦若便开始在真宗面前诋毁寇准，并促使真宗罢免了寇准宰相之职，让寇准尝受了第三次被贬黜的苦楚。

澶州之役时，参知政事王钦若主张迁都金陵，寇准在朝堂上要求将主张迁都逃跑的人斩首示众，王钦若惊恐万状，心里恨死了寇准。战事结束后，寇准如日中天，王钦若也奈何不得。王钦若深知，要扳倒寇准，关键是设法让真宗改变对寇准的看法。老奸巨猾的王钦若经过周密算计，终于找到了突破口。

> 一日会朝，准先退，帝目送之。钦若因进曰："陛下敬寇准，为其有社稷功邪？"帝曰："然。"钦若曰："澶渊之役，陛下不以为耻，而谓准有社稷功，何也？"帝愕然，曰："何故？"钦若曰："城下之盟，《春秋》耻之。澶渊之举，以万乘之贵而为城下之盟，耻何如之！"帝愀然为之不悦。钦若曰："陛下闻博乎？博者输钱欲尽，乃罄所有出之，谓之孤注。陛下，寇准之孤注也，斯亦危矣！"（《宋史·寇准列传》）

王钦若的这番话在真宗的心里留下了深深的印记。景德三年（1006年）二月，寇准被罢相，领刑部尚书衔出知陕州。

三

寇准罢相后，王旦继任宰相。寇准和王旦之间错综复杂而又真挚的情结，生动地诠释了寇准在官场上的第四次升迁和贬黜。

大中祥符七年（1014年），由于王旦推荐，寇准回到朝中，担任枢密使、同平章事。不过，寇准这次任相的时间很短，到了第二年夏四月，便又一次被贬黜外放。事情的起因很简单：

> 林特为三司使，以河北岁输绢阙，督之甚急。而准素恶特，颇助转运使李士衡而沮特，且言在魏时尝进河北绢五万而三司不纳，以至阙供，请劾主吏以下。然京师岁费绢百万，准所助才五万。帝不悦，谓王旦曰："准刚忿如昔。"旦曰："准好人怀惠，

又欲人畏威，皆大臣所避；而准乃为己任，此其短也。"未几，罢为武胜军节度使、同平章事、判河南府，徙永兴军。（《宋史·寇准列传》）

因河北地区连年饱受战乱之苦，岁绢缴纳困难，交上来的部分岁绢又被三司使林特私吞，转运使李士衡为此而焦头烂额。疾恶如仇的寇准因同情李士衡，憎恨贪官林特，而在暗中相助李士衡与林特对抗，并上奏折弹劾林特私吞岁绢。真宗早就对河北地区缴纳的岁绢过少不满意，见寇准又搅和在里面，更是气上加气。于是，便将寇准罢为武胜军节度使、同平章事、判河南府。这是寇准第四次被贬黜。

寇准这次被罢黜，实在是因为他自己性格上的原因，怪不得他人。

毋庸讳言，真宗作出罢免寇准宰相的决定，与首相王旦的态度大有关系。和全力举荐自己出任宰相的首相王旦搞不好关系，是寇准这次栽跟头的重要原因。《宋史·王旦列传》载：

寇准数短旦，旦专称准。帝谓旦曰："卿虽称其美，彼专谈卿恶。"旦曰："理固当然。臣在相位久，政事阙失必多。准对陛下无所隐，益见其忠直，此臣所以重准也。"帝是以愈贤旦。中书有事送密院，违诏格，准在密院，以事上闻。旦被责，第拜谢，堂吏皆见罚。不愈月，密院有事送中书，亦违诏格，堂吏欣然呈旦，旦令送还密院。准大惭，见旦曰："同年，甚得许大度量？"旦不答。

上述记载已然使人们看到了王旦和寇准心胸器量的差别，接下来发生的故事更让人加深了这一认识。

真宗在罢免寇准之前曾经征求王旦的意见，王旦没有说寇准的好话。

寇准被罢相之后，是出于颜面有关的考量，托人请求王旦帮忙，"求为使相"。目睹一向傲气干云的寇准居然为官职大小走后门，王旦大吃一惊，当即回绝道："将相之任，岂可求邪！吾不受私请也。"寇准听说王旦拒绝了他的请托，心里十分遗憾。过了几天，朝廷任命寇准为武胜军节度使、同平章事、判河南府。喜出望外的寇准入宫谢恩时动情地对真宗说："非陛下识臣，安能至此？"于是，真宗告诉他是因为王旦全力举荐的缘故。"准愧叹，以为不可及。"

寇准到了地方上以后，细节上一向不检点的他又险些惹出了大麻烦："生辰，造山棚大宴，又服用僭侈，为人所奏。"真宗赵恒勃然大怒，幸赖有首相王旦在真宗面前一再为他解释开脱，寇准才侥幸逃过了一劫。

王旦在其生命的最后时刻，依旧念念不忘向真宗举荐重用寇准。天禧元年（1017年）秋七月，王旦病危时，真宗前往探视，问他说："卿万一不讳，朕以天下付之谁乎？"王旦先是说"知臣莫若君"，后来在真宗的一再询问下，才用了全身的力气举起笏板说道："以臣之愚，莫如寇准。"帝曰："准性刚褊，更思其次。"旦曰："他人臣所不知也。"（《纲鉴易知录》卷六七）

王旦一方面深知寇准的性格缺陷，另一方面又要不遗余力地举荐他出任宰相。自然不是出于个人私交而是缘于老成谋国的考量，大概和宋朝当时敢作敢为敢担当的人太过缺乏有着某种内在的联系。由于贤相王旦临终前的鼎力推荐，寇准多舛的仕途又隐约透出了一缕阳光，增加了几许变数。

王旦死后，真宗非但没有重用寇准，反而任命寇准的冤家对头王钦若为宰相。王钦若当年曾处心积虑地离间真宗和寇准的关系，致使寇准在建立了不世功勋后被真宗罢免宰相。如今，王钦若成了真宗最为倚重的红人，寇准的境遇可想而知。好在多疑的真宗对王钦若的宠信没有持续多久。天禧三年（1019年）王钦若被罢黜，寇准再次被任命为宰相。

四

说来滑稽，寇准第四次拜相，除开王钦若被免职的因素外，还由于寇准违心地参加了一起迷信活动。真宗从公元997年即位，做了近20年皇帝。在位时间长了，加之喜欢溜须拍马之徒，于是各种迷信活动便大行其道。天禧元年（1017年），巡检朱能、内侍都知周怀政等伪造了一封所谓的天书。素来不相信天书的寇准居然上书朝廷，表示祝贺。寇准的这一举动虽然受到了人们的非议，却讨得了真宗欢心，于是便有了接下来的重新拜相。

朝廷召寇准入京为相时，寇准的门生劝他不要应召，建议说："公若至河阳称疾，坚求外补，此为上策；倘入见，即发乾祐天书之诈，斯为中策也；最下，则再入中书耳。"门生所提的建议无疑是很高明的，可惜，"知进而不知退"的寇准不肯采纳。功名心太重的他固执地奉召入京拜相。接着，朝廷又任命寇准一向器重的丁谓担任参知政事，充当他的副手。

争议人物丁谓很早便进入了寇准的视野。早在李沆当宰相的时候，寇准便多次举荐丁谓，李沆却不予起用。寇准很不满意，曾当面责问李沆。李沆回答说："顾其为人，可使之在人上乎？"寇准情急之下，口不择言地反诘道："如谓者，相公终能抑之使在人下乎？"李沆微微一笑，说道："他日后悔，当思吾言也。"（《宋史·寇准列传》）

寇准和丁谓合作共事后，很快发生了戏剧性的变化。

由于寇准一向器重、赞誉、举荐自己，丁谓心里对寇准充满感激和敬意。做了参知政事后，丁谓对寇准很是尊重。一天在宴会上，寇准不小心胡须上沾了菜汤，丁谓便站起来亲自细心地为寇准擦胡须。寇准笑着说了一句："参政国之大臣，乃为官长拂须邪？"（同上书）这句无心之言，严重伤害了丁谓的虚荣心。于是，丁谓在心里恨透了寇准。

与此同时，寇准也看出了丁谓的小人心性，意识到绝不能将朝政交给丁谓负责。不久，真宗病重，刘皇后开始干预政事。一日，寇准主动对真宗进言说："皇太子人所属望，愿陛下思宗庙之重，传以神器，择方正大臣为羽翼。丁谓、钱惟演，佞人也，不可以辅少主。"病中的真宗深以为然。于是，寇准便密令大臣杨亿草诏，命太子监国，并且打算让杨亿做辅政大臣。大概是心里痛快的缘故，寇准晚间多喝了几杯酒，露出了口风。丁谓知悉后马上采取行动，在真宗面前抓住此事不放，竭力说寇准的坏话。而病中的真宗皇帝居然不记得对寇准做过这样的交代。天禧四年（1020年）六月，寇准被免去宰相之职，罢为太子太傅，封莱国公。

真宗患病之初，"自疑不起，尝卧宦者周怀政股，与之谋，欲命太子监国。"周怀政立即向寇准作了汇报。待到寇准罢相后，周怀政为求自保，"阴谋奉帝为太上皇，而传位太子，罢皇后预政，杀丁谓而复相准"。因谋事不密而为丁谓侦知，周怀政掉了脑袋，寇准被贬为太常卿，出知相州。其后不久，又被贬为道州司马。可笑的是，处于半昏迷之中的真宗赵恒对寇准的遭遇并不知情，过了一年多，真宗问左右曰："吾目中久不见寇准，何也？"此时，病入膏肓的真宗完全成了丁谓手中的玩偶。

真宗赵恒并不怀疑寇准的忠诚和才干，只是担心寇准"刚而使气"、性情"刚褊"，担心他难以驾驭而已。虽然真宗时代寇准先后三次被罢相，但在真宗临终前的遗言里，仍然对寇准充满了敬重和期盼："帝临终，唯言寇准、李迪可托。"（《纲鉴易知录·宋纪》卷六七）

真宗赵恒虽然在临死前还想重新起用寇准和李迪，但章献太后和宰相丁谓，一个对李迪恨得要命，一个与寇准不共戴天。于是，真宗赵恒的临终遗言就只能淡淡地随风而去了。

毒如蛇蝎的丁谓不仅利用章献太后阻止寇准重回权力中枢，而且企图不露痕迹地结果了寇准的性命，只是因为丁谓所玩弄的鬼蜮伎俩被寇准一眼看穿，才未能如愿。随后，寇准被流徙到了雷州，担任司户参军。李迪则被流放到衡州，任团练副使。

"天道好还，报应不爽。"丁谓在朝张牙舞爪、倒行逆施，激起了众怒。真宗死后不到三个月，丁谓被罢官，贬黜为崖州司户参军。丁谓必须路过雷州，才能到达崖州。于是，这对生死冤家还要有一次交往。不消说，害人害己的丁谓是极其尴尬的。"若见雷州寇司户，人生何处不相逢？"当时好事者调侃这位落难的朝中显贵的诗作，传神般地说出了丁谓的尴尬。且说寇准听说丁谓要路过雷州，便让人送了一只蒸羊到雷州州界上。丁谓请求与寇准见一面，寇准拒绝了。当寇准听说家仆打算要找丁谓算账，报仇雪恨时，便紧闭大门，不让家仆出去。虽然看错丁谓是寇准一生的悔疚，但饱经人世沧桑的寇准并没有对之快意恩仇。

志在庙堂的寇准面对迭遭贬黜只能徒唤奈何，将自己心中块垒诉诸笔端。在《寄漳川隐士》中，寇准这样写道：

慵趋大厦恋山薇，立志由来与世违。
溪上有时逢静钓，雪中长日掩闲扉。
自知天爵高人爵，不爱朝衣换布衣。
我逐浮名任飘泊，清泉难得共忘机。

在一首名曰《秋》的七言绝句中，寇准发出如是感慨：

自古名高众毁归，又应身退是知机。
林风惊断西窗梦，一夜愁声忆翠微。

作于天圣元年（1023年）的《病中书》，则写出了作者的追求和即将离开人世间的凄苦：

多病将经岁，逢迎故不能。

书惟看药录，客只待医僧。

壮志销如雪，幽怀冷似冰。

郡斋风雨后，无睡对寒灯。

就在这年，寇准走完了自己生命的全程，病逝于雷州，享年63岁。

寇准仕途生涯中的最后一次被贬黜，几乎可以说是自取其辱。连门生都看出重返京城拜相风险极大，并提出了上中下三策。寇准却如同鬼迷心窍一般弃上中二策不用，而近乎愚昧地采纳了下策。过于自信的寇准重掌相印后全然不思师友的逆耳之言，而自以为是地将丁谓举荐为参知政事，自家种下苦果自家品尝。至于他轻率地戏言丁谓溜须，以及酒后失言泄露重大机密，而后祸及自身，更是明显的追悔莫及的失误。如果寇准在朝廷重新拜相的一纸诏书到来后头脑冷静，拒绝诱惑，不待说便不会有后来的屈辱；如果寇准能听得进李沆当年的诤言，不选择丁谓做副手，不待说也不会有后来的屈辱；如果寇准尊重同事出言谨慎，严守机密绝不酒后失言，不待说也不会有后来发生的一切。如果，如果，可惜历史没有如果，故而寇准只能在余生岁月中仔细品尝人生的苦果。

寇准死后10余年，朝廷又想起了这位大功臣。随着仁宗皇帝的一纸诏书，寇准原来所有的官职又都恢复了。"复太子太傅，赠中书令、莱国公，后又赐曰忠愍。皇祐四年，诏翰林学士孙抃撰神道碑，帝为篆其首曰'旌忠'。"（《宋史·寇准列传》）

五

丁谓企图假借寇准之手结果寇准、李迪性命之事，《宋史·寇准列传》

不载,却见诸《宋史·李迪列传》:

> 仁宗即位,太后预政,贬准雷州,以迪朋党傅会,贬衡州团练副使。谓使人迫之,或讽谓曰:"迪若贬死,公如士论何?"谓曰:"异日诸生记事,不过曰'天下惜之'而已。"

《纲鉴易知录·宋纪》卷六七所载,显系引自《宋史·李迪列传》:

> 学士呈制草,谓改曰:"当丑徒干纪之际,属先帝违豫之初,罹此震惊,遂致沉剧。"且使人迫迪行。或语谓曰:"迪若贬死,公如士论何?"谓曰:"异日诸生记事,不过曰'天下惜之'而已。"谓必欲令二人死,遣中使赍敕就赐,以锦囊贮剑,揭于马前,示将诛戮状。
> 至道州,众皆皇恐,不知所为。准方与郡官宴饮,神色自若,使人谓之曰:"朝廷若赐准死,愿见敕书。"中使不得已,乃授敕。准拜于庭,升阶,复宴,至暮乃罢。

贬徙途中的寇准在道州和朝廷派来的中使相遇时,能够以简单对复杂,从容应对丁谓的诡计花招,"中使赍敕就赐,以锦囊贮剑,揭于马前,示将诛戮状",寇准却神色自若,不为所动,一句"朝廷若赐准死,愿见敕书",便令气势汹汹的中使不得已而露了马脚,只能收起那套鬼蜮伎俩,而将朝廷敕令授给寇准。如果换作别人,看见中使摆出的那个样式,或许会不辨真假便信以为真,在激愤之中出于绝望和维护最后一点虚荣心而选择自裁,那样一来,正好中了丁谓的诡计。

有道是:"曾经沧海难为水,除却巫山不是云。"饱经宦海风波的寇准身处逆境而神闲气定泰然自若，一眼便发现了中使一行装腔作势背后的破绽：既然他们是来宣布朝廷敕令的，为何不宣读朝廷赐死自己的敕令呢？于是，不慌不忙的他只用一句话便令眼前的这场闹剧烟消云散。

仅用一时的机智绝对解释不了寇准何以能轻松冲决网罗，只有从寇准迭遭贬黜习惯成自然，能够用平和的心态看待自己当下的坎坷困顿，才能看出他处变不惊举重若轻地破解丁谓所设的无解之局的奥秘。寇准为官多年，虽然多次被贬黜，但进入晚年之后丁谓给他设计的这个圈套无疑是寇准贬黜生涯中最为惊险的一幕。寇准能够轻轻松松化险为夷，无疑是闯过了一次生死劫、鬼门关。

认识寇准其人，把握寇准的为官心态，可以经由不同的路径，采用不同的方式。但是，透过丁谓逼迫寇准上演的上述惊险一幕来认识寇准及其为官心态，或许是很重要的一环。在笔者看来，"朝廷若赐准死，愿见敕书"这句话，既集中表达了寇准为官多年的政治智慧政治经验，又集中体现了寇准的生死价值观。

复述寇准的这个故事的时候，脑海里不断浮现历史上与之近似的掌故。一个案例是秦朝宰相李斯锒铛入狱任赵高摆布。李斯受宦官赵高陷害锒铛入狱之后，与主审官赵高多次过招，最后却败在赵高手下。《史记·李斯列传》载：

> 于是二世乃使高案丞相狱，治罪，责斯与子由谋反状，皆收捕宗族宾客。赵高治斯，榜掠千余，不胜痛，自诬服。斯所以不死者，自负其有功，实无反心，幸得上书自陈，幸二世之寤而赦之。……书上，赵高使吏弃去不奏，曰："囚安得上书！"
>
> 赵高使其客十余辈诈为御史、谒者、侍中，更往覆讯斯。斯更以其实对，辄使人复榜之。后二世使人验斯，斯以为如前，终

不敢更言，辞服。奏当上，二世喜曰："微赵君，几为丞相所卖！"及二世所使案三川之守至，则项梁已击杀之。使者来，会丞相下吏，赵高皆妄为反辞。

二世二年七月，具斯五刑，论腰斩咸阳市。斯出狱，与其中子俱执，顾谓其中子曰："吾欲与若复牵黄犬俱出上蔡东门逐狡兔，岂可得乎？"遂父子相哭。而夷三族。

不难想见，李斯之所以在二世胡亥使人前往狱中复核时不敢申辩冤情，乃是因为被赵高的鬼蜮伎俩整治得魂飞魄散、丧失了判断力的缘故。设若使寇准遭遇赵高，是决然不会因丧失判断能力而钻入其圈套的。

另一个案例的主人公是西汉元帝的老师、前将军萧望之。刚强正直的萧望之因为被野心勃勃的宦官石显、弘恭等视为眼中钉肉中刺，石显、弘恭遂利用汉元帝年幼无知和萧望之过于看重名声气节的弱点，两次蒙骗元帝将其逮捕入狱。萧望之第一次被捕后旋即释放，随后元帝又要任命萧望之担任丞相，石显惊恐万状，抓住萧望之的儿子为父亲上书鸣冤大做文章，蛊惑元帝再次批准逮捕萧望之：

> 天子方倚欲以为丞相，会望之子散骑中郎伋上书讼望之前事，事下有司，复奏："望之前所坐明白，无谮诉者，而教子上书，称引亡辜之《诗》，失大臣体，不敬，请逮捕。"弘恭、石显等知望之素高节，不诎辱，建白："望之前为将军辅政，欲排退许、史，专权擅朝。幸得不坐，复赐爵邑，与闻政事，不悔过服罪，深怀怨望，教子上书，归非于上，自以托师傅，怀终不坐。非颇诎望之于牢狱，塞其怏怏心，则圣朝亡以施恩厚。"上曰："萧太傅素刚，安肯就吏？"显等曰："人命至重，望之所坐，语言薄罪，必亡所忧。"

上乃可其奏。

　　显等封以付谒者，敕令召望之手付，因令太常急发执金吾车骑驰围其第。使者至，召望之。望之欲自杀，其夫人止之，以为非天子意。望之以问门下生朱云。云者好节士，劝望之自裁。于是望之仰天叹曰："吾尝备位将相，年逾六十矣，老入牢狱，苟求生活，不亦鄙乎！"字谓云曰："游，趣和药来，无久留我死！"竟饮鸩自杀。（《汉书·萧望之传》）

不甘忍受再入牢狱之辱的萧望之在生死关头，因为过于激愤而失去理智，判断力甚至还不如其夫人。很少蒙冤受辱的萧望之与多次被贬黜外放的寇准相比较，心态上的反差竟然有如此之大！做过这类比较以后，方能真正认识到寇准在生死面前的坦荡和伟岸。

和寇准形成鲜明对比的，无疑是唐玄宗时期的逐臣李适之。寇准受奸臣丁谓陷害罢相，贬黜为道州司马、雷州司户参军，出身皇族的左丞相李适之则在权奸李林甫的摆布下被迫辞相，随后又被贬徙为宜春太守；丁谓企图使用鬼蜮伎俩逼迫寇准自裁未能如愿以偿，李林甫却使用同样的招数成功地逼死了全然绝望的李适之。唐天宝六载（747年）春正月，李林甫大开杀戒，奏请唐玄宗遣派殿中侍御史、酷吏罗希奭等前往贬所赐死皇甫惟明、韦坚兄弟等。杀人不眨眼的酷吏罗希奭口含天宪，从京城一路杀将过来，"自青州如岭南，所过杀迁谪者，郡县惶骇"。原本赐死名单中没有李适之，但李适之一看这个阵势，误以为目标所向只能是自己，与其受辱而死，不如仰药自尽，于是乎便于惊恐忧惧焦灼不安之中选择了自尽。不待说，李适之仰药自尽正中李林甫下怀。设若李适之有寇准的那份从容淡定，李林甫则根本不可能达到其罪恶的目的。

六

诗言志，歌咏言。寇准的一首《杂言》诗，道出了作者的志向抱负追求和无尽伤感：

> 我徒旷达由胸臆，耻学鲰生事文墨。
> 蛟龙长欲趁风雷，骐骥焉能制衔勒。
> 锵金佩玉良有时，丐色谀言尽虚饰。
> 功名富贵非偶然，杨子草玄徒默默。
> 楚兰罢秀足蓬蒿，青松委干多荆棘。
> 争如一醉度流年，免使悲欢荡情域。

通过这首《杂言》不难看出，做大官、干大事、享大名是寇准的人生梦想目标追求，如此旺盛的功名心、如此炽热的自信心，是一般人所不具备同时也自叹弗如望尘莫及的。

志向明确坚定的寇准可谓是一个幸运者：出身于富贵家庭，受到良好教育，少年得志平步青云，颇受太宗、真宗赏识器重，从政后五次拜相问鼎国家权力中枢，五次被贬黜却均有惊无险，生荣死哀备受世人景仰。在一定意义上实现了其做大官、干大事、享大名的目标追求。

寇准是个棱角分明的政治人物，集旷世大才、耿耿忠心、文韬武略、机智勇敢和使气任性、主观刚褊、争强好胜、缺少修养、不学无术于一身。其起伏跌宕坎坷艰辛至死方休的多舛命途，和他自己的性格特质有着密不可分的关系。"性格决定命运"这一至理名言，用在寇准身上非常贴切。

《宋史》编纂者脱脱对寇准的评价有褒有贬："准于太宗朝论建太子，谓神器不可谋及妇人、谋及中官、谋及近臣，此三言者，可为万世龟。澶渊之幸,力沮众议,竟成隽功,故所谓大臣者,于斯见之。然挽衣留谏,面诋同列,虽有直臣之风,而少包荒之量。定策禁中,不慎所与,致启怀政邪谋,坐窜南裔。勋业如是而不令厥终,所谓'臣不密则失身',岂不信哉!"在《宋史》编纂者脱脱等人的眼里,寇准的功业与日月同辉,其缺憾也一目了然——即缺少"包荒之量"和谋事不密、处事不慎。

宋太宗、真宗两位皇帝均非常赏识寇准的忠诚和大才。太宗曾两次将寇准贬黜外放,但在贬黜之后却一再问询他的近况,关念之情溢于言表。真宗一朝寇准三起三落,赵恒皇帝临终遗言:唯寇准、李迪可托以大事。

寇准还有幸遇上了李沆、晏殊、吕端、毕士安、王旦这样的上司和同事,他们相继对寇准给予提携和支持。特别是吕端、毕士安和王旦三人,不仅是寇准任相时的同事和上司,而且是皇帝重用寇准的重要举荐人。由于寇准比他们年轻,由于他们了解寇准的为人,在过于较真、处事又不大厚道的寇准有意无意地伤害了他们的时候,他们总是表现出了一种难得宽宏大度,一次又一次予以体谅和包容。正是由于有了这些人的体谅、关爱、包容和鼎力支持,摔了一跤又一跤的寇准才得以一次又一次地化险为夷、遇难呈祥。

人品很好,智勇双全,皇上器重,同事呵护,寇准为何在仕途上走得颇为坎坷、先后五次遭遇贬黜呢?说来说去,还是寇准自身性格上的原因,在某种程度上可以说,寇准的悲剧苦涩,主要是由其过于偏激的性格(用真宗的话说叫做"性刚褊""好刚使气")造成的。

寇准第一次拜相后与吕端共事。30岁出头便当上了副宰相(参知政事)的寇准年轻气盛,办事操之过急,不大懂得尊重吕端,用今天的话说叫作"不尊重领导"。为了协调正副宰相的关系,让年轻的寇准知道进退,太宗赵匡义专门下了一道手札:"自今中书事必经吕端详酌,乃得奏闻。"按说皇帝的手札一下,寇准就应当知趣、应当谨守朝中的规矩了,可是他却置若罔闻，依然我行我素，结果很快因在官吏升迁问题上意气用事受到了弹劾，以至于经常迁让他的好脾气的吕端也只得向太宗道出了实情，而寇准在太宗好言劝诫时继续喋喋不休地纠缠具体的是非，迫使大失所望的太宗说出了"鼠雀尚知人意，况人乎"，导致了寇准拜相后的第一次被贬黜。

寇准第二次拜相后与毕士安共事。在此期间，寇准把自己的名字与"澶渊之役"紧密地联系在了一起，建立了不世功勋。澶渊之盟以后，寇准修养不足的欠缺日益突出，成功后的"自矜"，皇帝的信任倚重，"守正疾恶"的行事风格，令寇准"不为流俗所喜"，得罪了不少人。这次，寇准在官吏升迁任免之事上，力度比从前更大更猛，不按规矩出牌，引起了同事们的不满。于是，"小人日思所以倾之"。诬告寇准的事情接连发生，多亏毕士安挺身而出为他说话，"力辩其诬"，才将事态平息下来。身为燮理阴阳的宰相，寇准好善恶恶的性格过于鲜明，无形之中将许多人推向了自己的对立面，硬是自己把自己给孤立了。他的第二次被罢相，固然与奸臣王钦若的谗构离间有很大的关系，恐怕也和他"不为流俗所喜"、不按规矩办事、人事关系紧张有关。

寇准第三次拜相后与王旦共事。寇准第二次罢相后接替他的人是王旦。尽管王旦十分敬重寇准，经常在真宗面前称赞寇准，寇准却几次在真宗面前说王旦的短处。真宗在罢免寇准宰相职务前夕，和王旦有过一段关于寇准的对话。真宗认为寇准"刚忿如昔"，王旦则认为寇准的短处是"好人怀惠，又欲人畏威"。由此可知，寇准的性格缺陷修养匮乏，足以使他蒙尘。

寇准第四次拜相后与丁谓共事。正是丁谓这个寇准一向十分器重的人，造成了寇准晚年的不幸。就那个经典般的"溜须"故事而言，丁谓之所以为寇准溜须，乃是他们之间一向交好甚密使然，至多不过有些许取悦寇准的因素在内而已。寇准出言轻率，既伤害了丁谓，也给自己带来了晚年的大不幸。寇准的晚景悲凉固然与奸臣丁谓的刻意陷害有关，也与寇准的口不择言、过于托大放纵有关。

对于自己的性格修养上的缺憾，寇准自己心里是否清楚呢？

《宋史·寇准列传》载：张咏在成都做官时，听说寇准做了宰相，便对其僚属们说道："寇公奇才，惜学术不足耳！"待寇准外放到陕州任知州后，一次张咏从成都返京，路过陕州，寇准送至郊外，并诚心诚意地向张咏求教。张咏语气和缓地告诉他说："《霍光传》不可不读也。"寇准回去便把《汉书·霍光传》找来通读，当读到"不学无术"时，方才恍然大悟般地笑着说道："此张公谓我也。"

王夫之在《读通鉴论·宋论》卷三中，曾专门就此进行评论，指出：寇准表面上的恍然大悟，其实并不是真正的醒悟。"夫岂知其悟也，正其迷也。"接着，王夫之分析了"径"和"术"的区别。"术之为言，路也；路者，道也。"《记》曰："'审端径术。'径与术有辨。夹路之私而取便者曰径，其共由而正大者曰术。摧刚为柔，矫直为曲者，非术也。'"寇准由于不懂得径和术的区别，"乃惩刚直之取祸，而曲挠以祈合于人主之意欲"，不仅方法不对头，而且路数也不正，所以，寇准所谓的醒悟，正是其痴迷的表现。王夫之进而分析说，寇准"怏怏于用舍，一不得当，刓方为圆，扬尘自蔽，与王钦若、丁谓为水火，而效其尤。夫且曰吾受教于张公而知数矣。惜哉！"

王夫之对寇准的分析入木三分、一语中的。寇准在中国古代官场上，无疑是个异数。能在太宗、真宗手下为臣，能和吕端、李沆、毕士安、王旦这样的名相同朝共事且得到他们的关爱、提携、体谅、包涵、支持，是寇准的幸运，也是寇准能够一展其长才的不可或缺的前提条件。或许，比这些更重的，是北宋早期所面临的严峻的形势。"时势造英雄"，寇准就是一个典型的例证。

作为一个具体的个性存在，寇准是令人羡慕的；作为一个政治家，寇准是不成熟的；作为一个宦海生涯的旅行者，性格刚褊的寇准无法不摔了一跤又一跤。对于官场上的那些只可意会不可言传的秘诀，寇准压根儿就不懂得，始终也学不会。设若不是真宗时期北宋王朝所面临的特殊时势，设若不是因为寇准具备人所不及的力挽狂澜的旷世大才，寇准绝不会成为世人所津津乐道的寇准。

范仲淹

直道而行，先忧后乐

中国古代道统博大精深，如果用一句话来表达其精义，则应首推北宋名臣范仲淹的传世名言："先天下之忧而忧，后天下之乐而乐。"中华民族的责任意识、战斗精神源远流长，诉诸典籍的名句格言琳琅满目，而范仲淹先贤的传世名言"宁鸣而死，不默而生"震古烁今，历来是激励志士仁人抗争恶势力的强大精神支撑。回望范仲淹的战士品格和士大夫情怀，审视他敢于直面人生坎坷、仕途坎坷、爱憎分明、公而忘私的点点滴滴，令人肃然起敬，不能自已。

一

古人总结人生有三大不幸，第一大不幸乃是幼年丧父。范仲淹来到人世不久，便遭遇了这一大不幸。史称：

范仲淹,字希文,唐宰相履冰之后。其先邠州人也,后徙家江南,遂为苏州吴县人。仲淹二岁而孤,母更适长山朱氏,从其姓,名说。少有志操,既长,知其世家,乃感泣辞母,去之应天府,依戚同文学。昼夜不息,冬月惫甚,以水沃面;食不给,至以糜粥继之,人不能堪,仲淹不苦也。举进士第,为广德军司理参军,迎其母归养。改集庆军节度推官,始还姓,更其名。(《宋史·范仲淹列传》)

关于范仲淹的祖籍,除陕西邠州一说而外,还有一说认为是为河北幽州(或正定)人。后徙家江南,遂为苏州吴县人。

尽管范仲淹祖上曾经有过辉煌历史,唐朝时,其先祖范履冰曾经贵为宰相,但当范仲淹来到人世间后,首先遇到的则是最无情的打击:在他两岁时,乃父范墉(曾任武宁军节度掌书记)因病不治,撒手人寰。父亲死后,母亲谢氏贫困无依,不得已而改嫁。小仲淹随同母亲来到了山东淄州长山继父的家中,并改姓继父之姓朱,改名为悦。

父亲去世时,襁褓之中的小仲淹尚不解人事艰难;随同改嫁的母亲来到继父家中承受改姓更名的屈辱痛苦,无疑在年幼的范仲淹心里打下了深深的烙印。虽然继父朱家是当地的富户,且继父对小朱悦疼爱有加,但他小小年纪便到长山附近的醴泉寺去寄宿读书。随着年龄的增长,小朱悦知道了自己的不幸家事后,即表现出因伤感而早熟、而振作、而谋求自立,"乃感泣辞母,去之应天府,依戚同文学"。应天府即后来的南京。应天府书院是北宋时著名的四大书院之一,藏书颇多,师资既佳,学生也多有志向,而且还有一条对贫寒学子极富诱惑力:学院免费就学。于是,知道自己身世后,独立意识极强的朱悦便毫不犹豫地选择了前往应天府学院就读。

在应天府书院读书期间,朱悦在学习上达到了如痴如狂的地步:"昼夜不息,冬月惫甚,以水沃面;食不给,至以糜粥继之,人不能堪,仲淹不苦也。"此间还有过这样一则令人敬畏的小故事：一天，笃信道教的真宗皇帝赵恒率领文武百官浩浩荡荡前往亳州朝拜太清宫，途经应天府书院时，学院里的师生们纷纷跑到大街上去瞻仰皇帝的神采，只有朱悦一个人仍然和平时一样端坐在学院里专心读书。一位与他关系很要好的同学劝他一起去观瞻真宗皇帝的车队，他不慌不忙地说了一句："以后再看也不晚。"一个年轻人能有如此定力，不能不令人刮目相看。

"功夫不负有心人。"大中祥符八年（1015年），27岁的年轻学子朱悦以优异成绩高中进士，在殿试时第一次见到了真宗皇帝。随后，朱悦被任命为广德军司理参军（从九品）。

步入仕途做了官的范仲淹有能力孝顺生母了，遂将母亲接到自己的居所"归养"。升任集庆军节度推官（从八品）后，他方将认祖归宗提上日程，"使还姓，更其名"，由朱悦而变成了范仲淹。仁宗天圣四年（1026年），范仲淹任大理寺丞、徙监楚州粮料院时，因母丧而去官。年方38岁意气风发的他，因此而沉浸在巨大的丧母之痛中。

二

应天府留守晏殊对范仲淹的学问、才干颇有所闻，听说范仲淹在家守孝后，便命人将其请来，让他协理应天府学教务。守孝期满后，经晏殊推荐，范仲淹离开应天府来到京城，担任秘阁校理。

秘阁是宋代皇家的藏书楼之一，秘阁校理一职的任务就是负责皇家藏书的整理和校勘事宜。在新的岗位上，心系天下国家的范仲淹"每感激论天下事，奋不顾身，一时士大夫矫厉尚风节，自仲淹倡之"。以一介小小的秘阁校理而矫正官场风气，使"士大夫矫厉尚风节"，无疑难能可贵。热衷时事政治的初生牛犊范仲淹，很快便有了他的"三光"经历，即因为三次被贬黜而三次获得荣耀光彩的经历。

乾兴元年（1022年）真宗赵恒死后，太子赵祯继位，是为宋仁宗。其母章献太后以赵祯年纪尚小为由垂帘听政。朝中官员们大多是见风使舵的行家里手，见实权操在章献太后手中，便不拿仁宗当回事了。区区一介秘阁校理范仲淹敏锐地看出了问题的实质，随即不知天高地厚地站出来，力图有所纠正。天圣七年（1029年），"章献太后将以冬至受朝，天子率百官上寿。"满朝文武官员均无异议，唯独范仲淹站了出来，明确表示反对说："奉亲于内，自有家人礼；顾与百官同列，南面而朝之，不可为后世法。"因反对无效，自认为有理的范仲淹索性写了一道奏章，请求太后归政给年已20岁的仁宗。朝廷不仅没有理睬范仲淹的奏章，反而命范仲淹前往河中府（治今山西永济市）任通判。被贬出京时，前来为范仲淹送行的秘阁同事们对他说道："范君此行，极为光耀！"是为范仲淹第一次遭遇贬黜，第一次享受光耀。

三年后，章献太后去世。不久，仁宗下旨调范仲淹回京，迁为右司谏。看来是仁宗对范仲淹敢于犯颜直谏的往事记忆犹新，索性让他做了言官。明道二年（1033年），"岁大蝗旱，江淮、京东兹甚"。身为言官的范仲淹忧心如焚，马上奏请仁宗赵祯派人前去赈灾，没想到仁宗却不予理会。范仲淹情急之下，便前去催促，反问仁宗道："宫掖中半日不食，当何如？"仁宗这才醒过味来，便命范仲淹"安抚江淮，所至开仓赈之"。范仲淹在忙于救灾的同时，也没有忘记了解灾区的社情民意，回京复命时，专门上了一道奏折，提出了匡正时弊的十条建议。

仁宗即位之初，宰相吕夷简与章献太后关系异常密切；章献太后去世后，吕夷简为取得仁宗信任，转而经常说章献太后的坏话。郭皇后在仁宗面前揭穿了吕夷简的鬼蜮伎俩，吕夷简随之设计报复，仁宗误信谗言而要废黜郭皇后，于是引发了一场轩然大波。范仲淹毅然"率谏官、御史伏阁争之，不能得"。范仲淹遂与同僚计议，于明日早朝，留下文武百官和宰相吕夷简当面辩论。孰料次日一早，范仲淹刚到"待漏院"，就接到诏书，命其"出知睦州"。紧接着，吕夷简又派人前往范仲淹家里，催促他即刻离京赴任。范仲淹离京时，又有送行人称赞他说："范君此行，愈觉光耀！"这是范仲淹第二次遭遇贬黜，第二次享受光耀。

范仲淹在睦州待了一年多，又转徙苏州。到达苏州不久，便赶上了大水灾，许多农田无法耕种。范仲淹遂上疏朝廷，提出治理水患方案："疏五河，导太湖注之海。"得到批准后便招募民工，组织实施。工程尚未完成，又接到朝廷让范仲淹转徙明州的诏命。转运使急忙上奏，请求允准范仲淹留下来"以毕其役"。于是，范仲淹继续留在苏州治理水患，并大获成功。因治水有功，范仲淹得以重新返回京师，"拜尚书礼部员外郎、天章阁待制"，"判国子监，迁吏部员外郎、权知开封府"。

重新回到朝廷权力中枢的范仲淹并没有汲取前两次被贬黜的教训，依然我行我素地与邪恶势力相抗争。当时，宰相吕夷简经过多年经营，已经打造了一个盘根错节的关系网。史称：

> 时吕夷简执政，进用者多出其门。仲淹上《百官图》，指其次第曰："如此为序迁，如此为不次，如此则公，如此则私。况进退近臣，凡超格者，不宜全委之宰相。"夷简不悦。他日，论建都之事，仲淹曰："洛阳险固，而汴为四战之地，太平宜居汴，即有事必居洛阳。当渐广储蓄，缮宫室。"帝问夷简，夷简曰："此仲淹迂阔之论也。"仲淹乃为四论以献，大抵讥切时政。且曰："汉成帝信张禹，不疑舅家，故有新莽之祸。臣恐今日亦有张禹，坏陛下家法。"夷简怒诉曰："仲淹离间陛下君臣，所引用，皆朋党也。"仲淹对益切，由是罢知饶州。

殿中侍御史韩渎希宰相旨,请书仲淹朋党,揭之朝堂。

于是秘书丞余靖上言曰:"仲淹以一言忤宰相,遽加贬窜,况前所言者在陛下母子夫妇之间乎?陛下既优容之矣,臣请追改前命。"太子中允尹洙自讼与仲淹师友,且尝荐己,愿从降黜。馆阁校勘欧阳修以高若讷在谏官,坐视而不言,移书责之。

由是,三人者偕坐贬。(《宋史·范仲淹列传》)

景祐三年(1036年),范仲淹呈"百官图"后,随即被吕夷简贬黜饶州。由于这次范仲淹的罪名很大,离京时前来送行的很少。但集贤校理王质和龙图直学士李纮却载酒出郊为范仲淹饯行,并满怀深情地对他说道:"范君此行,尤为光耀!"这是范仲淹第三次遭贬黜,第三次享受光耀。

范仲淹第三次遭贬黜后,有人担心集贤校理王质会因为范仲淹送行而被指为范的朋党,王质却神色坦然地说道:"希文贤者,得为朋党,幸矣!"馆阁校勘蔡襄曾经做过一首《四贤一不肖》诗来赞誉范仲淹、余靖、尹洙、欧阳修,讥诮不敢为范仲淹说话的言官高若讷。京城里的人们竞相传写蔡襄的诗作,以至于"鬻书者市之得厚利"。蔡襄的《四贤一不肖诗》篇幅过长,这里仅录其中歌咏范仲淹的一首:

中朝莺鹤何仪仪,慷慨大体能者谁。
之人起家用儒业,驰骋古今无所遗。
当年得从谏官列,天庭一露胸中奇。
矢身受责甘如荠,沃然华实相葳蕤。
汉文不见贾生久,诏书晓落东南涯。
归来俯首文石陛,尹以京兆天子毘。
名者翼翼郡国首,里区百万多占辞。

豪宗贵幸矜意气，半言主者承其颐。
昂昂孤立中不倚，传经决讼无牵羁。
老奸黠吏束其手，众口和附歌且怡。
日朝黄幄迩天问，帝前大画当今宜。
文陈疏举时密启，此语多秘世莫知。
传者籍籍十得一，一者已足为良医。
一麾出守番君国，惜此智虑无所施。
吾君睿明广视听，四招邦俊隆邦基。
廷臣谏列复钳口，安得长喙号丹墀。
昼歌夕寝心如疚，咄哉汝忧非汝为。

三

"中年丧妻"和"幼年丧父"一样，被视为人生之"大不幸"。这一大不幸，又让范仲淹给赶上了。

"有客狂且淳，少小爱功名。""风尘三十六，未做万人英。"志在功名的范仲淹大约至三十四五岁才娶妻生子，到范仲淹运交华盖迭遭贬黜之际，妻子李氏以抱病之身一直追随在夫君身边。范仲淹第三次被贬黜到饶州时，官场上的冷暖炎凉令人不寒而栗。饶州在鄱阳湖畔，从北宋京城开封走水路到饶州，途中要路过十几个州府，除扬州外，别的州府均无人接待贬官范仲淹。心胸博大的范仲淹并未将之放在心上，多次被贬黜已经使他习惯了这种官场陋习："世间荣辱何须道，塞上衰翁也自知！"范仲淹自幼多病，近些年又患了肺疾。

真个是"屋漏偏逢连夜雨，船破又遇顶头风"。来到饶州不久，爱妻李氏竟一病不起，死在了饶州。遭遇中年丧妻剧痛的范仲淹，只能默默忍受着命运的打击折磨。范仲淹和诗友梅尧臣相继写作的著名的两首《灵乌赋》，即发生在李氏病故之后。在邻郡为官的范仲淹的诗友梅尧臣，专门写了一首《灵乌赋》给范仲淹，劝他汲取以前在朝中多次犯颜直谏的教训，明哲保身，不要再去得罪那些权贵们。范仲淹为之感慨万端，当即写了一首《灵乌赋》回复梅尧臣，表示不管人们如何厌恶乌鸦的呀呀之声，他都不会放弃自己的操守，"宁鸣而死，不默而生！"

宋人叶梦得在《石林燕语》中对范、梅两首《灵乌赋》问世动因的解释也是这个意思："范文正始以献《百官图》讥切吕相，坐贬饶州。梅圣俞时官旁郡，作《灵乌赋》以寄，公以作赋报之。"梅赋以乌鸦为喻劝范仲淹不必直言以取祸；范赋遂答之，借乌鸦之言以言志。

两首《灵乌赋》，代表了在坎坷困顿面前两种不同的人生信念和价值观。鉴于篇幅皆不长，为便于读者玩味品鉴，特转录于下。梅尧臣所作之《灵乌赋》：

> 乌之谓灵者何？噫，岂独是乌也。夫人之灵，大者贤，小者智。兽之灵，大者麟，小者驹。虫之灵，大者龙，小者龟。鸟之灵，大者凤，小者乌。贤不时而用智给给兮，为世所趋；麟不时而出驹流汗兮，扰扰于修途。龙不时而见龟七十二钻兮，宁自保其坚躯。凤不时而鸣乌鸦鸦兮，招唾骂于邑间。乌兮，事将兆而献忠，人反谓尔多凶。凶不本于尔，尔又安能凶？凶人自凶，尔告之凶，是以为凶。尔之不告兮，凶岂能吉？告而先知兮，谓凶从尔出。胡不若凤之时鸣，人不怪兮不惊。龟自神而刳壳，驹负骏而死行，智骜能而日役，体劰劰兮丧精。乌兮尔灵，吾今语汝，庶或汝听：结尔舌兮钤尔喙，尔饮喙兮尔自遂。同翱翔兮八九子，勿噪啼兮勿睥睨，往来城头无尔累。

范仲淹所复之《灵乌赋》：

梅君圣俞作是赋，曾不我鄙，而寄以为好。因勉而和之，庶几感物之意同归而殊涂矣。

"灵乌灵乌，尔之为禽兮，何不高翔而远翥？何为号呼于人兮，告吉凶而逢怒？方将折尔翅而烹尔躯，徒悔焉而亡路。"

彼哑哑兮如诉，请臆对而心谕："我有生兮，累阴阳之含育；我有质兮，处天地之覆露。长慈母之危巢，托主人之佳树。斤不我伐，弹不我仆。母之鞠兮孔艰，主之仁兮则安。度春风兮，既成我以羽翰；眷庭柯兮，欲去君而盘桓。思报之意，厥声或异。警于未形，恐于未炽。知我者谓吉之先，不知我者谓凶之类。故告之则反灾于身，不告之者则稔祸于人。主恩或忘，我怀靡臧。虽死而告，为凶之防。亦由桑妖于庭，惧而修德，俾王之兴；雉怪于鼎，惧而修德，俾王之盛。天听甚逊，人言曷病。彼希声之凤皇，亦见讥于楚狂；彼不世之麒麟，亦见伤于鲁人。凤岂以讥而不灵，麟岂以伤而不仁？故割而可卷，孰为神兵；焚而可变，孰为英琼。宁鸣而死，不默而生。胡不学太仓之鼠兮，何必仁为，丰食而肥。仓苟竭兮，吾将安归？又不学荒城之狐兮，何必义为，深穴而威。城苟圮兮，吾将畴依？宁骥子之困于驰骛兮，驽骀泰于刍养。宁鹓鸾之饥于云霄兮，鸱鸢饫乎草莽。君不见仲尼之云兮，予欲无言。累累四方，曾不得而已焉。又不见孟轲之志兮，养其浩然。皇皇三月，曾何敢以休焉。此小者优优，而大者干干。我乌也勤于母兮自天，爱于主兮自天；人有言兮是然，人无言兮是然。"

显而易见，梅尧臣是在劝说范仲淹痛定反省，吸取教训，改变为官之道，和光同尘，应学报喜之鸟，而不要像乌鸦那样报凶讯而"招唾骂于里间"，希望他逆来顺受，从此拴紧舌头，锁住嘴唇，不要多事。范仲淹的回复斩钉截铁："宁鸣而死，不默而生！""我乌也勤于母兮自天，爱于主兮自天；人有言兮是然，人无言兮是然。"

大哉乎，"宁鸣而死，不默而生！"颠沛流离之中，范仲淹绝不向恶势力屈服的战士品格熠熠生辉！流淌着这种战士品格的人，怎么可能会为了一己荣华富贵而放弃操守和坚持，怎么可能会为了被动地适应原本应当加以彻底改造的官场陋习呢？孔子说："志士仁人，无求生以害仁，有杀身以成仁。"不难想见，志士仁人生平挥之不去如影随形般的厄运坎坷，除开命运的捉弄而外，和他们宁死也不肯放弃自己的信仰追求息息相关。范仲淹显然就是这样一位大写的志士仁人！

联想范仲淹运交华盖三遭贬黜，人们避之犹恐不及，自己疾病缠身、夫人一病呜呼的悲惨情景，品读两首立意迥然不同的《灵乌赋》，脑海中很自然地浮现出鲁迅先生的名诗《自嘲》：

  运交华盖欲何求，未敢翻身已碰头。
  破帽遮颜过闹市，楼船载酒泛中流。
  横眉冷对千夫指，俯首甘为孺子牛。
  躲进小楼成一统，管他冬夏与春秋。

"宁鸣而死，不默而生。""横眉冷对千夫指，俯首甘为孺子牛。"古往今来志士仁人的爱憎信念，何其相似乃尔！

四

范仲淹外放饶州年余，改徙润州，随后改徙越州。年届知命的范仲淹自己也不会想到，陡然发生的西北战事竟然使他的命运出现了转机。

宝元元年（1038年），居住在甘州和凉州（今甘肃张掖、武威）的党项族人在其首领元昊率领下脱离宋朝，建立了西夏国。元昊自称西夏国皇帝，调集了十几万军马，大举进攻宋国的延州（陕西延安）一带。康定元年（1040年）三月，仁宗赵祯决意起用迭遭贬黜的范仲淹，"召为天章阁待制、知永兴军，改陕西都转运使。会夏竦为陕西经略安抚招讨使，进仲淹龙图阁直学士以副之"。于是，多年的贬官范仲淹率领军队出现在西北战场上。

其时，"延州诸寨多失守"，范仲淹主动请行，"迁户部侍郎兼知延州"。在异常严峻的形势下，范仲淹与主帅夏竦、副帅韩琦相互配合，发挥了其杰出的军事才能，迅速扭转了战场上的被动挨打局面，开始取得了战争的主动权。在范仲淹之前，在延州负责指挥与西夏军队作战的宋军将领是延州知州范雍，根本不是西夏军队的对手，西夏军队统帅也根本不把范雍放在眼里。范仲淹到任后，"大阅州兵，得万八千人，分六将领之，日夜训练，量敌众寡，使更出御"。敌我双方经过几次交手，西夏军队的首领便知道了范仲淹的厉害。西夏军官们纷纷相互告诫说："无以延州为意，今小范老子胸中自有数万甲兵，不比大范老子可欺也。"（《纲鉴易知录》卷六八）

庆历元年（1041年）初，西夏皇帝元昊便派使者前往延州与范仲淹接洽和议之事。范仲淹内心深处也想早日结束战争，便回了元昊一封书信，敦促其早下决心，重修两国之好。是年三月，元昊派使者前来送答范仲淹书，"语多不同"。范仲淹于激怒之下，当着西夏来使之面，焚烧了元昊的书信。

范仲淹的这一冲动之举传到朝中后,"朝议以仲淹不当擅通书,又不当擅焚之",言官宋庠甚至提出应将范仲淹斩首。多亏大臣杜衍全力为范仲淹开脱,指出范仲淹"志在招纳,盖忠于朝廷也,何可深罪"。仁宗顿时醒悟,仅将范仲淹降为户部员外郎,调其去镇守耀州。是年八月,迁范仲淹知庆州兼经略安抚招讨使。庆历二年(1042年)冬,范仲淹被任命为陕西路安抚经略招讨使。西北的紧张局面得以缓和。当时边境上流传这样一首歌谣:"军中有一韩,西贼闻之心胆寒;军中有一范,西贼闻之惊破胆。"(见《纲鉴易知录》卷六八)

西北战事既是范仲淹仕途坎坷的一个拐点,也使他杰出的军事才能找到了展现的机会,让朝野上下更多的有识之士认识了范仲淹的伟岸,仁宗赵祯也因此逐渐将之视为国之干城。《宋史·范仲淹列传》如是陈说沙场名将范仲淹在仁宗赵祯心目中的地位:

> 葛怀敏败于定川,贼大掠至潘原,关中震恐,民多窜山谷间。仲淹率众六千,由邠、泾援之,闻贼已出塞,乃还。始,定川事闻,帝按图谓左右曰:"若仲淹出援,吾无忧矣。"奏至,帝大喜曰:"吾固知仲淹可用也。"

随着西北战事的和缓,范仲淹、韩琦、富弼几位政治明星,便被仁宗提拔到了庙堂之上,成为举足轻重的国家重臣。由于韩琦、范仲淹、富弼等人在朝中享有很高声望,仁宗重用他们以后,从官吏到百姓都充满了信心。言官蔡襄便向仁宗进言说:"陛下罢免夏竦的宰相职务,重用韩琦、范仲淹,士大夫贺于朝,庶民歌于路,甚至饮酒叫号以为欢呼。且退一邪进一贤,岂能关天下轻重哉?盖一邪退则其类退,一贤进则其类进,众邪并退,众贤并进,海内怎么可能不安宁和泰呢?虽然如此,微臣还是有些担忧:天下之势,譬犹病者,陛下既得良医矣,信任不疑,非徒愈病而又寿民。医生的医术虽然精良,倘其医术不得尽用,则病者的病情依然会加重,即使有医和、扁鹊在世,也难以奏效。"于是,仁宗更为果断地支持韩琦、范仲淹、富弼等推行新政。

五

庆历三年(1043年)八月,范仲淹就任参知政事,这年他55虚岁。以范仲淹就任参知政事为标志,轰动朝野的北宋庆历新政拉开了大幕。

庆历新政是北宋王朝进行的第一次大规模改革。回望历史,改革多是被动的,是社会经济政治各种矛盾发展到一定程度后,老路无法继续走下去时的迫不得已的选择,发生在宋代的几次改革皆是如此。范仲淹主导的庆历新政以及其后王安石主持的变法,都是在这样的大背景下出现的。庆历年间因内忧外患接连不断,百姓生活举步维艰,财政入不敷出,军费开支逐年增加,官僚机构人满为患,仁宗赵祯看在眼里,急在心上。等到西北的战事稍有缓和,他便立马将范仲淹、韩琦等人召回京师,委以重任,要求他们放下包袱,大胆改革。

帝方锐意太平,数问当世事。仲淹语人曰:"上用我至矣,事有先后,久安之弊,非朝夕可革也。"帝再赐手诏,又为之开天章阁,召二府条对。(同上书)

范仲淹为仁宗一连串的举动所深深打动,其全部政治智慧和生命激情都被仁宗调动起来,很快便写出了被世人视为新政纲领的《答手诏条陈十事》,提出了十项改革内容:

一曰明黜陟。……二曰抑侥幸。……三曰精贡举。……四曰择长官。……五曰均公田。……六曰厚农桑。……七曰修武备。……八曰推恩信。……九曰重命令。……十曰减徭役。（同上书）

　　"明黜陟"，即严明官吏升降制度；"抑侥幸"，即抑制侥幸做官和升迁的途径；"精贡举"，即实行严格的贡举制度；"择长官"，即实行严格的官吏考核和选拔管理制度；"均公田"，即调整地方官的职田收入；"厚农桑"，即大力提倡各级官吏重视农桑等生产业；"修武备"，即实行新的军备制度；"推恩信"，即多措并举推广落实朝廷的惠政和信义；"重命令"，即慎重发布朝廷的法令；"减徭役"，即通过裁减行政建制和减少政府冗员等措施减轻人民的负担。

　　范仲淹的改革条陈呈上后，仁宗"悉采用之，宜着令者，皆以诏书画一颁下；独府兵法，众以为不可而止"。

　　改革一度进行得轰轰烈烈，有声有色，一向死气沉沉的政治局面为之焕然一新，朝野上下开始出现了几许生气。"五十而知天命"，尽管在宦海沉浮多年，且已过知天命之年，又深知"久安之弊，非朝夕可革"，范仲淹还是义无反顾地将主要精力用到吏治改革上，力主扩大宰臣权限，提高行政效率。在事功心切的范仲淹眼里，当务之急是撤换不称职的地方官吏，选拔德才兼备的官吏。为此，朝中派出了许多按察使分赴各地考察，然后将官员的政绩整理成册汇总上报。范仲淹负责审查按察使报来的班簿，只要看到不称职的，立马一笔勾销。富弼在一旁劝他说："一笔勾之甚易，焉知一家哭矣。"范仲淹不为所动，回答说："一家哭，何如一路哭邪？"（见《纲鉴易知录》卷六八）为了不让一路哭而不吝惜一家哭，改革家范仲淹心系天下苍生的大丈夫情结跃然纸上。

　　令人扼腕叹息的是，范仲淹主持的庆历新政没能维持多久便夭折了。

新政中途夭折的主要原因，是涉及面过广的改革触动了既得利益者的利益，引起了这些人的强烈反抗。

> 仲淹以天下为己任，裁削幸滥，考核官吏，日夜谋虑兴致太平。然更张无渐，规摹阔大，论者以为不可行。及按察使出，多所举劾，人心不悦。自任子之恩薄，磨勘之法密，侥幸者不便，于是谤毁稍行，而朋党之论浸闻上矣。（《宋史·范仲淹列传》）

王夫之在《读通鉴论·宋论》卷四中评价说：范仲淹"以天下为己任，其志也；任之力，则忧之亟。故人之贞邪，法之疏密，穷檐之疾苦，寒士之升沉，风俗之淳薄，一系于心。是以内行修谨，友爱施于宗族，仁厚施于乡闾，唯恐有伤于物，而恶人之伤物也独切"。范仲淹的这一性格特征既具有明显的优点，也具有明显的缺陷。"若其执国柄以总庶务，则好善恶恶之性，不能以纤芥容，而亟议更张，裁幸滥，核考课，抑词赋，兴策问，替任子，综核名实，繁立科条，一皆以其心计之有余，乐用而不倦。"在王夫之看来，范仲淹的优长在于镇守边境，仁宗委任他担纲推行新政，乃是用其所短。范仲淹"缜密之才，好善恶恶之量"，乃是导致庆历新政失败的原因。

由于实际主持改革的范仲淹等人操之过急，"更张无渐，规摹阔大"，致使原本艰难的改革遇到了意想不到的阻力，"论者籍籍，毁谤稍行"，为国为民的改革难被污蔑为是朋党之争的延续。恰在此时，又发生两桩动摇仁宗赵祯支持改革决心的大事：一件是宋朝与西夏国签订了和议，西方边境上的威胁得以暂时解除；另一件是与范仲淹一同主持改革的大臣富弼被人诬告犯有谋逆大罪。仁宗因形势有所好转，支持范仲淹、富弼等人推行改革的热情便大大减弱。

范仲淹和富弼对于仁宗的心态变化心知肚明，遂借"边陲有警"相继请求出使边地。他们一走，热闹了一阵子的庆历新政也随之草草收场了。

六

较之前几次遭遇贬黜后黯然离京，范仲淹这次较为主动，是以兼任河东、陕西宣抚使的名义离开京城前去巡视边境的。动身之前，仁宗还赏赐他黄金百两。到边关后，范仲淹将仁宗所赐黄金全部"分遗边将"。走到何处就把精力倾注到何处的范仲淹，很快提出了治理屡遭外寇入侵、朝廷曾打算放弃麟州的方案，并取得了成效，使混乱不堪的河外局势重新安定下来。与此同时，朝中的反对派们却抓住机会，不遗余力地大肆攻击范仲淹及其主持的改革。

此时，曾经全力支持新政的仁宗赵祯已完全退缩，庆历五年（1045年）初，仁宗下诏罢免范仲淹参知政事，并废弃了所有改革措施。范仲淹心知反对派不会就此罢手，又主动请求辞去资政殿学士、陕西四路宣抚使、知邠州。旋被贬徙为邓州知州。来到邓州不久，范仲淹又接到了徙往岭南的命令。邓州官民请求让范仲淹留在邓州获允准，使他又在邓州待了一段时间。

> 寻徙杭州，再迁户部侍郎，徙青州。会病甚，请颍州，未至而卒，年六十四。赠兵部尚书，谥文正。（同上书）

从庆历四年到皇祐四年（1044—1052年）的八个年头，是范仲淹主持庆历新政夭折后的余生岁月。尽管在贬徙中颠沛不已，先后由邠州而邓州，而杭州，而青州，而颍州，范仲淹却从未抱怨过朝廷对自己的不公正，而始终念念不忘忧国忧民。《纲鉴易知录》卷六八如是记述范仲淹逝世后人民对他的思念之情："仲淹为政忠厚，所至有恩，邠、庆二州与属羌画像立生祠，其卒也哀号如父。"相形于仁宗赵祯对范仲淹的关切追思（初，仲淹病，帝常遣使赐药存问，既卒，嗟悼久之。又遣使就问其家，既葬，帝亲书其碑曰"褒贤之碑"），邠州、庆州百姓与所属羌人对范仲淹的感情显然更令人难以忘怀。

晚景凄凉的范仲淹心情之所系胸怀之博大，透过一篇《岳阳楼记》而完美地展现了出来。

庆历六年（1046年）夏，谪守巴陵的滕子京重修岳阳楼即将落成，函请范仲淹为之作记，并随函送来一幅《洞庭晚秋图》。范仲淹与滕子京是同榜进士，情好甚笃。在范仲淹主持改革时，滕子京是积极的支持者。改革失败后，滕子京受到牵连，而被贬谪守岳州。范仲淹深知好友受自己连累，心里颇为不安。于是，范仲淹便动笔写下了千古名篇《岳阳楼记》，借以抒发自己胸中块垒，并宽慰自己的好友。

在斯文中，范仲淹有感而发，动情地写下了"不以物喜，不以己悲；居庙堂之高则忧其民，处江湖之远则忧其君""先天下之忧而忧，后天下之乐而乐"的名句，表达了自己的政治抱负和人生理想，于字里行间流溢出了改革失败后复杂而压抑的心情，流淌出虽然自己遭受不公正待遇却依旧心系江山社稷、心系天下苍生的士大夫情怀。

捧读《岳阳楼记》，不知不觉之间便想起了战国时期楚国伟大的爱国诗人屈原。"若夫阴雨霏霏，连月不开；阴云怒号，浊浪排空；日月隐耀，山岳潜形；商旅不行，樯倾楫摧；薄暮冥冥，虎啸猿啼。登斯楼也，则有去国怀乡，忧谗畏讥，满目萧然，感极而悲者矣。"

古往今来，真正有抱负的爱国者心中都是盛满了责任的。由于胸中有一颗被无限放大的责任心，他们无论身处顺境逆境，所思所想的都是天下苍生,都是国计民生,故而从来也不会斤斤计较小我,不会仅仅计较个人的利钝得失。"以余心之所善兮,虽九死其犹未悔!"是屈原的诗韵表达,"先天下之忧而忧,后天下之乐而乐!"是范仲淹的直抒胸臆。古圣先贤的仁者情怀,经过这两位践行者之口,经典般地表述了出来。

几十年之后,范仲淹的次子范纯仁又将乃父"居庙堂之高则忧其民,处江湖之远则忧其君""先天下之忧而忧,后天下之乐而乐"的名句,浓缩为"先天下而忧",奉为立身为官事君的准则:"盖尝先天下而忧,期不负圣人之学,此先臣所以教子,而微臣资以事君。"

七

人海茫茫,心性各异。范仲淹属于"给点阳光就灿烂"的那群人中间的这一个。仔细看去,他的命运并不太坎坷,上天对他着实眷顾,如果他不是那么公而忘私,那么勇于担当,那么善善恶恶,那么敢于抗争,那么树敌太多,他的仕途生涯可能和许多庸官一样平坦顺遂,了无忧患。然而他却选择走自己的坎坷崎岖之路,并且无怨无悔,"宁鸣而死,不默而生。"他顺风顺水的时光并不长,却做出了令人难以忘怀的惊世骇俗之举。和他并不成功的变法、新政相比,他真正成功的地方,在于他光大了为官者本该具备的担当意识责任意识,彰显了"先忧后乐"这一博大的古代士大夫情怀。

范仲淹步入仕途以后,奉行斗争哲学的他长期处于无休止的党争之中。由于政见不合,以范仲淹为代表的一派与以宰相吕夷简为首的一派争斗了许多年。在朝中派系斗争如火如荼的时候,范仲淹的忠实追随者欧阳修曾于庆历四年(1044年)写过一篇轰动一时的《朋党论》,不仅公然承认朝中有朋党,而且把朋党分为君子之真朋与小人之伪朋两类,要求仁宗皇帝

"退小人之伪朋，用君子之真朋"。

宋朝立国以后，宋太祖赵匡胤鉴于唐代"牛李党争"的惨痛教训，专门下诏，严禁朝中官员结成朋党，明令不许及第的举人与主考官之间以师生相称。因此，"戒朋党"便成了宋朝的一个基本国策。欧阳修在《朋党论》中大胆地触及朋党这一十分敏感的话题，公然承认朝中有朋党，并要求"退小人之伪朋，用君子之真朋"，无疑是给仁宗皇帝出了一个大难题，引发了仁宗极大的忧虑。一天，仁宗问道："过去小人多为朋党，君子难道也结党吗？"心直口快的范仲淹立即以自己多年率兵打仗的经历，回答说他在前方带兵时，经常见到会打仗的人聚在一起，自称是一党；而胆怯怕死的人也自为一党。在朝中也是如此。朋党是一种客观的存在，倘若人们结党不是为了营私，而是为了做好事，对国家有什么害处呢？

范仲淹的这番话，无疑在仁宗赵祯的心里留下了深刻的阴影。后来，仁宗之所以迅速地来了个180度的急转弯，终止了刚刚推行不久的新政，并且将主持改革的范仲淹、韩琦、富弼等人悉数赶出朝廷，与怀疑他们之间已经结成了难以拆散的朋党有着密不可分的关系。

"物以类聚，人以群分。"范仲淹承认朝廷中存在朋党，只能说明他胸怀坦荡，不存私心，范仲淹与富弼、韩琦、欧阳修等人被视为同党，他们对此并不否认，只是认为他们是君子之交志同道合。范仲淹不是一个搞小团伙的政客，而是一个光明磊落的伟丈夫。从史书所载的下述几件事中，可以清晰地看出他的心迹。

第一件事：章献太后死后，朝中"言事者多暴太后时事"，不遗余力地讲太后的坏话。范仲淹于太后健在时被贬出京，太后死后才被召回担任右司谏。但是，范仲淹并没有随波逐流地说太后的不是，而是从朝廷大局着眼，向仁宗建议"宜掩其小故，以全后德"。仁宗采纳了他的建议，专门下诏，制止人们无休止地议论"太后时事"。

范仲淹对章献皇太后和仁宗赵祯的赤诚在后来的宣仁皇太后心中留下了深刻印象。神宗赵顼去世后，年幼的哲宗赵煦继位，宣仁皇太后掌管朝政，将范仲淹次子范纯仁提拔为宰相，以为国之干城。宣仁皇太后临终前，希望范纯仁能以乃父范仲淹为榜样，忠诚于朝廷：

宣仁后寝疾，召纯仁曰："卿父仲淹，可谓忠臣。在明肃皇后垂帘时，唯劝明肃尽母道；明肃上宾，唯劝仁宗尽子道。卿当似之。"纯仁泣曰："敢不尽忠。"（《宋史·范仲淹列传》）

由此可知，范仲淹的忠臣形象，在北宋君臣中是怎样的高大完美！

第二件事：吕夷简是范仲淹从政最大的政敌和对手，在吕夷简主持朝政期间，曾几次将与之唱对台戏的范仲淹贬黜外放。后来由于西夏国军队屡屡犯境，导致宋朝人事变更频仍，先是范仲淹等人相继被起用，接着是宰相吕夷简被罢免，接着是范仲淹被任命为龙图阁直学士，前往陕西担任陕西经略安抚招讨使夏竦的副手，接着是吕夷简重新入阁拜相。仁宗心知范仲淹与吕夷简之间有过节，重新起用吕夷简后，仁宗当面劝说范仲淹与吕夷简冰释前嫌。范仲淹顿首叩谢皇恩，连声说道："臣论盖国家事，于夷简无憾也。"翻阅史书可知，受到信任倚重的范仲淹并没有对昔日的政敌吕夷简还以牙眼，二人之间存在的仅仅是政见不同之争。

陈说范仲淹的这些琐屑小事，忽然想到鲁迅先生的自我评品：一生可能有过许多敌人，但未必有一个私敌。至少，在主观上，光明磊落的范仲淹没有因一己私利而与人结怨的故意。

八

"一封朝奏九重天，夕贬潮阳路八千。"官员获罪遭贬黜流放古已有之，并非宋朝独创，而宋朝实行用贬黜流放代替砍脑袋，似乎代表了官吏管理制度的某种进步。有比较方能鉴别。活跃在范仲淹之前的北宋名臣寇准和大奸臣丁谓都曾经遭受过贬黜流放，寇准晚年从首相高位上先是被贬黜为太常卿，出知相州，旋被徙为道州司马，随后又被徙为雷州司户参军。而丁谓失势后也被流徙为崖山司户参军。后起之秀苏轼在官场上跌的跟头更多，"心似已灰之木，身如不系之舟。问汝平生功业，黄州惠州儋州"。元丰三年（1080年）被贬为黄州团练副使。"绍圣初，御史论轼掌内外制日，所作词命，以为讥斥先朝。遂以本官知英州，寻降一官，未至，贬宁远军节度副使，惠州安置。居三年，泊然无所蒂芥，人无贤愚，皆得其欢心。又贬琼州别驾，居昌化。"（《宋史·苏轼列传》）

无论与早先的寇准、丁谓相比，还是与后来的苏轼相比，范仲淹被贬黜后至少还是一个州官，官帽子显然比司马、司户参军、别驾要大些。就此而言，范仲淹的处境也比寇准、丁谓、苏轼等贬官的处境要好些。"进前担子千斤重，退后阶梯老大宽。"在逆境中求生存，有时候真得看开些，真需要有几分阿Q式的精神胜利法！

"天道无亲，常与善人。"不论是仕途还是人生旅途均迭遭不幸的范仲淹一生最大的幸运，乃是没有遭遇"老年丧子"这一人生第三大不幸。范仲淹一生践行先忧后乐俯仰无愧，此外最欣慰和骄傲的，当属他有四个继承光大了他的优长的好儿子：范纯祐、范纯仁、范纯礼、范纯粹。在《宋史》中，范仲淹和他的四个儿子同列一传，史官借用范仲淹的话评品他的几个儿子："纯仁得其忠，纯礼得其静，纯粹得其略。"

范仲淹的几个儿子皆有口碑，而以次子范纯仁最为出色，于哲宗元祐三年拜尚书右仆射兼中书侍郎（其时以尚书左右仆射为左右宰相）。此后因政见不合不肯苟同，既受改革派的排挤，也为保守派所不容，更为权奸大恶所忌恨，晚年仕途坎坷饱经磨难，而以坚持忠恕待人名世。

俗语有云："红花还得绿叶扶持。"在一定意义上，范仲淹的儿孙们就是和他相得益彰的绿叶。不论他们能否超越范仲淹，但他们确实发挥了陪衬红花的绿叶功能，而没有做出任何愧对先人的事情。"道是寻常最奇崛，成如容易却艰辛。"放眼历史，身死而名不朽的伟人多有子孙不肖之憾，譬如大唐名相狄仁杰。狄仁杰早年曾做过魏州刺史，深受当地人民拥戴，魏州百姓遂自发地建立了狄公祠堂。后来狄仁杰辅佐武则天功勋卓著，为武则天身后政权重归李氏皇族作出了不可磨灭的贡献。狄仁杰死后，其子狄景辉在担任魏州司功参军时贪赃枉法，欺压百姓，激起民愤，于是当地百姓愤而拆毁了高高耸立的狄公祠堂。

"善人者，不善人之师；不善人者，善人之资。"正是这些来自历史的不同侧面的掌故，让我们在认识古人伟大的同时明白了古人何以伟大，让我们在面对坎坷困顿磨难不幸直道而行奋力抗争、"宁鸣而死，不默而生"的当口，可以找到效仿学习的榜样楷模。

范纯仁

践行忠恕，
问心无愧

自古一代帝王之兴，必有一代名世之臣。宋有仲淹诸贤，无愧乎此。仲淹初在制中，遗宰相书，极论天下事，他日为政，尽行其言。……纯仁位过其父，而几有父风。元祐建议攻熙、丰太急，纯仁救蔡确一事，所谓谋国甚远，当世若从其言，元祐党锢之祸，不至若是烈也。仲淹谓诸子，纯仁得其忠，纯礼得其静，纯粹得其略。知子孰与父哉！

元人脱脱对宋代名臣范仲淹父子诸贤敬佩有加，在《宋史》中不仅将之同列一传，而且颇动感情地作出了上述评论，使人读来无不为之动容。怀抱先忧后乐弘毅之志、秉持宁鸣而死不默而生战士理念的范仲淹，固然是世人心中的名世之臣，而几被乃父光辉所遮掩的范纯仁，同样是一位历经坎坷、践行忠恕、问心无愧、死而后已的斗士。愈是审视范纯仁不屈不挠的从政经历，愈是对其仰慕崇敬不已。

一

范纯仁，字尧夫，苏州吴县人。北宋名臣范仲淹次子。出身于官宦之家的范纯仁自幼受到了良好的教育，加之天资聪颖，好学勤勉，很早便考中了进士。先是被任命为武进知县，范纯仁以离家太远为由相推却。不久，又收到了长葛知县的委任书，范纯仁却仍不赴任。父亲范仲淹感到奇怪，便问他："汝昔日以远为言，今近矣，复何辞？"范纯仁回答道："人生在世，怎么能够看重禄食，而轻易远离父母呢？长葛虽然离家近，上任后也不能随时养奉双亲呀！"史称："仲淹门下多贤士，如胡瑗、孙复、石介、李觏之徒，纯仁皆与从游。昼夜肄业，至夜分不寝，置灯帐中，帐顶如墨色。"（《宋史·范纯仁列传》）

直到范仲淹去世以后，范纯仁才出仕为官。"以著作佐郎知襄城县"。后调任"许州观察判官、知襄邑县"。英宗治平年间，"擢江东转运判官，召为殿中侍御史，迁侍御史"。后出知蕲州，历京西提点刑狱、京西陕西转运副使。

神宗赵顼即位后，全力支持王安石变法，范纯仁也进入神宗视野，诏回京城，"加直集贤院，同修起居注"。范纯仁一心为国，不惧权势，不贪图高官厚禄的政治品格和绝不尸位素餐的为官理念，随之展现出来。

召还，神宗问陕西城郭、甲兵、粮储如何。对曰："城郭粗全，甲兵粗修，粮储粗备。"神宗愕然曰："卿之才朕所倚信，何为皆言粗？"对曰："粗者未精之辞，如是足矣。愿陛下且无留意边功，若边臣观望，将为他日意外之患。"拜兵部员外郎，兼起居舍人、同知谏院。奏言："王安石变祖宗法度，掊克财利，民心不宁。《书》曰：'怨岂在明，不见是图。'愿陛下图不见之怨。"

神宗曰："何谓不见之怨？"对曰："杜牧所谓'天下之人，不敢言而敢怒'是也。"神宗嘉纳之，曰："卿善论事，宜为朕条古今治乱可为监戒者。"乃作《尚书解》以进，曰："其言，皆尧、舜、禹、汤、文、武之事也。治天下无以易此，愿深究而力行之。"加直集贤院，同修起居注。

神宗切于求治，多延见疏逖小臣，咨访阙失。纯仁言："小人之言，听之若可采，行之必有累。盖知小忘大，贪近昧远，愿加深察。"富弼在相位，称疾家居。纯仁言："弼受三朝眷倚，当自任天下之重，而恤己深于恤物，忧疾过于忧邦，致主处身，二者胥失。弼与先臣素厚，臣在谏省，不敢私谒以致忠告，愿示以此章，使之自省。"又论吕诲不当罢御史中丞，李师中不可守边。

及薛向任发运使，行均输法于六路。纯仁言："臣尝亲奉德音，欲修先王补助之政。今乃效桑羊均输之法，而使小人为之，掊克生灵，敛怨基祸。安石以富国强兵之术，启迪上心，欲求近功，忘其旧学。尚法令则称商鞅，言财利则背孟轲，鄙老成为因循，弃公论为流俗，异己者为不肖，合意者为贤人。刘琦、钱等一言，便蒙降黜。在廷之臣，方大半趋附。陛下又从而驱之，其将何所不至。道远者理当驯致，事大者不可速成，人材不可急求，积敝不可顿革。傥欲事功亟就，必为憸佞所乘，宜速还言者而退安石，答中外之望。"不听。遂求罢谏职，改判国子监，去意愈确。执政使谕之曰："毋轻去，已议除知制诰矣。"纯仁曰："此言何为至于我哉？言不用，万钟非所顾也。"

其所上章疏，语多激切。神宗悉不付外，纯仁尽录申中书，安石大怒，乞加重贬。神宗曰："彼无罪，姑与一善地。"命知河中府，徙成都路转运使。以新法不便，戒州县未得遽行。安石怒纯仁沮格，因谗者遣使欲据摭私事，不能得。使者以他事鞭伤传言者，属官喜谓纯仁曰："此一事足以塞其谤，请闻于朝。"纯仁既不奏使者之过，亦不折言者之非。后竟坐失察僚佐燕游，左迁知和州，徙邢州。未至，加直龙图阁、知庆州。

过阙入对，神宗曰："卿父在庆著威名，今可谓世职。卿随父既久，兵法必精，边事必熟。"纯仁揣神宗有功名心，即对曰："臣儒家，未尝学兵。先臣守边时，臣尚幼，不复记忆，且今日事势宜有不同。陛下使臣缮治城垒，爱养百姓，不敢辞；若开拓侵攘，愿别谋帅臣。"神宗曰："卿之才何所不能，顾不肯为朕悉心尔。"遂行。（《宋史·范纯仁列传》）

由上述掌故，既不难想见范纯仁尽忠国事知无不言不惜得罪上司的坦荡胸怀，也不难理解范纯仁的仕途之路何以注定坎坷崎岖。

二

哲宗继位后，范纯仁"复直龙图阁、知庆州"。后又召其回京任右谏议大夫，范纯仁以避亲嫌为由坚辞，遂改任天章阁待制兼侍讲，除给事中。

此时，朝中已然物是人非，王安石变法失败，改革派一溃千里，保守派司马光在宣仁皇太后的支持下执掌朝政，不加区别地否定王安石变法的一切举措法度，从一个极端走向了另一个极端。范纯仁本来是反对王安石变法的，而今看到司马光所为有过之而无不及，一向对事不对人的骨鲠之气油然而生，直言不讳地对朝廷风气提出批评，甚至不惜得罪昔日的同志司马光。

时宣仁后垂帘,司马光为政,将尽改熙宁、元丰法度。纯仁谓光:"去其太甚者可也。差役一事,尤当熟讲而缓行,不然,滋为民病。愿公虚心以延众论,不必谋自己出;谋自己出,则谄谀得乘间迎合矣。役议或难回,则可先行之一路,以观其究竟。"光不从,持之益坚。纯仁曰:"是使人不得言尔。若欲媚公以为容悦,何如少年合安石以速富贵哉。"又云:"熙宁按问自首之法,既已行之,有司立文太深,四方死者视旧数倍,殆非先王宁失不经之意。"纯仁素与光同志,及临事规正,类如此。初,种古因诬纯仁停任。至是,纯仁荐为永兴军路钤辖,又荐知隰州。每自咎曰:"先人与种氏上世有契义,纯仁不肖,为其子孙所讼,宁论曲直哉。"(同上书)

透过上述所引"是使人不得言尔。若欲媚公以为容悦,何如少年合安石以速富贵哉"一语,范纯仁刚正不阿的风骨依稀可见。

哲宗元祐元年(1086年),范纯仁迁升为吏部尚书。数日之内又升为同知枢密院事。元祐三年(1088年),范纯仁拜尚书右仆射兼中书侍郎。其时,朝中以尚书左右仆射为左右宰相,至此,范纯仁以宰相之职进入了北宋王朝的权力核心层。元祐四年(1089年),范纯仁以观文殿学士知颍昌府。"逾年,加大学士、知太原府。"后西夏入侵,北宋的军队打了败仗,"朝廷欲罪将吏",范纯仁主动引咎求贬,结果"贬官一等,徙河南府,再徙颍昌"。时间不长,又被召回,"复拜右仆射之职"。

宋哲宗赵煦即位时年龄尚小,宣仁皇太后实际主持朝政,范纯仁的宰相职务系太后掌权时所任命。宣仁皇太后死后哲宗亲政,范纯仁审时度势,主动请辞。哲宗语吕大防曰:"纯仁有时望,不宜去,可为朕留之。"且趣入见,问:"先朝行青苗法如何?"对曰:"先帝爱民之意本深,但王安石立法过甚,激以赏罚,故官吏急切,以致害民。"退而上疏,其要以为"青苗非所当行,行之终不免扰民也"。(同上书)

政坛之事向来变幻无常,没有一定之规,十年河东十年河西。哲宗亲政后改弦更张,罢黜司马光派系,重新起用王安石派系人物,朝中政治生态与宣仁皇太后在世时迥然不同。在这一政治背景下,范纯仁能够不看政治风向,不看哲宗的脸色,当面批评王安石力主推行的青苗法"非所当行,行之终不免扰民"。如此不肯跟风,不肯迎合上意,犹如凤毛麟角,不消说在世风日下的北宋官场里极为罕见。范纯仁在哲宗朝堂之上待不长久,也就因此而毫不奇怪了。

不久,哲宗重用奸臣章惇为宰相,范纯仁自忖正邪不两立,坚决请辞,"遂以观文殿大学士加右正议大夫知颍昌府"。后徙河南府,又徙陈州。又徙随州。又贬武安军节度副使、永州安置。

三

范纯仁投身仕途时,正是北宋王朝派系斗争最为炽烈的年头,朋党之争围绕支持还是反对变法愈演愈烈。早在仁宗庆历年间,参知政事范仲淹和宰相韩琦、枢密副使富弼等在仁宗赵祯的支持下,勠力变革,推行新政,史称"庆历新政"。昙花一现的庆历新政无疾而终,主持变革的韩琦、范仲淹、富弼等均遭贬黜外放,被反对者指之为朋党,称之为"一网打尽"。神宗即位后,强力支持宰相王安石推行比庆历新政更为激烈持久的变法,史称"王安石变法"。由于遭到以司马光为代表的保守派势力的强烈反对,王安石为强力推进变法，提出"天变不足畏，祖宗不足法，人言不足恤"，不惜动大手术整肃官吏队伍，很多反对变法的官员纷纷被流放，其中有咎由自取的，也有只是因政见不同而受到排斥的。但到后来，雄心勃勃的改革家王安石也只能半途而废"梦断汴京"。神宗赵顼去世后，保守派领袖司马光当政后不仅对王安石的新政全盘否定，而且将王安石重用的官员统统流放贬黜，而把王安石贬黜的官员们重新请回重用，朋党之争愈演愈烈。待到司马光的后台靠山宣仁皇太后死后，亲政的哲宗赵煦立马反其道而行之，重新起用原王安石派系人物，打击贬黜司马光派系。

在如此朋党相争之风盛炽的环境里，范纯仁坚持君子不党，不遗余力地反对以人画线。在王安石当政时，他赞同王安石的初衷，认为为了富国强兵，必须实行变法改革，但同时又批评王安石"急功近利，忘了旧学"，反对王安石操之过急的做法，主张"事大者不可速成，人才不可急求，积弊不可顿革"。为此，他屡次上书，恳切陈词，发表对变法的不同看法，致使王安石一怒之下将其贬黜外放。在司马光一派当政时，他反对全盘否定王安石变法新政，认为王安石新政中不合时宜的应予废止，但有的新法，比如"免役法"却有利国计民生，不但不应废除，而且应予坚持完善。这种较为冷静客观的看法自然会引起保守派的强烈不满。另外，范纯仁对于朝中当权者动辄以人画线，用"朋党"的帽子整人的做法十分不满，多次冒着危险仗义执言，为蒙受冤屈的官员呼吁呐喊。范纯仁的这些特立独行的做法，使得他既受王安石一派的排挤，也为保守派所不容，更为权奸大恶所忌恨。

还是在宣仁皇太后当政时，范纯仁官居尚书右仆射兼中书侍郎，立志革除朝廷中的朋党之风，"务以博大开上意，忠笃革士风"。从他对待章惇、邓绾、苏轼、蔡确等人的处置态度上即可见一斑。

章惇得罪去，朝廷以其父老，欲畀便郡，既而中止。纯仁请置往咎而念其私情。邓绾帅淮东，言者斥之不已。纯仁言："臣尝为绾诬奏坐黜，今日所陈为绾也，左降不宜录人之过太深。"宣仁后嘉纳，因下诏："前日希合附会之人，一无所问。"

学士苏轼以发策问为言者所攻，韩维无名罢门下侍郎补外。纯仁奏轼无罪，唯尽心国家，不可因谮黜官。及王觌言事忤旨，纯仁虑朋党将炽，与文彦博、吕公著辨于帘前，未解。纯仁曰："朝臣本无党，但善恶邪正，各以类分。彦博、公著皆累朝旧人，岂容雷同罔上。昔先臣与韩琦、富弼同庆历柄任，各举所知。当时飞语指为朋党，三人相继补外。造谤者公相庆曰：'一网打尽。'此事未远，愿陛下戒之。"因极言前世朋党之祸，并录欧阳修《朋党论》以进。

知汉阳军吴处厚傅致蔡确安州《车盖亭诗》，以为谤宣仁后，上之。谏官欲置于典宪，执政右其说，唯纯仁与左丞王存以为不可。争之未定，闻太师文彦博欲贬于岭峤，纯仁谓左相吕大防曰："此路自干兴以来，荆棘近七十年，吾辈开之，恐自不免。"大防遂不敢言。及确新州命下，纯仁于宣仁后帘前言："圣朝宜务宽厚，不可以语言文字之间暧昧不明之过，诛窜大臣。今举动宜与将来为法，此事甚不可开端也。且以重刑除恶，如以猛药治病，其过也，不能无损焉。"又与王存谏于哲宗，退而上疏，其略云："盖如父母之有逆子，虽天地鬼神不能容贷，父子至亲，主于恕而已。若处之必死之地，则恐伤恩。"确卒贬新州。

大防奏确党人甚盛，不可不问。纯仁面谏朋党难辨，恐误及善人。遂上疏曰："朋党之起，盖因趣向异同，同我者谓之正人，异我者疑为邪党。既恶其异我，则逆耳之言难至；既喜其同我，则迎合之佞日亲。以至真伪莫知，贤愚倒置，国家之患，率由此也。至如王安石，正因喜同恶异，遂至黑白不分。至今风俗，犹以观望为能，后来柄臣，固合永为商鉴。今蔡确不必推治党人，旁及枝叶。臣闻孔子曰：'举直错诸枉，能使枉者直。'则是举用正直，而可以化枉邪为善人，不仁者自当屏迹矣。何烦分辨党人，或恐有伤仁化。"（同上书）

史称："纯仁救蔡确一事，所谓谋国甚远，当世若从其言，元祐党锢之祸，不至若是烈也。"范纯仁为救蔡确反复与人争辩于庙堂之上，非但未被当政者采纳，连坚决反对朋党遗风的他也被人扣上了蔡确同党的帽子："司谏吴安诗、正言刘安世交章击纯仁党确。"见朝中竟然如此黑白不分是非颠倒，范纯仁遂主动恳求罢相。明年，以观文殿学士知颍昌府。

范纯仁仗义执言援救苏辙一事，不仅令一向与范纯仁意见相左的当事人苏辙感激不已，更彰显了他的铮铮铁骨。

苏辙论殿试策问，引汉昭变武帝法度事。哲宗震怒曰："安得以汉武比先帝？"辙下殿待罪，众不敢仰视。纯仁从容言："武帝雄才大略，史无贬辞。辙以比先帝，非谤也。陛下亲事之始，进退大臣，不当如诃叱奴仆。"右丞邓润甫越次曰："先帝法度，为司马光、苏辙坏尽。"纯仁曰："不然，法本无弊，弊则当改。"哲宗曰："人谓秦皇、汉武。"纯仁曰："辙所论，事与时也，非人也。"哲宗为之少霁。辙平日与纯仁多异，至是乃服谢纯仁曰："公佛地位中人也。"辙竟落职知汝州。（同上书）

《纲鉴易知录·宋纪》卷七三记录了事件的起因：

策进士，罢门下侍郎苏辙。

廷试进士，李清臣发策曰："今复词赋之选而士不知劝，罢平常之官而农不知富，可差可募之说杂而役法病，或东或北之论异而河患滋，赐土以柔远也而羌夷之患未弭，弛利以便民也而商贾之路不通。夫可则因，否则革，惟当之为贵，圣人亦何有必焉！"其意盖黜元祐之政也。

苏辙谏曰："伏见策题，历诋近岁行事，有绍复熙宁、元丰之意。臣谓先帝设施，盖有百世不可改者。元祐以来，上下奉行，未尝失坠。至于事或失当，何世无之！父作于前，子救于后，前后相济，此则圣人之孝也。汉武帝外事四征，内兴宫室，财用匮竭，于是修盐铁、榷酤、均输之政，民不堪命，几至大乱。昭帝委任霍光，罢去烦苛，汉室乃定。陛下若轻变九年已行之事，擢任累岁不用之人，怀私忿而以先帝为辞，大事去矣。"帝览奏，大怒曰："安得以汉武比先帝！"

范纯仁敢在哲宗雷霆震怒之际挺身而出，为苏辙仗义执言，表现出在大节临头之际具有怎样不同凡侪的胆识。

四

范纯仁的仕途不幸，很大程度上是因为他遭遇了章惇这个心狠手辣的宋代大奸臣。

章惇原本是王安石所赏识提携的高官，属于新党中人，随着王安石变法失败被贬黜，几经宦海沉浮，饱尝了旧党掌权得势的苦头。元祐九年（1094年），哲宗亲政后改年号为绍圣元年，排斥旧党，重用新党，任命章惇为尚书左仆射兼门下侍郎。心知章惇心性狭隘、出手毒辣的范纯仁深谙"冰炭不同器，正邪不两立"，遂坚决要求辞相外放，于是以观文殿大学士加右正议大夫知颍昌府。

范纯仁动身之前向哲宗辞行时，哲宗皇帝所言颇为感人：

> 入辞，哲宗曰："卿不肯为朕留，虽在外，于时政有见，宜悉以闻，毋事形迹。"徙河南府，又徙陈州。初，哲宗尝言："贬谪之人，殆似永废。"纯仁前贺曰："陛下念及此，尧舜用心也。"
> （《宋史·范纯仁列传》）

哲宗似乎依旧不愿意让范纯仁离开朝堂，但却更属意起用章惇为相，两相权衡，只得尊重范纯仁外放任职的意愿，却又希望范纯仁能随时向他反映对于时政的看法建议。

章惇得志后果然快意恩仇，对朝中旧党人物毫不手软。

绍圣元年（1094年）"秋七月，夺司马光、吕公著等赠谥，贬吕大防、刘挚、苏辙、梁焘等官，昭谕天下。""惇既贬司马光等，又籍文彦博以下三十人，将悉窜岭表。"（见《纲鉴易知录·宋纪》卷七三）

令朝中仁人志士愤恨不已的是，猖狂嚣张的章惇竟然要将吕大防等流放岭表的三十多人置诸死地：

> 既而吕大防等窜岭表，会明堂肆赦，章惇先期言："此数十人，当终身勿徙。"纯仁闻而忧愤，欲斋戒上疏申理之。所亲劝以勿为触怒，万一远斥，非高年所宜。纯仁曰："事至于此，无一人敢言，若上心遂回，所系大矣。不然，死亦何憾。"乃疏曰："大防等年老疾病，不习水土，炎荒非久处之地，又忧虞不测，何以自存。

臣曾与大防等共事，多被排斥，陛下之所亲见。臣之激切，止是仰报圣德。向来章惇、吕惠卿虽为贬谪，不出里居。臣向曾有言，深蒙陛下开纳，陛下以一蔡确之故，常轸圣念。今赵彦若已死贬所，将不止一蔡确矣。愿陛下断自渊衷，将大防等引赦原放。"疏奏，忤惇意，诋为同罪，落职知随州。（同上书）

已然身处逆境自顾不暇的范纯仁，获悉这一消息后所考虑的不是个人的安危坎坷，而是一定要伸张正义和公道。他不听劝阻，不管不顾执意上疏，虽然如同堂吉诃德与风车大战一般可悲可哀，并由此而进一步激怒了奸相章惇，再度遭受贬徙，却以自己的奋力抗争为世风日下的北宋官场挣得了几许颜面。

因为彻底得罪了权臣章惇，范纯仁接下来的仕途之路更为坎坷凶险。

明年，又贬武安军节度副使、永州安置。时疾失明，闻命怡然就道。或谓近名，纯仁曰："七十之年，两目俱丧，万里之行，岂其欲哉？但区区之爱君，有怀不尽，若避好名之嫌，则无为善之路矣。"每戒子弟毋得小有不平，闻诸子怨章惇，纯仁必怒止之。江行赴贬所，舟覆，扶纯仁出，衣尽湿。顾诸子曰："此岂章惇为之哉？"既至永，韩维责均州，其子诉维执政日与司马光不合，得免行。纯仁之子欲以纯仁与光议役法不同为请，纯仁曰："吾用君实荐，以至宰相。昔同朝论事不合则可，汝辈以为今日之言，则不可也。有愧心而生者，不若无愧心而死。"其子乃止。（同上书）

上述简洁的文字勾勒出了范纯仁的伟岸：已经七十高龄的他虽已双目失明，却不肯向恶势力低头，得悉被贬黜永州时神色怡然，立马上路。有人说他好名，他恬淡地解释说："我已是70岁的人了，双目失明，又要长途跋涉远徙永州，岂愿赴此万里之行哉？只是胸怀爱君之忧，倘若回避好名之嫌，则无为善之路矣。"与范纯仁一同被流放的还有昔日的同事韩维，韩维的儿子便找到宰相章惇陈说乃父当年执政时与司马光意见常有分歧，章惇便免去了韩维的均州之行。范纯仁的儿子们听到这个消息，也想效法他们，去向章惇求情。范纯仁不同意，对儿子们说："我在位时与司马光谈论朝政有意见不同的时候，你们现在去为我陈情便不对了。有愧心而生，不若无愧心而死。"宁可死去也不向章惇俯首乞求，范纯仁在仕途坎坷面前让人们见识了何谓品格和骨气。

五

元符三年（1100年）春正月，哲宗赵煦驾崩，端王赵佶继位，是为徽宗。红极一时的权相章惇盛极而衰，开始失宠而走背字。

徽宗登基，让多灾多难来日无多的迟暮老人范纯仁等到了多云转晴。徽宗即位当日，即授范纯仁为光禄卿，分司南京，邓州居住。在由永州前往邓州途中，范纯仁又被封为观文殿大学士、中太乙宫使。史书关于范纯仁接到朝廷诏书后的记载感人至深：

> 纯仁以疾，捧诏而泣曰："上果用我矣，死有余责。"徽宗又遣中使赐茶药，促入觐，仍宣渴见之意。（同上书）

朝廷的一纸诏书，对于流放永州的范纯仁而言无疑是皇恩浩荡，感激涕零，溢于言表。惜乎此时范纯仁已经身染沉疴，无法赴京面圣，君臣之间竟至无一面之缘。

纯仁乞归许养疾，徽宗不得已许之。每见辅臣问安否，乃曰："范纯仁，得一识面足矣。"遂遣上医视疾。疾小愈，丐以所得冠帔改服色酬医。诏赐医章服，令以冠帔与族侄。

弥留之际的范纯仁念兹在兹的，乃是为宣仁皇太后涤除诬谤，昭雪冤屈：

> 疾革，以宣仁后诬谤未明为恨。呼诸子口占遗表，命门生李之仪次第之。其略云："盖尝先天下而忧，期不负圣人之学，此先臣所以教子，而微臣资以事君。"又云："惟宣仁之诬谤未明，致保佑之忧勤不显。"又云："未解疆场之严，几空帑藏之积。有城必守，得地难耕。"凡八事。（同上书）

徽宗皇帝建中靖国改元之旦，生命垂危的范纯仁在府上受家人贺。第二日，熟寐而卒。享年75岁。"诏赙白金三十两，敕许、洛官给其葬，赠开府仪同三司，谥曰忠宣，御书碑额曰'世济忠直之碑'。"

或许，这就是命运对范纯仁最好的安慰。回望北宋时期众多名臣凄苦惨淡的黄昏岁月，范纯仁的落日黄昏堪称是完美的结局。天圣元年（1023年）寇准在流放地雷州走完了自己的人生旅程，到死也没有等来朝廷恩准回京城的诏书；庆历改革失败后，范仲淹先后被贬徙到邓州、杭州、青州、颍州、徐州，最后病死于徐州，直到他黯然离开这世界后，才被朝廷追赠为兵部尚书；司马光虽然生荣死哀，死后却不得安宁，先是在绍圣元年（1094年）被哲宗下诏削除司马光的赠谥，接着又被追贬朱崖军司户参军，后又被称为"元祐党人"。与这些名世之臣的下场相比较，范纯仁的人生际遇可谓是不幸中的大幸。

六

孔子云:"君子无终食之间违仁,造次必于是,颠沛必于是。"范纯仁堪称这一信念的忠实践行者。范仲淹秉持倡导"先天下之忧而忧,后天下之乐而乐",范纯仁将之浓缩为"先天下而忧",作为为官事君的最高准则终身践行。范纯仁虽然未能像乃父范仲淹和前贤寇准那样或主持过朝政改革或建立过旷世功勋,却和他们一样被后人视之为名世之臣,一个极为重要的因素便是他继承并光大了前人身上优秀的士大夫情怀,不论自己仕途顺遂还是迭遭坎坷,都不肯放弃初心,不肯把谋求自己的功名富贵作为前提和出发点,而始终不渝地践行"先天下而忧",不顾个人的利害得失,竭尽忠诚地为国家服务。不论是神宗在位时断然拒绝执政的挽留——"此言何为至于我哉,言不用,万钟非所顾也",还是宣仁皇太后垂帘时当面向执政司马光表达自己的心志——"若欲媚公以为容悦,何如少年合安石以速富贵哉",抑或是晚年流离颠沛之际教导后人的——"有愧心而生者,不若无愧心而死",都从不同视角诠释了范纯仁身上大写的忠诚仁爱。

愈是阅读品味《宋史·范纯仁列传》,愈能感受到范纯仁的那颗仁人之心。神宗熙宁年间,范纯仁因政见不合得罪了主持变法的宰相王安石而遭贬黜,知河中府,徙成都路转运使,又因推行新法不力而触怒王安石。安石怒纯仁沮格,因谗者遣使欲捃摭私事,不能得。使者以他事鞭伤传言者,属官喜谓纯仁曰:"此一事足以塞其谤,请闻于朝。"纯仁既不奏使者之过,亦不折言者之非。后竟坐失察僚佐燕游,左迁知和州,徙邢州。(《宋史·范纯仁列传》)

与"既不奏使者之过,亦不折言者之非"相比,范纯仁知齐州时的另一行为更加折射出仁爱的力量:

齐俗凶悍，人轻为盗劫。或谓："此严治之犹不能戢，公一以宽，恐不胜其治矣。"纯仁曰："宽出于性，若强以猛，则不能持久；猛而不久，以治凶民，取玩之道也。"有西司理院，系囚常满，皆屠贩盗窃而督偿者。纯仁曰："此何不保外使输纳邪？"通判曰："此释之，复系，官司往往待其以疾毙于狱中，是与民除害尔。"纯仁曰："法不至死，以情杀之，岂理也邪？"尽呼至庭下，训使自新，即释去。期岁，盗减比年大半。（同上书）

放眼历史，许多名人官场生涯的坎坷，多与没有处理好君臣关系以及当事人过于争强好胜相关联，而范纯仁则不然。英宗治平年间，范纯仁开始步入官场。英宗之后的神宗、哲宗以及哲宗登基之初实际主持朝政的宣仁皇太后，不但均对范纯仁信任有加，而且多方维护。因为政见不同，范纯仁多次冒犯执政王安石而被其请求重贬，神宗却不以为然地说道："彼无罪，故与一善地。"此后神宗曾经不无惋惜地对坚决要求外放的范纯仁说过："卿之才何所不能，顾不肯为朕悉心尔。"宣仁皇太后掌权后提拔范纯仁为尚书右仆射兼中书侍郎，寝疾时召见范纯仁寄予厚望："卿父仲淹，可谓忠臣。在明肃皇后垂帘时，唯劝明肃尽母道；明肃上宾，唯劝仁宗尽子道。卿当似之。"拳拳之情溢于言表。哲宗亲政后尽管实行了与宣仁皇太后全然不同的用人方针，却十分看重范纯仁的人望，想将恳求辞相的范纯仁继续留在身边。后在与外放观文殿大学士加右正议大夫知颍昌府的范纯仁话别时，依然言辞恳切地叮咛："卿不肯为朕留，虽在外，于时政有见，宜悉以闻，毋事形迹。"

与许多性格张扬争强好胜文过饰非的官员不同，范纯仁为人恬淡冲和有涵养严于律己，几次从朝廷外放，皆是范纯仁自己审时度势，或因建言不被采纳，或认为自己难辞其咎而主动提出的。

譬如宣仁皇太后垂帘期间，先被外放颍昌知府后改任太原知府的范纯仁，因为西夏军队犯境而主动引咎求贬：夏人犯境，朝廷欲罪将吏。纯仁自引咎求贬。秋，有诏贬官一等，徙河南府，再徙颍昌。（同上书）

又如哲宗亲政后起用章惇为宰臣，范纯仁义无反顾地请求辞相外放：哲宗既召章惇为相，纯仁坚请去，遂以观文殿大学士加右正议大夫知颍昌府。（同上书）

身居高位时能做到不结党、不整人、不害人，已属罕见，能做到敢担当知进退不恋栈，更是犹如凤毛麟角。范纯仁全都做到了，但如此难能可贵的修养操守官德照样没有让他的仕途平坦顺遂，其多舛的仕途生涯愈到后来愈是险象环生，惊心动魄。这期间的因果关系越是思想就越是糊涂，唯有归之为神秘莫测的所谓命运，才能多少渐渐抚平后人震荡起伏不已的心灵。

对于多舛的仕途范纯仁不仅安之若素，而且对自己的死对头权奸章惇回之以儒家所倡导的恕道。其中最有说服力的，莫过于前已述及的那则典故：宋绍圣四年（1097年），宰相章惇对司马光的同党进行大清算，朝中一大批官员被贬黜流放，已被外放贬为随州知州的范纯仁遂再度被贬徙永州。范纯仁迭遭贬黜，皆是奸相章惇暗地使坏使然。为此，范纯仁的家人提起章惇，便气不打一处来。范纯仁只要听到儿子们怨恨章惇，便要阻止他们。放眼历史，环顾周遭，学养修为能达到范纯仁这一高度的，实在是少之又少。范纯仁现身说法，对儒家的恕道学说进行了绝妙的注解诠释。

范纯仁曾经说过："吾平生所学，得之'忠恕'二字，一生用不尽。以至立朝事君、接待僚友、亲睦宗族，未尝须臾离此也。""人虽至愚，责人则明；虽有聪明，恕己则昏。苟能以责人之心责己，恕己之心恕人，不患不至圣贤地位也。"又戒曰："《六经》，圣人之事也。知一字则行一字。要须'造次颠沛必于是'，则所谓'有为者亦若是'尔。岂不在人邪？"

（同上书）

　　范纯仁的坎坷从政之路，就是他不屈不挠地践行忠恕之路。不论在朝还是在野，顺境还是逆境，都要始终不渝地践行忠恕，努力做到问心无愧，乃是范纯仁交出的合格的人生答卷。正因为这个缘故，尽管范纯仁一生并没有建立什么显赫的功绩，却依旧和那些建立有丰功伟绩的人们一样，永远活在世人心中，与天地同在，与日月争辉。

苏轼

> 心似已灰之木,
> 身如不系之舟。

在生命即将走到尽头之际,回首前尘往事是非功过,进行自我总结品评,或全面肯定,或全面否定,或三七开,或四六开,原本司空见惯。而用走过的贬徙之地以诗的语言自我嘲讽总结其人生仕途的,却极为罕见。宋代大文豪政坛失意客苏轼便使用这一方式,而令后人一读三叹无法忘怀。北宋徽宗建中靖国元年(1101年)五月,遇赦北返的苏轼抵达真州游金山龙游寺时,面对当年自己的画像,抚今追昔,感慨万千,写下了《自题金山画像》一诗:

心似已灰之木,身如不系之舟。

问汝平生功业,黄州惠州儋州。

这位行将告别人世的老人馈赠给后人的这首诗作,调侃而凝重,自嘲而旷达,为后人认识他坎坷多舛的人生轨迹和积极豁达的人生态度,勾勒出了一条明晰的线索。

一

苏轼字子瞻,又字和仲,号铁冠道人、东坡居士,世称苏东坡。四川眉州眉山人,祖籍河北栾城。初唐宰相苏味道"苏摸棱"是其远祖。苏味道在武则天当政时曾被贬黜到四川为官,有一个儿子遂留在了四川。到了北宋时期,其后人中诞生了苏洵、苏轼、苏辙,父子兄弟三人并列唐宋八大家。仁宗景祐三年(1037年)十二月十九日,苏轼出生在一个衣食无忧的小康之家。苏轼的父亲苏洵是位大器晚成的学者,被《三字经》作为读书不分早晚的正面典型:"苏老泉,二十七。始发愤,读书籍。"苏轼是史家不惜笔墨大书特写的人物,史称:

> 苏轼字子瞻,眉州眉山人。生十年,父洵游学四方,母程氏亲授以书,闻古今成败,辄能语其要。程氏读东汉《范滂传》,慨然太息。轼请曰:"轼若为滂,母许之否乎?"程氏曰:"汝能为滂,吾顾不能为滂母邪?"
>
> 比冠,博通经史,属文日数千言,好贾谊、陆贽书。既而读《庄子》,叹曰:"吾昔有见,口未能言,今见是书,得吾心矣。"(《宋史·苏轼列传》)

嘉祐元年(1056年)五月,苏氏父子三人联袂起程赴京赶考,是年秋三人皆顺利通过礼部初试。嘉祐二年(1057年)四月八日,苏轼在388名考生参加的殿试中脱颖而出,几乎名列榜首,受到主考官欧阳修高度赞赏,欧阳修情不自禁地对同僚梅圣俞说道:"吾当避此人出一头地。"

欧阳修的称赞大大提升了年方20岁的青年才俊苏轼的知名度,而其弟弟苏辙也经由这次殿试进入了仁宗的视野。仁宗皇帝曾兴奋地对皇后说道:"吾今又为吾子孙得太平宰相两人。"这句当初只说给皇后的溢美之词,到后来苏轼身陷牢狱命悬一线之时,又经由仁宗皇后(其时已是皇太后)之口讲了出来,对于保全苏轼性命发挥了至关重要的作用。

其后,苏轼兄弟因母丧丁忧守孝回乡三年。嘉祐五年,苏轼调任福昌主簿。

嘉祐八年(1063年)仁宗逝世后,继位的英宗早闻苏轼的才名,打算破格提拔为翰林,负责为皇帝草诏等事,因宰相韩琦反对,改在史馆任职。治平二年(1065年),前来史馆任职的苏轼听说宰相韩琦的主张后,由衷地表示感激,对韩琦说道:"公可谓爱人以德矣。"

是年夏五月,苏轼年轻的妻子病逝,年方26岁。丧妻之痛在苏轼心中一直挥之不去,十年之后,他写下了那首著名的词作《江城子·乙卯正月二十日夜记梦》,抒发哀思:

十年生死两茫茫。不思量,自难忘。千里孤坟,无处话凄凉。纵使相逢应不识,尘满面,鬓如霜。 夜来幽梦忽还乡。小轩窗,正梳妆。相顾无言,惟有泪千行。料得年年肠断处,明月夜,短松冈。

丧妻之痛方炽,丧父之痛又接踵而至。治平三年(1066年)父亲苏洵去世后,苏轼、苏辙兄弟运送父亲的灵柩回乡守孝。待神宗熙宁二年(1069)苏轼兄弟由家乡返回京城时,英宗业已逝世,在新皇帝神宗的全力支持下,大宋王朝已然进入了王安石变法的时代。苏轼此前颇为顺遂的仕途之路,也因为王安石变法而陡然改变,步步惊心,充满了风险变数。

二

在大是大非问题上从来不隐瞒自己观点主张的苏轼,对王安石诸多变法举措极为不满,遂毅然投入到保守派的阵营中,与王安石进行了针锋相对的唇枪舌战。由于苏轼名气大极具影响力号召力,由他出面措辞反对新法,经常令王安石头疼不已,故而王安石只能对苏轼施以辣手,将其贬黜外放。

熙宁二年,还朝。王安石执政,素恶其议论异己,以判官告院。四年,安石欲变科举,兴学校,诏两制、三馆议。轼上议曰:

"得人之道,在于知人;知人之法,在于责实。使君相有知人之明,朝廷有责实之政,则胥史皂隶未尝无人,而况于学校贡举乎?虽因今之法,臣以为有余。使君相不知人,朝廷不责实,则公卿侍从常患无人,而况学校贡举乎?虽复古之制,臣以为不足。夫时有可否,物有废兴,方其所安,虽暴君不能废,及其既厌,虽圣人不能复。故风俗之变,法制随之,譬如江河之徙移,强而复之,则难为力。

"庆历固尝立学矣,至于今日,惟有空名仅存。今将变今之礼,易今之俗,又当发民力以治宫室,敛民财以食游士。百里之内,置官立师,狱讼听于是,军旅谋于是,又简不率教者屏之远方,则无乃徒为纷乱,以患苦天下邪?若乃无大更革,而望有益于时,则与庆历之际何异?故臣谓今之学校,特可因仍旧制,使先王之旧物,不废于吾世足矣。至于贡举之法,行之百年,治乱盛衰,初不由此。陛下视祖宗之世,贡举之法,与今为孰精?言语文章,与今为孰优?所得人才,与今为孰多?天下之事,与今为孰办?

较此四者之长短,其议决矣。

"今所欲变改不过数端:或曰乡举德行而略文词,或曰专取策论而罢诗赋,或欲兼采誉望而罢封弥,或欲经生不帖墨而考大义,此皆知其一不知其二者也。愿陛下留意于远者、大者,区区之法何预焉。臣又切有私忧过计者。夫性命之说,自子贡不得闻。而今之学者,耻不言性命,读其文,浩然无当而不可穷;观其貌,超然无着而不可把,此岂真能然哉!盖中人之性,安于放而乐于诞耳。陛下亦安用之?"

苏轼的奏章引起了神宗的警觉,当即部分采纳了他的建议。其时王安石正在全力创行新法,苏轼又公然站出来表示反对,上书曰:

臣之所欲言者,三言而已。愿陛下结人心,厚风俗,存纪纲。人主之所恃者人心而已,如木之有根,灯之有膏,鱼之有水,农夫之有田,商贾之有财。失之则亡,此理之必然也。自古及今,未有和易同众而不安、刚果自用而不危者。陛下亦知人心之不悦矣。

祖宗以来,治财用者不过三司。今陛下不以财用付三司,无故又创制置三司条例一司,使六七少年,日夜讲求于内,使者四十余辈,分行营干于外。夫制置三司条例司,求利之名也;六七少年与使者四十余辈,求利之器也。造端宏大,民实惊疑;创法新奇,吏皆惶惑。……故臣以为欲消谗慝而召和气,则莫若罢条例司。

今君臣宵旰,几一年矣,而富国之功,茫如捕风,徒闻内帑出数百万缗,祠部度五千余人耳。以此为术,其谁不能?而所行之事,道路皆知其难。汴水浊流,自生民以来,不以种稻。今欲陂而清之，万顷之稻，必用千顷之陂，一岁一淤，三岁而满矣。陛下遂信其说，即使相视地形，所在凿空，访寻水利，妄庸轻剽，率意争言。官司虽知其疏，不敢便行抑退，追集老少，相视可否。若非灼然难行，必须且为兴役。官吏苟且顺从，真谓陛下有意兴作，上糜帑廪，下夺农时。堤防一开，水失故道，虽食议者之肉，何补于民！臣不知朝廷何苦而为此哉！

……今陛下始立成法，每岁常行。虽云不许抑配，而数世之后，暴君污吏，陛下能保之与？计愿请之户，必皆孤贫不济之人，鞭挞已急，则继之逃亡。不还，则均及邻保，势有必至。异日天下恨之，国史记之，曰"青苗钱自陛下始"，岂不惜哉！且常平之法，可谓至矣。今欲变为青苗，坏彼成此，所丧逾多，亏官害民，虽悔何及！

昔汉武帝以财力匮竭，用贾人桑羊之说，买贱卖贵，谓之均输。于时商贾不行，盗贼滋炽，几至于乱。孝昭既立，霍光顺民所欲而予之，天下归心，遂以无事。不意今日此论复兴。立法之初，其费已厚，纵使薄有所获，而征商之额，所损必多。譬之有人为其主畜牧，以一牛易五羊。一牛之失，则隐而不言；五羊之获，则指为劳绩。今坏常平而言青苗之功，亏商税而取均输之利，何以异此？臣窃以为过矣。议者必谓："民可与乐成，难与虑始。"故陛下坚执不顾，期于必行。此乃战国贪功之人，行险侥幸之说，未及乐成，而怨已起矣。臣之所愿陛下结人心者，此也。

国家之所以存亡者，在道德之浅深，不在乎强与弱。历数之所以长短者，在风俗之薄厚，不在乎富与贫。人主知此，则知所轻重矣。故臣愿陛下务崇道德而厚风俗，不愿陛下急于有功而贪富强。爱惜风俗，如护元气。圣人非不知深刻之法可以齐众，勇悍之夫可以集事，忠厚近于迂阔，老成初若迟钝。然终不肯以彼易此者，知其所得小，而所丧大也。……惟陛下哀之救之，以简易为法，以清净为心，而民德归厚。臣之所愿陛下厚风俗者，此也。

　　祖宗委任台谏，未尝罪一言者。纵有薄责，旋即超升，许以风闻，而无官长。言及乘舆，则天子改容；事关廊庙，则宰相待罪。台谏固未必皆贤，所言亦未必皆是。然须养其锐气，而借之重权者，岂徒然哉？将以折奸臣之萌也。今法令严密，朝廷清明，所谓奸臣，万无此理。然养猫以去鼠，不可以无鼠而养不捕之猫；畜狗以防盗，不可以无盗而畜不吠之狗。陛下得不上念祖宗设此官之意，下为子孙万世之防？臣闻长老之谈，皆谓台谏所言，常随天下公议。公议所与，台谏亦与之；公议所击，台谏亦击之。今者物论沸腾，怨讟交至，公议所在，亦知之矣。臣恐自兹以往，习惯成风，尽为执政私人，以致人主孤立，纪纲一废，何事不生！臣之所愿陛下存纪纲者，此也。（同上书）

　　苏轼见安石赞神宗以独断专任，因试进士发策，以"晋武平吴以独断而克，苻坚伐晋以独断而亡，齐桓专任管仲而霸，燕哙专任子之而败，事同而功异"为问。此举彻底激怒了王安石，王安石当即唆使"御史谢景温论奏其过，穷治无所得，轼遂请外，通判杭州"。

　　性格刚强的苏轼并未因被贬黜外放通判杭州而稍微改变自己反对新法的政治立场，等待他的便只能是一连串的贬徙，由通判杭州而徙知密州，而徙知徐州，而徙知湖州。

　　因为深深卷入了朝廷之中的党派之争、政治之争，郁郁不得志的大文豪苏轼的诸多文字包括诗书信奏表等，便被政敌们拿去鸡蛋里挑骨头，企图从中找到苏轼诋毁朝廷的佐证，进而从肉体上消灭苏轼其人。于是，便促成了震惊天下的乌台诗案。

三

神宗元丰二年（1079年）三月，朝廷调任苏轼为湖州知州，苏轼到任后上表谢恩。言官根据这篇名为《湖州谢表》的表章弹劾苏轼，引发了震惊天下、影响深远的"乌台诗案"，令苏轼蒙受了一场牢狱之灾。

引发乌台诗案（所谓乌台，即御史台，因官署内遍植柏树，终年栖息乌鸦，故称乌台，亦称柏台）的《湖州谢表》，虽系官样文章，一经大文豪之手，非但颇具文采，而且棱角分明：

> 臣轼言：蒙恩就移前件差遣，已于今月二十日到任上讫者。风俗阜安，在东南号为无事；山水清远，本朝廷所以优贤。顾惟何人，亦与兹选。臣轼中谢。伏念臣性资顽鄙，名迹堙微，议论阔疏，文学浅陋。凡人必有一得，而臣独无寸长。荷先帝之误恩，擢置三馆；蒙陛下之过听，付以两州。非不欲痛自激昂，少酬恩造。而才分所局，有过无功；法令具存，虽勤何补。罪固多矣，臣犹知之。夫何越次之名邦，更许借资而显受。顾惟无状，岂不知恩。此盖伏遇皇帝陛下，天覆群生，海涵万族。用人不求其备，嘉善而矜不能。知其愚不适时，难以追陪新进；察其老不生事，或能收养小民。而臣顷在钱塘，乐其风土。鱼鸟之性，既能自得于江湖；吴越之人，亦安臣之教令。敢不奉法勤职，息讼平刑。上以广朝廷之仁，下以慰父老之望。臣无任。

在常人读来，谢表遣词用句并无可挑剔。谢表所言"知其愚不适时，难以追陪新进；察其老不生事，或能牧养小民"数语，充其量不过是牢骚之言而已。但御史台的言官们却不作如是观。

是年六月，监察御史里行何正臣摘引"新进""生事"等语上奏，弹劾苏轼"愚弄朝廷，妄自尊大"。何正臣这一说辞有其独特背景：王安石变法期间，保守派和变法派的领袖分别是司马光和王安石，因司马光给王安石的长信中有"生事"二字，于是"生事"成了攻击变法的习惯用语；"新进"一词则是苏轼对王安石引荐的改革派新人的贬称。

事有凑巧，当时恰好出版了《元丰续添苏子瞻学士钱塘集》，监察御史里行舒亶从中找出几首苏轼的诗作，上奏弹劾说：

> 至于包藏祸心，怨望其上，讪渎谩骂，而无复人臣之节者，未有如轼也。盖陛下发钱以本业贫民，则曰"赢得儿童语音好，一年强半在城中"；陛下明法以课试郡吏，则曰"读书万卷不读律，致君尧舜知无术"；陛下兴水利，则曰"东海若知明主意，应教斥卤变桑田"；陛下谨盐禁，则曰"岂是闻韶解忘味，尔来三月食无盐"；其他触物即事，应口所言，无一不以讥谤为主。

接着，国子博士李宜之、御史中丞李定历数苏轼罪行，声称必须因其无礼于朝廷而斩首。李定罗列了四项理由说明为什么应处苏轼极刑：首先说"苏轼初无学术，滥得时名，偶中异科，遂叨儒馆"；接着说苏轼急于获得高位，在心中不满之下，乃讥讪权要；随后说皇帝对苏轼宽容已久，冀其改过自新，但是他拒不从命；最后说虽然苏诗荒谬浅薄，但影响甚大。"臣叨预执法，职在纠察，罪有不容，岂敢苟止？伏望陛下断自天衷，特行典宪，非特沮乖慝之气，抑亦奋忠良之心，好恶既明，风俗自革。"

四份弹劾奏章接连抛出，朝堂上顿时发出一片倒苏之声。于是，苏轼在劫难逃了。七月二十八日，苏轼在湖州被逮捕，解往京师，受牵连者多达数十人。

是年八月十八日，苏轼被关进御史台监狱。二十日被正式提讯，审讯长达40多天。

乌台诗案实际上是一场文字狱。文人苏轼和朋友之间的书信诗作，被御史们深文周纳，作为作者诽谤朝廷的凭证。由于苏轼确实在诗文书信中抒发胸中块垒，时有讥讽新法之处，故而，苏轼对大部分指控，都坦白承认在诗中批评新政。

政敌们为了将苏轼置于万劫不复之地，对于苏轼的指控不仅挖空心思，甚至牵强附会到了可笑的程度。对苏轼《咏桧诗》所做的指控即是一例。该诗云：

凛然相对敢相欺，直干凌空未要奇。
根到九泉无曲处，世间惟有蛰龙知。

主审官将之曲解为苏轼恶毒攻击皇帝且有不臣之心，并让副宰相王珪到神宗面前陈说。王珪对神宗说："陛下飞龙在天，轼以为不知己，而求之地下之蛰龙，非不臣而何？"神宗听后冷静地回答道："诗人之词，安可如此论？彼自咏桧，何预朕事？"

好友刘恕罢官出京时，苏轼写了两首诗相赠。其中一首曰：

敢向清时怨不容，直嗟吾道与君东，
坐谈足使淮南惧，归向方知冀北空，
独鹤不须惊夜旦，群乌未可辨雌雄。

前一首最后一句取自《诗经》"俱曰予圣，谁识乌之雌雄"，等于说朝廷上只有一群乌鸦，好坏难辨。后一首表达自己对小人的争权争位不屑一顾。这些诗句，无疑激怒了腰紫衣金的朝廷大员。

在巨大的精神压力下，苏轼想到了死。在等待最后判决的日子里，其子苏迈每天给他送饭。因父子不能见面，所以早在暗中约好：平时只送蔬菜和肉食，如果有死刑判决的坏消息，就改送鱼，以便心里早做准备。一日，苏迈因银钱用尽，须出京去借，便将为苏轼送饭一事委托远亲代劳，却忘了告诉远亲暗中约定之事。偏巧那个远亲那天送饭时，给苏轼送去了一条熏鱼。苏轼以为自己凶多吉少，便以极度悲伤之心，给弟弟苏辙写下诀别诗两首，其一曰：

> 圣主如天万物春，小臣愚暗自亡身。
> 百年未满先偿债，十口无归更累人。
> 是处青山可埋骨，他年夜雨独伤神。
> 与君世世为兄弟，更结来生未了因。

绝望之中的苏轼或许不知道，神宗皇帝本人对他怀有同情怜悯之心，并不想结果他的性命。乌台诗案震惊朝野，引来许多高官要员社会名流纷纷出面为苏轼求情。罢相退居金陵的昔日政敌王安石上书说："安有圣世而杀才士乎？"身患重病的皇太后也出面援引先皇帝仁宗赵祯的话进行干预："昔仁宗策贤良归，喜甚，曰：'吾今又为吾子孙得太平宰相两人'，盖轼、辙也，而杀之可乎？"连苏轼口中的"新进"章惇，也为营救苏轼而不惜与副宰相王珪翻了脸。

这么多具有极大影响力的人物出面求情，以及宋太祖赵匡胤当年立有"不得杀士大夫及上书言事人"的秘密誓约，加之神宗自己对苏轼心存怜悯，于是，命悬一线的苏轼终于逢凶化吉。是年十二月二十九日，圣谕下发，苏轼贬往黄州充任团练副使，不准擅离该地区，并无权签署公文。

甫一走出牢狱，苏轼满脸愁云为之一扫，立刻挥笔写了两首诗表述多云转晴之心情：

> 百日归期恰及春，余年乐事最关身。
> 出门便旋风吹面，走马联翩鹊啅人。
> 却对酒杯浑是梦，试拈诗笔已如神。
> 此灾何必深追咎，窃禄从来岂有因。

> 平生文字为吾累，此去声名不厌低。
> 寒上纵归他日马，城中不斗少年鸡。
> 休官彭泽贫无酒，隐几维摩病有妻。
> 堪笑睢阳老从事，为余投檄向江西。

写完之后，苏轼掷笔笑道："我真是不可救药！"文人心性于此可见。

四

乌台诗案对于苏轼来说是一次巨大的残酷打击，侥幸死里逃生促使他开始反思人生的意义。既是苏轼宦海生涯的转折点，又是苏轼诗词风格的转折点，也是苏轼关注佛道文化接受宗教熏陶的转折点。

贬徙黄州只表示朝廷从轻发落，性质近似于流放。并不意味着苏轼是无辜的。团练副使官职低微，又无实权，心灰意冷的苏轼拖家带口来到黄州后，心情之郁闷可想而知。因乌台诗案连累的人太多，人情冷暖世态炎凉的铁律如今无情地抛在苏轼身上,"平生亲友,无一字见及,有书与之亦不答"。这对天真诚挚,喜好宾朋的苏轼来说,实在是太失落、太寒心、太寂寞了。

更为糟糕的是,一向衣食无忧的苏轼现如今连糊口也成为一个紧迫而又无法回避的大问题了。他在《初到黄州》一诗中这样写状自己的窘况:

  自笑平生为口忙,老来事业转荒唐。
  长江绕郭知鱼美,好竹连山觉笋香。
  逐客不妨员外置,诗人例作水曹郎。
  只惭无补丝毫事,尚费官家压酒囊。

生性乐观幽默的苏轼用如此诙谐的诗句写状自己处境之艰难,令人读来无法不为之动容。

元丰三年(1080年)二月初一,苏轼到达距离汉口六十里地的长江边上的穷苦小镇黄州。无所事事的他为求生计,遂干起了农夫的营生,在黄州东门外自己开荒种地,将此地称之为"东坡",自号"东坡居士"。苏轼在《东坡八首》序中陈述自己开荒的心境云:"余至黄州二年,日以困匮。故人马正卿哀余乏食,为于郡中请故营地数十亩,使得躬耕其中,地既久荒,为茨棘瓦砾之场,而岁又大旱,垦辟之劳,筋力殆尽。"而其中一首读来则充满诗情画意:

  雨洗东坡月色清,市人行尽野人行,
  莫嫌荦确坡头路,自爱铿然曳杖声。

在给好友孔平仲的一首诗里,苏轼这样说道:

去年东坡抢瓦砾，自种黄桑三百尺。

今年刈草盖学堂，日炙风吹面如墨。

农夫苏轼在黄州真正走进了市井社会，和各色人等交上了朋友，他的友人邻居中有酒监、药师、农夫、道士、和尚等。和这些社会底层的人们交往，使苏轼认识了人世间的真诚淳朴，既是治疗他仕途伤痛的良药，也有助于他反思自己的过失。

元丰六年（1083年），苏轼的小妾朝云为他生了一个儿子，起名叫遁儿。新生婴儿三日洗礼时，诗人苏轼百感于怀，写下了有名的《洗儿诗》：

人皆有子望聪明，我被聪明误一生。

惟愿孩儿愚且鲁，无灾无病到公卿。

不难想见，苏轼此时怀有怎样纠结的心情！

难以抚平胸中巨大伤痕的苏轼无法不借酒浇愁，寻求大醉之后的短暂麻醉。

夜饮东坡醒复醉，归来仿佛三更。家童鼻息已雷鸣。敲门都不应，倚杖听江声。　长恨此身非我有，何时忘却营营。夜阑风静縠纹平。小舟从此逝，江海寄余生。

这首作于元丰五年（1082年）的《临江仙》，本来是抒发作者借酒浇愁的复杂心情，没想到唱词问世的第二天，即传出谣言说：苏轼曾到过江边，写下这首告别词后顺流而下逃走了。太守闻讯大惊，因为他负有监管苏轼不得越出黄州境界的职责。于是，太守当即赶往苏轼的住处，发现苏轼尚且高卧在床，鼾声如雷，好梦正酣。这个谣言还传到了京城，甚至传到了神宗耳中。透过这件事，不仅可以知悉苏轼受监管的程度之高，同时也能晓得人们对他的关注度之高。

按照林语堂先生的看法，最能体现苏轼流放黄州时之心态的，是他的另一阕词《定风波》：

> 莫听穿林打叶声，何妨吟啸且徐行。竹杖芒鞋轻胜马，谁怕？一蓑烟雨任平生。　料峭春风吹酒醒，微冷。山头斜照却相迎。回首向来萧瑟处，归去，也无风雨也无晴。

为了寻求精神上的慰藉，苏轼开始钻研佛道，与和尚道士的交往日渐增多，他的作品遂渐渐地染上了佛道思想的色彩。在一个时期里，苏轼潜心研究印度的瑜伽术、道家的炼丹术，且颇有心得。他曾经和弟弟苏辙在书信中交流修炼瑜伽术的体会，并向好友张方平推荐他修炼瑜伽术的方法。他还亲自尝试炼丹，并写了两篇札记：《阳丹》和《阴丹》。不待说，这种兴趣追求的转变，自然和他在仕途上失意且遭受重创息息相关。

然而，所有这些都不妨碍他的文学创作。在黄州期间，他先后写下了《前赤壁赋》《后赤壁赋》《念奴娇·赤壁怀古》等名作。

五

苏轼被贬出为黄州团练副使以后，神宗心里并没有忘记他。或许是上天注定要让苏轼继续经历磨难，即使是皇帝本人的意志，付诸实行也难。

> 三年，神宗数有意复用，辄为当路者沮之。神宗尝语宰相王珪、

蔡确曰:"国史至重,可命苏轼成之。"珪有难色。神宗曰:"轼不可,姑用曾巩。"巩进《太祖总论》,神宗意不允,遂手札移轼汝州,有曰:"苏轼黜居思咎,阅岁滋深,人材实难,不忍终弃。"(《宋史·苏轼列传》)

汝州离京师较近,条件也比黄州好许多。元丰七年(1084年)三月,苏轼离开黄州前往汝州,途中爱妾朝云所生的幼儿不幸夭折。距离汝州尚远而路费已尽,再加丧子之痛,接二连三的打击令苏轼心神交疲,已然厌倦了京城的政治纷争,更无心仕途进步,而有意选择常州作为终老之地,遂上书朝廷,获得允准。苏轼获得这个消息后欣喜莫名:"十年归梦寄西风,此去真为田舍翁。"从这一发自肺腑的诗句中可以体味出,正当盛年的苏轼在匪夷所思的命运打击下,已经把做个田舍翁安度余年作为最大的人生追求了。

苏轼途经南京时,拜见了居住在此地的前宰相王安石,两位政见不同的文坛巨匠进行了一场饶有意趣的谈话:

道过金陵,见王安石,曰:"大兵大狱,汉唐灭亡之兆。祖宗以仁厚治天下,正欲革此。今西方用兵,连年不解,东南数起大狱,公独无一言以救之乎?"安石曰:"二事皆惠卿启之,安石在外,安敢言?"轼曰:"在朝则言,在外则不言,事君之常礼耳。上所以待公者,非常礼,公所以待上者,岂可以常礼乎?"安石厉声曰:"安石须说。"又曰:"出在安石口,入在子瞻耳。"又曰:"人须是知行一不义,杀一不辜,得天下弗为,乃可。"轼戏曰:"今之君子,争减半年磨勘,虽杀人亦为之。"安石笑而不言。(同上书)

元丰八年（1085年）苏轼到达常州后，神宗驾崩，因新君哲宗年幼，由宣仁皇太后主持朝政。朝政的重大人事变化，马上影响到了只想着在太湖边上安度余生的苏轼的仕途生涯。苏轼无论如何也没有想到，神宗死后，宣仁皇太后立即改弦更张，任命司马光为宰相，全面否定新法，保守派开始扬眉吐气。苏轼作为反对王安石的重要人物，也随之时来运转：

> 复朝奉郎、知登州，召为礼部郎中，……迁起居舍人。轼起于忧患，不欲骤履要地，辞于宰相蔡确。确曰："公徊翔久矣，朝中无出公右者。"轼曰："昔林希同在馆中，年且长。"确曰："希固当先公耶？"卒不许。元祐元年，轼以七品服入侍延和，即赐银绯，迁中书舍人。……寻除翰林学士。二年，兼侍读。……三年，权知礼部贡举。（同上书）

"运去黄金失色，时来铁也生辉"，元祐初年苏轼奉召入京时，深受乌台诗案之苦的他还是一介七品官员，短短几年内，就被提升为三品大员，做了翰林学士知制诰，几乎为日后问鼎宰相铺平了道路。对于其中的奥秘，才华横溢的苏轼并不知晓，还是宣仁皇太后当面告诉了他。

> 轼尝锁宿禁中，召入对便殿，宣仁后问曰："卿前年为何官？"曰："臣为常州团练副使。"曰："今为何官？"曰："臣今待罪翰林学士。"曰："何以遽至此？"曰："遭遇太皇太后、皇帝陛下。"曰："非也。"曰："岂大臣论荐乎？"曰："亦非也。"轼惊曰："臣虽无状，不敢自他途以进。"曰："此先帝意也。先帝每诵卿文章，必叹曰：'奇才，奇才！'但未及进用卿耳。"轼不觉哭失声，宣仁后与哲宗亦泣，左右皆感涕。（同上书）

从这段对话中，后人既明白了神宗生前对苏轼是何等的赏识，而靠品行本事吃饭的苏轼跻身官场又是何等的坦荡磊落！"臣虽无状，不敢自他途以进"一语掷地有声，千载之下，犹令官场上那些蝇营狗苟的无耻之徒为之汗颜。

苏轼曾抨击说官场是"奸小之境"，厕身其间的他自然会遇到许多意想不到的麻烦。"木秀于林，风必摧之；堆出于岸，流必湍之；行高于人，众必非之。""才高人共妒，过洁世同嫌。"元祐初，以司马光为首的保守派卷土重来执掌大权，但在司马光死后很快又出现权力争斗，分成了所谓的朔党、洛党、蜀党。苏轼被宣仁皇太后赏识，在仕途上青云直上，前景看好，宰相大位唾手可得，于是便被政客们看成是蜀党领袖，视为潜在威胁，既为新党所不容，也为旧党视为眼中钉肉中刺。两年之内，苏轼四遭诽谤弹劾，由他举荐之人，也遭到无故的污蔑。尽管宣仁皇太后将这些弹劾奏章压起来不予理睬，苏轼还是萌生退意，不想与这些宵小政客继续纠缠下去。元祐元年（1086年）十二月，政敌们向他发动第一轮攻击时，他便主动提出辞职。元祐二年、三年，政敌们接二连三地对他弹劾，苏轼也不断请求外放。元祐四年（1089年）三月十一日，朝廷允其所请，"拜龙图阁学士、知杭州"。

在杭州任上，苏轼兴利除弊，多有建树，其最有名的政绩，就是治理西湖，修筑苏公堤。《宋史·苏轼列传》对此记述颇祥，于此不再赘述。

> 六年，召为吏部尚书，未至。以弟辙除右丞，改翰林承旨。辙辞右丞，欲与兄同备从官，不听。轼在翰林数月，复以谗请外，乃以龙图阁学士出知颍州。……七年，徙扬州。……未阅岁，以兵部尚书召兼侍读。（同上书）

总的来看，苏轼在元祐年间仕途上比较顺利有所作为，虽然由于他自己在盛名之下总也摆不脱政敌的纠缠弹劾，但因为有宣仁皇太后的强力支持，政敌们也只能徒唤奈何。然而风水轮流转，待到宣仁皇太后撒手归天之后，苏轼的命运便再度发生了惊心动魄的逆转。

六

元祐八年（1093年），宣仁皇太后驾崩，哲宗亲政，国事为之一变。与宣仁皇太后掌权时重用旧党人物相反，哲宗亲政后力图恢复新法，迅速起用新党人物，元祐党人纷纷受到迫害和贬谪。但此时朝中的新法旧法之争，已经变成了党派间的政治恶斗。许多有操守、有气节的大臣审时度势，毅然选择请求外放，宰相范纯仁就是其中之一，苏轼也是如此："八年，宣仁后崩，哲宗亲政。轼乞补外，以两学士出知定州。"

诡异的是，做了八年哲宗老师、任兵部尚书兼侍读的苏轼离京请辞时，哲宗竟然没有接见他，这无疑是一个危险的信号。尽管如此，苏轼还是以赤子之诚上书，披肝沥胆地规劝哲宗广开言路，虚心倾听：

> 天下治乱，出于下情之通塞。至治之极，小民皆能自通；迨于大乱，虽近臣不能自达。陛下临御九年，除执政、台谏外，未尝与群臣接。今听政之初，当以通下情、除壅蔽为急务。臣日侍帷幄，方当戍边，顾不得一见而行，况疏远小臣欲求自通，难矣。然臣不敢以不得对之故，不效愚忠。古之圣人将有为也，必先处晦而观明，处静而观动，则万物之情，毕陈于前。陛下圣智绝人，春秋鼎盛。臣愿虚心循理，一切未有所为，默观庶事之利害，与群臣之邪正。以三年为期，俟得其实，然后应物而作。使既作之

后，天下无恨，陛下亦无悔。由此观之，陛下之有为，惟忧太蚤，不患稍迟，亦已明矣。臣恐急进好利之臣，辄劝陛下轻有改变，故进此说，敢望陛下留神，社稷宗庙之福，天下幸甚。（同上书）

苏轼的上书犹如石沉大海，吝于和他见一面的哲宗赵煦更不会采纳他的逆耳之言。苏轼所能等来的，只是一道道贬徙流放的诏令。

绍圣元年（1094年）四月，章惇拜相后掀起了对儒臣的空前迫害。相对于王安石变法时放逐政敌，章惇的手法要厉害得多残酷得多。已经长眠于地下的宰相司马光和吕公著，仍遭两度降级并剥夺爵位和荣衔。至于健在的元祐儒臣，竟有三十多人遭到贬徙流放，而苏轼则是贬谪到五岭以南的第一人。先是以本官调充英州太守，接着又官降一级，左降英州。紧接着，苏轼在途中又被贬黜为宁远军节度副使；未到贬所，又被改为建昌军司马，惠州安置。

途经赣州十八滩最为险恶的黄公滩时，苏轼因误将黄公滩听成了"惶恐滩"，而感慨赋诗曰：

> 七千里外二毛人，十八滩头一叶身。
> 山忆喜欢劳远梦，地名惶恐泣孤臣。
> 长风送客添帆腹，积雨浮舟减石鳞。
> 便合与官充水手，此生何止略知津？
> （《八月七日初入赣过惶恐滩》）

吟读是诗，苏轼当时凄苦莫名的心境可想而知。

经过长途颠簸，苏轼终于在绍圣元年（1094年）十月二日来到了他自嘲为其平生功业的第二个落脚点惠州。对于自己遭受的无端磨难，苏轼并不耿耿于怀，而是以平静的心态看待官场上的波澜起伏：

> 卧看落月横千丈，起唤清风得半帆。
> 且并水村欹侧过，人间何处不巉岩。
> （《慈湖夹阻风五首之一》）

苏轼来到惠州后，很快便适应了此地的风土人情。他在给老友陈慥的信中不无幽默地写道："到惠将半年，风土食物不恶，吏民相待甚厚。孔子云'虽蛮貊之邦行矣'，岂欺我哉！"

在写给乃弟苏辙的信中，苏轼苦中求乐的豁达令人动容："惠州市肆寥落，然日杀一羊。不敢与在官者争买。时嘱屠者，买其脊骨。骨间亦有微肉，煮熟热酒漉，随意用酒薄点盐炙。微焦食之，终日摘剔牙綮，如蟹螯逸味。率三五日以。吾子由三年堂庖，所饱刍豢灭齿而不得骨，岂复知此味乎？"

苏轼把流放惠州作为自己生平的第二功业，其实是自嘲在惠州的岁月是自己一生最无奈的时期之一。目睹元祐儒臣皆被贬徙流放，苏轼不仅在给友人孙魏的信中自谓惠人，且预作打算，将惠州作为自己一生最后的栖息之地，并在河东一座四十尺高的小山顶上盖了房子。令人伤感的是，新房尚未盖好，他的爱妾朝云却于绍圣二年（1095）七月初五因病不治，撒手归天。朝云是苏轼的红颜知己，苏轼经常称她为佛教中的"天女维摩"。多年来和自己患难与共的爱妾撒手而去，对苏轼的打击之大可想而知。朝云死后，苏轼哀伤不已，写了有名的悼亡诗《悼朝云》：

> 苗而不秀岂其天，不使童乌与我玄。
> 驻景恨无千岁药，赠行惟有小乘禅。

> 伤心一念偿前债，弹指三生断后缘。
> 归卧竹根无远近，夜灯勤礼塔中仙。

朝云死后，苏轼一直鳏居未娶。

仕途多舛，万里投荒，骨肉分离，爱妾夭亡，即便境遇如此，苏轼依旧超然旷达。随缘认命的他善于从惠州民众的热情好客中转移忧愁，解脱心中的苦闷。《食荔枝二首》的其中一首生动地说明了苏轼的豪爽豁达：

> 罗浮山下四时春，芦橘杨梅次第新。
> 日啖荔枝三百颗，不辞长做岭南人。

庄子云："善骑者坠于马，善水者溺于水，善饮者醉于酒，善战者毁于杀。"苏轼以诗文独步天下，诗文也让他招惹了大麻烦。在惠州，无所事事的苏轼偶然乘兴，写了《纵笔》一诗：

> 白头萧散满霜风，小阁藤床寄病容。
> 报道先生春睡美，道人轻打五更钟。

诗作不胫而走，传到了京城。心态良好的人交相欣赏诗作之美，病态的权相章惇闻听之下却"怒从心上起，恶向胆边生"。于是，苏轼的人生轨迹随之再一次发生了逆转。绍圣四年（1097年），在惠州居住了三年，刚盖好新居的苏轼"又贬琼州别驾，居昌化"。于是，年已61岁的苏轼顺水漂流，贬徙到了儋州。

七

章惇处心积虑地想要从重惩治元祐儒臣，以一首诗作为名出手，不过是他向苏轼开刀的一个借口，但在世人看来，苏轼由惠州再度流放海南，原因无他，又是诗歌惹的祸！

据陆游《老学庵笔记》记载，将苏轼贬徙到儋州，是章惇玩弄文字游戏的恶作剧："绍圣中贬元祐党人：苏子瞻儋州，子由雷州，刘莘老新州，皆戏其字之偏旁也，时相之忍忮如此。"不论是处心积虑，还是恶作剧，抑或两者兼而有之，苏轼被流放到海南岛却是不争的事实。

在宋朝，放逐海南是仅比满门抄斩最轻一等的处罚。苏轼被放逐到儋州时，虽然挂名"琼州别驾"，当政却给他下了三条禁令："不得食官粮，不得住官舍，不得签公事。"故而，素来看淡生死的苏轼在接到流放海南儋州的圣旨以后，顿时心灰意冷，以为自己必将葬身蛮荒之地海南，了无生还之望。在与朋友王敏仲的书信中，苏轼毫不掩饰地写下了自己真实的心境："某垂老投荒，无复生还之望。昨与长子迈诀，已处置后事矣。今到海南，首当作棺，次便作墓。仍留手疏与诸子，死即葬于海外，生不契棺，死不扶柩，此亦东坡之家风也。"

苏轼出生在相对富饶的天府之国，对于孤悬海外的海南岛心存莫名的恐惧感，宋代又将放黜海南作为对犯罪官员最严厉的惩罚。而今自己年过六旬而被流放该地，于是他只能做好最坏的准备。人们的彻底绝望，往往是在遭遇躲不了又解不开的大困惑之际产生出来的。苏轼此时的绝望心境即是典型一例。

初到儋州，苏轼对海南的印象真的很差，他曾经这样评论说："此间食无肉，病无药，居无室，出无友，冬无炭，夏无寒泉，然亦未易悉数，大率皆无尔。惟有一幸，无甚瘴也。"

不过，习惯了随遇而安适应性很强的苏轼安定下来以后，不久便和当地官民融作一体，把自己当成了海南人。他把儋州当成了自己的第二故乡，"我本儋耳氏，寄生西蜀州"。他善于与当地居民相处，更善于苦中作乐，醉酒之后在路上闹出笑话也习以为常："但寻牛矢觅归路，家在牛栏西复西。"因为他的平易近人，七旬老妇、总角儿童都乐意与他开玩笑。因此之故，苏轼曾不无得意地对人说过："我上可以陪玉皇大帝，下可以陪卑田院乞儿，在我眼中天下没有一个不是好人。"他在蛮荒之地传播文明文化，在这里办学堂，介学风，以致许多人不远千里，追至儋州，从苏轼学。在宋代一百多年里，海南从没有人进士及第。但苏轼北归不久，这里的姜唐佐就举乡贡。为此苏轼题诗："沧海何曾断地脉，珠崖从此破天荒。"

元符元年（1098年）十二月十二日，苏轼在日记中记下了流放海南期间其世界观人生观之巨大变化：

> 吾始至南海，环视天水无际，凄然伤之曰："何时得出此岛也？"已而思之：天地在积水中，九州在大瀛海中，中国在少海中。有生孰不在岛者？譬如注水于地，小草浮其上，一蚁抱草叶求活。已而水干，遇他蚁而泣曰："不意尚能相见尔！"小蚁岂知瞬间竟得全哉？思及此事甚妙。

苏轼所拥有的这种乐观豁达的哲人心态，既是他在恶劣环境中生存下来的精神支撑，也令他的政敌们为之徒唤奈何。

在海南的三年岁月中，苏轼创造了他的文学艺术上的奇迹。谪居儋州期间，他写了127首诗、4首词、5篇赋、4篇铭文、16篇论、76篇札记、38篇信札等。所有这一切足以说明，苏轼谪居儋州的晚年岁月，丰富而充实，并没有因为政治上的蹉跎失意而松懈虚度。如果评论苏轼在儋州的功业的话，上述种种无疑是不容忽略的。

苏轼在海南居住了三年，为海南的淳朴民风所深深感染，以至于在他被获准离开海南时，又动情地写下了《别海南黎民表》一诗：

> 我本海南民，寄身西蜀州。
> 忽然跨海去，譬如事远游。
> 平生生死梦，三者无劣优。
> 知君不再见，欲去且少留。

就在苏轼适应了海南并把自己当成一个海南人生存的时候，北宋朝廷又发生了一次帝王更替。元符三年（1100年）春正月，哲宗去世，徽宗继位，皇太后摄政。是年四月，朝廷颁布赦令，所有元祐老臣一律赦罪。得沾新皇帝大赦天下的光，苏轼踏上了其人生的最后一段路程：微宗立，移廉州，改舒州团练副使，徙永州。更三大赦，遂提举玉局观，复朝奉郎。轼自元祐以来，未尝以岁课乞迁，故官止于此。建中靖国元年，卒于常州，年六十六。（同上书）

八

元人脱脱评论苏轼的文字耐人寻味：

> 论曰：苏轼自为童子时，士有传石介《庆历圣德诗》至蜀中者，轼历举诗中所言韩、富、杜、范诸贤以问其师。师怪而语之，则曰："正欲识是诸人耳。"盖已有颉颃当世贤哲之意。弱冠，父子兄弟至京师，一日而声名赫然，动于四方。既而登上第，擢词科，入掌书命，

出典方州。器识之闳伟,议论之卓荦,文章之雄隽,政事之精明,四者皆能以特立之志为之主,而以迈往之气辅之。故意之所向,言足以达其有猷,行足以遂其有为。至于祸患之来,节义足以固其有守,皆志与气所为也。仁宗初读轼、辙制策,退而喜曰:"朕今日为子孙得两宰相矣。"神宗尤爱其文,宫中读之,膳进忘食,称为天下奇才。二君皆有以知轼,而轼卒不得大用。一欧阳修先识之,其名遂与之齐,岂非轼之所长不可掩抑者,天下之至公也,相不相有命焉。呜呼!轼不得相,又岂非幸欤?或谓:"轼稍自韬戢,虽不获柄用,亦当免祸。"虽然,假令轼以是而易其所为,尚得为轼哉?(《宋史·苏轼列传》)

脱脱对苏轼才华、识见、志向、抱负、品格的品评至为公允,将苏轼未能拜相一展怀抱委之于命运,而将苏轼的人生坎坷归之于自身原因,对于世人仰视认识这位旷世文豪,仰视认识这位"路漫漫其修远兮"的天涯沦落人,都具有至为重要的参考价值。

苏轼在官场上的沉浮,得意失意,和他生活于其间的北宋政局(神宗、哲宗时期)动荡颠簸息息相关,在某种意义上说,苏轼的宦海生涯即是神宗、哲宗时期政局动荡变幻的一张晴雨表。在王安石推行变法时期,作为保守派的一员,因政见不合,苏轼屡屡与王安石争论不休,故而受到排挤外放,并被政敌小题大做,深文周纳,鸡蛋里挑骨头,制造乌台诗案,将之锒铛入狱,命悬一线,随后贬徙为黄州团练副使;保守派占据朝堂之后,苏轼也在宣仁皇太后的大力提携下重返朝廷,数月内接连擢升,飞黄腾达,由七品闲职而成为三品大员,翰林侍读,进入权力核心圈;宣仁皇太后撒手西归后哲宗亲政,重用王安石派系人马,贬黜保守派,苏轼也被视为元祐党人遭贬徙外放,由定州知州而改知英州,而贬徙惠州,而贬徙儋州;哲宗去世后，徽宗继位，实际掌握朝纲的皇太后为了收拾人心，大赦元祐党人，苏轼才得以离开海岛，回到内地。

相形于一般士大夫，苏轼拥有他人所不具备的深受几位皇帝皇太后器重独特优势。如脱脱所述，仁宗、神宗皆对苏轼的杰出才华非常赏识；如前所述，宣仁皇太后在年幼的哲宗继位后实际掌控朝政期间，苏轼更是备受恩宠；哲宗去世后，皇太后（即神宗钦圣宪肃向皇后）利用短暂的摄政时期，赦免了众多贬徙流放的元祐党人，苏轼因此得沾雨露，结束了在儋州的流放生涯。苏轼死后，南宋孝宗更是对苏轼赞赏有加："忠言谠论，立朝大节，一时廷臣无出其右。"如此备受赏识的苏轼，为什么仕途居然如此坎坷多舛？简单地归咎于命运的捉弄，显然是一种缺乏理性思考的托词。

不得不承认，批评者所言有其一定道理："轼稍自韬戢，虽不获柄用，亦当免祸。"西哲有言："实体是自身原因。"具体分析苏轼的多舛人生坎坷仕途，就会发现这么一位大文豪投身政治以后，尽管始终没有忘记以天下国家为己任，始终奉行善恶分明、爱憎分明、不计利害、不计祸福、见义勇为、奋不顾身的做人原则，却不懂得或者说是忽略了官场上只可意会不可言传的所谓明哲保身的潜规则。对于这一秘而不宣的官场潜规则，人们的理解深浅各异，用苏轼的远祖苏味道的话来说是："处事不欲决断明白，若有错误，必遭咎谴，但摸棱以持两端可矣。"胸怀达则兼济天下之宏大理想的苏轼显然不会理睬什么"摸棱两可"的为官哲学，而坚持以"忠言谠论"为立朝大节，这便于无形之中犯了做官之大忌，而受到来自不同阵营的攻讦。

如果认为苏轼所遭遇的一切皆因为他是保守派的代表人物使然，则大谬不然。苏轼被保守派诬陷弹劾，除开他从来不隐瞒自己的政治见解，在朝堂上、奏牍中和书信诗文里，都公开宣传自己的观点，讥讽抨击新法，从而授人以柄外，更重要的是由于他名望太高影响太大迁升宰相的势头看好，"太高人共妒，过洁世同嫌"，于是引发了心理阴暗的政客们不遗余力的嫉妒暗算。乌台诗案发生后，苏辙讲过一句为乃兄辩护的名言："东坡何罪？独以名太高。"从这个视角看问题，也许更容易把准政敌们不将其置之死地不罢休的心理脉搏。因为苏轼挡了他们晋升的道，他们便只能把苏轼作为攻讦诬陷弹劾打击的对手。尽管苏轼本人对于宰相的位置并没有太大的兴趣，更不会通过投机钻营谋求升官晋级，但这并不能让政敌们松弛下那颗紧悬着的小人之心来，只有将苏轼彻底排挤出局，他们才会长长地松一口气。官场的险恶无情，就在于斯。苏轼多年的朋友章惇在好友身陷乌台诗案之际，曾经不惜和宰臣王珪撕破脸而营救苏轼，但等到他做了宰相以后，却对苏轼下手最狠最毒辣，先是贬徙惠州，继而流放儋州，都出自他的主意。只有从扫除潜在政敌的角度，才能理解章惇的变态，也才能理解苏轼的不幸："君子非罪，怀璧其罪。"

　　心胸博大的苏轼自称"上可以陪玉皇大帝，下可以陪卑田院乞儿"，在他眼中"天下没有一个不是好人"。尽管他从来不记私仇不衔旧恨，即便是对于章惇这样的居心无比险恶的小人，他同样怀有一颗仁爱之心，但是"天地不仁，以万物为刍狗"，苏轼还是无法避免承受接踵而至的劫难苦难，坎坷困顿。虽然命运注定他必须承载数不清的冤屈和苦难，但由于他看得开，拿得起，放得下，不和让他蒙冤受屈的政敌们一般见识，而以豁达的心胸适应各种恶劣的环境，从中寻找生辉的乐趣，并转而以极大的精力从事文学艺术创作，进而在别人以为没有路的地方蹚出一条大路来。"艰难困苦，玉汝于成。"或许正是由于苦海无边坎坷无尽，才培育了苏轼博大的胸襟气度，成就了他旷世大文豪的不可替代的地位。倘若如同有些人想象的那样，苏轼精于明哲保身之术，成功地避开政治漩涡而平步青云，做了宰相且有所作为，那么，"一心不可二用"，苏轼势必将主要甚至全部精力用到从政上，而无暇创作，从而便不会成为人们所熟知所仰慕的大文豪。对于这个世界来说，这显然是不划算的。况且，苏轼那个时代并不乏政治精英，王安石、司马光、范纯仁个个皆是天之骄子，他们曾经意气风发地力挽狂澜，意图有所建树，但结果都黯然神伤，抱憾终天。苏轼如果和他们比肩而立，同样会身陷无休止的党争之中，是不会做出什么大的功业来的。

  人生不能重来，不能假设。仅此一次的人生旅途虽然充满艰辛，却成就了苏轼其人的伟岸，定格了他在世人心中不可撼动的地位。苏轼之为苏轼，永远不朽矣！

陶弘景和刘伯温

山居可选择，
祸福不由己

　　放眼看去，古往今来活跃于政坛上的大鱼小虾总也摆脱不了名缰利锁的羁绊，"名缰利锁浓于酒，醉得人心死不醒"，固然不能说是放之四海而皆准，却委实精准地点准了一茬又一茬飞蛾扑火名利客的软肋。然而官场上鱼龙混杂，各色人等应有尽有五花八门，很难一言以蔽之。在污浊不堪醉生梦死的名利客的浩荡人群中，从来都不缺头脑清醒特立独行卓尔不群、"连玺曜前庭，比之犹浮云"的另类。自古物以稀为贵，这类少见的大写的人物恰恰是历代史家所精心宣扬的对象。故而，许由、巢父、微子、箕子、比干、伯夷、叔齐、介子推、柳下惠、范蠡、延陵季子、张良、颜斶、严光、王霸、陶潜等相继为世人所熟知。本文所谈论的，则是南北朝时期的陶弘景和明朝初年的刘伯温。他们都曾是辉煌一时的风云人物，又都参透了人生厌倦了官场，主动退步抽身选择归隐山居，而结局却大相径庭迥然不同，一个以优哉游哉闲云野鹤之身做了名副其实的"山中宰相"，一个谨小慎微谨言慎行却含冤蒙垢死于非命。决定他们之不同归宿的，究竟是所谓自古高深难问的天意命运，还是由于他们遇上了不同的主子？看似一目了然的问题，却耐人寻味。愈是思索，愈感惘然，真个有几许"此中有真意，欲辩已忘言"的味道。

一

陶弘景字通明，丹阳秣陵人，自号隐居先生，又称华阳隐居。出身于世家大族，祖父陶隆，担任过王府参军。父亲陶真，做过孝昌县令。活跃于南朝时期的陶弘景，是道教茅山宗的开山宗师，著名博物学家、医药家、炼丹家、文学家，又是南梁王朝极为器重的座上客，时称"山中宰相"，《南史》《梁书》有传。可谓南北朝时期的不可复制的特殊人物。

《南史·隐逸列传下》载，陶弘景生有异兆，不同凡庸：初，弘景母郝氏梦两天人手执香炉来至其所，已而有娠。以宋孝建三年（456年）夏至日生。更富传奇色彩的是，陶弘景"幼有异操"，聪颖好学的他尤其喜好道家的神仙之说：年四五岁，恒以荻为笔，画灰中学书。至十岁，得葛洪《神仙传》，昼夜研寻，便有养生之志。谓人曰："仰青云，睹白日，不觉为远矣。"陶弘景长大成人后仪表堂堂，神仪明秀，朗目疏眉，酷爱学习，博览群书，"读书万余卷，一事不知，以为深耻。"且兴趣广泛，善琴棋，工草隶。15岁时作《寻山志》，道出了对隐逸生活的倾慕向往。17岁即以才学闻名，与当时的知名才子江斅、褚炫、刘俣合称升明四友。

《南史·隐逸列传下》《梁书·处士列传》均说陶弘景出仕较早：未弱冠，齐高帝作相，引为诸王侍读，除奉朝请。而据《资治通鉴·宋纪十六》所载，南朝宋元徽四年（476年），萧道成（后来的南齐高帝）始迁升尚书左仆射（宰相）。这年陶弘景已经21岁，甫过弱冠之年。

《礼记·曲礼上》云："二十曰弱冠"。即便已过弱冠年龄，陶弘景投身仕途也是很早并且非常顺利的。

次年，萧道成即发动兵变，除宋后废帝刘昱，将朝政牢牢地控制在其手上。二年后萧道成公然称帝，建立了南齐王朝，史称齐高帝。萧道成及其子萧赜在位时，陶弘景曾先后出任巴陵王、安成王、宜都王等诸王侍读；兼管诸王室牒疏章奏等文书事务的书记职务，但直到36岁时，仍然没有获得重用，还是个六品文官"奉朝请"，请求外放做个县令也未获允准。于是，陶弘景心甚怏怏，虽在朱门，闭影不交外物，唯以披阅为务。朝仪故事，多所取焉。（《南史·隐逸列传下》）

"人生在世不称意，明朝散发弄扁舟。"在许多人那里，不过是发发牢骚而已，但陶弘景却审时度势，毅然决然地选择了辞官归隐。南齐永明十年（492年），正当盛年（刚刚37岁）的陶弘景上表辞官，挂朝服于神武门，退隐江苏句容句曲山，不与世交。《南史·隐逸列传下》载：永明十年，脱朝服挂神武门，上表辞禄。《梁书·处士列传》所载略同：永明十年，上表辞禄，诏许之，赐以束帛。

二

辞官后的陶弘景定居于句容之句曲山，并将曲山称为茅山。在山中立馆，自号华阳隐居。遍历名山，寻访仙药，过上了神仙般逍遥自在的生活。陶弘景辞官归隐12年后，南齐政权灰飞烟灭，为南梁所取代。隐居山中的陶弘景尽管其乐融融，却没有完全与世隔绝，而总是敏锐地关注着政局的动荡变迁。在萧衍兴兵进攻南齐都城建康、即将禅代之际，陶弘景不失时机地派遣弟子前去，为萧衍登基称帝贡献了新的国号：

义师平建康，闻议禅代，弘景援引图谶，数处皆成"梁"字，令弟子进之。（《梁书·处士列传》）

梁武帝萧衍即位后，也没有忘记陶弘景这位早年的至交，曾屡次派人前往茅山，延请陶弘景出山为官。陶弘景却不为所动，屡请不出。萧衍更加感念，于是乎"恩礼愈笃，书问不绝，冠盖相望"。《南史·隐逸列传下》记载了隐士陶弘景如何巧妙地谢却武帝萧衍的延请：

帝手敕招之，锡以鹿皮巾。后屡加礼聘，并不出，唯画作两牛，一牛散放水草之间，一牛着金笼头，有人执绳，以杖驱之。

武帝笑曰："此人无所不作，欲敩曳尾之龟，岂有可致之理。"

后人则发挥想象力，附会演绎说陶弘景在画上题诗明志：

眼前流水自悠悠，歇卧偷闲恋绿畴。
笑看金笼牵鼻去，等闲落得用鞭抽。

梁武帝心知老友心志已决，便不再勉强，却继续和陶弘景保持着密切联系：国家每有吉凶征讨大事，无不前以咨询。月中常有数信，时人谓为山中宰相。这就是陶弘景被时人称为"山中宰相"的由来。

陶弘景有一首诗作《诏问山中何所有赋诗以答》，言简意赅地道出了他的隐居情怀：

山中何所有，岭上多白云。
只可自怡悦，不堪持赠君。

史称，陶弘景"隐居茅山达四十五年之久，享年八十一岁。梁武帝诏赠中散大夫，谥贞白先生"。可谓矢志不移，求仁得仁，生荣死也荣。

明眼人一看便知，陶弘景之所以能够成为南朝时期的一个例外，潜心道家的神仙学问固然是一个重要原因，能够在国事方面做到帮忙不添乱，主动以在野之身为梁武帝萧衍出谋献策，则是尤为重要的原因。众所周知，梁武帝萧衍笃信佛法，是中国古代最有名的虔诚的佛教徒，曾经三次舍身侍佛，而陶弘景则是南朝时期著名的道教大师。两个人犹如两股道上跑的车，居然能够和平共处相安无事，很大程度上取决于陶弘景高深的政治智慧与和光同尘的处世哲学。为了迎合梁武帝的佛教雅号，茅山道士陶弘景竟然下山去阿育王塔受戒，佛道兼修。只有看到这些，方能真正深刻地理解梁武帝萧衍和茅山道士陶弘景之间牢不可破的所谓交谊。沈约是南梁的高官，和陶弘景有着很深的友谊。沈约去世后，在一首悼念老友的诗作中，陶弘景含蓄地表达了自己内心深处的彷徨和无奈：

我有数行泪，不落十余年。

今日为君尽，并洒秋风前。

三

大自然没有完全相同的两片树叶，人世间也没有完全重合的两则故事。明朝初叶的刘伯温和陶弘景一样，有过出仕做官的经历，并先后两次选择辞官山居，意欲躲避乱世，归老林泉，独善其身。讵料事与愿违，落了个与陶弘景截然不同的悲惨结局。

刘基字伯温，浙江青田人。其曾祖父刘濠在南宋末做过翰林掌书。刘伯温天资聪慧，从小由父亲启蒙识字，12岁考中秀才，被人们称为"神童"。

元泰定元年（1324年），14岁的刘伯温入府学读书。泰定四年（1327年），十七岁的刘伯温师从处州名士郑复初学程朱理学，大受郑复初赏识，曾对刘伯温的父亲刘爚说："君祖德厚，此子必大君之门矣。"

作为元王朝的子民，刘伯温和当时绝大多数读书人一样，怀揣着"学成文武艺，售与帝王家"的信念，经过科考步入了仕途。史称：元至顺间，举进士，除高安丞，有廉直声。

高安丞虽然是个不起眼的小官，但刘伯温能戴上这顶帽子也不容易。元统三年（1333年），刘伯温便考中了进士，三年之后，元朝廷才任命他担任这个小官。刘伯温在这个小小的平台上清廉为官，正直为人，虽然获得了人们的赞誉，却开罪了地方豪绅。幸亏上司呵护，才得以辞官返乡。

至正三年（1343年），朝廷征召他出任江浙儒学副提举。他在这一职位上仅干了一年，后因检举监察御史失职，受到朝中官员责难，只好请求辞职。

大约从这时起到至正六年（1346年），刘基在丹徒一方面教学授徒，一方面潜心学问，博览群书，诸子百家无一不窥，尤其对天文地理、兵法、奇门术数，更有特殊爱好，潜心钻研揣摩，十分精通。和他相处的文人名士对他十分钦佩，认为他有诸葛孔明之才。

> 基博通经史，于书无不窥，尤精象纬之学。西蜀赵天泽论江左人物，首称基，以为诸葛孔明俦也。（《明史·刘基列传》）

直到此时，赋闲在家的刘伯温对行将就木的元王朝依旧心存幻想。至正十二年(1352年)，元王朝已然风雨飘摇，南方各地义军纷纷揭竿而起，朝廷被迫围剿招安并用，却依旧疲于奔命。于是，想到了起用赋闲乡居的刘伯温。很快，人在家乡青田的刘伯温收到朝廷的一纸公文，起用他为江浙省元帅府都事，辅佐当地官员平定浙东一带以方国珍为首的盗贼。刘伯温到任后，立即提出相应的建言对策。但元左丞帖里帖木儿却一心想要招安方国珍，刘伯温坚持认为方氏兄弟为首犯，不诛无以惩后。而方国珍重贿官府，终被招安，并授以官职，反过来谴责刘伯温擅作威福。朝廷如此是非颠倒腐败昏聩，令刘伯温彻底绝望，遂于一怒之下辞官隐居，避祸于浙江青田老家，并在此期间写下了著名的《郁离子》一书。

刘伯温这次愤而辞官归隐，既有与当政者政见不同的因素，也有他自己独到的远见卓识。在元王朝和各地义军征战正酣胜负尚且未见分晓之际，书生本色的刘伯温能够高举远遁，离开元朝政坛，起决定作用的因素是他看出腐朽的元王朝业已病入膏肓，不可救药，所以才断然与之切割，以求"苟全性命于乱世"。不言而喻，刘伯温的这次抉择，使得他侥幸未成为元王朝的殉葬品，进而将自己的有用之身聪明智慧，投入到建立朱明王朝之中。

四

至正二十年（1360年）即元朝灭亡前10年，雄心万丈求贤若渴的朱元璋攻下浙江金华、平定苍括后，闻悉刘伯温、宋濂的大名，遂使人前去重金礼聘。刘伯温起初并未应聘，经朱元璋属下总制孙炎再次修书恳切相邀，方才答应出山。

刘伯温应邀来到应天（今南京）后，针对当时天下群雄并起、而元朝尚在进行垂死挣扎的形势，向朱元璋提出避免两线作战、各个击破的建议对策，史称"陈时务十八策"，为朱元璋所采纳。此后，刘伯温不断以谋臣身份为朱元璋出谋划策，迭有建树。一方面辅佐朱元璋集中兵力先后消灭了强大的竞争对手陈友谅、张士诚等势力，另方面建议朱元璋既要脱离"小明王"韩林儿谋求自立，又要以"大明"为国号来招揽天下义师的民心。

至正二十七年（1367年），刘伯温参与制定朱元璋的灭元方略，此后大军北伐节节胜利，"略如基谋"。

在戎马倥偬的征战生涯中，刘伯温与朱元璋君臣相得，结下了深厚的情谊。朱元璋公开称刘伯温为辅佐他的张良张子房：

> 帝察其至诚，任以心膂。每召基，辄屏人密语移时。基亦自谓不世遇，知无不言。……帝每恭己以听，常呼为老先生而不名，曰"吾子房也"。（同上书）

在世人看来，一介布衣朱元璋能够在元末群雄逐鹿中逐个歼灭诸多竞争对手，北伐中原，推翻元朝，底定天下，建立大明王朝，刘伯温在其中发挥了至关重要的作用。于是，人们便经常将他和三国时期的诸葛亮，秦汉时期的张良、萧何等人相提并论，提出了"三分天下诸葛亮，一统江山刘伯温"，甚至认为，刘伯温的才干智慧功业远超张良、萧何、诸葛亮等人：论成就，刘伯温远在诸葛亮之上；论军事才能，刘伯温远超萧何，助力朱元璋拿下大元天下；论治国才能，刘伯温更强于张良，一举定下大明帝国后世两百年的盛世格局。如此溢美之词，固然说明了刘伯温在国人心目中的崇高地位，但实际上，刘伯温在朱元璋麾下的地位官职，却远没有张良、萧何、诸葛亮显赫。张良是汉高祖刘邦身边的第一谋臣，西汉王朝建立伊始，刘邦分封功臣时，首先想到的便是大功臣张良，要他"自择齐三万户"，因为张良坚持不肯要，最后才如其所请，封为留侯；萧何、诸葛亮更不待说，都是实权在握的当朝丞相；而刘伯温虽是朱元璋称帝前言听计从的重要谋臣，但官职并不高，只是个太史令。明王朝建立后，担任御史大夫兼太史令，洪武三年（1370年）十一月，明太祖大封功臣，授刘伯温为开国翊运守正文臣、资善大夫、上护军，封诚意伯，食禄二百四十石。较诸对众多开国功臣的封赏，居功至伟的刘伯温实在显得有些寒碜。

五

明朝立国之初，太祖朱元璋对刘伯温信任有加，可以由以下几件事看出来：一是修改税量，参考宋代的制度每亩加征五合，唯有青田不加税。朱元璋解释说，这样做是为了"令伯温乡里世世为美谈也"。二是追赠刘伯温的祖父和父亲皆为永嘉郡公，这无疑是莫大的恩典。朱元璋还几次"欲进基爵"，因刘基"固辞不受"而作罢。三是朱元璋曾打算免去重臣李善长的丞相之职，改让刘伯温做丞相。小心谨慎的刘伯温坚辞不就，并一再进言说李善长是国家勋旧，善于调和文臣武将。朱元璋为刘基鸣不平说："他数次想害你，你为何要再三为他说好话呢？我一定要让你担任丞相。"刘伯温则婉言劝说道："更换丞相，好比更换柱子，应当用大木来代替。如果使用一根小木头顶替，大厦就会面临倾塌的危险。"因为刘伯温坚决不肯做丞相，太祖才退而求其次，罢免李善长后改任杨宪为相；接着又罢黜杨宪，改任汪广洋为相；随后又罢黜汪广洋，改任胡惟庸为相。朱元璋曾先后就几个丞相候用人选征求刘伯温意见，刘伯温表示杨宪、汪广洋、胡惟庸均不是合适人选，这一预言均不幸而言中。

历史屡屡证明，只有能够在名利权位面前把持得住不动心的人，才称得上是真正的高人。刘伯温显然就是明初开国功臣中罕见的淡泊名利的高人。他并不是没有机会做丞相，而是在功名利禄面前，不像别人那样趋之若鹜，而是避之犹恐不及，辞爵位、辞相位的举止，绝非一般人所能做得到。

刘伯温坚决推辞相位，首先表现出一种难得的自知之明。《明史·刘基列传》称："基佐定天下，料事如神。性刚嫉恶，与物多忤。""性刚嫉恶，与物多忤"寥寥八字，已然道出了智者刘伯温的性格特点和致命弱点，与春秋时期齐国名臣鲍叔牙"善善恶恶"的性格特点和缺陷约略相同。具有这一性格特点和弱点的刘伯温长期深得太祖朱元璋信任，执掌都察院，督察文武百官，自然少不了得罪人，招致同僚猜忌，甚至成为他们非议攻讦的目标。

其次，还在于刘伯温深知太祖朱元璋刚愎雄猜的秉性特质，对朱皇帝难以言传的过河拆桥的阴暗心理洞若观火。他心里明白，朱元璋一再想让他担当大任，既有大才大用的念想在，也有权力制衡的用意在。自己一再推辞，很难使朱元璋不心生疑窦。作为朱皇帝手中的一个玩偶，出任丞相表面上风光无限，实际上风险更大变数更多。

于是他决心主动辞官，退出朝廷这个是非肮脏之地，以求安度余年，独善其身。刘伯温以体弱多病为由再三恳请，朱皇帝欣然允准，洪武四年（1371年）春天，"诚意伯刘基致仕"。这年刘伯温刚刚60岁。

六

获准辞官归隐后，刘伯温的欢喜之情溢于言表，遂写了一首诗作《辞官自遣》抒发其心志：

> 买条黄牛学种田，结间茅屋傍林泉。
> 因思老去无多日，且向山中过几年。
> 为吏为官皆是梦，能诗能酒总神仙。
> 世间万事都增价，老了文章不值钱。

仔细品味这首诗作，不难体味出刘伯温心中是何等的五味杂陈。

刘伯温梦醒辞官后，回到老家青田，隐姓埋名，绝口不谈政事，言行举止格外注意，没有说过任何居功自傲藐视法度的话，没有做过任何违反朝廷制度的事情：

> 至是还隐山中，惟饮酒弈棋，口不言功。邑令求见不得，微服为野人谒基。基方濯足，令从子引入茆舍，炊黍饭令。令告曰："某青田知县也。"基惊起称民，谢去，终不复见。（《明史·刘基列传》）

刘伯温退休后的言行举止，在明初国家重臣当中，不论从哪个角度来看，都称得上是鹤立鸡群，堪称人臣楷模。但即便是如此谨言慎行，还是没能躲过杀身之祸。

《明史》将刘伯温含冤而死的账，一股脑地记在了权奸胡惟庸身上。刘伯温老家有个地方与福建接壤的叫谈洋，盐盗、逃兵交相为患，百姓苦不堪言，地方官却为逃避责任而故意隐瞒真相，不予呈报。赋闲在家的刘伯温获悉后，当即让其子刘琏据实呈报洪武皇帝，而越过了中书省，由此引起以左丞掌中书省事的政坛宿敌胡惟庸的不满。胡唆使他人举报刘伯温心怀叵测，想在风水胜地谈洋建自家墓地，而和当地百姓发生纠纷，"民弗与，则请立巡检逐民。"朱元璋随即以此为由，下令停发了刘伯温的俸禄。"基惧入谢，乃留京，不敢归。"没过多久，倍受皇帝宠信的胡惟庸正式拜相，刘伯温则忧愤疾作。

洪武八年（1375）春天，刘伯温在京病重时，"惟庸以医来，饮其药，有物积腹中如拳石"。是年五月，抱病还乡的刘伯温死于青田，享年65岁。后胡惟庸案发，"中丞涂节首惟庸逆谋，并谓其毒基致死云。"

《明史》的说辞虽然煞有介事，可信度却不高。刘伯温的功业、名望、影响力和在太祖朱元璋心目中的地位，足以令胡惟庸不敢贸然加害于他。如果没有朱皇帝的暗中唆使或默许，胡惟庸尽管身居相位，也绝不敢肆意妄为。刘伯温之死，显然与主子朱元璋始终对他放心不下,有着说不清的关系。

七

陶弘景和刘伯温同样名满天下智慧超群,同样绝不留恋仕途选择归隐矢志终老林泉,却走上了两条全然不同的归途。究其主要原因,不能不承认,决定权操在左右主宰着他们的命运主子手上。

陶弘景和梁武帝萧衍很早便相识相知,在萧衍取代南齐建立南梁帝国后,延请在10多年前即已辞官归隐的道士陶弘景重新出山辅佐朝政,自是出于至诚。当陶弘景表明决意终老林泉的心迹后,老友萧衍理解并尊重他的选择,没有强人所难。陶弘景也没有因为自己醉心于闲云野鹤自由自在的生活,而与朝廷政治完全隔绝,相反,却以在野之身自觉关注政事,经常为梁武帝出谋划策,故而才有了"山中宰相"的绰号。由于萧衍深知陶弘景没有任何政治野心,不会对他的南梁王朝构成任何威胁,而对陶弘景绝对信任绝对放心,所以尽管他们一个是佛教信徒,一个是道教宗师,却让彼此之间的友谊与日俱增,而使陶弘景得遂所愿,风风光光地走完了其人生全程。倘若陶弘景所面对的不是梁武帝萧衍,他的余生或许就会完全不同。

元末天下大乱之际,一度在元朝官场上待过又辞官隐居的刘伯温被朱元璋延请入幕出谋划策,并将其比作秦汉之际辅佐刘邦争夺天下的谋士张良。大明王朝建立之初,朱皇帝对刘伯温更为倚重,想让他取代李善长担任宰相,做他的左膀右臂,刘伯温却一再推辞。此举极容易使朱元璋心生疑窦,君臣之间由此产生隔阂,警惕猜忌随之而来。在雄才大略又刚愎雄猜的朱皇帝眼里,任何旷世大才都必须为我所用,否则,就有可能成为潜在的对手和敌人。于是朱皇帝便一再给刘伯温出难题,逼其上套。看透了朱皇帝心机的刘伯温既然不想置身于权力斗争的漩涡之中,便只有"两害相衡取其轻",一再乞求朱元璋恩准其归养而独善其身。朱皇帝虽然允准刘伯温辞官归隐,却没有轻易打消对他的戒心,既然刘伯温的旷世大才不肯为朝廷所用,那么,在朱元璋心中,归隐山居的他便是一种潜在的威胁,一桩挥之不去的心病。故而,饶是刘伯温足智多谋,韬光养晦,仍然避免不了成为宫廷政治权力角逐的牺牲品。《明史》主笔张廷玉秉承为尊者讳的宗旨,把刘伯温的死因推到奸臣胡惟庸身上。但明眼人一看即知,刘伯温之死,与其说是死于权奸胡惟庸的中伤,不如说是死于圣君朱元璋的冷漠;与其说是死于自个鞍前马后为其奉献了一生的朱皇帝的阴暗心理,不如说是死于自己的旷世才华。

世界太大,人间太大,总有许多事说也说不清楚,糊里又糊涂。信奉"君行令、陈行意"的智者范蠡见好就收,携西子泛舟五湖经商致富,风流潇洒尽享人生;性情恬淡的张良功成身退,"愿弃人间事,欲从赤松子游",安然淡出名利场,活到了自然死;南朝道士陶弘景竟然"熊掌与鱼"二者得兼,优哉游哉地做起了"山中宰相";而清醒地意识到"为吏为官皆是梦"的智者刘伯温逆来顺受要求最低,一门心思"买条黄牛学种田,结间茅屋傍林泉,因知老去无多日,且向山中住几年",却动辄得咎,含冤而死。读书读史读诗文至此,于扼腕长叹之余,无法不深长思之:决定人之生死祸福的,究竟是什么!

纵看过去,横看过来,陶弘景和刘伯温的不同结局似乎说明了一个浅显而又深刻的道理:书生从政归隐,结局好歹,不在于自个才干大小功业多少智商高低,甚至也不取决于自己如何抉择,而取决于遇上了一个什么样的主子!

解缙

旷世大才子,
何堪雪中埋

古人崇尚"学得文武艺,售与帝王家",挤近帝王身边、进入帝王视野、获得帝王信任、为帝王肝胆涂地在所不辞,是一代又一代读书人前赴后继的梦想与追求。殊不知,利益与风险为伴,尊荣和屈辱同行。古人有云:"伴君如伴虎,刻刻要当心。"放眼历史,"伴君如伴虎"这句话凝结了古人的无数血泪教训,令人言之伤心,却又难以彻底醒悟。明代大才子解缙的人生悲剧,无疑就是这一官场铁律的一个铁证。

有明一代,才子解缙宛如一道流光,虽然时光过于短暂,却在世人的心中留下了不可磨灭的印记。解缙的人生悲剧,固然和"行高于人,众必非之"息息相关,和他的人生追求性格缺陷有关,更和他不知疲倦地迷恋官场功名心太重息息相关。解缙过人的政治才华,非凡的理想追求,直言不讳的言语行事风格，一方面讨得了主人的欢心，实现了其脱颖而出的政治梦想，另一方面也于不知不觉之中触动了主子的逆鳞，从而不可避免地陷入宫廷政治争斗的漩涡，最终酿成了他的人生悲剧。

一

解缙（1369—1415年），字大绅，一字缙绅，号春雨、喜易，江西吉水人。祖父解子元，做过元朝安福州的推官。到父亲解开这一代业已家道中落，只得以卖豆腐为生。明朝建立后，太祖朱元璋曾召见解开，表示可以给他官做，但倔强的解开却不愿意踏入官场，而情愿继续卖豆腐。洪武二年（1369年），解缙出生在这个相对贫寒自食其力的家庭里。小解缙从小便聪颖过人，5岁读书，7岁能诗，在当地传为佳话。

相传，解缙家对面是本地大财主的一片竹林，解缙经常在竹林边读书吟诗。财主很是看重天资聪颖的小解缙，几次主动要和他结交，都被解缙却之门外，财主从此和解缙有了芥蒂。这年除夕，解缙在自家墙上贴了一副对联："门外千竿竹，屋内万卷书。"村里人看了纷纷称赞。财主一气之下命人将竹子全部砍倒，一棵不剩。第二年除夕，解缙写春联时仍沿用上年的对联，只不过各加了一个字，变成了："门外千竿竹短，屋内万卷书长。"村里的乡亲们看后纷纷拍手称奇。财主恼羞成怒，下令将竹子连根刨掉。转眼新年又到，解缙又将上年的对联各增一个字，写好贴了出去。大年初一，乡亲们互相拜年，到了解家门口一看，一副工整对仗的对联赫然在目："门外千竿竹短命，屋内万卷书长存。"于是，解缙书写对联气老财主的故事不胫而走，广为流传。

洪武二十一年（1388年），20岁的解缙春风得意，高中进士后很快被太祖朱元璋赏识：授中书庶吉士，甚见爱重，常侍帝前。一日，帝在大庖西室，谕缙："朕与尔义则君臣，恩犹父子，当知无不言。"（《明史·解缙列传》）解缙顿时热血偾张，即日写好洋洋洒洒的万言书上陈，从六个方面纵论朝政得失：一是仁君应以仁义治天下，二是应明正典制，三是应杜绝鬼神迷信之道，四是坚持用人唯贤，五是应统一税收与民休息，六是应开武举和重视边防。书奏，帝称其才。已，复献《太平十策》，文多不录。（同上书）

或许是因为解缙书生气太浓，所提建议虽然对时政不无裨益，但因同时对朱皇帝也提出了直言不讳的批评，惹得朱元璋心里不高兴，对他逐渐疏远起来。随后，由于解缙过于恃才傲物，言辞轻率，而让朱元璋又对他产生了看法。帝曰："缙以冗散自恣耶。"命改为御史。（同上书）

由中书庶吉士改任御史，解缙原本应当觉察朱元璋对自己的看法有了微妙的变化，却没有引起足够的警觉，在朝中仍然不肯看皇帝的颜色行事，依旧率直地发表自己的批评意见。

朱元璋晚年疑神疑鬼，寻找各种借口，几次兴起大狱，大肆屠戮功臣。洪武二十三年（1390年），开国功臣、左丞相、韩国公李善长被朱元璋以谋反罪名处死，家人七十多口全被杀害。朝中不少大臣皆不相信李善长会谋反，但慑于朱元璋的淫威而不敢表示异议，唯有虞部郎中王国用上疏为李善长鸣冤。时人皆以为，王国用的奏疏乃出自解缙的手笔：

> 善长与陛下同心，出万死以取天下，勋臣第一，生封公，死封王，男尚公主，亲戚拜官，人臣之分极矣。藉令欲自图不轨，尚未可知，而今谓其欲佐胡惟庸者，则大谬不然。人情爱其子，必甚于兄弟之子。安享万全之富贵者，必不侥幸万一之富贵。善长与惟庸，犹子之亲耳，于陛下则亲子女也。使善长佐惟庸成，不过勋臣第一而已矣，太师国公封王而已矣，尚主纳妃而已矣，宁复有加于今日？且善长岂不知天下之不可幸取。当元之季，欲为此者何限，

莫不身为齑粉，覆宗绝祀，能保首领者几何人哉？善长胡乃身见之，而以衰倦之年身蹈之也。凡为此者，必有深仇激变，大不得已，父子之间或至相挟以求脱祸。今善长之子祺备陛下骨肉亲，无纤芥嫌，何苦而忽为此。若谓天象告变，大臣当灾，杀之以应天象，则尤不可。臣恐天下闻之，谓功如善长且如此，四方因之解体也。今善长已死，言之无益，所愿陛下作戒将来耳。（《明史·李善长列传》）

解缙代王国用写奏疏被写入史书："韩国公李善长得罪死，缙代郎中王国用草疏白其冤。"（《明史·解缙列传》）或许是这个奏折所言使朱元璋良心发现，或许是朱皇帝体会臣下的初衷，或许是朱元璋懒得多说，反正，在看了这份奏折后，"雄猜之主"朱元璋竟然未予深究，而让挂名的王国用和捉刀代笔的解缙侥幸逃脱一劫，并得以青史留名。

不久，解缙故伎重演，又为同官夏长文草疏《论袁泰奸黠状》，参劾都御史袁泰。袁泰为此而受到处罚，一直怀恨在心。解缙代笔之事后被朱元璋知晓，朱元璋认为解缙缺乏涵养历练，有必要修身养性，闭门思过，否则会成为众臣攻击的对象。洪武二十四年（1391年），朱元璋召解缙的父亲解开进京，对他说道：

大器晚成，若以尔子归，益令进学，后十年来，大用未晚也。
（《明史·解缙列传》）

于是，年方23岁的青年解缙只好收拾行装，随父亲回到家乡吉水，闭门著述，校改《元史》，补写《宋书》，删定《礼记》，一待就是8年。

明太祖朱元璋让解开把解缙领回家中的意图十分明显，是准备日后重用他的，却没有想到自己再活不了 10 年。同时，朱元璋也不会意识到，他的"后十年来，大用未晚也"一语，在他撒手归天后会给解缙带来意想不到的麻烦。

二

洪武三十一年（1398 年），明太祖朱元璋去世。奉太祖之命在家乡读书的解缙闻悉后悲痛万分，愈加感念朱皇帝的知遇之恩，虽然年逾而立，虽然居家闭门读书修身养性已有 8 年之久，但是解缙依旧那样任情任性，不遑他顾，匆匆忙忙地赶到都城南京参加吊唁。解缙万万没有想到，此举却让人抓住了把柄，被有司弹劾他违反了太祖当年要他 10 年后再入朝的圣谕，要求予以惩处。新君建文帝朱允炆遂将解缙贬到了河州，担任河州卫吏。后经礼部侍郎董伦的请求，建文帝才又下诏命解缙回到南京，任翰林院待诏。《明史·解缙列传》载：

> 时礼部侍郎董伦方为惠帝所信任，缙因寓书于伦曰："缙率易狂愚，无所避忌，数上封事，所言分封势重，万一不幸，必有厉长、吴濞之虞。邮哈术来归，钦承顾问，谓宜待之有礼，稍忤机权，其徒必贰此类非一，颇皆亿中。又尝为王国用草谏书，言韩国事，为詹徽所疾，欲中以危法。伏蒙圣恩，申之慰谕，重以锡赐，令以十年著述，冠带来廷。《元史》舛误，承命改修，及踵成《宋书》，删定《礼经》，凡例皆已留中。奉亲之暇，杜门纂述，渐有次第，涉将八载。宾天之讣忽闻，痛切欲绝。母丧在殡，未遑安厝。家有九十之亲，倚门望思，皆不暇恋。冀一拜山陵，陨泪九土。何图诖误，蒙恩远行。扬、粤之人，不耐寒暑，复多

疾病。俯仰奔趋，伍于吏卒，诚不堪忍。昼夜涕泣，恒惧不测。负平生之心，抱万古之痛。是以数鸣知感。冀还京师，得望天颜，或遂南还，父子相见，即更生之日也。"伦乃荐缙，召为翰林待诏。

愈是品味这段文字，愈是感到歌手卓依婷的那首歌词写得到位：

故事里有多少是是非非，
故事里有多少非非是是；
故事里的事，说是就是，不是也是；
故事里的事，说不是就不是，是也不是。

解缙如愿以偿，遂在京城任职，而不再提回家乡安葬母亲、奉养老父亲之事。由此可知，解缙当初任性地前往京城参加吊唁太祖的活动，明显怀有幻想提前结束居家闭门读书生涯、重回朝廷任职的念头。否则，接到朝廷的任命后，他便会恳请建文帝，允准他返回家乡葬母养父并继续其十年读书生涯，然而他并没有这样做。

建文帝允准解缙留在朝中，并委任他为翰林待诏，可谓是把准了解缙做官心切的脉搏；对解缙而言，重回朝廷权力中心则可谓是梦寐以求，正中下怀。建文帝助力解缙结束了居家读书生涯并重返官场，对解缙而言可谓是皇恩浩荡；但相形于感激太祖朱元璋的知遇之恩，解缙对建文帝的君臣情结显然要稍逊一筹。"试玉要烧三日满，辨材须待七年期。"验证解缙对建文帝的真实情感并不需要多长时间。随后突如其来的朱明朝廷巨变，便将解缙埋藏在心底的秘密暴露在了光天化日之下。

三

建文三年至四年（1401—1402年），燕王朱棣打着"清君侧"的旗号发动靖难之役，是为明朝历史上惊天动地的大事变。据《明鉴易知录》卷四载：在朱棣渡江之前，南京城中解缙、胡广、周是修三位大臣相约，城破之日一同死难。分别后，解缙派人前去窥探胡广动静。回报说胡广回到府上以后，先问家人喂猪了没有。解缙听后苦笑着说道："一猪尚不肯舍，况肯舍性命乎？"朱棣称帝之后，胡广果然没有为建文帝殉身，而解缙也同样没有为建文帝死难，两人均非常识时务地委身于胜利者朱棣麾下，只有周是修一人实践了自己的诺言。有比较才能鉴别。与慷慨赴死为建文帝壮烈捐躯的方孝孺比较，解缙在大节临头之际心底的阴暗清晰可见。

和解缙一样，方孝孺也是太祖朱元璋为后世之君精心储备的治国干才。建文帝即位后，方孝孺历任翰林侍讲、翰林侍讲学士、文学博士，是建文帝十分倚重的文胆。燕王朱棣起兵靖难前夕，其高参、僧人姚广孝便以为天下读书人保存种子为由，请求燕王朱棣不要杀害方孝孺。攻陷京城之后，朱棣便让人从狱中提出方孝孺，想借重他的文笔为其登基称帝草诏。但方孝孺早已抱定要为建文帝殉难之决心，断然不肯为求苟活而屈从于叛逆之徒。尽管在召见方孝孺之前朱棣已经打好了腹稿，但面对方孝孺义正词严的责问，却依旧左支右绌。朱棣用周公辅佐周成王的历史典故来诠释自己起兵靖难，被方孝孺一句"成王安在"责问得张口结舌；朱棣用"国赖长君"来为自己篡位开脱，却又无法回答方孝孺"何不立成王之弟"的诘问，于是只能借用所谓的"家事说"，不让方孝孺继续辩论，而逼他起草称帝诏书。此时，轻生死而重名节的方孝孺"投笔于地，且哭且骂曰：'死即死耳，诏不可草。'"方孝孺宁死不屈彻底激怒了朱棣，不仅让方孝孺死得很惨，而且诛杀了方孝孺的宗族亲友数百人。方孝孺一案被诛灭了十族，比历史上罕见的株连九族，还多出一族。

坚决不肯为朱棣称帝起草诏书的方孝孺死后，起草诏书的差事便落到了大才子解缙头上。虽然史书对此没有记载，但人们却多认为明成祖朱棣的称帝诏书出自解缙手笔，朱棣称帝后对解缙格外器重，仿佛也印证了这一点。

永乐元年（1403年），成祖朱棣登基，解缙被任命为翰林侍读。明朝自发生宰相胡惟庸谋逆案，朱元璋遂下令废除宰相制，朱棣称帝后成立文渊阁，实行内阁制，解缙与黄淮、杨士奇、胡广、金幼孜、杨荣、胡俨等入文渊阁参预机务。不久迁为翰林侍读学士，奉命总裁《太祖实录》《列女传》，书成，朱棣赏赐银币。其后解缙又奉命主编《永乐大典》。永乐二年（1404年），解缙晋升为翰林学士兼右春坊大学士，为内阁首辅。朱棣曾经召见解缙等人说："你们七人朝夕相处，我经常在宫中称赞你们的勤勉谨慎。往往最初容易谨慎，而最终仍然能保持下去的则很难，希望你们能够共勉。"于是各赐五品官服等。恰逢立春时，朱棣赐解缙等金绮衣，与尚书地位相同。此后内阁进言，朱棣均虚心采纳。永乐元年至五年（1407年），解缙从34岁到38岁，正值盛年，也是他一生最辉煌的时期，对大明王朝多有建树。成祖曾经赞扬他说："天下不可一日无我，我不可一日少解缙。"

"祸兮福所倚，福兮祸所伏。"封建的君臣关系更是诡秘莫测，飘忽不定。没过多久，备受宠信的内阁首辅大臣解缙便运交华盖，深陷明代宫廷政治的泥淖之中而无法自拔。

四

才高、勇于任事、表里洞达、善于引荐人才、从不藏人之美，是内阁首辅大臣解缙的突出优点，而喜欢评论人物、说话了无顾忌等则是他的致命弱点。"太高人共妒，过洁世同嫌。"成祖对解缙的高度信任无形中引起了人们的惶恐嫉妒恨，解缙却蒙在鼓里，继续我行我素。

帝王家围绕皇位继承问题父子反目兄弟成仇的例子屡见不鲜，通过玄武门兵变做了唐太宗的李世民，雄才大略英明神武，却被册立太子一事愁得甚至想撞墙自杀。明成祖也不例外，登基后长时间为册立哪个儿子做储君而闹心不已。解缙身为内阁首辅大臣，且颇受信任，在确定立那位皇子为太子的问题上，解缙既发挥了至关重要的作用，又不慎卷入了汉王朱高煦和太子朱高炽的明争暗斗中，竟至泥潭深陷，最后做了无谓的牺牲品。史载：

> 缙少登朝，才高，任事直前，表里洞达。引拔士类，有一善称之不容口。然好臧否，无顾忌，廷臣多害其宠。又以定储议，为汉王高煦所忌，遂致败。先是，储位未定，淇国公邱福言汉王有功，宜立。帝密问缙。缙称："皇长子仁孝，天下归心。"帝不应。缙又顿首曰："好圣孙。"谓宣宗也。帝颔之。太子遂定。高煦由是深恨缙。会大发兵讨安南，缙谏。不听。卒平之，置郡县。而太子既立，又时时失帝意。高煦宠益隆，礼秩逾嫡。缙又谏曰："是启争也，不可。"帝怒，谓其离间骨肉，恩礼浸衰。四年，赐黄淮等五人二品纱罗衣，而不及缙。久之，福等议稍稍传达外廷，高煦遂谮缙泄禁中语。明年，缙坐廷试读卷不公，谪广西布政司参议。既行，礼部郎中李至刚言缙怨望，改交阯，命督饷化州。（同上书）

上述文字说明，成祖在确定悬而未决的太子人选时，很重视听取内阁首辅大臣解缙的意见，解缙则力荐册立皇长子朱高炽为太子；成祖采纳解缙的建议确立朱高炽为储君后，又对其不太满意，同时过分宠爱次子汉王朱高煦，礼秩超过了嫡亲标准。解缙见状，当即旗帜鲜明地表示成祖的做法极容易引发太子和汉王之间的争竞，万万不可。解缙的上述言论祸根深种，不仅让汉王朱高煦深恨自己，而且让成祖认为他在离间太子和汉王之间的骨肉之情，并由此而疏远他，"恩礼浸衰"。永乐四年（1406年），成祖赏赐阁臣黄淮等人二品纱罗衣，单独不给解缙，怨恨之气隐约可见。淇国公邱福将朝廷机密"传达廷外"，朱高煦却嫁祸解缙。永乐五年（1407年），解缙又被诬为"试阅卷不公"，贬为广西布政司参议。临行前，又遭到一向与他有宿怨的礼部郎中李至刚的诬告，而改贬交趾（今越南），命督饷化州。

聪明绝顶的解缙身为朝廷内阁首辅大臣，本应比别人对皇室内部只可意会不可言传的微妙人际关系更敏感更警觉，也更懂得疏不间亲的道理，对太子和汉王之间争斗的严重性了然于胸的他，本应选择三缄其口，知其不可言而不言，但是出于对成祖的忠诚和对大明王朝江山社稷的考量，解缙却毅然决然地反其道而行之。介入宫廷纷争之中以后，解缙自然感受到了来自成祖的阵阵逼人寒意，本应观落叶而知秋，迅速退步抽身，以求自保，但他却当局者迷，不能及时警觉，结果失去了最佳的引退时机，而蒙受接踵而至的一连串的羞辱贬徙：成祖翻脸无情；汉王借机嫁祸；对头肆意诬告；由当朝一品内阁首辅大臣而徙为广西布政司参议，而改徙交趾，地位何止一落千丈！斯情斯景，令人感慨唏嘘，更令人在掩卷之余，犹为解缙知进不知退而太息不已。

目睹解缙的悲剧，悠然想起了唐德宗时代的宰相李泌。唐贞元三年（787年）八月，德宗李适打算废立太子，宰相李泌犯颜直谏，君臣二人吵得一塌糊涂，双方都说了气话，德宗甚至搬出帝王的杀手锏"家事说"，反问

李泌说:"此朕家事,何豫于卿,而力争如此?"面对德宗的蛮不讲理,李泌不慌不忙地陈述自己的理由:

"天子以四海为家。臣今独任宰相之重,四海之内,一物失所,责归于臣。况坐视太子冤横而不言,臣罪大矣!"上曰:"为卿迁延至明日思之。"泌抽笏叩头而泣曰:"如此,臣知陛下父子慈孝如初矣!然陛下还宫,当自审思,勿露此意于左右;露之,则彼皆欲树功于舒王,太子危矣!"上曰:"具晓卿意。"泌归,谓子弟曰:"吾本不乐富贵,而命与愿违,今累汝曹矣。"……

间一日,上开延英殿独召泌,流涕阑干,抚其背曰:"非卿切言,朕今日悔无及矣!皆如卿言,太子仁孝,实无他也。自今军国及朕家事,皆当谋于卿矣。"泌拜贺,因曰:"陛下圣明,察太子无罪,臣报国毕矣。臣前日惊悸亡魂,不可复用,愿乞骸骨。"上曰:"朕父子赖卿得全,方属子孙,使卿代代富贵以报德,何为出此言乎?"(《资治通鉴》卷二百三十三)

李泌和解缙当时所面对的都是储君难题,而且都达到了自己的目的。不同在于:李泌不仅成功地说服了唐德宗,而且继续获得了唐德宗的高度信任;解缙却因不揣摩主子心理,不注意表达方式而引起了明成祖的猜忌,加之其对手借机构陷,结果白白地做了无谓的牺牲品。在处理同样难题时,李泌绝不恋栈,以退为进,一再要求致仕退隐,而解缙则唯知跃进,唯知雄飞,压根没有丝毫辞官不做的念头。或许,这一心态上的差别乃是他们最终走上两条不同归路的重要原因。

五

才子解缙的人生悲剧在于他得罪了得罪不起的人，这个人就是野心勃勃一直觊觎太子之位的皇次子汉王朱高煦。解缙被贬徙到西南交趾，虽然称了朱高煦的心，却没有彻底消解朱高煦的恨意。必欲将解缙置诸死地而后快的汉王朱高煦，继续紧紧盯着解缙不放，处心积虑地寻找对解缙下手的蛛丝马迹。

> 永乐八年，缙奏事入京，值帝北征，缙谒皇太子而还。（《明史·解缙列传》）

汉王朱高煦获悉后立马精心设计，借题发挥，等成祖一回到京城，便诬告解缙"伺上出，私觐太子，径归，无人臣礼"。成祖为之震怒。史称：

> 缙时方偕检讨王偁道广东，览山川，上疏请凿赣江通南北。奏至，逮缙下诏狱，拷掠备至。词连大理丞汤宗，宗人府经历高得旸，中允李贯，赞善王汝玉，编修朱纮，检讨蒋骥、潘畿、萧引高并及至刚，皆下狱。汝玉、贯、纮、引高、得旸皆瘐死。（《明史·解缙列传》）

由看到解缙的奏折成祖怒不可遏，诏令锦衣卫逮捕解缙入狱，拷掠备至，可知此时朱棣对解缙已经恨之入骨。至此，解缙私自觐见太子遂酿成大案，大理寺寺丞汤宗，宗人府经历高得旸、中允李贯、赞善王汝玉、翰林院编修朱纮，检讨蒋骥、潘畿、萧引高并及御史李至刚等人均连坐入狱。其中高得旸、王汝玉、李贯、朱纮、萧引高病死于狱中。

按常理说，在地方任职的解缙来京城汇报工作，却赶上成祖率军北征，解缙前去觐见一下留守京城的太子朱高炽，并不是什么大不了的事。偏偏朱棣要以此为由头修理解缙，发泄对太子的不满，因为当年解缙曾经力荐册立朱高炽为太子，如果太子和在朝野均颇有影响力的前内阁首辅私下保持沟通，那还了得！于是，一肚子全是冤枉的解缙有口难言，百口莫辩，只能锒铛入狱、承受百般酷刑了。

解缙被捕入狱发生在永乐八年（1410年），这年他42岁，刚过不惑之年。在狱中，解缙一待便是五年多，个中滋味可想而知。

永乐十三年（1415年），解缙的生命走到了尽头：

> 十三年，锦衣卫帅纪纲上囚籍，帝见缙姓名曰："缙犹在耶？"纲遂醉缙酒，埋积雪中，立死。年四十七。籍其家，妻子宗族徙辽东。
> （同上书）

解缙之死说来简单，就是因为成祖在审阅锦衣卫都指挥佥事纪纲送来的在押囚犯名单时，看到了解缙的名字，随口说了一句："缙犹在耶？"

"嘴是两张皮，官字两个口。""天下不可一日无我，我不可一日少无解缙"这句话，不就是出自朱棣之口吗？而今，这位朱皇帝却又来了一句"缙犹在耶"，虽然这句话可以理解为随口那么一问，但也可以理解为别的意思，锦衣卫首领纪纲听后顿时明白成祖是要置解缙于死地。这位狗腿子立马迎合主子的心思，用酒将解缙灌醉，而后拖到积雪中埋起来。于是，一代大才子解缙，便被活活埋死于雪中！47岁，正是人生的大好时光，解缙却含冤负屈地被迫在雪中结束了自己的人生，而且被人刻意安排了一个因醉酒而死于雪中的场景！

锦衣卫都指挥佥事纪纲的理解是准确无误的，"缙犹在耶"绝不是随口一问,而是目的指向性非常明显的暗示。不然,朱棣在获悉解缙被活埋、死于雪中的消息后,就不会允准"籍其家,妻子宗族徙辽东";而直接责任人锦衣卫都指挥佥事纪纲也不会不受到任何追究处分。冷眼旁观,书生解缙虽然是一个大人物,但成祖要结果他的性命,却不费吹灰之力,如同捻死一只蚂蚁般容易。岂止解缙,历史上许多比解缙厉害得多的曾经叱咤风云的大人物,比如春秋时期吴国相国伍子胥、战国时期秦国相国吕不韦等,哪一个不是威风八面,哪一个到头来不是被君主一句话便断送了性命?"伴君如伴虎",信哉斯言,悲哉斯言!

六

对于解缙之死,清代名臣、明史主编张廷玉在《明史·解缙列传》中的评论颇有见地:

> 明初罢丞相,分事权于六部。成祖始命儒臣直文渊阁,预机务。沿及仁、宣,而阁权日重。实行丞相事。解缙以下五人,则词林之最初入阁者也。夫处禁密之地,必以公正自持,而尤贵于厚重不泄。缙少年高才,自负匡济大略,太祖俾十年进学,爱之深矣。彼其动辄得谤,不克令终,夫岂尽嫉贤害能者力固使之然欤?

在张廷玉看来,解缙之死固然与"嫉贤害能者力固使之然"密不可分,却不能完全归咎于这一原因,解缙自身的性格缺陷才是更为重要的原因。

回望解缙的官场轨迹,不论时来运去顺与不顺,始终都不能避免被小人纠缠,正如张廷玉所言"动辄得谤"。解缙一生中如此频频地犯小人,委实和他自己立身处世的原则风格方式息息相关。早在解缙二十岁出头之际,便因才华出众深得太祖宠爱而任性行事,先是替虞部郎中王国用草疏为李善长鸣冤,接着又为同官夏长文草疏《论袁泰奸黠状》,得罪了自己的顶头上司都御史袁泰。如此行事乖张,轻易树敌,自然是官场大忌。成祖永乐年间,解缙身为内阁首辅大臣,却不注重祸从口出的古训,做不到老成持重,却喜欢轻率地品评人物,在皇帝面前议论官员们的优缺点,"好臧否,无顾忌",于是乎,他之被成祖信任便使得不少官员惶恐不安。

解缙因信奉"宁为有瑕玉,莫作无瑕石",固执地掺和到朱皇帝册立太子的家事当中,而得罪了他得罪不起的汉王朱高煦。如果他能留神明哲保身的处世哲学,遵从"疏不间亲"的处世箴言,也许就不会惹祸上身。更为要命的是,册立朱高炽为太子以后,解缙出于对大明王朝江山社稷的忠诚,不愿意泯灭自己的个性和良知,而不管不顾地想说服成祖不要感情用事,结果让成祖对其产生了严重的厌恶,"谓其离间骨肉,恩礼浸衰。"失去了成祖的信任支持,汉王朱高煦等人要构陷解缙便成了小事一桩。于是,谢缙不得不走进其人生的最低谷,并无助地被人活埋于雪中。

用性格缺陷因言惹祸来诠释解缙的人生悲剧,几乎成为一种共识。但是,我们并不能由此而否定解缙的确具有超乎同侪的政治眼光政治见识。史载:

> 方缙居翰林时,内官张兴恃宠笞人左顺门外,缙叱之,兴敛手退。帝尝书廷臣名,命缙各疏其短长。缙言:"蹇义天资厚重,中无定见。夏原吉有德量,不远小人。刘俊有才干,不知顾义。郑赐可谓君子,颇短于才。李至刚诞而附势,虽才不端。黄福秉心易直,确有执守。陈瑛刻于用法,尚能持廉。宋礼戆直而苛,人怨不恤。陈洽疏通警敏,亦不失正。方宾簿书之才,驵侩之心。"帝以付太子,太子因问尹昌隆、王汝玉。缙对曰:"昌隆君子而量不弘。汝玉文翰不易得,惜有市心耳。"后仁宗即位,出缙所

疏示杨士奇曰:"人言缙狂,观所论列,皆有定见,不狂也。"诏归缙妻子宗族。(同上书)

明仁宗所言,无疑是想对解缙之言行有一个公道的评价。

明代宰臣杨士奇曾怀着崇敬的心情评价解缙的高风亮节,认为解缙:"平生重义轻利,遇人忧患疾苦,辄隐于心,尽意为之。笃于旧故及名贤世家后裔,而襟宇阔略,不屑细故,表里洞达,绝无涯岸,虽野夫稚子,皆乐亲之。故求文与书者日辏辐。独不畏强御。"

明代学者罗洪先曾经从下述几个方面品评解缙之为人:

观其应制寓讽,封事犯颜,有郑公之正;乳儿朝贵,敝屣爵位,沅湘之奇;忤权蹈危,投荒厉节,有太白之迈;保储忘身,徙家戍边,有柬之之烈。是果积累得之否乎!及时未优于圣域,亦当不失为豪杰。……呜呼,非日月之明哉!公亦有言:"宁为有瑕玉,莫作无瑕石。"

"试玉要烧三日满,辨材须待七年期。"比上述言辞更有说服力的是:解缙的死对头汉王朱高煦,在解缙死后公然谋反被诛灭;安南地区屡有谋反事件发生,故而明代设置郡县后来也被迫撤销。所有这一切,都证明了解缙生前确有先见之明。而人们记忆犹新的是:"始缙言汉王及安南事得祸。"解缙的悲剧恰恰在于他具有非凡的政治眼光和先见之明。

随着时间的推移,明王朝逐渐还给含冤负屈死去的解缙一个迟来的公道:正统元年(1436年)八月,明英宗下诏赦还所抄家产。成化元年(1465年),明宪宗下诏为解缙平反昭雪,恢复官职,赠朝议大夫,谥文毅。

杨继盛

椒山自有胆,
何必蚺蛇哉

"幸福的人都是相似的,不幸的人各有各的不幸。"借用列夫·托尔斯泰的这句名言来比况人生的幸与不幸,倒也为颇为贴切。幸运的人生姑且按下不说,促成人生不幸的原因五花八门数不胜数,客观因素、环境作用、人际关系、说话口吻、表达方式等,都足以成为人生逆转招致各种坎坷困顿的关键性因素。而审视古人步入多蹇命运的由头,固然不乏"人在家中坐,祸从天上来",不乏"是非只为多开口,烦恼皆因强出头",但同样也不乏"明知山有虎,偏向虎山行",此类因将个人生死祸福置之度外奋勇抗争恶势力而招致的人生悲剧,不唯令世人言之悲哀,而且令后人为之感奋。明代慷慨悲歌的忠烈之士杨继盛,便属于这样的人,他的人生悲剧即因其不顾个人身家性命弹劾奸臣严嵩而酿成。

杨继盛临死前在写给其夫人张贞的家书中说道:"死有

重于泰山,有轻于鸿毛。盖当死而死,则死比泰山尤重;不当死而死,则死无益于事,比鸿毛尤轻。死生之际,不可不揆之于道也。"由此可知,杨继盛生前选择与国家头号奸臣严嵩生死恶斗,不是意气用事,而且性情使然。唯其如此,杨继盛人生的悲剧才更富有古人所倡导的大丈夫情怀。

一

明武宗正德十一年(1516年)五月十七日,杨继盛生于直隶容城县的一个世代耕读之家。据《杨继盛自书年谱》,其童年生涯颇为不幸。

> 予家原口外小兴州人,国初被寇患,徙入内地。远祖之在小兴州者,不可考。祖杨百源,徙保定府容城县,入乐安里籍,居城东北河照村。世业耕读,百源生述正,述正生进,进生俊,俊生青,青生富。富生子三人,长继昌,即予同母兄;次继美,予庶兄,父妾陈氏所出;其三即不肖也。母曹生予于正德十一年丙子岁五月十七日辰。丁丑年二岁,戊寅年三岁,己卯年四岁,俱在母乳。抱状愈奇异,头甚长且圆,大人皆以为寿星头。
>
> 庚辰年,五岁。父妾陈有宠而妒,遂各居,产分为三,母及兄与予得其一。
>
> 辛巳年,六岁。嫂惑于庶母,兄惑于嫂,兄与母又各居,耕种之苦,负戴之劳,母及姊俱身任之。时予亦尝负一小束禾,随母姊同行。见者为之叹息流涕。
>
> 嘉靖改元,壬午年,七岁。母得咳嗽劳疾,七月六日捐馆,父携庶母避之他所。予惟哭泣,日则诸姊引携,夜则随兄同寝。其狼狈孤苦,良为至极。

癸未年，八岁。夏，即善牧牛。或宿于场园，或宿于瓜铺。至里塾，见诸生揖容之美，吟诵之声，心甚爱之，欲从读书。兄曰："若年幼，焉用此？"予曰："年幼能牧牛，乃不能读书耶？"又告于父，始得从师受书。四五过即成诵，从学四五日，即能对句。

甲申年，九岁。退学供牧牛事。兄以牧牛失期见责，云："即分居，汝当饿死矣！"予曰："分亦何妨。"兄乃分屋一间，米豆各数斗，驴一头。予早起自作饭，食毕则将米豆上各画字记之，将门封锁，乘驴出牧。午间回，亦如之。乡人俱为流涕。兄伴为不理。至四五日后，乃曰："我戏而勒之分居，即能料理家事如此。"于是又合居。冬十月农事毕，从塾师肄业。

乙酉年，十岁。从塾师学对句，辄善。一日客至无酒，沽于馆。父出对云："无酒是穷主。"予即对曰："有儿为名臣。"客叹赏不置。父由此钟爱之，而庶母意亦稍稍敬矣。

丙戌年，十一岁。春，沈师归家，从族伯翔读，恐误学，乃脱牧牛事。九月，父得反胃病，召至家，日夜问安侍养。十月母始葬，十一月八日父捐馆。时柩在堂，本县拘兄作收粮大户，兄不得往，予遂代役。其收纳记算，卯酉点查，俱不错误。

丁亥年，十二岁。表兄王监生家寄食，从刘先生间斋学。

戊子年，十三岁。春，刘师辞归，从邸先生讳宸号南台（后登甲辰进士，复姓赵，任南道御史）。一日师出，同学作布阵相战之势。师来，众皆藏匿。师呼："跪。"出对云："藏形匿影。"对成者先起。予随云："显姓扬名。"师云："此绝对也。"自此相爱之甚，教以作文法。

据杨继盛自述，在他5岁的时候，父亲便将家产分为三份，自己和小老婆及小老婆所生的儿子要了两份，只给了杨继盛和母亲、兄长、姐姐一份，并让他们搬出去分居。杨继盛的苦日子从此开始。

杨继盛6岁时，兄长、嫂子和母亲又因闹矛盾而分居，小继盛学着分担母亲、姐姐的劳作，"尝负一小束禾，随母姊同行"，引得路人看了为之垂泪。

杨继盛7岁时，母亲因患"咳嗽劳疾"病故，父亲害怕被传染，便带着小老婆"避之他所"。娘死爹不理，此时的小继盛简直苦到了冰点："予惟哭泣，日则诸姊引携，夜则随兄同寝。其狼狈孤苦，良为至极。"

杨继盛8岁时，和兄长生活在一起的他已经成了一个合格的牧童，"或宿于场园，或宿于瓜铺。"而他喜欢学习酷爱读书的天性，也开始表现出来。一天，放牛娃杨继盛经过里塾，看见里面的儿童读书，很是羡慕，便回家请求兄长让他跟随塾师读书。兄长以他年纪还小为由一口回绝，杨继盛当即反驳说："年纪小能放牛，就不能学习吗？"接着杨继盛又去央告父亲，始得从师学习，但还要牧牛。

到了9岁时，酷爱读书的杨继盛因为"牧牛失期"受到兄长责备，并被兄长赶出分居，兄弟之间闹了一场矛盾后又重归于好。杨继盛一面随同兄长耕作，一面在农闲时"从塾师肄业"。直到10岁那年，聪颖好学才思敏捷的杨继盛才因一次偶然的应对，——"无酒是苦主"，"有儿为名臣。"——而获得父亲赏识钟爱，和庶母的关系也随之好转。杨继盛11岁时，父亲和庶母相继去世，为了维持生计，杨继盛只能半耕半读。直到13岁时，才得以专心从师读书。通过乡试考中举人，在国子监完成学业，并受到主官徐阶的赞赏。

二

杨继盛32岁时中丁未科进士,开始步入仕途。史称:

> 嘉靖二十六年登进士,授南京吏部主事。从尚书韩邦奇游,覃思律吕之学,手制十二律,吹之声毕和。邦奇大喜,尽以所学授之,继盛名益著。召改兵部员外郎。(《明史·杨继盛列传》)

嘉靖二十九年(1550年),35岁的杨继盛调升京师担任兵部员外郎不久,蒙古首领俺答汗便悍然数次率兵入侵明朝北部边境,蹂躏京师,举国上下为之震惊。嘉靖皇帝随即任命咸宁侯仇鸾为大将军,率军抵御外寇。畏敌如鼠的仇鸾临阵怯战,遂建议朝廷在边关张家口开设马市,希求由此与敌军媾和,因侥幸双方没有发生战斗,仇鸾便更受恩宠。目睹了这一幕幕的杨继盛怒不可遏,毅然上奏弹劾仇鸾示弱辱国,条分缕析,指陈利弊,陈说在边关互市市马之十不可、五谬。进而痛切地指出:

> "盖有为陛下主其事者,故公卿大夫知而莫为一言。陛下宜奋独断,悉按诸言互市者,发明诏选将练兵。不出十年,臣请为陛下竿俺答之首于藁街,以示天下万世。"(同上书)

奏呈,明世宗读后有所触动,便让大臣们讨论杨继盛的奏折:

> 疏入,帝颇心动,下鸾及成国公朱希忠,大学士严嵩、徐阶、吕本,兵部尚书赵锦,侍郎聂豹、张时彻议。鸾攘臂詈曰:"竖子目不睹寇,宜其易之。"诸大臣遂言遣官已行,势难中止。帝

尚犹豫，鸾复进密疏。乃下继盛诏狱，贬狄道典史。（同上书）

杨继盛第一次因上奏入狱有惊无险，贬黜为狄道典史，对他来说可谓是"塞翁失马，焉知非福"。狄道（今甘肃临洮县）地区汉人与少数民族百姓杂居，文化相对落后。杨继盛到任后，马上以极大的热情进入角色，创书院、置学田、开煤山、肃褐市、疏园圃、核户籍等举措，让狄道吏治和教育事业呈现出一派新景象，时间不长便深受当地各族人民拥戴，称他为"杨父"。等到他离开时，"送于百里之外者千余人"。

如果没有接下来的变故，如果杨继盛在狄道典史任上一直干到白发苍苍致仕退休，那么，他虽然成不了引人注目彪炳千秋的伟人，却可以因祸得福，在改造当地面貌造福当地人民方面恪尽职守，做出一定的业绩，而不至于因得罪权奸大恶严嵩而惨遭屠戮，成为令世人言之伤心的悲情人物。

三

杨继盛被贬年余，俺答数次背约扰边，马市全遭破坏。

鸾奸大露，疽发背死，戮其尸。帝乃思继盛言，稍迁诸城知县。月余调南京户部主事，三日迁刑部员外郎。当是时，严嵩最用事。恨鸾凌己，心善继盛首攻鸾，欲骤贵之，复改兵部武选司。（同上书）

仇鸾死后，世宗意识到杨继盛具有先见之明，于是重新起用杨继盛，调为山东诸城县令，改任南京户部主事，三日迁刑部员外郎。经权臣严嵩举荐，又改任兵部武选司员外郎。世宗起用杨继盛的用意十分明显；而严嵩主动举荐杨继盛，则是包藏其处心积虑的算计和不可告人的目的。

仇鸾原本是严嵩为了对付首辅大臣夏言而从监狱里打捞出来的一条狗，但后来仇鸾获得世宗宠信，官居平房大将军，节制诸路人马以后，居然和长期以恩人自居的严嵩反目成仇。为了摆脱严嵩的掣肘，仇鸾几次上疏揭发严嵩、严世蕃父子的不法情事。对仇鸾的来路一清二楚的世宗，见他也出面揭发严嵩，很自然地便对严嵩产生了厌恶心理。嘉靖三十一年（1552年），首辅大臣严嵩开始受到世宗的冷淡。对主子心理变化极其敏感的严嵩立即于暗中着手调查，很快便查明原来是仇鸾对他使绊子。于是，对仇鸾恨之入骨的严嵩遂以俺答入侵为借口，请旨命仇鸾率军前去御敌。仇鸾出师后败绩频传，朝中的严旨又接踵而至，仇鸾又气又急，得了重症。严嵩又借掌管锦衣卫的都督陆炳之口，把收集到的有关仇鸾的种种不法情事呈报告世宗。世宗立即下令，收回了仇鸾的所有印信。过了几天，仇鸾便在极度恐惧中一命呜呼了。仇鸾死后，世宗怒犹未息，遂下令"戮其尸"，以发泄心头之恨。

此时，严嵩看到世宗重新起用杨继盛，便想通过让其骤然显贵的伎俩，把这位首先弹劾仇鸾的硬汉子拉到自己门下作爪牙，于是便主动举荐杨继盛改任权力较大的兵部武选司员外郎。但是，严嵩怎么也没有想到，自己放下身段主动与之亲近，杨继盛非但不领情，反而做了与他势不两立的死对头。乡谚有云："热脸贴了个冷屁股。"这种事偏偏就让明代大奸臣严嵩给赶上了。

据杨继盛《自书年谱》，杨继盛一岁之内四次迁官，发生在嘉靖三十一年（1552年）。浩荡皇恩让返京途中的杨继盛感激涕零，报效国家的赤忱更加炽烈，其时他根本不会想到，自己第四次迁官竟然是因为首辅大臣严嵩主动助力。目睹国家面临的内忧外患，一腔忠诚的杨继盛认为奸臣严嵩弄权当道乃是万恶之源，若要报效国家，就必须义无反顾地弹劾严嵩。于是，在返京途中，便写就了弹劾严嵩的奏章。"稿成，恐过家则人

事缠绕，或不能元旦抵京，乃由别路，于十二月十二日到京，十八日到任。"（《杨继盛自书年谱》）

嘉靖三十二年（1553年），杨继盛上任刚一个月，即在元旦日上《请诛贼臣疏》弹劾严嵩，历数其"五奸十大罪"。《明史》云：杨继盛"抵任甫一月，草奏劾嵩，斋三日乃上奏"。此处所说草写奏章的时间与《杨继盛自书年谱》不合，似以杨继盛自己所云、于返京途中完成弹劾严嵩的奏章更为合理。

杨继盛的奏章，首先指出贼有内外，攻宜有先后。"方今在外之贼为俺答，在内之贼惟严嵩。贼有内外，攻宜有先后，未有内贼不去而可除外贼者，故臣请诛贼嵩当在剿绝俺答之先。"接着，笔锋一转，直陈严嵩犯有十罪、五奸，罪不容诛。

其罪有十：第一大罪是"坏祖宗之成法"，第二大罪是"窃君上之大权"，第三大罪是"掩君上之治功"，第四大罪是"纵奸子之僭窃"，第五大罪是"冒朝廷之军功"，第六大罪是"引背逆之奸臣"，第七大罪是"误国家之军机"，第八大罪是"专黜陟之大柄"，第九大罪是"失天下之人心"，第十大罪是"敝天下之风俗"。

其奸有五：第一是厚贿收买世宗之左右侍从，使世宗之左右，皆为严嵩之间谍。第二是私下勾结通政司纳言之官，使世宗之纳言，皆为严嵩之鹰犬；第三是笼络东西厂、锦衣卫，缔结姻亲，使世宗之爪牙，皆为严嵩之瓜葛；第四是操纵科举，控制言官人选，使世宗之耳目，皆为严嵩之奴隶；第五是网罗部臣之有才望者，使世宗之臣工，多为严嵩之心腹。

杨继盛认为，严嵩的十罪五奸紧密相关，"五奸一破，则十罪立见"。杨继盛在奏章的末尾，慷慨陈词：

陛下何不忍割一贼臣，顾忍百万苍生之涂炭乎！陛下听臣之言，察嵩之奸，或召问景、裕二王，令其面陈嵩恶，或询诸阁臣，谕以勿畏嵩威，重则置之宪典以正国法，轻则谕令致仕以全国体。内贼去，而后外贼可除也。（《纲鉴易知录·明纪》卷八）

杨继盛的奏折上陈后，倦于政事的世宗为之震撼，对严嵩擅权产生了警觉。但是，杨继盛奏章中"召问景、裕二王"之语，又引起了生性多疑的世宗猜忌。"二王"指裕王朱载垕、景王朱载圳。世宗担心杨继盛与"二王"私下交结，特地问为何要君主征询于二王。书生气十足的杨继盛没有听出世宗的弦外之音，径直解释说："奸臣误国，非二王，谁不畏惧严嵩呢？"这一说辞，显然不能使疑心深重的世宗释然。

国贼严嵩听说杨继盛上疏弹劾自己犯有十罪五奸，心中惶恐战栗，待到获悉杨继盛奏折中有"召问景、裕二王"之语，遂大喜过望，"喜谓可指此为罪，密构于帝"。"山重水复疑无路，柳暗花明又一村。"老奸巨猾的严嵩对世宗对裕王朱载垕、景王朱载圳难以言传的戒备心理了然于胸，立刻将杨继盛奏折中"召问景、裕二王"一语作为自己的绝地反击的救命稻草，而反诬杨继盛与景、裕二王私下勾结，居心叵测。

世宗原已紧绷着的神经被严嵩轻易拨动，遂在冲动之中下令，将杨继盛逮捕入狱，严加审讯。于是，顺风顺水春风得意的官场新秀杨继盛，一心想着扳倒严嵩，为国家铲除最大的奸佞，结果事与愿违，非但没有扳倒严嵩，自己反而于陡然之间跌入政坛深谷，锒铛入狱，生死难料。

四

人们常说："一个成功的男人背后，都有一个伟大的女人。"审视杨继盛的坎坷人生，似乎也可以这样说："一个悲剧英雄的背后，有一个伟大的女人。"杨继盛的夫人张贞，堪称是这样一位伟大的女人。

  嘉靖三十一年十一月初八日，杨继盛夫妇返京抵达抵淮安时，获悉又改任兵部武选司员外郎。杨继盛激动不已，浮想联翩："一岁四迁其官，朝廷之恩厚矣，尚何以有身为哉！舟中秉烛静坐至四鼓，妻问其故，予曰：'荷国厚恩，欲思舍身图报，无下手得力处。'妻曰：'奸臣严阁老在位，岂容直言报国耶？当此之时，只不做官可也！'予闻其言，乃知所以报国之本。又思起南都日食之变，遂欲因元旦日食，奏劾大学士严嵩。"（《杨继盛自书年谱》）

杨继盛留下了这段文字，同时说明夫人张贞虽系一介女子，却洞烛知微，见识非凡，三言两语，便提醒了当局者杨继盛，国家当下最大的祸患非他，乃是奸臣严阁老当道。此言一出，犹如醍醐灌顶，顿时让杨继盛"知所以报国之本"。就此而言，杨继盛能够成为不惧生死弹劾严嵩的殉道者，首先得益于夫人张贞的出言提醒。自然，张贞不是要夫君不顾性命地和恶势力抗争，而是想让夫君明白："奸臣严阁老在位，岂容直言报国耶？当此之时，只不做官可也！"张贞原本是想提醒夫君，认清形势识时达务辞官不做，杨继盛却因爱妻点拨明白了用力之处，而选择了明知山有虎，偏向虎山行。

待到杨继盛入狱三年、吃尽苦头、行将问斩之际，其夫人张贞毅然上《请代夫死疏》。此疏虽然被权奸严嵩私自扣下，未能上达天聪，却辗转流传下来，为后人瞻仰奇女子张氏的胆略风采，提供了极其宝贵的素材：

  刑部见监杨继盛妻张氏谨奏：为吁天乞恩，愿代夫死事。臣夫原任兵部武选司员外郎，因先任本部车驾，谏阻马市，预伐仇鸾逆谋，圣恩仅从薄谪。旋因鸾败，首赐湔洗，一岁四迁，历抵前职。臣夫拜命之后，衔恩感泣，思图报效，或中夜起立，或对食忘餐，臣所亲见。不意误闻市井之谈，尚狃书生之习，遂发狂论，委的一时昏昧。复荷皇上天高地厚之恩，不即加诛，俾从吏议。……该部两次奏请，俱蒙特允监候。是臣夫再蹈于死，而皇上累置之生。臣之感佩，惟有焚香祷祝，万寿无疆而已。但闻今岁多官会议，适与张经一同奏请，题奉钦依律处决。臣夫虽复捐脂市曹，亦将瞑目地下。臣仰惟皇上方颐养冲和，保合元气，昆虫草木皆欲得所，岂惜一回宸顾，下垂覆盆。倘蒙鉴臣蝼蚁之私，少从末减，不胜大幸；若以罪重不赦，愿即将臣斩首都市，以代臣夫之死。夫虽远御魑魅，亲执戈，必能为疆场效命之鬼，以报皇上。臣于九泉稍有知识，亦附衔结无既矣。臣无任激切祈恳惶悚待命之至。

"夫妻同心，其利断金。"杨继盛夫妇之间知之深爱之切，杨继盛临死前一夕写给妻子张贞的遗书，尤其让人珠泪纵横：

> 愚夫谕贤妻张贞：古人云：死有重于泰山，有轻于鸿毛。盖当死而死，则死比泰山尤重；不当死而死，则死无益于事，比鸿毛尤轻。死生之际，不可不揆之于道也。我一时间死在你前头，你是一个激烈粗暴的性子，只怕你不晓得死比鸿毛尤轻的道理，我心甚忧，故将这话劝你。妇人家有夫死同死者，盖以夫主无儿女可守，活着无用，故随夫亦死。这才谓之当死而死，死有重于泰山，才谓之贞洁。若夫主虽死，尚有幼女孤儿，无人收养，则妇人一身，乃夫主宗祀命脉一生事业所系，于此若死，则弃夫主之宗祀，隳夫主之事业，负夫主之重托，贻夫主身后无穷之虑，

则死不但轻于鸿毛，且为众人之唾骂，便是不知道理的妇人。我打一百四十棍不死，是天保佑；我那时不死，如今岂有死的道理？万一要死，也是重于泰山了。所惜者只是两个儿子尚幼读书，俱有进益，将来都成的，只怕误了他；一个女儿尚未出嫁，无人教导看管，怕惹人嗤笑。我就死了，留的你在，教导我的儿女成人长大，各自成家立计，就合我活着的一般，我在九泉之下，也放心，也欢喜，也知感你。如今咱一家儿，无有我也罢了，无有你一时成不的便人亡家破，称了人家的愿，惹人家的笑。你是一个最聪明知道理的，何须我说千万？只是要你戒激烈的性子，以我的儿女为重方可。（《杨忠愍集》）

"不是一家人，不进一家门。"对于志同道合肝胆相照心心相印的夫妇杨继盛与张贞而言，的确如此。正是由于杨继盛的背后有张贞这位伟大的女子，杨继盛才死得既义无反顾，又含情脉脉。

五

杨继盛人生最后的三个年头是在监狱中度过的，所经受的非人折磨令人不敢想象。在世宗和内阁首辅大臣严嵩的唆使下，爪牙们无所不用其极。《明史·杨继盛列传》载：

狱上，乃杖之百，令刑部定罪。侍郎王学益，嵩党也。受嵩属，欲坐诈传亲王令旨律绞。郎中史朝宾持之，嵩怒，谪之外。于是尚书何鳌不敢违，竟如嵩指成狱，然帝犹未欲杀之也。系三载，有为营救于嵩者。其党胡植、鄢懋卿怵之曰："公不睹养虎者耶，将自贻患。"嵩颔之。……初，继盛之将杖也，或遗之蚺蛇胆。却之曰："椒山自有胆，何蚺蛇为！"椒山，继盛别号也。及入狱，创甚。夜半而苏，碎瓷碗，手割腐肉。肉尽，筋挂膜，复手截去。狱卒执灯颤欲坠，继盛意气自如。

据《杨继盛自书年谱》，他于嘉靖三十二年春正月十八日递呈弹劾严嵩的奏章，二十日即被逮至镇抚司打问：

> 先拶到手，拶木绳俱断，予曰："鬼神在上，尚用刑哉！"乃敲一百敲，问所以主使之人。予曰："当此时之臣，奸邪太半，皆嵩心腹，此事固不可与之议。且尽忠在己，岂必待人主使？如有人敢主使，则彼当自为之矣，又何必使人为哉！"乃夹一夹，将胫骨又夹出。问所以引用二王之故，予曰：奸臣之误国，虽能欺皇上，必不能欺二王。盖二王年幼，且未册封，奸贼必不堤防避忌，譬如人家有家人作弊者，家长虽不知，而家长之子未必不知也。满朝皆嵩之奸党，孰敢言彼之过。皇上常不与二王相见，此奸贼所以敢放肆无忌，然止能瞒皇上一人，二王固知之真矣。至亲莫若父子，皇上若问二王，必肯言彼之过也。"问官云："若此，岂敢回本。"乃又敲五十二敲，又夹一夹棍。其问答之辞甚多，予始终不屈，乃打四十棍，重刑具送监。……
>
> 正月二十二酉时，打之命下。先时，王西石送蚺胆一块，生收在袖。此时，校尉苗管事送酒一壶，云："可以此吃蚺蛇胆。"予曰："椒山自有胆，何必蚺蛇哉！"止饮酒一茶杯。彼又云："莫怕。"予曰："岂有怕打杨椒山者。"遂谈笑赴堂受打。未打之先，心已有定主，打之时，乃两眼观心，舌拄上腭，牙齿紧对，意不散乱，

口不呻吟，盖一呼叫则气乱，气乱则血入心，必死。方打四五棍时，心受疼不过，若忙乱者，遂一觉照，自思此心乱矣。于是提起念头，视己身若外物者。打至五六十，忽觉若有人以衣覆之者，遂不觉甚痛，谓之神助，或其然欤？打毕，校尉即推入包袱，抬出至门外，则家人以门扇抬之至法司门口。巡风官乃同年江西李天荣者，遂去门扇，药饵诸物尽皆阻住。予两腿肿粗，相摩若一，不能前后，肿硬若木，不能屈伸。止手扶两人，用力努挣，足不履地而行入狱。提牢则浙江奸党刘櫄也。旧规：官系狱，则有官监。刘櫄乃即下予于民监。自入监后，棒疮既上冲，又为强走所努动，方依墙而立，忽两耳响一声，则不能听人言人言，两目则黑暗不能见物。予心自觉曰："此乃死矣死矣。"遂昏不省人事，身不觉搽倒于地，若睡熟然。二更死过，至三更始苏，噫！忽然而死，忽然而苏，如睡又醒，则人之生死亦甚易事也。两腿肿胀，冲心不能忍，又无药可用，又无刀针可刺。正无计间，司狱陕西泾阳刘时守送茶一钟，予饮之，心稍定。因茶思起"人以瓦尖打寒"事，遂将钟打碎，取瓦之尖而锐者，将竹箸破开，夹瓦尖在内，用线拴紧，以尖放疮上，用鼓锤打箸入肉五六分，为此事，狱吏山东黄县孙儒、犯人浮梁何成也。遂血出两腿。打有五六十孔，流血初喷丈余，后则顺腿流于地，一时约十数碗。自出血后，心稍清矣。予恐睡倒则血必奔心，自打后出卫入刑部，三日夜挺身端［坐］，头未至地，以故不能伤生云。药饵既不能，予潜使人在监买黄蜡、香油，自熬膏药贴之。至二十六日则右腿已溃，则将皮割去，内肉当流于地，如稀糊。止显一坑，五寸长，三寸阔，一寸五分深，手摩至骨。时有京师秀才侯冕送药敷之，又内侍赵用送药敷之。……外面人传已死四日矣，家人甚忙乱。……托狱吏新城县卢世经稍

（揹）出牛骨簪一根为信，此簪乃妻常带者，又左手写出帖去，家人始知予不死矣。……

二月初七八，右腿已长肉，左腿皮未割去，遂溃肿如小瓮，毒气上攻，口舌生疮，不能饮食，势已危矣。夜梦三金衣人，领一青衣童子，小盒内捧药一丸，遂以汤亲灌入，觉则口舌不痛，可吃饮食。又想赴（起）以磁瓦尖打之，连数十下，不见脓血。予曰："此疮溃已深，非瓦尖所能到也。"遂以小刀，先用针线将腿皮穿透提起，乃将刀刺入约一寸深，周围割一孔如钱大，脓血流出。方予割肉时，狱卒持灯手颤至将坠地，乃曰：关公割骨疗毒犹藉于人，不似老爷自割者。当时约四五碗，其内毒始脱矣。日每以布数十片拭脓，每布约二尺，每日此布轮用，脓可湿两次，每日则脓可流二三碗矣。自初疮至愈，脓岂止六七[十]碗而已哉。

十六日，右腿垂筋二条，如簪粗，一头已断，一头尚在腿上，予亦割之。

诏狱对杨继盛而言实为炼狱，廷杖一百之酷刑常人断难熬得过去，杨继盛却咬紧牙关挺了过来。廷杖前，友人王西石托人送给他一副蛇胆，告之"用此物可以止痛"。一位苗姓校尉也送酒一壶，对他说"可以此吃蚺蛇胆"。但杨继盛的回答掷地有声："椒山自有胆，何必蚺蛇哉！"于是谈笑赴堂受打。杖刑完毕后，杨继盛被关入刑部狱，"两腿肿粗，相摩若一，不能前后，肿硬若木，不能屈伸。止手扶两人，用力努挣，足不履地而行入狱。"在狱中，杨继盛创伤发作，半夜苏醒过来后，以惊人的毅力摔碎瓷碗，用手拿碎片割腐肉。肉被割尽，筋挂膜，又用手截去。为他持灯的狱卒颤抖欲坠，杨继盛却意气自如。这是何等的钢筋铁骨，何等的英雄豪迈！无怪乎清顺治皇帝如此感叹：朕观明有二百七十年，忠谏之臣往往而有，至于不为强御，披腷犯颜，则无如杨继盛，而被祸惨烈、杀身成仁者，亦无如杨继盛。

六

常言说："公道自在人心。"铁汉子杨继盛为报效大明王朝，不计生死利害，奋起弹劾权倾天下党羽遍布的内阁首辅大臣严嵩，在狱中受尽百般酷刑而不屈不挠，继续以死和恶势力相抗争的事迹，不胫而走，引发广泛同情，迅速成为朝野上下所议论的热门话题。作为当事人，杨继盛自当为官民百姓心系正义而感动。他在《自书年谱》中记下了几幅难以忘怀的场景。一是嘉靖三十二年九月朝审时的场景：

> 九月朝审。予带长板、手扭、脚镣出门，观者如堵，争欲一见颜色，至拥塞不能行。入朝，坐西廊下，内臣围予，观者以千数，有馈饮食者，有送银钱者，予俱却不受。内臣益鼓舞称赞，而骂严嵩老贼者以万数。

一是嘉靖三十四年（1555年）九月世宗朱批将杨继盛依律处决后，士大夫群情激愤奔走呼吁，连老贼严嵩也起了留杨继盛一命的念头：

> 贼嵩见公论不容，欲上本救之，犹豫未定，方卜于神。适贼心腹大理少卿胡植、太仆少卿鄢懋卿在旁曰："此何用卜，继盛负海内重望，徐阶得意门生，阶一日当国，继盛出而佐之，我辈无遗类矣，所谓养虎自遗患也。"贼子世蕃、贼婿袁应枢率贼诸孙复跪而泣曰："老爷如救杨，某则举家皆为继盛鱼肉矣。"贼

即变色,乃不言卜与本事。

《纲鉴易知录·明纪》卷八中所载可与之相印证:

继盛每出朝审,诸内臣士庶夹道拥视,共指曰:"此天下义士!"又指其三木(指铐在杨继盛头部和手足上的枷、杻、械),窃叹曰:"奈何不以此囊嵩头!"司业王林谒嵩曰:"人言籍籍,谓继盛且不免,公不忧万世耶?"嵩曰:"吾行当救之。"令其子世蕃谋之其党胡植、鄢懋卿,懋卿曰:"此养虎自遗患也。"植亦言不可,嵩意遂决。

杨继盛在赴朝审途中,深深为人心向背所感动,大丈夫视死如归的豪情壮志瞬间转化为不朽诗作,当即口吟曰:

风吹枷锁满城香,簇簇争看员外郎。
岂愿同声称义士,可怜长板见亲王。
圣明厚德如天地,廷尉称平过汉唐。
性癖从来归视死,此身原自不随杨。

杨继盛人生最后的三个年头饱受炼狱煎熬,心知自己不久于人世,不仅自书年谱,而且分别写就给夫人张贞和应尾、应箕两个儿子的遗书,做了最后的交代:

人须要立志。……你发愤立志,要做个君子,则不拘做官不做官,人人都敬重你。故我要你第一先立起志气来。心为人一身之主,如树之根,如果之蒂,最不可先坏了心。心里若是存天理,存公道,则行出来便都是好事,便是君子这边的人;心里若存的是人欲,是私意,虽欲行好事,也有始无终，虽欲外面做好人，也被人看破你，如根衰则树枯，蒂坏则果落。……你读书若中举，中进士，思我之苦，不做官也是；若是做官，必须正直忠厚赤心，随分报国，固不可效我之狂愚，亦不可因我为忠受祸，遂改心易行，懈了为善之志，惹人父贤子不肖之诮。

有道是："鸟之将死，其鸣也哀；人之将死，其言也善。"杨继盛行将走到生命的最后一刻之际，心中念兹在兹的，依旧是希望儿子们树立远大志向，正直忠厚做人，赤心随分报国，绝不因为自己的前车之鉴，而使后人松懈了忠诚为善的志向。所谓历经艰难痴心不改，杨继盛可谓是生动的注脚。

嘉靖三十四年秋十月，杨继盛弃尸京城西市，时年仅40岁。临刑前，写下了"铁肩担道义，辣手著文章"数字。数百年后，同是河北人士的革命先驱李大钊，仅改动其中一字，变为"铁肩担道义，妙手著文章"，以此来言明自己的志向追求。

杨继盛死后，好友王世贞在其撰写的《杨忠愍公行状》中，如是记载了杨继盛辞别人世时的慷慨悲壮：

公临当赴义，出所著《年谱》授其子应尾曰："后十年可开也。"复为诗二章，其一曰：浩气还太虚，丹心照万古。生前未了事，留与后人补。其二曰：天王自圣明，制度高千古。生平未报恩，留作忠魂补。盖慷慨曼声，长啸以没。

公没之七年，而相嵩奸状大露。上采御史邹君应龙言，逐之归戍。其子世蕃，又二年而御史林君润白发世蕃大逆状，论弃市，籍其家，赀巨万万。嵩削籍，寄食于人以死。又三年而天子崩，遗诏褒录诸死谏者。吏部以公名居首，赠太常少卿，赐录一子太学生。无何，用给事陈君瓒言，赐公谥，谥忠愍。用御史郝君杰言，赐祠公于保定，额曰"旌忠"。呜呼，国家之所以为杨公者足矣！当公再上疏，再得罪以死，天下称公之忠，痛公之冤，而不知公之功，实在社稷；天下知先帝之怒公，至僇其身，而不知再用公之言，以格鸾、嵩之奸于后；天下知今上仁圣，数用言官言褒恤公，而不知其阴体先帝之遗意。呜呼，公可以含笑地下矣。

七

随着严嵩的垮台，杨继盛死后不久其冤案即得以昭雪，于是乎关于杨继盛的好评如潮，令人目不暇接。明末清初的思想家王夫之赞赏杨继盛慨然为国捐躯，死得其所："直击严嵩，而椒山之死以正。"

《明史》主编张廷玉高度评价杨继盛的战斗精神，说道：

> 语有之："君仁则臣直。"当世宗之代，何直臣多欤，重者显戮，次乃长系，最幸者得贬斥，未有苟全者。然主威愈震，而士气不衰，批鳞碎首者接踵而不可遏。观其蒙难时，处之泰然，足使顽懦知所兴起，斯百余年培养之效也。

清代名臣张伯行将杨继盛和杨涟并提，称之为明代"二杨"：

> 有明称文章节义赫奕古今者，莫盛于"二杨"，曰椒山，曰大洪（杨涟）。一则发奸相于前，一则摘逆珰于后，而皆不免于巨憝之手。呜呼！何祸之烈也。盖二公怀忠义之性，抱负直之操，均所谓丹可磨而不可改其色，兰可燔而不可灭其香，玉可碎而不可移其白，金可销而不可易其刚。其质赋于天，其学成于人，夫

孰得而挠之者。

清朝乾隆年间，大学士刘墉题跋盛赞杨继盛曰：

> 顽懦从来不汗颜，坊民以此尚逾闲。
> 捐生那计终无补，知死犹闻重似山。
> 何日墓门飞鸟去，只今祠屋夜乌还。
> 平生讲席留足迹，萧瑟松风昼掩关。

在众多赞誉声中，明代阁臣徐阶所写的一首诗作颇为有名。诗中称赞杨继盛"位卑身仆益自奋，君恩必报以死殉。"

徐阶与严嵩同朝共事多年，又是杨继盛的恩师。理性冷静地认识杨继盛的人生悲剧，徐阶委实是一个不可多得的借鉴。

杨继盛弹劾严嵩的时候，只不过是一位刚刚上任的兵部武选司员外郎，职务、资历、权力和影响力，与恩师徐阶根本不在同一个层面上，说他是仅凭借一腔热血飞蛾扑火不自量力不无道理。徐阶则不同，早在嘉靖二年（1523年），探花及第的徐阶便步入仕途，后因深受内阁首辅大臣夏言器重，而被划入夏言派系。嘉靖三十一年（1552年），投身仕途三十年的徐阶入阁拜相，和首辅大臣严嵩同为阁臣，并继续共事长达十一年。期间，两人尔虞我诈，钩心斗角，既互相利用又互相算计。杨继盛弹劾严嵩发生在嘉靖三十二年（1553年），其时已是阁臣的徐阶，对严嵩的种种不法情事一清二楚，且多有不满；而严嵩则玩阴招，处心积虑地离间徐阶和明世宗的关系，并在世宗面前居心叵测地说："阶所乏非才，但多二心耳。"杨继盛奋起弹劾严嵩固然正中徐阶下怀，但老于世故的他审时度势，认为杨继盛并不能扳倒严嵩，于是，仅仅示意办案官员手下留情，却不肯公开站出来申明自己的态度，而任由杨继盛被折磨致死。此后，徐阶"乃谨事嵩，而益精知斋词迎帝意，左右亦多为地者"。凭着这一邪招，徐阶重新讨得了世宗的心，"未几，加太子太保，寻进兼文渊阁大学士，参与机务"。为消除严嵩对自己的戒备，徐阶又将自己的孙女许配给严嵩的孙子，结为儿女亲家。待到嘉靖四十年（1561年）时机成熟后，徐阶迅速出手，指使御史邹应龙弹劾严嵩父子。《纲鉴易知录·明纪》卷九逼真地记录了徐阶的演技：

> 方应龙疏上，阶往谒，慰藉甚。嵩喜，顿首谢，世蕃亦尽出妻子为托。既归，其子密启曰："大人受侮已极，此其时矣。"阶伪骂曰："吾非严氏不至此，负心为难，人将不食吾余！"嵩遣所亲探之，语如前。盖阶已知上犹眷恋，未能即割也。嵩既去，书问不绝，久之世蕃亦忘旧事，谓"徐老不我毒"。

严嵩被罢黜后，做了首辅大臣的徐阶设法继续麻痹严嵩父子，同时授意审案官员不要把严嵩陷害杨继盛等人写进狱词疏稿，以免"彰上过"，而独写严世蕃、罗应龙交通倭寇、潜谋叛逆情事。世宗看了狱词疏稿后雷霆震怒，当即下令处死严世蕃等人。严世蕃死后，家产被抄，长期贪腐聚敛而来的"黄金三万余两、白金二百万余两、珍宝服玩所值又数百万"，悉数被朝廷没收。苟延残喘的严嵩衣食无着，"寄食墓舍以死"。

比起官场老油条徐阶来，杨继盛充其量只能算是个不惧猛虎的初生牛犊。两人都是在和权臣严嵩博弈，杨继盛不讲究斗争策略，只凭一腔热血徒手搏虎，其结果不仅是伤痕累累，而且到头来人头落地惨不忍睹；老谋深算的徐阶则精于算计，采用猛虎卧荒丘的方法，长期潜伏忍受，等到时机成熟以后才迅速出手，不给对方以反手的机会，因而成了明代官场博弈中的大赢家。就此而言，精于谋略的徐阶显然要比徒手搏虎的杨继盛高明许多。徐阶是老警察，而杨继盛是新警察；徐阶是老谋深算的政客，而杨继盛只是一个勇于冲锋陷阵的战士；深谙自我保全之术的徐阶能够做到任凭风浪起，稳坐钓鱼台，尽情地享受荣华富贵，而热血澎湃慷慨悲歌的大好男儿杨继盛，因为秉持"性癖从来归视死，此身原自不随杨"的人生信念，而无法独善其身，只能用自己短暂的生命和满腔热血，书写自己的悲剧人生。

在"自古正邪不两立"信念的支配下，勇于抗争却短于谋略的杨继盛与严嵩争斗的结果竟然不是鱼死网破，而是鱼死了网依旧完好。正是在这个意义上，才不断有人批评杨继盛不明智，不理智，不懂得韬光养晦之术，认为杨继盛的人生悲剧和他过于热血冲动分不开。确实，如果杨继盛能抱有与徐阶等政客们一样的博弈心理，其仕途生涯便有可能会比他们更顺畅，因为大权在握的严嵩已经主动向他示好，拉拢他，助力他迁升。杨继盛也可以效仿徐阶长期潜伏，表面上与严嵩虚与委蛇，不即不离，等到严嵩走背字的时候再出手痛打落水狗。不过那样一来，杨继盛便和嘉靖朝堂之上众多食君之禄却不肯忠君之事、不肯为国家分忧的政客们殊无二致。放眼历史，凡是君子道消、小人道长的反常时代，多是明哲保身之辈、韬光养晦之徒充斥朝堂的时代。这种社会病态、官场病态孕育了大小官员们的心理病态。正是由于越来越多的大小官员们一个个明哲保身，不以国家百姓命运为重，才形成了无法遏制的君子道消、小人道长的恶性循环。唯其如此，杨继盛等苟利国家生死以、不惜用自己的身家性命和恶势力抗争的悲剧英雄，才成为时代的凤毛麟角，才为统治者和向往社会公平正义的人们所一致赞扬。

吕留良

> 身将隐矣文焉用,
> 不得其平切莫鸣

在古书中,逸民、高士、隐士属于同一序列的名词概念。孔子将举荐"逸民"(隐逸之士)做官看得极其重要,"兴灭国,继绝世,举逸民",乃是他的坚定不移的政治主张。孔子以后,"逸民"逐渐成为史家所关注的对象。《后汉书》设有《逸民传》,《晋书》《唐书》《宋史》《明史》等皆有《隐逸传》,《南齐书》则有《高逸传》,《清史稿》名之曰《遗逸传》,魏晋学者皇甫谧撰有《高士传》《逸士传》,南朝刘宋文学家袁淑撰有《真隐传》。称呼不一,写的都是同一类人。

作为古代社会中独特的存在,为历代帝王所敬重的这类人虽然为数寥寥,却又不尽相同,"身不屈于王公,名不耗于终始",仅仅是其中的凤毛麟角,做不到这一点的比例颇高。尽管如此,尽管他们之间存在着终生不仕、短暂为官和先做隐士后做官的区别,但总的看来具有遗世而独立的人格追求,属于读书人当中的异类。他们虽然生活在不同的时代,不同的政治人文环境之中,却出于种种信念价值方面的相选考量而相继选择了隐逸,选择了与官场保持距离,宁可忍受清贫也不肯随波逐流贪图荣华富贵。因而,他们中的许多人人格伟岸,言行高洁,其人生旅途却注定备受熬煎拮据,以至在贫困潦倒中终结一生,更有甚者,在有生之年便做了当权者的刀下冤魂。

相形于历史上众多个性鲜明的隐士,清人吕留良的人生更为坎坷悲苦。别人至多是活着的时候多灾多难,死后两眼一闭便一了百了,他却不仅在活着的时候饱受煎熬,而且在死后几十年又被雍正皇帝从棺材里面拉出来重新接受屠戮,并牵连到子孙后代,令他们或者被杀头,或者被流放,或者成为奴隶,世世代代生活在炼狱之中。封建专制者不仅要在肉体上消灭摧残吕留良及其后人,而且企图从文字上令吕留良彻底消失,故而,有关吕留良的文字记载多被销毁,不论正史还是野史,均难以看到关于吕留良其人其事的文字。后人所能看到的,只是雍正皇帝对吕留良咬牙切齿恨之入骨的诅咒谩骂。清代的文字狱之酷烈,由吕留良即可见其一斑。就此而言,认识吕留良,不仅可以认识一个至为独特的隐士的悲剧案例,而且有助于认识封建专制的劣根性残酷性。

一

吕留良(1629—1683年),又名光轮,一作光纶,字庄生,一字用晦,号晚村,别号耻翁、南阳布衣、吕医山人等。浙江崇德县(今浙江省桐乡市崇福镇)人。明末清初杰出学者、思想家、诗人和时文评论家、出版家。暮年做了僧人,法名耐可,字不昧,号何求老人。

吕留良一来到人世间,便和苦难相伴随。明崇祯二年(1629年)正月二十一日，吕留良出身于浙江崇德县一个官宦家庭。其祖上在明朝世代为官，父亲吕元学曾担任过繁昌知县，后因病辞官回乡。吕元学的正妻郭氏，育子三人——大良、茂良、愿良；侧室杨氏，即吕留良的生母，在吕留良出生前已经生养了吕元学的第四个儿子吕瞿良。

吕留良人生的第一大不幸，乃是自己尚未出生，父亲便已去世。崇祯元年（1628年）九月，吕元学病逝。父亲病故四个月以之后，侧室杨氏生下了遗腹子吕留良。来到人世间，却没能与父亲见上一面，无疑是吕留良心中永远的伤痛。

因为父亲早逝，母亲杨氏又体弱多病，小留良便由三兄愿良夫妇抚养。俗话说："屋漏偏逢连夜雨，船破又遇顶头风。"吕留良3岁时，三嫂又因病亡故。万般无奈，家长做主，将吕留良过继给堂伯父鸿胪寺丞元启为儿子。

吕留良虽然出生于官宦家庭，但上述一连串的重大变故，已经让他从甫一落地开始，便不得不品尝人生的苦涩。吕留良小时候的人生不幸，与明代嘉靖时期的杨继盛颇有几分相似。

吕留良是遗腹子，出生之前生父便弃他而去；杨继盛虽然不是遗腹子，但父亲对他并无感情。吕留良是庶出，母亲多病；杨继盛的母亲虽然是乃父的正室，却不受宠爱，其父亲宠爱的是小老婆，杨继盛5岁时，父亲便将家产分为三份，自己和小老婆及小老婆所生的儿子占有两份，杨继盛和母亲、兄长、姐姐仅分得一份，还得搬出去分居。因为母亲体弱多病，吕留良从小便靠同父异母的三哥吕愿良夫妇抚养，兄弟和睦相处亲密无间；杨继盛却没有如此好运，6岁时亲哥哥、嫂子和母亲因闹矛盾而分居，小继盛"尝负一小束禾，随母姊同行"，7岁那年母亲患"咳嗽劳疾"病故后，父亲害怕被传染而带着小老婆"避之他所"，小继盛简直苦到了冰点："予惟哭泣，日则诸姊引携，夜则随兄同寝，其狼狈孤苦，良为至极。"有比较才能鉴别。如果和杨继盛相比较，吕留良的不幸中显然又有几许侥幸。

如果审视一下他们各自的求学经历，则更会感到吕留良的家庭处境要远远好过杨继盛。杨继盛8岁时还是一个放牛娃，经再三恳求兄长、父亲，才获准一边放牛一边读书；而吕留良一到上学年龄，便顺利入学读书。加之吕留良天资聪颖，幼时即"颖悟绝人，读书三遍辄不忘"；8岁即能文；10岁时，三兄愿良建澄社于崇德，东南士子千余人，往来聚会，征选诗文，评议朝政，留良深受影响。崇祯十四年（1641年），孙子度建征书社于崇福禅院。时留良13岁，以诗文入社，大得子度赞赏，并被视为畏友。吕留良博学多艺，有二十四绝技，"凡天文、谶纬、乐律、兵法、星卜、算术、灵兰、青乌、丹经、梵志之书，无不洞晓。丁书法，逼颜尚书、米海岳，晚更结密变化。少时能弯五石弧，射辄命中。余至握槊投壶，弹琴拨阮，摹印斫砚，技艺之事皆精绝。然别有神会，人卒不见其功苦习学也。"

吕留良13岁那年，生母杨氏病故。俗话说："穷人的孩子早当家。"吕留良虽然不是穷人家的孩子，却从一出生便饱尝人间不幸，到了13岁的时候，已经学会从容应对生活了。而此时正值国家内忧外患，大明王朝陷于灭顶之灾，最终被清军所灭。于是，身在南方的吕留良和家人一起，奋力投入抵御清军的战斗当中。

二

明朝倾覆之时，吕留良方才17虚岁。亡国之恨在年轻的吕留良心中留下深重的伤痕，视之为"天崩地解"的大事变，于是乎怒发冲冠，义无反顾地投身于保卫家乡抵抗清军入侵的行列之中。其时，吕留良的三哥吕愿良随同抗清名将史可法镇守扬州。人在家乡的吕留良和年长自己4岁的侄儿吕宣忠商定，于清顺治二年（1645年）散家财招募义勇战士，"散万金之家以结客,往来湖山之间,跋风涉雨,备尝艰苦"。经过一番努力,抗清的队伍迅速发展壮大,很快便引起了捉襟见肘穷于应付的南明小朝廷重视,监国鲁王加封吕宣忠为扶义将军,颁予敕印,令其率领所部,在太湖附近抗击清军。不久,义军和清兵大战于澜溪。吕留良身先士卒,浴血奋战,在战斗中左股中箭,留下了终身创伤。"箭瘢入骨阴辄痛,舌血溅衣洗更新。"吕留良的这一诗句所记载的,正是他当时的战斗经历。

形势比人强。尽管义军不惧生死前仆后继殊死战斗,但因众寡悬殊而告失败。兵败之后,首领吕宣忠遂遣散所部,入山为僧,不久在回家探视生病的父亲时被捕遇害。吕宣忠就义之日,吕留良归来为其送行。目睹侄儿惨遭杀害,吕留良痛不欲生,他幼年时"素有咯血疾,方亮工(吕宣忠)之亡,一呕数升,几绝"。

后来,吕留良将这一时期的诗作结集,称之为《万感集》。《万感集》这一书名,真实而又确切不过地道出了抗清战士吕留良心中的惆怅、郁闷、愤怒和无可奈何。

顺治五年(1648年),隐居行医的吕留良重返故乡。看到人事全非的残破景象,一腔悲愤无处发泄,遂于《乱后过嘉兴》三首中写道:

  雪片降书下,嘉禾独出师。
  儒生方略短,市子弄兵痴。
  炮裂砖摧屋,门争路压尸。
  缒城遗老入,此地死方宜。

作为有过一段抗清经历而又有些家产的家族代表,吕留良返回家园后的日子不好过。友人便劝他出仕,说:"君不出,祸且及宗。"吕留良身上的压力很大,不仅是他自己前途黯淡,甚至直接关系整个家族的安危存亡。经过再三权衡，在清顺治十年（1653年），25岁的吕留良"不得已，易名光轮，出就试，为邑诸生"，开始步入了清王朝的体制之内。

参加清廷的科举考试并成为诸生，意味着承认清王朝统治的合法性，对于明朝遗民来说，无论如何都不是一件光彩的事。为此，吕留良一直很纠结。在《与张考夫书》中，他痛责自己："旋以失脚俗尘，无途请益。"在《耦耕诗》中，他表达了长期郁结在胸中的苦衷：

只有南阳好耦耕，休持妄想与天争。
古人不死吾犹在，秋气无情物亦生。
募乞买山真戏语，零丁誓墓即求名。
身将隐矣文焉用，不得其平且莫鸣。

谁教失脚下渔矶，心迹年年处处违。
雅集图中衣帽改，党人碑里姓名非。
苟全始信谈何易，饿死今知事最微。
醒便行吟埋亦可，无惭尺布裹头归。

一言以概之，吕留良改名参加科举，乃是迫于严酷的政治现实和严峻的家人生计，为了苟全性命而作出的迫不得已之举。但是，迈出这一步以后吕留良方才知晓，周全于科场上处处违心，实在有悖初衷；才懂得与民族大义、个人节操相比，"饿死今知事最微"。对于此次"失脚"科考，吕留良一生深以为耻。至此，他的人生信念价值追求已然定格，决心与功名利禄彻底决裂，"身将隐矣文焉用，不得其平切莫鸣"，立志做一个俯仰无愧之人："醒便行吟埋亦可，无惭尺布裹头归。"

顺治十一年（1655年），同乡文人陆文霦约请吕留良一起评选八股文，吕留良欣然应允。因为所评选的是从清顺治三年（1646年）开始八股取士到顺治十一年（1654年）共五科的八股文章，故名《五科程墨》。

陆文霦或许真的是将评选八股文视作纯然的品评文章之雅事，吕留良则不然，他要借评选时文来宣扬"华夷之分大于君臣之伦"的理念。不待说，心中秉承"华夷之分大于君臣之伦"来评选八股文，所选出来的文章自然会反映评选者的信念。因此之故，吕留良选出来的八股文对当时的士子文人影响颇大。

三

从顺治十年至康熙五年，吕留良做了十三年清王朝的诸生。

康熙五年（1665年），浙江学使至嘉兴考核生员，已经觉醒的37岁之吕留良因拒不应试，而被革除诸生。此举震惊社会，吕留良却怡然自得，从此绝意仕途，归隐故乡崇德城郊南阳村东庄，率性而为，自由自在地行走于市井江湖之间。

隐居后的吕留良提囊行医，以自隐晦并与友人张履祥、何商隐、张佩，专攻程朱理学，潜心学问，创立南阳讲学堂，设馆授徒。名望与日俱增。康熙八年（1668年），迎理学大儒张履祥至东庄讲学，"共力发明洛闽之学"。另一方面他又编辑刻印程朱遗书，"以嘉惠学者"。此时他继续从事时文评选工作。他开"天盖楼"刻局，自选自刻，自己经营发行，一时之间"天盖楼"选本风行全国。吕留良通过评选八股文，宣传其严"夷夏之防"和恢复"井田""封建"制的政治主张。这也就是《行略》中所说的"其议论无所发泄，一寄之于时文评语，大声疾呼，不顾世所讳忌"。此时吕留良曾频频出游，写了相当数量的记游诗。他约友人同游南北湖，即景赋诗，许多诗篇都富有强烈的反清意识。这30多首记游诗，成集时题为《真腊凝寒集》。另外，他还结交了黄虞稷、周在浚等一批新友，写了许多唱和诗，全都收在《零星稿》中。

康熙十七年（1678年），清廷开博学鸿词科，企图笼络当时的一批名士。浙江首荐吕留良。五十虚度的吕留良誓死不从，他的儿子四处奔走，托人请求当事者，方才得免。

康熙十九年（1680年），清廷为了进一步拉拢和软化明遗民，下诏征聘天下山林隐逸，嘉兴郡守再次举荐吕留良。52岁的吕留良被逼无奈，毅然削发为僧，取法名耐可，字不昧，号何求老人，前往吴兴埭溪之妙山，筑风雨庵，隐居讲学，门人弟子甚众。他寄信给清溪徐方虎说：我这个病越来越严重，剩下的日子不多了，已经削顶为僧。从此木叶蔽影，再活几年，编辑完一两本无用之书，愿望足矣。其子吕葆中所撰《行略》中，细致地记录了吕留良出家为僧的生活："筑室于吴兴埭溪之妙山颠，曰风雨巷，峭壁寒潭，长溪修竹，有泉一泓，构亭其上，题以"二妙"。先君幅巾挂杖，逍遥其间。四方问学之士晨夕从游，有濂溪吟风弄月之意。"

康熙二十一年（1682年）秋，吕留良与门人子侄三游南北湖，按出游日程写了一组记游诗，编成诗集名为《东将诗》。其时，清王朝的统治业已相当稳固，吕留良念兹在兹的抗清复明已成泡影。目睹这一切，愈发增加了吕留良壮志难酬愤世嫉俗的感喟之情。

康熙二十二年（1683年），吕留良重游杭州，所写诗篇收入《欬气集》中。吕留良素有咯血病，晚年病得越发严重。是年八月，因病辞世，享年55岁。临终前数日，仍勉力补辑《朱子近思录》及《知言集》，作《祈死诗》六篇。子侄弟子劝其休息，答道："一息尚存，不敢不勉。"临终时勉励门人"细心努力为学"，告诫后人一定要恪守"孝友大义"。忽然又说："我此时鼻息间气，有出无入矣。"门人呼"先生"，留良答曰："人皆如此！"声音半涩而字义楚楚。随令众人退出，作揖"拱别者三四"。于是从容正容，展伸其足，叉手安寝而逝。吕留良逝后，"远近之士闻者莫不震悼失图，以为斯道之不幸"。八月十七日，老友何商隐前来吊唁，泣道："二十载交情毕矣，伤心！伤心！"友人陈执斋、陆稼书为文祭奠，黄宗炎作诗哭之。查慎行有《挽吕晚村征君》诗曰：

> 屠龙余技到雕虫，卖艺文成事事工。
> 晚就人谁推入室，早衰君自合称翁。
> 才今渐少衣冠外，名果难逃出处中。
> 身后有书休论价，也应少作愧扬雄。

吕留良的临终遗令既让人读来令人心酸，又使人思念感奋不已，深深仰慕他俯仰无愧的人生：

不用巾，亦不幅巾，但取皂帛裹头，作包巾状。衣用布，或嫌俱用布太涩，内袄子用绸一二件可也。贴身不必用绵敛。……小敛大敛，敛衾必须照式。棺底俗用灰，则土侵肤矣。他物俱不妙，惟将生楮揉碎实铺棺底寸余，然后下七星板为佳。敛后棺中空隙之处，以旧衣捱为妙。……帖子上称呼，但称不孝子。……故旧亲友有作祭奠者，力辞之。止受香烛。惟新亲翁，势必难辞，须遣友致意，虽作祭来，断不受也。……客来吊者止子孙亲人哭，不必令仆妇等代哭，且多妇人哭声，亦非礼也。虽新亲远客富贵之客，止用蔬菜，不用酒肉，以遗命告之可也。力作之人，不在此例。一月即出殡于识村祖父墓之西，壬山丙向。三月即葬，葬请万吉先生主其事。……年老大而无子，理当娶妾，但不许娶娼妓及土妓之属。子孙虽贵显，不许于家中演戏。

至此,吕留良的人生画上了句号。"求仁得仁,夫复何憾!"如果吕留良的人生可以随着他的肉体消失而告终结,人们的确可以这样来评价他。然而,造化弄人不商量,吕留良本人也一定始料不及,他的人生最大的厄运竟然不是在其一息尚存之际,而是在他入土已经过了四十九个年头之后!

四

回望吕留良,不可以忽略他的治学精深以及他和另一位国学大师黄宗羲之间的交往。

儒学长期占据中国古代传统文化主流地位,而随着时代的脚步不断更换其外衣。到了宋明时代,则以宋明理学为其主要表现形式。宋明理学以程朱陆王为代表,时称"程朱理学""陆王心学"。后人从唯物论的观点审视,认为程朱陆王皆属于唯心主义,二程、朱熹属于客观唯心主义,陆九渊、王阳明属于主观唯心主义。

明朝灭亡后,吕留良试图从思想上寻找"生民祸乱之源",认为道统不明,已经五百余年。明朝正德、嘉靖以来,邪说横流,毒害政治,以至于国破家亡,乃是生民祸乱之源。他认为王阳明心学是从佛教一脉而来,与圣人之道水火不容;而朱子之学可上溯至二程、孟子、孔子,才是儒学正统。因此,他贬黜阳明心学,提倡朱子之学,指出"救正之道,必从朱子"。

吕留良为学尊朱辟王,推明儒学本旨,由此出发精治《四书》,详辨夷夏之别,阐述他的"华夷之分大于君臣之伦"学说,进而向学人灌输其反清复明理念。作为一代学贯古今且拒绝被清王朝收买的名士,吕留良多年开馆授徒,影响力很大。其著述由门人辑为《四书语录》《四书讲义》《吕子评语》等。后人曾编有《吕晚村先生文集》八卷,《东庄诗存》七卷,《续集》

四卷，《惭书》一卷；与吴之振、吴自牧合选《宋诗钞初集》，与张履祥合选《四书朱子语类摘钞》三十八卷；又有《精选八家古文》及后人汇刻其时文评语数种，刻印其遗文墨迹若干卷。吕留良为文颇似朱熹，翻澜不已，善于说理；诗学杨万里、陈师道，深情苦语，令人感怆。这里不妨援引他的几首诗作：

> 清风虽细难吹我，明月何尝不照人。
> 寒冰不能断流水，枯木也会再逢春。

这首《述怀》诗的"清风""明月"之句巧妙地将自然景色和朝代更迭联系在一起，接下来"枯木逢春"一语，更是毫不掩饰地表明了作者反清复明的坚定政治信念。

> 其为宋之南渡耶？如此江山真可耻。
> 其为崖山以后耶？如此江山不忍视。
> 吾今始悟作画意，痛哭流涕有若是。
> 以今视昔昔犹今，吞声不用枚衔嘴。
> 画将皋羽西台泪，研入丹青提笔吡。
> 所以有画无诗文，诗文尽在四字里。
> 尝谓生逢洪武初，如瞽忽瞳跛可履。
> 山川开霁故壁完，何处登临不狂喜？

这首《画上题诗》直抒胸臆，浓郁的反清复明情怀扑面而来。

> 悔来早不葬青山，浪窃浮名饱豆箪。

作贼作僧何者是？卖文卖药汝乎安？

便令百岁徒增憾，行及重泉稍自宽。

一事无成空手去，先人垂问对应难。

"哀莫大于心死。"抗清失败后，吕留良眼看着反清复明只能流于幻想，故而万念俱灰，萌发出生不如死的念头。这首《祈死诗》与南宋诗人陆游《示儿篇》中"王师北定中原日，家祭无忘告乃翁"的坚定信念相比照，"一事无成空手去，先人垂问对应难"，无疑更多地道出了吕留良晚年的无奈绝望。

早在顺治十六年（1659年），甫过而立之年的吕留良便结识了浙东余姚学者黄宗羲、黄宗炎兄弟以及宁波隐士高斗魁。吕留良嗜砚成癖，黄宗羲从其所好，赠予吕留良一方八角砚。吕留良也让长子吕葆中从黄宗羲问学。康熙二年（1663年），黄宗羲应聘至梅花阁执教。留良与宗羲、宗炎、吴之振、吴自牧、高旦中等，相聚于园内水生草堂，诗文唱和。可惜，同是前明遗民、都参加过抗清斗争的吕留良、黄宗羲之间的友谊并没能持续下去。过了不久，便因立身旨趣的歧异而心生疏远，吕留良"失脚"顿悟后誓死不仕清朝，黄宗羲则随着复明无望，虽仍坚持不仕清廷，却开始和清朝官员交往，后又执教于官员姜希辙家。吕留良知悉后曾作诗讥讽："新巢喜得依王谢，千门万户终不贫。"古语云："道不同不相为谋，术不同不相为用。"吕留良、黄宗羲也不例外。不过，在表面上，他们则是因争购图书而交恶。

吕留良藏书颇富。清初，祁氏"澹生堂"藏书丰富，很是有名。祁老先生死后，两个儿子一个流放宁古塔，一个短命早死，留下澹生堂万卷藏书无人打理。当时黄宗羲在石门讲学，首先得到消息，但手头钱紧，于是找吕留良商购，吕留良取出几千金，黄宗羲也拿出点钱，一同前去买书。

吕留良购得三千多部，黄宗羲购得二百多部。黄宗羲虽然得书少而善本珍本居多，吕留良得书虽多，却多是盗版书与"编著"之类。于是，吕留良便让人从黄宗羲的书箱里窃了数本。因为这个过节，黄宗羲写了一篇《与吕用晦书》，将吕氏行状广而播之，两人就此交恶。

五

清雍正六年（1728年），发生了震惊朝野的湖南落魄书生曾静策反川陕总督岳钟琪案，雍正皇帝亲自审问该案主犯曾静，由此祸及已经长眠于地下四十九年的吕留良，而衍生了令人触目惊心的所谓吕留良文字狱案。

湖南永兴人曾静生于1679年，吕留良死于1683年，二人生前并未谋面，曾静充其量只能算作是吕留良的私淑弟子。曾静在应试靖州时，始读吕留良所评点时文，旋被其中的"夷夏之防"等语所吸引，当即派门人衡阳张熙专程去浙江吕家访求书籍，从吕留良之子吕毅中手中获得吕留良遗书。曾静见书中多反清复明之意，愈加倾信，因与吕留良弟子严鸿逵及鸿逵弟子沈在宽等往来投契，每赋诗相赠答。曾静在所著《知新录》中大力宣传吕留良的见解："华夷之分，大于君臣之伦；华之与夷，乃人与物之分界。"其后，被雍正皇帝流徙广西的八贤王胤禩同党路过湖南时，沿途传播雍正弑父逼母夺位事，曾静获悉后认为清朝末运已至，遂筹划推翻清廷，并于雍正六年秋派门人张熙投书川陕总督岳钟琪，列举雍正种种罪状，劝说岳钟琪举兵反清。岳钟琪当即具折上奏朝廷，曾静随之锒铛入狱并对犯罪事实供认不讳，与门人张熙相继被押解到京城。因为在曾静的供词中涉及吕留良著书事，雍正皇帝遂命搜查吕留良、严鸿逵、沈在宽各家书籍，连同案内有关人员押解进京，亲自审问，曾静供认轻信流言，妄论国事，为吕留良等所误。

雍正皇帝通过亲自审问曾静案，发觉吕留良等鼓吹的华夷之防说具有广泛的社会基础，不可小觑；至于曾静，属于乡曲"迂妄之辈"，不足为大患。雍正七年（1729年）九月，雍正将与曾静问答之词，编为《大义觉迷录》，派大员带领曾静到江宁、杭州、苏州等地宣讲。是年十月，曾静、张熙被免罪释放。

雍正十年（1732年）判决：吕留良及其子葆中已身故，俱戮尸枭示；次子毅中改斩立决，诸孙发遣宁古塔给披甲人为奴。因吕案受牵连的吕留良的学生严鸿逵在日记中记载："索伦地方，正月初三日地裂，横一五里，纵三千里，飞起石块，后出火，居三千内居人全迁避。"又有"热河水大发，淹死满人两万余"。朝廷给他定的罪是："拾吕留良之唾余，而尤加幻妄，岂非凶逆性成，万死有余之逆贼乎？"受吕案牵连的严鸿逵的学生沈在宽，在一首诗中写道："陆沉不必由洪水，谁为神州理旧疆。"受吕案牵连的还有车鼎丰、车鼎贲、孙用克、周敬与、房明畴、金子尚、张圣范、朱羽彩、朱霞山、朱芷年等多人。

雍正十二年（1734年）十二月，经刑部会审，判严鸿逵与吕留良党恶共济，诬编妖言，应凌迟处死，但因为已经死亡，固枭尸示众。其祖父、父亲、子孙兄弟及伯叔父兄弟之子男十六以上者皆斩立决，男十五以下者及严鸿逵之母女、妻妾、姐妹俱给功臣之家为奴。沈在宽宣传吕留良、严鸿逵之邪说，猖狂悖乱，尤宜速正典刑，凌迟处死。其嫡属均照律治罪。黄甫奄自称私淑门人，所作诗词荒唐狂悖，斩立决，妻妾子女给功臣家为奴，父母兄弟流放二千里。车鼎丰、车鼎贲刊刻逆书，孙用克阴相援结，周敬与甘心附逆，私藏禁书，判斩监候。被惑门徒房明畴、金子奇，革去生员，杖一百，流放三千里；陈祖陶、沈允怀、沈成之、董吕音、李天维、费定员、王立夫、施由、沈斗山、沈惠侯、沈林友，革去教谕、举人、监生、生员，杖一百，判三年徒刑。是年，吕留良后人六十余口，长途跋涉，历尽艰难，从江南发遣到宁古塔，拨给宁古塔将军都赉部下驻防旗人为奴。按着清代法律，对于"谋反大逆"为奴的人身控制，远比一般奴仆为严。即使已经过了好几代，仍然不许改变身份，不许"出户为民"。吕留良系"大逆重犯"，所以世代被置于"奴籍"的深渊之下，饱受人间屈辱。雍正十三年（1735）冬乾隆即位后，又以"诽谤先帝"的罪名，将曾静、张熙凌迟处死。

六

有道是"入土为安"，吕留良死后入土近半个世纪也不能安眠，不仅自己被剖棺戮尸枭示，还牵连到无辜的子孙后代，或掉脑袋，或流放，或为奴，如此惨烈情景，令人一读三叹。不待说，吕留良死后所蒙受的这许多奇耻大辱，皆拜清王朝最高统治者雍正皇帝所赐。

处理曾静谋反案、吕留良文字狱案，体现了雍正皇帝的智商和水准，属于历史上罕见的出奇料理，乾断结案：赦了主犯，灭门死人。看起来荒唐透顶不可思议，原因其实很简单，因为吕留良名气太大，在天下士人中的感召力影响力远远高于曾静。雍正想通过制造这么一个惨烈大案，杀鸡给猴看，通过修理死人吕留良，给天下所有幻想着反清复明的读书人一个严厉警告。

在雍正软硬兼施下，案犯曾静交代：其"华夷之分大于君臣之伦"言论源自吕留良的《吕晚村文集》。曾静供称："皇帝合是吾学中儒者做，不该把世路上英雄做。周末局变，在位多不知学，尽是世路上英雄，甚者老奸巨猾，即谚所谓光棍也。若论正位，春秋时皇帝该孔子做，战国时皇帝该孟子做，秦以后皇帝该程、朱做，明季皇帝该吕留良做，如今却被豪强占据去了。""妄以此人是本朝第一等人物，举凡一切言议，皆当以他为宗。""于是中留良之毒深，所以不察其非，而狂悖发论至此。"

曾静的供词让雍正皇帝明白了思想犯教唆犯吕留良比现行犯曾静要危险得多。雍正遂将曾静谋反和吕留良文字案联系起来，精心将张熙投书和吕留良的著作摘录成条，分编整理，审讯时公开提问，要曾静、张熙等老实交代，重新认识，自我批判。到了这个当口，一心想要活命的曾静自然是尽量把罪责推到吕留良身上。于是，雍正对死人吕留良的仇恨远大于对囚徒曾静的仇恨。在《大义觉迷录》中，雍正咬牙切齿地发泄对吕留良的无边仇恨：

> 上谕：……吕留良身为本朝诸生十余年之久矣，乃始幡然易虑，忽号为明之遗民，千古悖逆反复之人，有如是怪诞无耻、可嗤可鄙者乎？自是著邪书，立逆说，丧心病狂，肆无忌惮。其实不过卖文鬻书，营求声利，而遂敢于圣祖仁皇帝任意指斥，公然骂诅，以毫无影响之事，凭空撰造。所著诗文以及日记等类，或镌板流传，或珍藏秘密，皆人世耳目所未经，意想所未到者。朕翻阅之余，不胜惶骇震悼。盖其悖逆狂噬之词，非惟不可枚举，抑且凡为臣子者，所不忍寓之于目，不忍出之于口，不忍述之于纸笔者也。今姑就其中数条，略为宣示内外诸臣，庶天下后世共知其张，感愤之荒唐，犬吠狼嗥之忿戾。自生民以来乱臣贼子，罪恶滔天，奸诈凶顽，匪类盗名理学大儒者，未有如吕留良之可恨人也。

显而易见，吕留良曾经步入清朝体制内，"身为本朝诸生十余年之久"，而又"幡然易虑，忽号为明之遗民"，乃是雍正最不能容忍的"千古悖逆反复之人"；而后吕留良"著邪书，立逆说，丧心病狂，肆无忌惮"，"遂敢于圣祖仁皇帝任意指斥，公然骂诅，以毫无影响之事，凭空撰造"。故而在雍正眼里，吕留良乃古往今来天下第一无耻可恨之人："自生民以来乱臣贼子，罪恶滔天，奸诈凶顽，匪类盗名理学大儒者，未有如吕留良之可恨人也。"

透过雍正在《大义觉迷录》中的下述言辞，不难发现，对于念念不忘反清复明的天下读书人的精神领袖吕留良，他既极度仇恨，又极为恐惧：

夫吕留良生于浙省人文之乡，读书学问，初非曾静山野穷僻、冥顽无知者比。……是吕留良之罪大恶极，诚有较曾静更为倍甚者也。朕向来谓浙省风俗浇漓，人怀不逞，如汪景祺、查嗣庭之流，皆以谤讪悖逆，自伏其辜，皆吕留良之遗害也。……

吕留良之为祸浙省者，不知何所底止耶！今日天道昭然，逆贼恶贯时至，令其奸诈阴险尽情败露，则不容不明正其罪，以维持世教、彰明国法者也。且吕留良动以理学自居，谓己身上续周程张朱之道统。夫周程张朱，世之大儒，岂有以无父无君为其道，以乱臣贼子为其学者乎？此其狃侮圣儒之教，败坏士人之心，真名教中大罪魁也。而庸流下愚，不能灼知其心迹行藏，乃以一不解天经地义之匪类，犹且群我以道学推之，则斯文扫地矣。即吕留良自撰之文亦云："逆天者亡。"又曰："顾我逆天，死反得后。"明知逆天之罪大，而必欲悍然蹈之，死而不悔，不知古今以来，天地间乖戾悍暴之气，何独钟于吕留良也。

于是，雍正才铁了心肠，非要将罪大恶极的吕留良从地下拉到地上，开棺戮尸灭门不可。

因为生活在没有言论自由的封建时代，且赶上了雍正这个不按常理出牌的暴君，吕留良这位杰出的斗士和思想者便不仅无法泽被子孙后代，而且带累子孙后代一起陷入人生的泥淖之中。走笔至此，读书人唯有喟叹：

难道这就是世人常说的"一切皆是命运"?

七

"他人怀抱剑,我有笔如刀。"吕留良二者兼具,既曾挥舞宝剑与清军战斗在江南战场上,又用如椽大笔书写了慷慨激昂的抗清诗文。两相比较,其血战疆场的业绩远不如以笔作刀枪的业绩,但是后者给他带来的伤害和灾难也更大。尽管他曾经捐出家产组织义军真刀真枪地和清军血战过,但在兵败躲避过风头以后,依旧可以返回家乡行走于市井江湖之间,而没有引起清王朝的关注和迫害。但他生前开馆收徒、舞文弄墨所大声疾呼的反清复明的政治主张,虽然仅是见诸文字,却依旧具有宝剑般的锋利,而令雍正皇帝心惊肉跳。虽然在后人看来,吕留良"华夷之分大于君臣之伦"的政治见解在理论上并没有什么重要突破,但在当时却具有强烈的现实性战斗性,这就是所谓的可以震撼人心、凝聚人心、鼓舞人心的思想和信念的力量。

无论是远古时候的逸民,还是秦汉以降的隐士,大多集中出现在改朝换代革故鼎新的重大历史转折时期,虽然他们各自面对的是不同的时代,却都具有特立独行不同流俗的人格力量。因而,他们坚定的信念理想志向追求,他们的世界观、人生观、价值观便格外引人注目令人景仰。尧帝治理天下时曾邀请德才兼备的隐士许由出山做官,结果引发了许由洗耳、巢父洗耳的著名典故;商周之际的逸民伯夷、叔齐不降其志不辱其身,宁肯饿死在首阳山上,也不食周粟;春秋时期楚国的隐士接舆夫妇安贫乐道不肯做官,为躲避楚王礼聘,夫负妻载逃往深山;战国时期的隐士庄周志趣高洁,"宁愿曳尾于涂中",也不肯为当政者卖命;东汉初期高士严光坚拒曾经的老同学光武帝刘秀之邀,不肯出仕担任谏议大夫,而甘愿躬耕于富春山，垂钓于富春江，并留下了"士故有志，何至相迫乎"的名言。到了明末清初，不忘前朝、不肯为新朝效命做官的逸民隐士在所多有，名望和吕留良在伯仲之间的就有王夫之、顾炎武、黄宗羲、傅山等人。

身为明朝逸民的王夫之、顾炎武、黄宗羲、傅山，和吕留良一样，在明朝倾覆之后都走了一条首先奋力抗击清军，兵败以后隐居不仕，以笔作刀枪，潜心著书立说，宣传鼓动反清复明。王夫之曾于明亡后在家乡衡阳抗击清兵，失败后隐居著述，自署船山病叟、南岳遗民，学者称之为船山先生。在他71岁时，清廷派官员前来拜访。病中的王夫之认为自己是明朝遗臣，拒不接见清廷官员，也不接受礼物，并写了一副对联表明自己的情操："清风有意难留我，明月无心自照人。"

明亡之后，顾炎武也曾参加抗清活动，后隐居不仕，奋力著述，成为清学开山始祖。清康熙十七年（1678年）开博学鸿儒科，延揽明朝遗民，众望所归的顾炎武却以死坚拒推荐："七十老翁何所求？正欠一死！若必相逼，则以身殉之矣！"康熙十八年（1679年）清廷开明史馆，顾炎武又以"愿以一死谢公，最下则逃之世外"婉拒。

黄宗羲在清兵南下时曾招募义兵抗清，后隐居著述，屡拒清廷征召。著作有《宋元学案》《明儒学案》《明夷待访录》《南雷文集》等。和王夫之、顾炎武并称明末清初三大思想家。

傅山于明亡后衣红衣，居山寺，改号朱衣道人，从事反清复明。顺治十一年（1654年），因"朱衣道人案"入狱，在狱中曾绝食九日，后经营救获释。其后坚拒清廷征召，以行医为名行走江湖，后出家入道，自号"朱衣道人"。

王夫之、顾炎武、黄宗羲、傅山和吕留良同为坚贞不二的仁人志士，品格气节不输历代逸民隐士。他们的理论学说各有特点，就其理论高度、系统性和影响力而言，王夫之等人比吕留良略高一筹。近人章太炎便将王夫之的传世学说与辛亥革命的成功联系在一起，认为"船山学说为民族光复之源，近代倡义诸公，皆闻风而起者，水源木本，端在于斯"；顾炎武从"明道救世"的经世思想出发，大胆怀疑君权，提倡"众治"，提出"天下兴亡，匹夫有责"，其鲜明的早期民主启蒙思想对后世产生了较大影响；黄宗羲提出"天下为主，君为客"，主张以"天下之法"取代皇帝的"一家之法"，限制君权，保证民权，对后世反专制斗争起了积极推动作用。值得庆幸的是，虽然他们和吕留良同样生活在雍正的阴影之下，在世时都曾经饱经忧患，却皆得以善终；唯有吕留良一人，死后也不得安宁。

在笔者看来，吕留良死后所承受的苦难之惨烈固然是世所罕见，却于不经意之间验证了道家领袖老子《道德经》中的一个不起眼的失误："吾所以有大患者，为吾有身；及吾无身，吾有何患？"吕留良死后四十九年又蒙受的灾难，雄辩地说明：在特定的情形之下，即便是躯壳已经腐烂，厄运依旧有可能缠绕着早已"无身"的你不放。鲁迅先生说："运交华盖欲何求，未敢翻身已碰头。"讲的只是人活着时倒霉到了极点的情形，显然没有把吕留良这一历史上曾经发生过的真实个案囊括进去。

"理论是灰色的，生活之树常青。""尽信书不如无书"，信然！

不过，古代哲人常说的"否极泰来"，在吕留良身后同样获得了验证。在清代吃尽苦头的吕氏后人，等到辛亥革命成功后，终于迎来了驱除乌云见日出的时代，重新扬眉吐气地享受先祖吕留良的恩泽。吕留良自己更是获得了世人无以复加的敬重膜拜。早在一百多年前，吕留良的家乡便修缮了吕留良纪念亭，亭子上的两副楹联集中表达了世人的心声。其中一副楹联是蔡元培所题写：

> 为民族争存，碎尸无憾；
> 以文章报国，没世勿谖。

另一副楹联系佚名撰,冯骥书:

民族昔沦亡,惨受严刑碎白骨;
河山今恢复,洗除奇辱见青天。

看到这些文字,犹如看见了姗姗而来的公道。方才坚信:"善恶到头终有报,只争来早与来迟。"

后　记

虽然尚是己亥小满时分,省城的天气已骤然暴热几达40度。幸运的是,因为几天来一直忙碌在看这本书的校样当中,竟然没有感觉出天气已经热不可耐来。直到看完最后一页,才晓得今年初夏的第一波热浪已经过去了。掩卷之余,哑然失笑,这该算作是案头生涯的一大享受和乐趣吧。

崇尚神交古人,是一种优秀的文化传统。借助于古人的言行事迹心路历程坎坷困顿成败得失来认识体味人生之艰难,释放自己心中的淤积愤懑,从古人不屈不挠愈挫愈奋的脚步里,寻找自己苦中作乐砥砺前行的原动力,从古代世态炎凉人情冷暖的口蜜腹剑风刀霜剑当中,领悟现实生活中与各色人等交往的错综复杂的人际关系,从古人留给后世的血泪教训中汲取宝贵的借鉴,以期尽可能地避免重蹈前人之覆辙,从古人昂扬向上积极乐观的人生态度中受到陶冶,先忧后乐,提升三观。从某种意义上可以说,所有这些都是神交古人这个大题目的应有之义。回望古代名人的坎坷人生,走近他们,阅读他们,认识他们,理解他们,景仰他们,学习他们,进而自然而然地拓宽视野调节情怀,积极勇敢地面对和迎接现实生活的挑战,努力做生活的强者,可谓是作者写作此书的真实目的。

对于安于书卷生涯的人来说,做到两耳不闻窗外事一丝不苟看校样应该不是什么难事,但说老实话,看校样的确要比看书翻资料写东西更枯燥。但对于这本接近50万字的稿子,我居然主动要求看了三次校样,而且始终怀有很大的兴趣。抱着"敝帚自珍"的文人通病,我甚至不无荒唐地想到:如果一本书能让作者本人长期保有认真阅读的热情和兴趣,并能不断有所收获,那么,保不定会让有缘的读者朋友开卷有益。

在此,我要特别感谢河北人民出版社的同仁们,感谢责任编辑杨永林、美术编辑于艳红、责任校对付敬华诸君。没有他们的支持、汗水和付出,本书就无法出现在读者面前。

与此同时,我还想要说的是:真诚地期待着读者朋友见仁见智的批评意见。

作者自记于己亥小满

图书在版编目（CIP）数据

千古文人沉浮录 / 李保平著. -- 石家庄：河北人民出版社，2021.4
ISBN 978-7-202-15137-2

Ⅰ.①千… Ⅱ.①李… Ⅲ.①文人—列传—中国 Ⅳ.①K825.4

中国版本图书馆CIP数据核字（2020）第251684号

书　　名	千古文人沉浮录
	QIANGU WENREN CHENFU LU
著　　者	李保平
责任编辑	杨永林
美术编辑	于艳红
责任校对	付敬华
出版发行	河北出版传媒集团　河北人民出版社
	（石家庄市友谊北大街330号）
印　　刷	北京中科印刷有限公司
开　　本	710毫米×1000毫米　1/16
印　　张	25
字　　数	313 000
版　　次	2021年4月第1版　2021年4月第1次印刷
书　　号	ISBN 978-7-202-15137-2
定　　价	68.00元

版权所有　翻印必究